国家社科基金
GUOJIA SHEKE JIJIN HOUQI ZIZHU XIANGMU
后期资助项目

# 胡塞尔发生现象学引论

An Introduction to Husserl's Genetic Phenomenology

李云飞 著

北京师范大学出版集团
BEIJING NORMAL UNIVERSITY PUBLISHING GROUP
北京师范大学出版社

# 国家社科基金后期资助项目

## 出 版 说 明

后期资助项目是国家社科基金设立的一类重要项目，旨在鼓励广大社科研究者潜心治学，支持基础研究多出优秀成果。它是经过严格评审，从接近完成的科研成果中遴选立项的。为扩大后期资助项目的影响，更好地推动学术发展，促进成果转化，全国哲学社会科学工作办公室按照"统一设计、统一标识、统一版式、形成系列"的总体要求，组织出版国家社科基金后期资助项目成果。

全国哲学社会科学工作办公室

# 目　录

导　论 …………………………………………………………（1）

   第一节　先验现象学的观念 …………………………………（2）

   第二节　胡塞尔的"发生现象学转向" ……………………（11）

   第三节　发生现象学的研究状况 …………………………（21）

   第四节　论题与理路 ………………………………………（39）

## 第一部分　现象学还原与先验构造理论

引　言 …………………………………………………………（47）

第一章　现象学还原与世界问题 ……………………………（51）

   第一节　最终奠基的观念与明见性原则 …………………（51）

   第二节　自然态度的总设定与悬搁 ………………………（54）

   第三节　现象学的世界问题 ………………………………（58）

第二章　现象学还原与先验构造的问题性 …………………（69）

   第一节　先验现象学的基本观念：先验还原与构造 ………（70）

   第二节　先验还原的构造性解释：内在与超越的区分 ……（73）

   第三节　构造及其基本图式 ………………………………（78）

   第四节　构造性的先天与先验构造的问题性 ……………（85）

   第五节　胡塞尔对康德的先天学说的批判 ………………（93）

## 第二部分　发生性观念的形成与发生现象学的问题性

引　言 ………………………………………………………（109）

第三章　发生现象学观念的引导动机 ……………………………（113）
　第一节　形式—材料图式的局限性 ………………………………（114）
　第二节　习性自我的概念 …………………………………………（120）
　第三节　动机引发与视域意向性 …………………………………（130）

第四章　发生现象学的观念与方法 ………………………………（140）
　第一节　经验的视域结构与发生的观念 …………………………（140）
　第二节　发生性起源与时间性 ……………………………………（144）
　第三节　静态的构造与发生性的构造 ……………………………（154）
　第四节　发生现象学的问题维度和方法 …………………………（163）

# 第三部分　"被动发生"问题与现象学的单子论

引　言 ……………………………………………………………………（173）

第五章　被动发生的问题性 ………………………………………（176）
　第一节　主动发生与被动发生 ……………………………………（176）
　第二节　联想的综合与时间性综合 ………………………………（183）
　第三节　被动性的层级与发生性分析的方法论困境 …………（188）

第六章　事实性与个体化 …………………………………………（197）
　第一节　发生性的回问与绝对的原事实 …………………………（198）
　第二节　单子的绝对事实性与先验的历史性 …………………（201）
　第三节　习性与单子的个体化 ……………………………………（205）

# 第四部分　历史的—目的论的向度与先验现象学的观念论

引　言 ……………………………………………………………………（213）

**第七章　历史的先天与先验目的论** …………………（215）

　　第一节　"生活世界"问题与现象学的历史性向度 …………（216）

　　第二节　"历史的先天"问题 …………………………（225）

　　第三节　先验目的论与主体间性 …………………………（227）

　　第四节　胡塞尔的先验主体间性问题的疑难 ……………（231）

**第八章　先验现象学观念论与形而上学** …………………（249）

　　第一节　观念论抑或实在论 …………………………（250）

　　第二节　胡塞尔与康德的先验观念论 …………………（254）

　　第三节　发生性的向度与先验现象学的观念论 …………（265）

　　第四节　现象学与形而上学 …………………………（273）

**结束语　胡塞尔的现象学遗产** …………………………（283）

**参考文献** …………………………………………………（286）

**后　记** ……………………………………………………（301）

# 导 论

"现象学可以说是一切近代哲学的隐秘的憧憬。"这是胡塞尔站在先验现象学的立场审视哲学史上一座座思想丰碑时的论断。"具有令人惊异的深刻性的笛卡尔的基础性思考已迫近现象学；然后它又出现在洛克学派的心理主义中；休谟几乎踏上了它的领域，但失之于盲目性。而第一位正确地瞥见它的人是康德……"（III/1[①]，118[②]）同时，他又鲜明地强调一切传统哲学的非科学性，而"不能承认某一种历史上的哲学是具有最终有效性形式的哲学，即具有哲学绝对需要的最严格科学形式的哲学"（VII，6）。在此张力中，胡塞尔的现象学呈现出一种奇特的哲学立场。

为了实现其"哲学作为严格的科学"的理想，胡塞尔同时在多个方向上面临近乎悖论的境地。在《逻辑研究》中，他借助本质直观（eidetische Anschaung），克服观念（Idee）的自然化（Naturalisierung）倾向，旗帜鲜明地反对心理主义；但他又绝非柏拉图式的观念实在论者。在那里，他处于心理主义与客观主义之间。在《纯粹现象学和现象学哲学的观念（第一卷）》（简称《观念 I》）中，他借助先验还原，彻底消除意识的自然化，为本质的—直观的描述开启了无限的纯粹意识的疆域；但是，他同时又与各种形式的独断论毫不相干。他在怀疑论之"悬搁"的光芒中明察到自然的、科学的和一切哲学的素朴性和独断性；同时，却在这种素朴的和独断的真理要求中拒绝任何怀疑论的立场。在这里，他又站在了怀疑论与独断论之间。他的直观明见性（Evidenz）原则坚持了彻底的直观主义立场，因而与传统的理性主义保持着距离；但是，他同时反对英国经验论的感觉主义倾向，这又迫使他在经验主义与传统理性主义的张力领域中寻求立足点。他信奉意见（Doxa）与知识（Episteme）的传统对立，主张回到希腊人的哲学观念；但却在明见性的真理中为一切素朴的信念奠基。在《哲学作为严格的科学》中，他明确批判历史主义，最终却又在《欧洲科

---

① "III/1"是对胡塞尔相关著作的缩略指称，具体所指参见本书参考文献"胡塞尔相关著作"部分。——编者注

② 胡塞尔著作页码皆依原著（《胡塞尔考证版全集》）页码给出，如"Band-Nr., Seite"。唯有《观念 I》所给页码是该书初版页码，即《胡塞尔考证版全集》本和中译本（《纯粹现象学通论》）的边码。所引中译皆对照原文进行征引，凡遇译文调整或改动之处，皆由笔者负责。

学的危机与超越论的现象学》(简称《危机》)中为其哲学寻求一种历史的—目的论的解释。于是，他又处于相对主义与传统的绝对主义的张力中……

正是这种多重的几近两难的"之间"立场使得胡塞尔能够宣称，现象学消解了一切传统的哲学对立。譬如，理性主义或柏拉图主义与经验主义的对立，相对主义与绝对主义的对立，主观主义与客观主义的对立，本体主义与先验主义的对立，实证主义与形而上学的对立，目的论的世界观与因果性的世界观的对立，等等。从现象学的立场看，所有对立双方的哲学动机都是合理的，然而又都是片面的，或者都只是对相对的、抽象合理的片面性不合理的绝对化。作为一种"严格科学"的探求，现象学试图揭示所有这些对立的"主义"之源于自然态度(natürliche Einstellung)的素朴性。作为一种先验哲学，现象学的全部努力都在于重新获得我们与世界之间的直接的原初联系。正是在这种直接的原初经验(ursprüngliche Erfahrung)中，我们回返到一切传统的哲学对立的源头。于是，所有这些对立都得以消解，所有源于自然态度素朴性的"主义"都得到彻底澄清——不仅就它们的片面性，而且就它们的合理性。最终，现象学本身也在这种直接的原初经验中得到辨明。

## 第一节　先验现象学的观念

在为《观念 I》英译本撰写的前言中，胡塞尔对现象学做了这样的描述："对我来说，哲学应当是普遍的，并且在根本的意义上是'严格的'科学。作为这样一种科学，它是从最终的根据中，或同样可以说，从最终的独立有效性中产生的。在这样一门科学中，没有任何述谓的或前述谓的明见性起着毋庸置疑的知识基础作用。"(V，139)按照胡塞尔的理解，作为严格的科学，先验现象学在每一个步骤和每一个方面都必须借助于绝对的正当性证明来获得最终的有效性(Geltung)，而这种绝对的正当性证明是通过彻底的沉思，以根本超越素朴的自然态度实现的。于是，胡塞尔将这种素朴的自然态度与他的先验现象学态度对立起来，并把对这种素朴的自然态度的克服看作通达其先验现象学的决定性步骤。在《危机》中，胡塞尔就其先验现象学的态度说道："整个的现象学态度，以及属于它的悬搁，首先从本质上说有能力实现一种完全的人格的转变。这种转变首先可以与宗教方面的皈依相比，但是除此之外，它本身还包含作为任务赋予人类本身的最重大的实存的转变这样一种意义。"(VI，140)

显然，这种从自然态度向现象学态度的彻底转变，就是胡塞尔著名的方法概念："先验悬搁"（transzendentale Epoché）或"先验还原"（transzendentale Reduktion）。

在胡塞尔看来，处于自然态度中的人不可能理解其先验现象学的真正意义。只有彻底翻转我们自然的存在状态，亦即彻底改变我们对待世界的前科学的一直向的态度和所有科学的和传统哲学的认识态度，我们才能通达他的先验现象学。

在此我们要问：什么是先验现象学？先验现象学实行先验还原的动机是什么？但更迫切的问题是：为什么只有实现了这种自然态度的根本转变才能通达先验现象学？先验还原的实行由何种动机引发？

我们对胡塞尔先验现象学观念的描述就由这一引发动机的考察开始，进而引出对其问题、目的、方法、原则和任务的考察，借此预先勾勒出一个临时性的先验现象学的观念。

众所周知，先验还原方法的实行标识着胡塞尔思想的先验转向，而正是由于这种方法的应用，胡塞尔才得以实现从《逻辑研究》时期的本质现象学向先验现象学的突破。因此，在这个意义上，我们在这里所要讨论的先验还原的引发动机也可以被看作胡塞尔先验现象学的引发动机，尽管胡塞尔哲学思考的原始动机旨在澄清"逻辑学的本质"（XVIII，AVII/BVII）①。

在《现象学的观念》中，胡塞尔明确提出，其现象学还原（phänomenologische Reduktion）的动机或哲学思维的动机旨在进行认识或理性批判，亦即澄清认识的可能性问题。在他看来，自然态度存在认识批判的盲点，不可能提出认识的可能性问题，因为受缚于自然态度的人总是直向地面对事物和世界。对他们来说，事物和世界的预先被给予性（Vorgegebenheit）是自明的事实。而在此态度之上所建立的认识，不论是素朴的认识还是科学的认识，也不论是自然科学的认识还是精神科学的认识，都以这种预先被给予的事物和世界为对象和前提，都是认识活

---

① 最初记录现象学还原的手稿出自 1905 年。在 1907 年的哥廷根讲座中，胡塞尔开始向人们呈现其现象学还原的思想。根据芬克的考察，《逻辑研究》中严格相关性的探究方式，亦即对待逻辑构造物的客观态度与回转向体验的主观态度之间的相关性探究方式，在其尚无清晰的方法论论证的情况下，业已萌动着导向现象学还原的引发动机，并最终显露出胡塞尔的哲学目的。参见 Fink, E.：*Studien zur Phänomenologie：1930—1939*，Den Haag, Martinus Nijhoff, 1966, S. 79-81. 关于这种相关性思考，《逻辑研究》时期的胡塞尔的确已有了明确的意识："尤其是对认识的主观性和认识内容的客观性之间的关系做出普遍批判的反思。"（XVIII，AVII/BVII）

动与这种自在之物相切合的结果。认识活动本身也像出现在世界中的事物一样被看成一个自然的事实；而且尽管这种自然的认识有时也可能对其结果或方法进行反思，但它们总是一再地返回到事物和世界这种自明的预先被给予性上，返回到对认识与对象相切合的程度和状态的考察上。胡塞尔把这种反思称为"自然反思"（natürliche Reflexion）。

在他看来，这种自然反思与自然认识处于同一个水平面，都以事物和世界的这种预先被给予性为前提。认识与对象的切合性（Triftigkeit），对它们来说也和这种预先被给予性一样是不言而喻的事情。因此，根本提不出认识的可能性问题，亦即认识与对象的关系问题。而他的现象学正是要执行认识或理性的批判功能，亦即对对象与认识之间的关系进行深刻的反思，从根本上澄清认识的可能性问题。对此，胡塞尔曾明确说道："认识论的任务或理论理性批判的任务……是通过对认识本质的研究来解决有关认识、认识意义、认识客体的相互关系问题。这些问题还包括揭示可认识对象的或者说一般对象的本质意义，揭示根据认识和认识对象的相互关系而先天（根据其本质）被规定给它们的意义。这当然也涉及所有由认识本质所预先规定的一般对象的基本形态。"（II，22）《观念 I》中那个著名判语也正是在认识或理性批判的意义上说的："现象学包括一切本质的（因此是无条件的和普遍有效的）知识，借助这些知识，任何人们所考察的知识和科学之'可能性'这一根本问题将得到回答……它必然对每一种特殊科学提供最终评价性的批判；而且它特别为其对象提供其'存在'的最终意义规定和其方法的基本阐明。因而我们可以理解，**现象学可以说是一切近代哲学的隐秘的憧憬**。"（III/1，118）①

以上论述表明，胡塞尔实行先验还原的动机是想要进行一种彻底的认识或理性批判，亦即试图通过深入探究认识与对象之间的关系，从根本上澄清认识的可能性问题。但进一步的考察会向我们提出这样的问题：胡塞尔为什么要实行这样一种认识或理性的批判呢？或者说，究竟是什

---

① 保罗·利科（Paul Ricoeur）在他的法译本注释中，就所引段落中"应用现象学"这个词的使用提出了异议。他认为，"应用现象学"这个词在此语境中恰恰表明，现象学在其本质上不是一种"批判"，即一门有关其他科学之可能性的科学，而是一种有关绝对意识的严格科学，并且认为这是现象学与康德哲学的主要区别。对此，笔者认为，利科的这一观点无疑是正确的，但这并不妨碍我们将认识或理性批判看成胡塞尔实行现象学还原或哲学思考的初始动机，因为切入哲学问题的通道与哲学问题本身的展开领域之间不可能完全一致，它们既可以处于不同的问题层次上，也可以表明是不同领域的研究，尽管它们之间的必然联系是显而易见的。在笔者论述的进展中，我们恰恰可以看到现象学从认识或理性批判这一动机中所必然引发的关于绝对意识领域的深入研究。另，黑体部分是笔者所做的强调。

么动机引发他去澄清认识的可能性问题，从而要对认识与对象的关系进行深刻的反思呢？这样，我们就从对实行先验还原的动机的思考过渡到对其引发动机的思考。我们将会看到，正是这一引发动机的强力迫使胡塞尔不仅要进行一种认识或理性批判，而且迫使他进一步超出这种批判的范围而将其引向一门关于绝对意识的科学的研究。

众所周知，胡塞尔第一次公开阐发他的现象学还原理论是在 1907 年的哥廷根讲座（亦即现在的《现象学的观念》文本）中。正是在这个讲座中，尤其是在第一讲和第二讲中，胡塞尔透露出其实行先验还原与怀疑论的关联。此后，我们还可以在《观念 I》《第一哲学》《危机》和《笛卡尔式的沉思》（简称《沉思》）等文本中继续看到其现象学思考受怀疑论触发的痕迹。尤其是在《第一哲学》的"批判的观念史"部分，胡塞尔明确而集中地论述了其现象学思考与怀疑论的关联。因此，我们可以确定这样一个事实：胡塞尔实行先验还原的引发动机，进一步说，胡塞尔实行认识或理性批判，亦即其澄清认识的可能性问题的引发动机，源于其对怀疑论观点的沉思——无论是古代与柏拉图主义对峙的怀疑论，还是近代以经验主义面貌出现的、与笛卡尔主义对峙的怀疑论。①

在胡塞尔看来，"怀疑论的永存"，亦即其从历史的源头直到他所处的那个时代都在顽强产生着效应，是由于自古及今，人们的认识一直受缚于自然态度，而怀疑论的锋芒所向正是这种自然态度所隐含的设定。具体地说，怀疑论揭示了人们在自然态度中作为认识的前提所设定的、存在之物之预先被给予性连同认识与存在之物的切合性（亦即认识的客观性）之自明性的假象。根据怀疑论的观点，一切预先被给予之物，亦即在自然态度中所谓的客观对象、自在之物，对于认识的主体来说，都只有在变化不定的主观显现方式中才是可经验的。也就是说，我们经验到的

---

① 关于先验还原的引发动机问题，我们总是会想到芬克的那个出色分析和著名论断。芬克认为，对于自然态度的人来说，不存在任何实行先验还原之引发动机的可能性，因为实行先验还原必然要求我们超出我们本己的权能性视域，亦即超出我们人类实存的权能性，任何世间性问题都不可能引发它的实行，因此，先验还原对于自然态度的人来说具有非动机引发性，而任何关于先验还原的探讨都具有某种虚假性，这种虚假性源于这种探讨之出发点的世间性。参见 Fink, E.：*Studien zur Phänomenologie*：*1930—1939*，Den Haag, Martinus Nijhoff, 1966, S. 107-108。但笔者认为，我们这里关于先验还原之动机引发问题的探讨与芬克的著名论断并无冲突，因为芬克旨在否定世间性问题具有引发先验还原或现象学基本问题的任何可能性，我们这里谈论的却不是某个世间性问题对于胡塞尔现象学思考的触发，而是旨在揭示怀疑论光芒所照亮的自然态度的悖论境遇对于胡塞尔现象学思考的触发。在笔者看来，正是自然态度所显露出来的这种悖论境遇引发了胡塞尔试图克服这种态度的现象学思考。

只是事物的主观显现，而独立于每一次个别显现的、自在存在的、与自身同一的自在存在本身并未被经验到，也不可能被经验到，因为尽管我们的经验物作为在经验活动中的存在是存在着的，但当经验活动使一"外在之物"，亦即超出经验活动的东西成为可经验的时，正是这个处于自己本身中的经验活动经验着这个"外在之物"。因此，我们必然只能停留于经验活动本身的主观范围内，而一切有关自在存在的设定、一切有关认识与对象之切合性的设定都是对于这种主观的僭越。这样，"由于怀疑论的否定，有关自在存在着的事物**一般**之经验的可能性和认识**一般**的可能性变得难以理解了；稍后，关于普遍性的意识一般以及理念一般的存在方式，与真理一般相关联的自明性一般，等等，同样也变得难以理解了"（VII，139）。

因此，正是怀疑论这一犀利的明察照亮了自然态度的悖论式境遇：事物和世界之自明的预先被给予性，亦即自在存在的观念和关于事物和世界本身之客观认识的可能性问题都成了难解之谜。

然而，在自然态度中存在的自然认识之谜却可以成为胡塞尔的论题，因为现象学的反思正是从怀疑论所照亮的地方开始的。这种"照亮"是指，恰恰由于这种怀疑而实现了从那种素朴地执态于认识对象的自然态度向反思态度的翻转。在这种翻转了的反思态度中，认识的主观活动本身进入人的视线，而那种被认识之物，亦即自然态度中的自在存在之物，也必然作为多种多样认识活动的统一并在与认识活动的关联中凸显出来。但本质的区别在此必须被注意到：怀疑论旨在揭示自然态度的悖论性质，现象学则要进一步理解或澄清这种悖论性质；因为怀疑论通过这种悖论性质的揭示所要达到的是对客观存在和客观真理的否定，现象学则是要从根本上理解或澄清这种客观性。因此，现象学正处于一种奇特的境地：它既与自然思维的态度根本对立，又不同于怀疑论的立场；它既要从根本上遵循认识活动本身之主观显现方式的多样性，又要遵循这种主观的认识活动与认识对象之间存在的事实的相关性。对此，胡塞尔明确说道："目的是要阐明，如何在一些形态的主观的意指活动之不可逾越的媒介（如进行经验的意指活动、进行理论探讨的意指活动、进行判断的意指活动、进行评价的意指活动、进行实践的意指活动的媒介）中，总是显示出某种像在所谓理性活动中的客观正当性的东西；这种客观正当性如何以一种特殊的有效性样式，以洞察的有效性样式，获得原初的意义。"（VII，95）

因此，现象学的首要问题应是：认识活动的主体性是如何在其纯粹意识生活中完成"客观性"这种意义成就的？换句话说，这种主体性是如何在自身中必然拥有"客观性"的？正如黑尔德（Klaus Held）所说，胡塞尔的哲思基本上是由认识的客观性要求与遵循各种实事的体验（Erlebnis）状况的要求之间的张力引起的，"关于客观对象与本原的、主观的被给予方式之间的相关性问题构成胡塞尔思维的内在开端"①。这一点可以在胡塞尔本人那里得到证实。在《危机》中，胡塞尔明确说道："以为每个人所看到的事物和世界都像它们展示给他的那样，这种单纯的自明性，如我们所认识到的那样，掩盖住了一个巨大的、特别的真理的视域。这些真理从未在它们的特性和系统关联中进入哲学的视野。世界（我们所谈论的世界）与主观被给予方式之间的相关性从未（即'先验现象学'在《逻辑研究》中的第一次突破发生之前）引起过哲学的惊异，尽管这个相关性在前苏格拉底的哲学中，在诡辩论中，已经明确地显现出来，但它仅仅是作为怀疑论论证的动机显示出来的。这个相关性从未引起过特有的哲学兴趣，以致它从未成为一门特有的科学论题。人们始终停留在这种自明性上，即每个事物在每个人看来都是不同的。"（VI，168）

至此，我们可以看出，恰好是怀疑论对于一切可认识的存在被还原于其上的那个"纯粹主观领域"的凸显，以及对于自然态度之悖论性质的揭示，引发了胡塞尔的哲学思考，使他能够从那种直向地受缚于认识对象的方向上挣脱出来，而将目光投向认识的成就，亦即认识活动本身，投向对认识活动与认识对象之相关性的深入思考。胡塞尔将这一目光投向的转变称为"一种根本的改变，即对于整个自然生活方式的全面的转变的这种最初显露"。这种根本的改变"最终一定会导致对绝对的先验主体性的现象学还原"（VI，170）。因此，胡塞尔对怀疑论做出了肯定性的评价：怀疑论中已经隐藏着先验的动机，"这种怀疑论，而且只有这种怀疑论，具有一种伟大的使命，即迫使哲学走上先验哲学的轨道"（VII，62）。

由我们前面关于先验还原之引发动机的讨论，现象学的基本问题可被表达为：关于客观对象与本原的、主观的被给予方式之间的相关性问题。其目的是"在先验主观主义这种更高的层次上赎回怀疑论主观主义的真理"②，亦即从怀疑论所照亮的主体性领域出发，根据主体性成就的本质

① ［德］胡塞尔：《现象学的方法》，［德］克劳斯·黑尔德编，倪梁康译，上海，上海译文出版社，2005，第 11 页。

② Bernet, R., Kern, I., Marbach, E.: *An Introduction to Husserlian Phenomenology*, trans. by Embree, L., Evanston, Northwestern University Press, 1998, p. 75.

可能性来澄清"客观性",从而使"自在存在"和"客观真理"等观念得以在与自然态度根本不同的现象学态度这一崭新的维度上获得新的理解,并借此彻底克服怀疑论的否定立场。为此,我们必须回到最终的主体性领域,亦即回到在其中自然态度一切客观的设定都不起作用的纯粹主体性领域,而这是通过先验还原来实现的。胡塞尔对此说道:"只有在意识是通过现象学的反思——通过排除掉一切超越的客观性东西的先验反思(transzendentale Reflexion)——被给予的地方,就是说,只有在我'使'有关客观东西之自然设定'不起作用',代替直接地实行这种自然设定对它进行反思,并且只是将它作为意识而当成论题的地方,只有在这里,我才把握住纯粹意识,我才拥有绝对主体性的这种纯粹的、绝对的存在和生活。"(VIII,427)

而一旦我们回溯到这种纯粹主体性,那么一切"客观对象"的存在,连同整个"客观世界"的存在都要作为这种纯粹主体性的意向相关项(Noema),并在与这种纯粹主体性之相关性中作为这种纯粹主体性的意向相关项的成就受到考察。在胡塞尔那里,这种纯粹主体性就是他通常所称的"先验主体性"(transzendentale Subjektivität)或"先验意识"。它是作为一切对象性存在和一切认识成就的最终基础和最终源泉而起作用的领域,因此,胡塞尔有时也称之为"绝对主体性"(absolute Subjektivität)。现象学就是关于"绝对主体性"的研究,就是对一切对象性存在和一切认识成就的这个最终基础和最终源泉的研究。正如胡塞尔本人所说:"现象学所特有的东西就是,它在反思中是**普遍的和彻底的**,它不以朴素的方式接受任何自然的给予性,相反地,它将**一切被给予性**都追溯到意识,追溯到现实的和可能的意识之全体。其中的这个自然是被意识之物,被以为之物,或者'被证实为真之物'。"(VIII,430)现象学在本质上"是一门关于真正开端、关于起源、关于万物之本的科学"(XXV,61)。

然而,回溯到这个先验意识或绝对的主体性领域只构成先验现象学研究的最初步骤,因为通过先验还原,我们发现自己正处于一个不可逆而且永无止境的现象流或意识流(Bewußtseinsstrom)中,这始终像"一条永恒的**赫拉克利特之流**"(II,47)一样让人无从把捉。因此,我们在这里只具有"主观"真实性,还根本不可能获得任何"客观"有效性,从而彻底克服怀疑论。因此,我们必须对这种由先验还原获得的纯粹或先验意识进一步实行本质还原(eidetische Reduktion)。只有这样,我们才能在先验还原成就的基础上"赎回怀疑论主观主义的真理"。所以胡塞尔反复强调,现象学不是事实性的科学,而是本质性的科学。作为这样的科学,它将专门确立无关于"事实"的本质知识。同时，它不是一门关于实在现象（Phänomen）的本质科学，而是一门关于被先验还原了的现象的本质科学。在胡塞尔那里，这种作为本质科学的先验现象学"将有其事实性体验的先验主体之事实经验领域仅当作纯粹的可能性，后者等同于一切可任意变更的纯直观的可能性；并且将通过一切自由变更得到的不可消除的先验主体的本质结构作为其'先天'（Apriori）凸显出来"（V，142）。我们看到，现象学研究是关于先验意识之本质可能性的研究，以及关于能在先验意识中前理论地和理论地构成的诸先验可能的世界的研究。这样，通过对先验还原所赢得的先验意识领域进一步实行本质还原，现象学就作为一门关于纯粹意识或先验意识之普遍本质的科学确立了自身。因此，我们可以称之为"作为本质学的先验现象学"，或直接称之为"纯粹的或先验的现象学"。在这里，"先验的"是在先验还原的意义上讲的。它一方面指现象学的问题是有关存在与意识之本质相关性的问题，因而是先验的[1]哲学问题；另一方面则指现象学态度与自然态度根本对立，现象学与一切"世间的"（mundane）科学根本对立并构成它们的最终源泉，因而是一门"先验的"[2]科学。"纯粹的"则具有先验还原和本质还原的双重含义，它不仅指由先验还原所赢得的先验意识的纯粹性，而且意味着"本质"（Eidos）或"先天"意义上的纯粹性（XIX/2，A 707/$B_2$ 36）。

现在，我们带着已有的论述回到开端。在那里，胡塞尔对其先验现象学做了明确的界定：一门普遍的、有绝对根据的和自身负责的科学，或者说，一门由绝对的正当性证明而来的科学。因此，先验现象学必然要向自身提出两点本质要求：严格性和彻底性。"严格性"是指，先验现象学不仅要从一个绝对清晰的开端出发，而且在其每一个步骤上都力求达到绝对的清晰性和最终的有效性。对此，胡塞尔说："这个开端是指：它的绝对清晰的问题、在这些问题的本己意义上所预示出的方法

---

[1]　胡塞尔也在康德"先验的"一词的意义上理解他的现象学观念。在康德那里，"先验的"这个概念被用以标识这样一种认识："我把一切与其说是关注于对象，不如说是一般地关注于我们有关对象的、就其应当为先天可能的而言的认识方式的知识称为先验的。这样一些概念的一个体系就将叫作先验─哲学。"参见［德］康德：《纯粹理性批判》，邓晓芒译，北京，人民出版社，2004，第19页。因此，胡塞尔正是在康德"先验的"一词含义的意义上，赋予其相关性研究以先验问题的意义。

[2]　在《危机》第26节中，胡塞尔对"先验的"这个概念做了简略的说明。胡塞尔认为，他的"先验的"概念的含义要比康德的宽泛得多。在他看来，"先验的"这个概念是指一种原初的动机，"这是追溯到一切认识形成的最后源泉的动机，是认识者反思自身及其认识生活的动机……这种动机如果彻底发挥作用，就是一种纯粹由这种源泉提供根据的，因此是被最终奠立的普遍哲学的动机"（VI，100-101）。

以及绝对清晰地给出的最低层工作领域的实事。在**任何地方都不**可放弃彻底的无前提性。"（XXV，61）"彻底性"是指，先验现象学将一切"客观性"都回溯到最终的基础或起源上。胡塞尔认为，他的先验现象学体现出一种崭新的科学理想，亦即"一种从直到一切构成物之最后的原初根源上，并因此也是从一切在这些认识构成物中认出的存在之原初的真正意义之最后的原初根源上，对自身进行理解并对自身辩护的科学之理想"（VII，100）。

同时，先验现象学这两点本质要求又是相辅相成的。一方面，彻底性必须以严格性为基础，因为只有从一个绝对的开端出发，并在每一个步骤上都获得绝对的正当性证明，才能保证向最终的基础或起源回溯的合法性；另一方面，严格性也必须从彻底性中获得支撑，因为只有回溯到最终的基础或起源，才能在"严格性"之每一个步骤上达到最终的有效性，亦即获得绝对的正当性证明。

在胡塞尔看来，先验现象学的这两点本质要求恰恰体现了其直观明见性原则。一方面，先验现象学的严格性要求一种"彻底的无前提性"。它不能以任何认识为前提，它在开端上只能自己给自己以认识。这种认识当然不能是有待论证和演绎的认识，因为论证和演绎必须以预先被给予的直接认识为前提，因此，它必然只能将在绝对的被给予性领域中的直观认识作为自己的开端。先验现象学不仅从直观之绝对的被给予性领域获得其开端，而且在其每一个步骤上和每一个反面中都能通过直观明见性原则获得绝对的正当性证明。另一方面，先验现象学的彻底性要求一种向起源的回溯。这种起源必须是具有绝对被给予性的明见性的起源，而这只能是笛卡尔"我思"的标题下存在的"一切起源之自身封闭的领域，唯一绝对自身给予的东西和直接自明的东西之领域"（VII，146），亦即先验意识之原初的（ursprüngliche）直观领域。对此，胡塞尔在《哲学作为严格的科学》中明确地说："只要哲学是在向最终的起源进行回溯，它的本质便恰恰在于：它的科学工作是在直接直观的领域中进行的。"（XXV，61）因此，在《观念 I》中，胡塞尔将这种直观明见性原则确立为其先验现象学一切原则之原则：**每一种原初给予的直观都是认识的合法源泉，在直观中原初地**（可说是在其机体的现实中）**给予我们的东西，只应按如其被给予的那样，而且也只在它在此被给予的限度之内被理解。**"（III/1，43-44）"**现实的明见性伸展得有多远，被给予性伸展得也有多远。**"（II，73）

至此，我们已对胡塞尔的先验现象学做了一番简略的勾勒，借此速描，我们可以把胡塞尔的先验现象学表达为：先验现象学是一门通过先验还原方法的逐层"剥离"或"纯化"，并严格遵循直观明见性原则——无论在其开端上还是在每一个具体步骤上——而实现向最终起源回溯的本质科学。

## 第二节　胡塞尔的"发生现象学转向"

用"发生现象学转向"来标识胡塞尔发生现象学观念的萌发和发生性的（genetische）—说明性的（erklärende）分析方法的实行，本身就会引发争议。因为说"发生现象学转向"，实际上意味着从前期的静态现象学（statische Phänomenologie）过渡到后期的发生现象学（genetische Phänomenologie），这涉及如何理解静态现象学与发生现象学的相互关系问题。这个问题在胡塞尔的阐释者中存在很大分歧，甚至出现了截然对立的观点和立场。① 而在静态现象学与发生现象学之间关系问题上的分歧，重又可以追溯到对胡塞尔后期发生现象学探讨的理论动机及其在整个先验现象学发展中的地位的不同理解。在此，我们旨在简略勾勒出胡塞尔"发生现象学转向"的思想背景和引发动机。

从1891年发表《算术哲学》到1936年《危机》出版，从最初对数的主观起源的阐释到后期关于先验的主体间性（Intersubjektivität）问题和生活世界（Lebenswelt）问题的探讨，胡塞尔的思想经历了近半个世纪的发展。关于胡塞尔哲学发展的阶段性问题，现象学界历来观点不一，与此相关，在如何看待其思想进程的内在连续性问题上也存在着很大分歧。

施皮格伯格（Herbert Spiegelberg）将胡塞尔的哲学发展划分为三个阶段：（1）前现象学时期（1887—1896），这一时期与《逻辑研究》第一卷的思想相合；（2）仅限于认识论研究的现象学时期（1896—1906），以《逻辑研究》第二卷的思想为标志；（3）作为哲学和科学普遍基础的纯粹现象学时期（1906—1938）。② 这种划分采取的是历史的分期角度，以哲学家在特定的历史时期所持理论立场的变化为依据。德布尔（Theo de Boer）明

---

① 笔者曾就"胡塞尔'明见性'概念的前后期变化是否与其思想从静态现象学向发生现象学的过渡相关"这一问题请教韩国学者李南麟先生。他在给予笔者肯定的回答和详细的解释之后，特别做了这样一个补充："应该说胡塞尔'明见性'概念的变化与其发生现象学观念的显露密切相关，但我不赞同胡塞尔的思想进程中存在从静态现象学向发生现象学的过渡这一说法，因为静态现象学也是胡塞尔后期先验现象学的一个组成部分。"

② 参见［美］赫伯特·施皮格伯格：《现象学运动》，王炳文、张金言译，北京，商务印书馆，1995，第121页。

确反对"前现象学时期"这一提法，并对施皮格伯格把《纯粹逻辑学导论》归入所谓"前现象学时期"的做法提出质疑。他把胡塞尔从早期的描述心理学立场向《逻辑研究》时期的本质心理学立场的转变确定在 1894 年的《基本逻辑的心理学研究》中。同样从历史分期的角度出发，德布尔给出了一个完全不同的方案：(1)心理主义的描述心理学时期(1887—1894)；(2)描述的—本质的心理学时期(1894—1907)；(3)先验现象学时期(1907—1938)。① 科克尔曼斯(Joseph J. Kockelmans)虽然赞同施皮格伯格的"三阶段"说，但却做了原则性的修正：(1)前现象学时期(1894—1900)；(2)过渡时期(1900—1916)，即从纯粹的、描述的现象学向彻底的先验现象学的过渡；(3)彻底的先验现象学时期(1916—1938)。② 法伯(Marvin Farber)则提出"四阶段"说：(1)心理主义时期；(2)"现象学的突破"或"描述心理学"时期；(3)先验现象学时期；(4)构造性的(konstitutive)观念论(Idealismus)哲学时期。③

在此我们看到，现象学界关于"前现象学时期"的划分基本一致，分歧主要源于对胡塞尔先验转向以后的发展进程的看法，问题的实质在于：是否应对胡塞尔的先验现象学时期再行划分？如何划分，亦即划分的根据是什么？这里涉及分期的角度问题。一般来说，在哲学家思想发展的分期问题上，除了施皮格伯格和德布尔所采取的这种历史的角度外，还有一种系统的角度，它遵循哲学家思想发展的系统关联。如果说历史的划分角度主要关注的是哲学家思想发展的阶段性特征，那么系统的划分角度则更关注哲学家思想发展的内在连续性特征。就胡塞尔的先验现象学而言，若从系统的角度看，则可以划分为前期的静态现象学时期和后期的发生现象学时期。④ 耿宁(Iso Kern)在《胡塞尔与康德》中综合了这两个角度，将胡塞尔的哲学发展划分为这样四个时期：(1)前现象学时期

---

① 参见［荷］泰奥多·德布尔：《胡塞尔思想的发展》，李河译，北京，生活·读书·新知三联书店，1995，第 118 页。

② 参见 Kockelmans, J. J.：*Edmund Husserl's Phenomenology*，Purdue University Press，1994，pp. 8-9。

③ 参见 Farber, M.：*The Aims of Phenomenology：The Motives，Methods，and Impact of Husserl's Thought*，New York，Harper & Row，1966，p. 12。

④ 施皮格伯格从这种系统发生的角度出发，将胡塞尔哲学的整个发展比作一个螺旋形。他认为，胡塞尔在前现象学时期对主观现象进行了描述，并作为一种反应，在《纯粹逻辑学导论》中提出了一种客观性的纯粹逻辑，同等地强调处于本质联系中的经验的主观和客观两个方面，而先验现象学的发展重又转向了作为客观观念物之来源的主体。参见［美］赫伯特·施皮格伯格：《现象学运动》，王炳文、张金言译，北京，商务印书馆，1995，第 121～122 页。

(1887—1894/95)；(2)《逻辑研究》时期(1894/95—1907)；(3)先验现象学的突破时期(1907—1917/18)；(4)发生现象学时期(1917/18—1938)。① 由此我们看到，无论是科克尔曼斯出于"过渡时期(1900—1916)"的考虑而对施皮格伯格的观点所做的原则性修正，还是法伯径直提出的"四阶段"说，都不是单纯历史划分的结果，而是兼具系统划分的考虑。因此，在这个意义上，科克尔曼斯对施皮格伯格的指责尽管无效，但其所提出的分期观点应更切合。

现在的问题是如何理解这种有关分期的系统划分的角度，亦即如何把握胡塞尔哲学发展内在的系统关联。这涉及对胡塞尔哲学发展的内在连续性问题的理解。如果我们在此不考虑他的前现象学时期，那么谈及胡塞尔现象学发展的内在连续性主要涉及两个问题。其一是如何看待胡塞尔思想从《逻辑研究》到《观念 I》所发生的先验现象学的突破；其二是如何把握胡塞尔思想在完成了先验转向以后的发展进程，亦即如何理解胡塞尔从静态现象学向发生现象学的过渡：是其思想的深化或推进，还是转变或突破？

第一个问题从 20 世纪 30 年代起就引起了广泛的关注和讨论，其中贝克尔(Oskar Becker)、比梅尔(Walter Biemel)、芬克(Eugen Fink)、兰德格雷贝(Ludwig Landgrebe)、斯特洛克(Elisabeth Ströker)和德布尔等人的相关讨论值得重视。② 对此问题的理解，尽管观点不一，但主导倾向是肯定其发展的内在连续性，而将《逻辑研究》向《观念 I》的突破看作

---

① 参见 Kern, I.：*Husserl und Kant：eine Untersuchung über Husserls Verhältnis zu Kant und zum Neukantianismus*, Den Haag, Martinus Nijhoff, 1964, S. 8-45. 耿宁更是将第三个时期细分为现象学还原的发现期和转向纯粹现象学以后深入研究康德的时期。对此，我们看到，法伯的四阶段说与耿宁的分期有暗合之处。当然，我们在法伯那里看不到任何方法论思考的痕迹，耿宁的分期观点则带有明显的方法论意识，这可以从其后来的著作中得到证明。参见 Bernet, R., Kern, I., Marbach, E.：*An Introduction to Husserlian Phenomenology*, trans. by Embree, L., Evanston, Northwestern University Press, 1998, p. 1.

② 对此可分别参见：贝克尔的论文《埃德蒙德·胡塞尔的哲学》(in *The Phenomenology of Husserl*, ed. and trans. by Elveton, R. O., 2d ed., Noesis Prsss, 2000；*The Phenomenology of Husserl*, ed. and trans. by Elveton, R. O., 2d ed., Noesis Prsss, 2000, pp. 38-69)；比梅尔的论文《胡塞尔哲学发展的决定性阶段》(in *The Phenomenology of Husserl*, ed. and trans. by Elveton, R. O., 2d ed., Noesis Prsss, 2000, pp. 140-163)；芬克的论文《当代批评中的胡塞尔的现象学哲学》(in Fink, E.：*Studien zur Phänomenologie：1930 — 1939*, Den Haag, Martinus Nijhoff, 1966, S. 79-156)；兰德格雷贝的论文《胡塞尔的现象学及其改造动机》(in Landgrebe, L.：*Der Weg der Phänoenologie：Das Problem einer ursprünglichen Erfahrung*, Gütersloh, Mohn, 1963, S. 9-39)；斯特洛克的《胡塞尔的先验现象学》(*Husserls Transzendental Phänomenologie*, Frankfurt am Main, 1987)和德布尔的《胡塞尔思想的发展》。

受先验现象学之普遍性要求的动机引发。这种观点基本符合胡塞尔本人的理解，他在 1925 年出版的《现象学的心理学》中反省《逻辑研究》的意义和任务时说："《逻辑研究》本身还只具有一种不完善的形式……只有当研究超出《逻辑研究》的有限问题领域而继续发展，只有对《逻辑研究》的问题领域进行彻底的扩展，从而达到一个包含所有可能的对象和所有可能的意识，或可能的主体性问题时，我们才有可能做出最终的原则澄清。在这种急迫的并且已由普遍数学模式的形式普遍性所唤起的、从《逻辑研究》出发的普遍扩展的要求中……必然要产生对一门在完全普遍性中的先天纯粹的意识论的要求。"(IX, 36-44) 但是，问题的关键在于如何理解这个"普遍性要求"。我们在此旨在讨论第二个问题。

关于如何理解胡塞尔后期转向发生性的分析的性质问题，或者说，"发生现象学转向"的动机引发问题，迄今尚未引起足够的重视，也没有人进行系统的探讨。这一方面是由于发生(Genesis)的问题性本身的复杂性。例如，这不仅涉及如何规定发生性的—说明性的分析在先验现象学固有的方法论框架内的合法性问题和发生性的—说明性的分析与静态的—描述的(beschreibende)分析之间的关系问题，而且涉及如何把握胡塞尔后期所倾力探讨的先验逻辑问题、先验的主体间性问题和生活世界问题等在发生现象学维度中的系统关联。另一方面则是由于胡塞尔本人未能充分阐明发生现象学的观念和发生性的—构造性的分析的方法，尽管他至少从 20 世纪 20 年代初前后起就试图在方法论上明确区分静态现象学与发生现象学。①

就笔者目前所掌握的材料来看，多数讨论或者在胡塞尔发生现象学观念萌发的时间问题上争执不休，或者仅限于对发生性的—说明性的分析与静态的—描述的分析之间的区别和联系做一般的辨析，而对"发生现象学转向"的动机引发问题缺乏系统的讨论：有的从现象学发展的系统外部把胡塞尔发生现象学观念的萌发归咎于某种外来批评或思想的启发或推动，有的把它与胡塞尔某个概念或问题的出现相联系。只有个别阐释者注意到胡塞尔 20 世纪 20 年代初建构系统现象学的计划与"发生现象学转向"之间的内在关联，并从胡塞尔草绘的系统现象学的构想出发做了有益的探讨。笔者在此旨在就胡塞尔发生概念的含义、发生现象学观念萌

---

① 这可以从同样出自 1921 年的两份手稿中看出。这两份手稿，一份收在《胡塞尔考证版全集》第 11 卷，文章标题是《静态现象学的方法与发生现象学的方法》(XI, S. 336-345)；另一份收在《胡塞尔考证版全集》第 14 卷，文章标题是《单子个体性的现象学与体验之普遍的可能性和共存性的现象学。静态现象学与发生现象学》(XVII, 34-42)。

发的时间和"发生现象学转向"的动机引发等问题做简略的描述和说明，后文则有对胡塞尔发生现象学的观念和方法的系统阐明。

胡塞尔通常在三种不同的含义上使用发生概念。早在于 20 世纪 20 年代前后从方法论上明确区分静态现象学与发生现象学以前，胡塞尔就已经使用了发生概念，但在此之前，发生概念具有不同的含义。相应地，他对发生概念的态度也有一个变化过程。在《算术哲学》中，胡塞尔试图澄清算术基本概念在心理上的"发生"或"起源"（Ursprung），尽管所用术语是"Entstehung"而不是"Genesis"，但当他站在《逻辑研究》的立场上批判《算术哲学》的心理主义倾向时，却用了"genetische"这个词。在说明其现象学研究的目的时，胡塞尔指出，逻辑体验的现象学的目的在于对心理体验和寓居其中的意义做广泛的描述性分析，而非某种发生心理学的解释。这种分析的目的在于："对内部**经验到**的自在自为的体验进行剖析，一如它们在**经验**中所实项地被给予的那样，而且同时不去顾及那些发生性的联系，也不去顾及它在自身之外可能意味着什么，以及它可能对什么有效。"（XIX/1 A 374-375/B₁ 398）

我们看到，胡塞尔现在拒绝一切发生性的思考，并用发生概念来标识现象学（"描述心理学"）与经验心理学的区别。因此，发生概念在他那里的最初含义是观念在心理学上的起源，但显然是在否定的意义上被使用的。除了这种否定性的经验心理学含义外，胡塞尔在《观念》时期偶尔也在先验现象学领域使用发生概念。例如，他在《纯粹现象学和现象学哲学的观念（第三卷）》（简称《观念 III》）中用发生概念来描述构造现象学与存在论的区别："存在论的考察方式把处于同一性中的统一性——并且为了其同一性——看成固定物。现象学的一构造性的考察把统一性纳入流动中，亦即将其看成一种构造性流动的统一性；它追踪这些运动、这些进程，在其中，这种统一性及其每一个要素、方面和实在属性都是同一性相关项（Identitätskorrelat）。这种考察在某种程度上是动力学的（kinetische）或'发生性的'：与自然的发生或自然科学的发生相比，这种'发生'属于一个完全不同的'先验的'世界……每一个认识统一性，尤其是每一个实在的认识统一性都具有其'历史'（Geschichte），相应地，关于这种实在之物的意识也具有其'历史'，具有内在的目的论（Teleologie）。这种内在的目的论具有某种有规则的系统的形式，这种有规则的系统具有本质上附属的显现方式（Bekundungsweisen）和证实方式（Beurkundungsweisen），它们可以通过对这种意识的考问显示出来。"（V，129）

我们看到，胡塞尔在此所谓的"发生性的探究"有三层含义。其一，

"发生"属于一个"先验的"世界，而不是自然的或心理的发生。其二，它是一种本质的分析，因为这些显现方式和证实方式只是本质上附属于这种有规则的系统。其三，它是对这种带有附属性显现方式和证实方式的有规则的系统的分析，亦即把同一性统一性回溯到其在意识中显现和证实的有规则的系统上。这种构造性分析有两个特点。第一，这些系统是现成的(fertige)系统，因为它们目的论地指向对象的原初被给予性或相关意向的充实。第二，尽管这些系统是意识杂多之时间性进程的规则，但这些进程只是那种固定的同一性之主观的相关项。也就是说，它们只是对象于其中获得被给予性的主观相关项。与这种发生概念形成鲜明对照，胡塞尔在一份 1921 年的手稿中明确指出："探究构造(Konstitution)不是探究发生，发生恰恰是构造的发生，并且作为单子(Monade)中的发生起作用。静态现象学不正是引导线索(Leitfäden)的现象学，亦即关于存在的对象性之引导性类型的现象学吗？……在此，我把本质共属性(Wesenszusammengehörigkeiten)看作相关性的本质共属性，但这不是发生的条件性，这里不是被决定者从决定者中产生。发生现象学……揭示，意识如何从意识中产生，在那里，构造成就如何连续地生成(Werden)。"(XIV, 41)显然，这种发生性的分析本质上意味着"探究构造的发生"。如果说前一种发生性的分析是分析或描述意识流中那些现成的显现方式和证实方式的有规则的系统的话，那么在这里，发生性的分析旨在探究这些现成的系统的发生。

在胡塞尔发生现象学观念萌发的时间问题上，无论是胡塞尔本人，还是其后来的阐释者，他们都没有一个统一而明确的说法。前面提到的两份同样写于 1921 年的手稿可以被看作胡塞尔明确构想其发生现象学观念的尝试。但是，胡塞尔本人对于其发生现象学观念的萌发时间的确定比这早许多，而且前后说法不一。在《经验与判断》第 16 节中，胡塞尔讨论被动的预先被给予性领域及其联想的结构问题。他认为，在被动的预先被给予性领域，"联想的标题标明了意识一般的内在发生之合规律性的本质形式。联想之所以能成为现象学描述的一般论题，而不只是客观心理学的论题，原因在于对某物的指示是现象学上的可指明物(**这一明察已在《逻辑研究》中确立，那里便已有发生现象学的萌芽**)"(EU，78)。① 显然，胡塞尔在此是指《逻辑研究》中关于联想的讨论。但前述已经表明《逻辑研究》对发生性分析的否定态度，对此我们只能把这看成他站在后期发

---

① 　黑体部分是笔者所做的强调。

生现象学的立场上对其早期思想的一个诠释。①

在 1918 年写给那托普(Paul Natorp)的信中，胡塞尔又给出了一个不同的时间："我在十多年前就已经超出了静态的柏拉图主义阶段，并已将先验发生的观念确立为现象学的主要论题。"②联系他后来将内时间意识(inneren Zeitbewußtseins)的构造问题看作最基本的发生问题的观点，这里似乎是指 1904 年至 1905 年冬季学期的讲座，讲座第四部分的标题是"论时间现象学"。但是，如果根据胡塞尔对时间现象学与发生现象学之间关系的理解来对照现已收入《内时间意识现象学讲座》(简称《讲座》)中的相关文本，那么这个时间确定也是成问题的。因为根据他的观点，单纯从形式上进行的对于时间意识及其成就的意向(intentionale)分析是一种抽象的分析，而这种抽象的分析还不是发生性的分析(XI，340)。

对此问题，后续的阐释者仁者见仁，智者见智。马尔巴赫(Eduard Marbach)和榊原哲也(Tetsuya Sakakibara)在《纯粹现象学和现象学哲学的观念(第二卷)》(简称《观念 II》)的原始铅笔稿(1912)中看到了发生现象学观念的萌芽③，耿宁把胡塞尔最初构想发生现象学观念的时间确定在 1917—1921 年④，霍伦斯坦(Elmar Holenstein)给出的时间是 1917—1918 年⑤，斯特洛克和李南麟(Nam-In Lee)则把时间大致确定在 1920 年。⑥ 笔者认为，尽管众说不一，但是，仍有两点可以确定。第一，胡

---

① 参见《逻辑研究》中的相关讨论(《第一研究》第 4 节，《第五研究》第 15 节)。霍伦斯坦的研究表明，《逻辑研究》中的联想概念与后期不同，它"还不是一种本质必然的指明意向"，因而，胡塞尔此时关于联想概念的说明只是一种"前现象学的、经验—归纳的解释"。参见 Holenstein, E.: *Phänomenologie der Assoziation: Zur Struktur und Funktion eines Grundprinzips der passiven Genesis bei E. Husserl*, The Hague, Martinus Nijhoff, 1972, S. 9。

② *Husserliana. Dokumente III. Briefwechsel. Band V. Die Neukantianer*, S. 137.

③ 参见 Marbach, E.: *Das Problem des Ich in der Phänomenologie Husserls*, Den Haag, Martinus Nijhoff, 1974, S. 306; Sakakibara, T.: "Das Problem des Ich und der Ursprung der genetischen Phänomenologie bei Husserl", *Husserl Studies* 14(1997), S. 21-39。

④ 参见 Bernet, R., Kern, I., Marbach, E.: *An Introduction to Husserlian Phenomenology*, trans. by Embree, L., Evanston, Northwestern University Press, 1998, pp. 196, 200. 亦可参见 Kern, I.: *Husserl und Kant: eine Untersuchung über Husserls Verhältnis zu Kant und zum Neukantianisum*, Den Haag, Martinus Nijhoff, 1964, S. 39-41, 339-356。

⑤ 参见 Holenstein, E.: *Phänomenologie der Assoziation: Zur Struktur und Funktion eines Grundprinzips der passiven Genesis bei E. Husserl*, The Hague, Martinus Nijhoff, 1972, S. 26。

⑥ 参见 Ströker, E.: *Husserls Transzendental Phänomenologie*, Frankfurt am Main, 1987, S. 11; [韩]李南麟:《主动发生与被动发生——发生现象学与先验主体性》，见《中国现象学与哲学评论》第 8 辑，上海，上海译文出版社，2006，第 14 页。

塞尔在意识上萌生发生现象学的观念不会晚于 1918 年，因为在致那托普的信中，他明确提到"已将先验发生的观念确立为现象学的主要论题"，但也不可能像他本人所说的"十多年前"那样早。第二，这一时间也不能像马尔巴赫和榊原哲也那样一直追溯到 1912 年《观念 II》的起草时期。前述所引业已表明，即使在其后（至少在同一时期）的《观念 III》中，胡塞尔对于发生的理解也尚未达到真正的发生性分析的层次，因此，将其确定为"发生现象学观念的萌芽"也不确切，因为没有任何迹象表明他当时业已具备了明确的发生性分析的意识。笔者对此给出的时间是 1915 年，根据有二：一是胡塞尔致那托普的信；二是两份同样写于 1915 年的手稿：B IV 6 和 B IV 5a，现在分别构成《形式逻辑与先验逻辑》第 98 节和附件 II。①

胡塞尔"发生现象学转向"的动机引发问题不仅关系到胡塞尔前后期思想发展之内在连续性的规定方式，关系到发生现象学的定位；而且对于我们完整把握胡塞尔现象学方法的完整形态，进而对于我们正确理解先验现象学的观念论的本质特征也至关重要。我们在此只能给出简略的讨论，旨在勾勒出这种"转向"的含义。

我们的讨论无意于追溯某种来自外部的理论触发，或者像墨菲（Richard T. Murphy）那样在休谟的《人性论》中寻找胡塞尔发生现象学的灵感，或者像耿宁那样将其归因于对康德的研究，尤其是来自那托普的推动。② 相关研究业已表明——例如，在斯泰因伯克（Anthony J. Steinbock）和榊原哲也那里，早在形成明确的发生的观念和发生的方法论以前，胡塞尔的某些具体的现象学研究就已不自觉地运用了发生性分析的方法。这意味着，静态的—描述的分析与发生性的—说明性的分析之间的区分是内在于其现象学运动的。

耿宁把发生现象学观念产生的动机归因于胡塞尔对自我拥有权能性（Vermöglichkeit）和信念（Überzeugung）的明察。因为只有在这样的权能性和信念中，世界才能作为"我能"的视域预先被给予我，而自我的这些权能性和信念回指以前的体验和设定。因此，自我是一个具有习性（Habitualität）的"具体自我"（konkrete Ich），这种"具体自我"所具有的权

①　参见 Steinbock，A. J.：*Home and Beyond*：*Generative Phenomenology after Husserl*，Evanston，Northwestern University Press，1995，p. 275。

②　参见 Murphy，R. T.：*Hume and Husserl*：*Towards Radical Subjectivism*，The Hague，Martinus Nijhoff Publishers，1980，pp. 1-8；Kern，I.：*Husserl und Kant*：*eine Untersuchung über Husserls Verhältnis zu Kant und zum Neukantianismus*，Den Haag，Martinus Nijhoff，1964，S. 39-42，339-356。

能性或习性必然有一个历史，有一个发生性的起源。于是，正是这种"具体自我"和"意识具有历史"的观念使胡塞尔提出了如何探究意识的历史这样的问题，并由此引发了发生现象学的思考。① 毋庸置疑，无论是在文本的根据方面，还是就解释的力度而言，耿宁的观点都具有较强的说服力。但是，问题似乎还可以进一步回溯，我们必然可以提出这样一个问题：在胡塞尔对"权能性自我""习性自我"或"具体自我"的明察背后，是否还隐藏着某种引发动机？

前述曾提及，胡塞尔从《逻辑研究》向《观念 I》的突破表明了先验现象学的某种普遍性要求，亦即把"先天的和形式的逻辑学与数学"扩展为"对于全部可能世界的普遍先天的要求"（IX，43）。但是，众所周知，《观念 I》所采取的笛卡尔式的还原路径与先验现象学的这种普遍性要求并不协调，它既不能澄清先验现象学的范围，也不能透视先验现象学的深度。"悬搁"导致了不可消解的理论疑难。首先，对于世界的"悬搁"有丧失世界的危险，意识似乎成了一种与世界无关的剩余物。其次，通过这种笛卡尔式的还原，我们所获得的绝不是完整的主体性，而只能是点截性的（punktuell）的我思（cogito）和空乏的纯粹自我（reine Ich）之同一极。因为这种笛卡尔式的还原路径本身对哲学的绝对开端的要求，必然将现象学的明见性原则理解为一种绝对的明见性。② 对此，胡塞尔显然已有清醒的认识："在我的《纯粹现象学和现象学哲学的观念》一书中，我描述的通向先验悬搁的简短得多的道路——我称之为'笛卡尔式的道路'——有很大的缺点，即那条道路虽然已经通过一种跳跃达到了先验自我（transzendentale Ich），但是，因为毕竟缺少任何先行的说明，这种先验自我看上去完全是空无内容的。因此，人们在最初就不知道，借助这种悬搁会获得什么，甚至也不知道，从这里出发就会获得一种对哲学有决定意义的全新的基础科学。"（VI，157-158）

因此，尽管胡塞尔在《观念 I》中确立了"纯粹自我"的存在，但还原的"剩余物"只能是这种极性的自我和点截性的我思。以此方式，我们甚至不能获得体验流（Erlebnisstrom），而只能素朴地设定它的存在。在这种情况下，我们不仅可能丧失世界，而且也没有一个完整的主体性观念，因而先验现象学面临错失其真正论题的危险，因为正是世界和先验主体性构成

① 参见 Bernet, R., Kern, I., Marbach, E.：*An Introduction to Husserlian Phenomenology*, trans. by Embree, L., Evanston, Northwestern University Press, 1998, pp. 199-200。

② 参见 Kern, I.：*Husserl und Kant：eine Untersuchung über Husserls Verhältnis zu Kant und zum Neukantianismus*, Den Haag, Martinus Nijhoff, 1964, S. 202-212。

了先验现象学的真正论题："世界在先验主体性的构造中的生成"①。用
胡塞尔本人的话说，先验现象学"并不否认实在世界（首先是自然界）的现
实存在"，相反，"它的唯一任务和功能在于阐明这个世界的意义"
（V，152）。

除了上面所引的《危机》文本外，我们还可以分别在 1930 年的《观念
I》后记和 1923/24 年的《第一哲学》讲座中看到胡塞尔对于笛卡尔式的还
原路径所做的反省。从时间上看，这些反省都出现在其发生现象学的观
念产生以后。但是，在《观念 I》出版后不久，胡塞尔显然就已经意识到
"笛卡尔式的还原"的困境了，因为在紧随其后的《观念 II》中，胡塞尔详
尽探讨了"人格自我"（persönliche Ich）的构造问题。

马尔巴赫的研究表明："在《观念 I》随后几年中，与静态的、空无内
容的'自我'形成对照，胡塞尔构想了与其周围世界相关的更加具体的人
格'自我'，以及单子概念。"马尔巴赫认为，"从表面看来，人格'自我'概
念的发展与胡塞尔转向对构造问题的发生性的理解密切相关"，并且在弗
莱堡时期，胡塞尔反复探讨了人格"自我与周围世界之发展的相关性问
题"。② 这表明，胡塞尔在《观念 I》之后，很快就试图超出笛卡尔式的还
原的理论框架，而这种持续的努力本身又与胡塞尔本人对其先验现象学
观念论的构想密切相关。尽管在《观念 I》及随后几年中，胡塞尔先验现象
学观念论的观念和目标并不明确，而这也是导致其一系列核心概念——
如构造、内在（Immanenz）、超越（Transzendenz）、明见性、自我、世界
等——不确定的原因，但是，正是这种尚不明确的先验现象学观念论的
观念推动着胡塞尔对笛卡尔式的还原做出批判性的反思，并在具体的现
象学研究中有可能超出既有的方法论框架而运用不同的方法。这种方法
上的反思和具体分析中新方法的运用反过来又会促进胡塞尔对其先验现
象学观念论逐步深入的理解。相应地，其一系列核心概念也将得到逐步
的澄清和确定。因此，我们看到《观念 I》中的"纯粹自我"概念向"人格自
我"概念的过渡，以及进一步向"习性自我"或"具体自我"概念的发展。在
胡塞尔那里，这一进程绝非偶然，而是有其内在的思想动力和隐蔽的理
论动机。在此意义上，我们同意马尔巴赫和榊原哲也所确定的时间，亦
即《观念 II》的原始铅笔稿中已有发生现象学观念的萌芽。同样，基于这

① Fink，E.：*Studien zur Phänomenologie：1930—1939*，Den Haag，Martinus Nijhoff，1966，
　S. 139.
② Bernet，R.，Kern，I.，Marbach，E.：*An Introduction to Husserlian Phenomenology*，
　trans. by Embree，L.，Evanston，Northwestern University Press，1998，p. 211.

样的理解，我们就能完整地把握耿宁关于胡塞尔发生现象学观念的产生所做的明察。

## 第三节　发生现象学的研究状况

　　尽管关于发生现象学的研究对于整体地理解和把握胡塞尔思想的本质形态和最终的哲学旨归至关重要，但是，它在胡塞尔现象学的总体研究中所占份额较小。这不仅缘于这一问题域本身的复杂性关联，还在于胡塞尔本人未能充分阐明发生现象学的观念和方法，未能足够清晰地揭示发生现象学的问题域的维度和层次结构。本书着重讨论胡塞尔后期思想中的"被动发生"（passive Genesis）问题，借以澄清其先验现象学观念论的本质形态。与之相关，我们需要预先讨论这样两个问题：（1）静态现象学与发生现象学的关系问题；（2）发生现象学的观念和方法问题。由于对静态现象学与发生现象学关系问题的探讨必然会展现发生现象学观念和方法问题的探讨方向，因此，我们主要就静态现象学与发生现象学的关系问题和"被动发生"问题这两个方面谈一谈国内外发生现象学的研究状况。

　　首先，就国内研究而言，最早触及发生现象学问题的是罗克汀先生[①]，稍后有倪梁康、张祥龙和汪文圣等先生。[②] 2004 年以后，国内学者关于胡塞尔发生现象学的探讨渐趋系统和深入。专著方面有方向红的《生成与解构——德里达早期现象学批判疏论》、朱刚的《本原与延异：德里达对本原形而上学的解构》和王恒的《时间性：自身与他者——从胡塞

---

[①]　参见罗克汀：《现象学理论体系剖析——现象学横向研究》，第七章，广州，广州文化出版社，1990；《从现象学到存在主义的演变——现象学纵向研究》，第六章，广州，广州文化出版社，1990。在第一部书中，尽管作者区分出静态现象学和发生现象学，并对发生现象学做了明确的界定，但这一含糊的界定尚不能使我们将其与静态现象学明确地区分开来，而且作者未就二者的关系做任何说明。第二部书中则有两点令人不解：（1）作者在第三节"构成现象学"中未能划分"静态构成"和"发生构成"；（2）在第五节"单子论的自我学的现象学与相互主观性的现象学"中丝毫未论及"发生"问题，反倒是在第四节"形相现象学"中论及"发生"问题。

[②]　倪梁康先生的专著《胡塞尔现象学概念通释》尽管不是系统讨论发生现象学的著作，但其对发生现象学相关概念做了明确的阐释，而且涉及发生现象学的主要概念。对此，可参见该书之"发生现象学""发生性""活的当下""原素""本欲""本能""积淀""触发""考古学""目的论""前自我""时间化"等条目。张祥龙先生的专著《朝向事情本身——现象学导论七讲》在第四章"发生现象学一瞥"中有对胡塞尔发生现象学的宏观把握。汪文圣先生在专著《胡塞尔与海德格尔》的第七章到第九章和《现象学与科学哲学》的第二章中对胡塞尔的发生现象学做了较为系统的研究。

尔、海德格尔到列维纳斯》。《生成与解构——德里达早期现象学批判疏论》用较大篇幅讨论了发生问题，尤其可参见该书第一部分"生成与差异"。但是，该书是在胡塞尔与德里达的争论中给出胡塞尔的发生现象学的观点的，没有正面对发生现象学的观念和方法进行系统的阐释和论证。《本原与延异：德里达对本原形而上学的解构》从德里达与胡塞尔的论争中凸显出胡塞尔发生现象学的"起源"观念。《时间性：自身与他者——从胡塞尔、海德格尔到列维纳斯》第一章第四节"时间意识：被动综合与反思"较为深入地探讨了胡塞尔的"被动发生"问题。此外，王庆丰的《德里达发生现象学研究》和钱捷的《超绝发生学原理（第一卷）》，也从不同侧面触及了胡塞尔的发生现象学问题。

论文方面主要有倪梁康、张廷国、钱捷、方向红、马迎辉、张浩军、王庆丰等人的相关研究。张廷国 2004 年发表的《简析胡塞尔的"前谓词经验"理论》一文在"前谓词经验"的标题下探讨了胡塞尔的"被动发生"问题。钱捷 2006 年发表的《〈几何学的起源〉和发生现象学》一文从皮亚杰的发生认识论的视角比较性地探讨了胡塞尔的发生现象学的观念。倪梁康先生自 2008 年以后发表了关于胡塞尔发生现象学的系列论文，深入和系统地探讨了发生现象学的核心观念和问题，引领了国内胡塞尔发生现象学研究的发展。其中，主要有《历史现象学与历史主义》《历史现象学的基本问题——胡塞尔〈几何学的起源〉中的历史哲学思想》《赖耶缘起与意识发生——唯识学与现象学在纵—横意向性研究方面的比较与互补》《思考"自我"的两种方式——对胡塞尔 1920 年前后所撰三篇文字的重新解读》《"自我"发生的三个阶段——对胡塞尔 1920 年前后所撰三篇文字的重新解读》《纵意向性：时间、发生、历史——胡塞尔对它们之间内在关联的理解》《纵横意向——关于胡塞尔一生从自然、逻辑之维到精神、历史之维的思想道路的再反思》《现象学的历史与发生向度——胡塞尔与狄尔泰的思想因缘》《胡塞尔与海德格尔的历史问题——历史哲学的现象学—存在论向度》等。倪梁康先生的系列论文立足于时间、发生和历史这三个发生现象学的核心问题，从三者的内在关联出发，深入揭示了胡塞尔发生现象学的观念和问题维度。方向红的论文《静止的流动，间断的同一——基于胡塞尔时间手稿对意识之谜的辨析》和《自我的本己性质及其发展阶段——一个来自胡塞尔时间现象学手稿的视角》，从时间构造的角度探讨了自我的发生问题。马迎辉的论文《胡塞尔的双重意向性与〈观念〉》和《意向与时间化——胡塞尔时间构造中的发生问题》，借双重意向性和时间化问题探讨了发生与时间性的关系。张浩军的论文《论胡塞尔的"被动性"概念》《知觉的主动性与主动综合——对胡塞尔判断发生学的一个考察》和《从主动综合到被动综合——胡塞尔对康德"综合"理论的批评与发展》，探讨了主动发生(aktive Genesis)、被动发生问题及二者的关系。王庆丰的论文《回问与发生现象学的方法》和《现象学的发生概念——从胡塞尔到德里达》，从发生性回问的方法论层面揭示了胡塞尔发生现象学的观念。此外，朱刚的《理念、历史与交互意向性——试论胡塞尔的历史现象学》一文探讨主体间性与历史性(Geschichtlichkeit)的关系问题，陈伟《作为意识发生法则的动机引发——兼论胡塞尔超越论现象学的非笛卡尔式道路》一文探讨了意识发生的规则，李婉莉的《胡塞尔的发生现象学及其对梅洛-庞蒂的启示》一文揭示了胡塞尔发生现象学的思想效应，栾林的《从静态现象学到发生现象学——理解胡塞尔现象学发展的一条线索》一文探讨了静态现象学与发生现象学的内在关联。

毋庸置疑，上述相关研究均在不同程度上触及了胡塞尔发生现象学的核心观念和问题，并且做了有益的探讨。综括起来，这些学者所聚焦的主要问题有：(1)静态现象学与发生现象学的关系问题，如倪梁康和马迎辉关于纵—横意向性问题的探讨；(2)意识和自我的发生问题，如倪梁康和方向红的相关研究；(3)发生与历史性的关系问题；(4)发生与时间性的关系问题，如倪梁康和马迎辉的相关探讨；(5)历史现象学问题，如倪梁康和朱刚的相关研究；(6)主动发生与被动发生的关系问题，如张浩军的相关探讨；(7)发生现象学的方法问题，如汪文圣和王庆丰的相关研究；(8)发生的规则问题，如陈伟的相关探讨；(9)被动发生问题，如张廷国和张浩军的相关研究。

这些探讨角度各异，涉及胡塞尔发生现象学研究的主要方面。但是，一方面，这些研究缺乏从观念到问题再到方法的系统研究；另一方面，正是由于缺乏系统性，它们未能深入揭示发生现象学问题域的总体维度和层次结构，以至于无法界定静态现象学与发生现象学，无法真正澄清发生现象学的观念和方法，进而揭示发生现象学的可能限度。

其次，国外关于胡塞尔发生现象学的研究，值得一提的有如下著作。20世纪30年代有芬克的《现象学研究(1930—1939)》。20世纪50年代有德里达(Jacques Derrida)的《胡塞尔哲学中的发生问题》①、布兰德(Gerd Brand)的《世界、自我和时间》、迪麦尔(Alwin Diemer)的《胡塞尔：一种系统阐述他的现象学的尝试》和冯克(Gerhard Funke)的《论先验现象学》。

---

① 这部著作原本是德里达1954年的硕士答辩论文，法文版迟至1990年才得以出版。

20 世纪 60 年代有兰德格雷贝的《现象学之路》、黑尔德的《活的当下》和耿宁的《胡塞尔与康德》。20 世纪 70 年代有阿古雷（Antonio Aguire）的《发生现象学与还原》、索科罗夫斯基（Robert Sokolowski）的《胡塞尔构造概念的形成》、费恩（Hubert Fein）的《胡塞尔现象学中的发生与有效性》、霍伦斯坦的《联想现象学》、阿尔麦达（G. A. de Almeida）的《胡塞尔发生现象学中的意义与内容》和卡尔（David Carr）的《现象学与历史问题》。20 世纪 80 年代有墨菲的《休谟与胡塞尔》、山口一郎（Yamaguchi，Ichiro）的《胡塞尔的被动综合与主体间性》、斯特洛克的《胡塞尔的先验现象学》和耿宁（与马尔巴赫、贝耐特合著）的《胡塞尔现象学导论》。20 世纪 90 年代有李南麟的《胡塞尔的本能现象学》、斯泰因伯克的《家乡与来世》和库恩（Rolf Kuhn）的《胡塞尔的被动性概念》。2000 年以来有威尔顿（Donn Welton）的《别样的胡塞尔》、窦瑙霍（Janet Donohoe）的《胡塞尔论伦理学与主体间性：从静态现象学到发生现象学》和蒙塔古瓦（K. S. Montagova）的《意识和认识的先验发生》等。另外还有一些讨论发生现象学问题的重要著作和论文在这里无法一一列出，我们会在后面的具体论述中涉及它们。

诚然，上述这些研究涉及胡塞尔发生现象学问题的方方面面，但与本书探讨的论题相关，我们重点就静态现象学与发生现象学的关系问题、发生现象学的观念和方法以及"被动发生"问题缕述如下。

## 一、静态现象学与发生现象学的关系问题

尽管胡塞尔后期转向发生现象学研究这一事实已得到确认，而且人们对"静态现象学与发生现象学共同构成先验现象学的完整系统"这一说法也几无异议①，但是，在静态现象学与发生现象学的关系问题上，论者之间却存在很大分歧。他们提出了各种不同的观点，并且都能从胡塞尔的著作中找到根据。具体来说，主要存在以下几种观点。

### 1. 补充说

这种观点认为，静态现象学以区域存在论的结构为引导线索，在意向行为与意向相关项的相关性中描述内在体验复合体的构造，借此达到

---

① 在这里，斯泰因伯克是个例外。他在《家乡与来世——胡塞尔之后的世代性现象学》一书中探讨了作为世代现象学问题的世代问题。他认为，探讨世代问题的世代现象学是现象学的第三个维度，而这一维度既超出了静态现象学的范围，也超出了发生现象学的范围。参见 Steinbock, A. J.：*Home and Beyond：Generative Phenomenology after Husserl*，Evanston，Northwestern University Press，1995，pp. 3-4。

对普遍的意识结构的构造性分析，但这种构造性分析仍停留于"现成的对象性"和"现成的统觉系统"的层次上；发生现象学则进一步探究这种静态意义上的构造的发生，亦即探究"现成的统觉系统"和"现成的对象性"的发生或起源，或者说，探究"现成的统觉系统"的历史和"现成的对象性"的历史。因此，在他们看来，发生现象学是静态现象学的必要补充，尽管静态的分析作为意识结构的描述方法始终是现象学的首要任务。这种观点以耿宁为代表，另外还有阿尔麦达、山口一郎和窦瑙霍等人。① 当然，这些现象学专家的观点也存在某种区别。例如，在坚持这种补充说的基础上，山口一郎认为，静态现象学与发生现象学的关系应被看作一种在"之"字形的前进步骤中相互补充的关系，阿尔麦达则用意识流横剖面与纵剖面的关系来说明静态分析与发生性分析的关系。

**2. 基本步骤说**

这种观点认为，静态现象学只是发生现象学的基本步骤和预备阶段，不能代表一种独立的现象学观念，它是发生现象学的一部分。这种观点以芬克为代表。

在其著名的论战文章《当代批评中的胡塞尔的现象学哲学》中，芬克将现象学还原的实行分成两个阶段。第一阶段是通过现象学还原达到一个临时性的先验主体性层次，亦即通过消除世间性的自身统觉(Selbstapperzeption)而使先验生活(transzendentale Leben)脱客体化(entobjektiviert)和脱世间化(entverweltlichet)，并由此进入先验的信仰生活。对于先验的信仰生活来说，这种对世间性自身统觉的受缚状态(Befangenheit)是一种有效性相关项。在此阶段，这种有效性相关项还是不确定的。第二阶段是通过对这种不确定的有效性相关项之内在特征的探究揭示出先验信仰生活之深层的构造层次。在芬克看来，尽管在现象学还原第一阶段只能达到这种具有其不确定的有效性相关项的临时性的先验主体性层次是必然的，并且保持这种有效性相关项的不确定性也是必要的，因为借此我们可以获得先验生活之统摄性关联的全域，但现象学在本质上是"构造现象学"，因为现象学的真正论题既不是单纯的世界，也不是单纯与其

---

① 参见 Kern, I.: *Husserl und Kant: eine Untersuchung über Husserls Verhältnis zu Kant und zum Neukantianisum*, Den Haag, Martinus Nijhoff, 1964, S. 351-353; Almeida, G. A. de.: *Sinn und Inhalt in der Genetischen Phänomenologie E. Husserls*, Den Haag, Martinus Nijhoff, 1972, S. 7-8; Yamaguchi, I.: *Passive Synthesis und Intersubjektivität bei Edmund Husserl*, The Hague, Martinus Nijhoff Publishers, 1982, S. 11-14; Donohoe, J.: *Husserl on Ethics and Intersubjectivity: From Static to Genetic Phenomenology*, New York, Humanity Books, 2004, pp. 11-12, 20-21。

相对的先验主体性，而是"世界在先验主体性的构造中的生成"。① 随着现象学还原的进一步实行，那个临时性的先验主体性层次必然为高层次的现象学所克服，成为先验生活之自身构造性的一个层次。因此，尽管现象学还原第二阶段的构造性分析必须以第一阶段所揭示的先验主体的世界拥有（Welthabe）为基础，但第一阶段所完成的、对于先验生活的意向分析成果只能被看作"一个必要的过渡阶段"。② 在此我们看到，尽管芬克只字未提"发生""发生现象学""发生性的分析"和"发生性的构造"（genetische Konstitution）这些概念，但其对于现象学还原两阶段关系的论述所涉及的正是静态现象学与发生现象学的关系问题。这里的"还原第一阶段"的论题对应"静态现象学"的论题，而"还原第二阶段"的论题，亦即"构造现象学"的论题，对应发生现象学的论题。因此，在静态现象学与发生现象学的关系问题上，芬克明确坚持这种基本步骤说。持这种观点的现象学家还有克赖斯格斯（Ulrich Claesges）和斯特洛克等。③

### 3. 重构或再结晶说

这种观点认为，静态现象学不能单纯被看作发生现象学的一个"基本步骤"或层次，发生现象学也不能单纯被看作静态现象学的一个必要"补充"。毋宁说，发生现象学的开显将会形成对静态现象学的"重构或再结晶"。这种观点以威尔顿为代表。在《别样的胡塞尔》中，威尔顿系统论述了这种"重构或再结晶"的观点。④ 在他看来，发生性分析从静态分析的结果出发，亦即探究静态的构造（statische Konstitution）的发生或起源，而一旦静态现象学本身成为发生现象学研究的引导线索，一种特有的"重构或再结晶"就成为必然。因为从发生性分析的观点来看，由于静态分析排除了发生问题，因而分析对象是一种从时间性中抽离出来的、"现成的"抽象物，是发生预先规定了静态的构造或静态现象。因此，为了达到对静态的构造或静态现象的具体把握，我们必须翻转引导线索的方向，从发生性的观点出发重新制定或修正以前静态分析的结果。持这种观点

---

① 参见 Fink, E.：*Studien zur Phänomenologie：1930—1939*，Den Haag，Martinus Nijhoff，1966，S. 139。

② 参见 Fink, E.：*Studien zur Phänomenologie：1930—1939*，Den Haag，Martinus Nijhoff，1966，S. 142-143。

③ 参见 Claesges, U.：*Edmund Husserls Theorie der Raumkonstitution*，Den Haag，Martinus Nijhoff，1964，S. 34；Ströker, E.：*Husserls Transzendental Phänomenologie*，Frankfurt am Main，1987，S. 156-169。

④ 参见 Welton, D.：*The Other Husserl：The Horizons of Transcendental Phenomenology*，Bloomington，Indiana University Press，2000，pp. 235-236，251-255。

的还有霍伦斯坦、卡尔和斯泰因伯克等人。①

### 4. 双重面孔说

这种观点认为，静态现象学和发生现象学代表两种独立的先验现象学观念，二者不能彼此还原。它们之间的差别表现在对构造之可能性条件的研究所选取的不同方向或采取的不同立场上。静态现象学的任务旨在揭示主观的有效性奠基，发生现象学的任务则是揭示发生性奠基，它们共同构成了先验现象学的完整形态，因而可以被称为"现象学的双重面孔"。持这种观点的有黑尔德、李南麟等。②

## 二、发生现象学的观念、方法和"被动发生"问题

从总体上说，胡塞尔的发生现象学被划分为"主动发生"的问题域和"被动发生"的问题域，其中"被动发生"的问题域构成发生现象学的基层和核心，也是检验发生现象学的观念之成败的试金石。"被动发生"的标题下存在各种不同的问题维度和问题层次，如联想(Assoziation)、时间性(Zeitlichkeit)、触发(Affektion)、动机引发(Motivation)、原素(Hyle)、身体性(Leiblichkeit)等。下面是一些简略的介绍，涉及迄今为止在国际现象学界具有重要影响的关于被动发生问题的专论。

### 1. 霍伦斯坦论联想现象学

在《联想现象学》中，霍伦斯坦详细论述了被动发生之基本原则的结构和功能。据他考察，只是从1917—1918年胡塞尔转向现象学的发生问题以后，联想论题才真正得以先验地展开，而胡塞尔也正是从这一时期起将目光延伸到被动性(Passivität)现象。因此，他认为，发生、联想和被动性在胡塞尔那里是三个相互关联的问题标签。霍伦斯坦的探讨从联想的形式出发。他认为，联想不仅在当下、过去和未来的内容性关联中

---

① 参见 Holenstein, E.: *Phänomenologie der Assoziation: Zur Struktur und Funktion eines Grundprinzips der passiven Genesis bei E. Husserl*, The Hague, Martinus Nijhoff, 1972, S. 26-29; Carr, D.: *Phenomenology and the Problem of History: A Study of Husserl's Transcendental Philosophy*, Evanston, Northwestern University Press, 1974, pp. 77-80; Steinbock, A. J.: *Home and Beyond: Generative Phenomenology after Husserl*, Evanston, Northwestern University Press, 1995, pp. 4-8, 37-48。

② 参见 Held, K.: *Lebendige Gegenwart: Die Frage Nach der Seinsweise des Transzendentalen Ich bei Edmund Husserl, Entwickelt am Leitfaden der Zeitproblematik*, The Hague, Martinus Nijhoff, 1966, S. 11; Claesges, U., Held, K. (Hrsg.): *Perspektiven Transzendental Phänomenologischer Forschung*, Den Haag, Martinus Nijhoff, 1972, S. 23-24; Lee, N.-I.: *Edmund Husserls Phänomenologie der Instinkte*, Dordrecht, Kluwer Academic Publishers, 1993, S. 3-28。

起作用，而且参与了当下的构造，而那种在当下、过去和未来之内容性关联中起作用的联想的唤起（Weckung）正是以这种当下的构造为基点。据此，他区分了两种形式的联想，亦即原联想（Urassoziation）和通常意义上的联想。原联想包括触发性的联想和前触发性的联想；通常意义上的联想包括再造性的联想和预期性的联想。

与此相应，他对被动性现象做了区分。在他看来，被动性现象是没有自我参与（Ichbeteiligung）的意识现象，而它又可以区分出两个层次：原被动性（Urpassivität）层次和第二性的（sekundäre）被动性层次。原被动性现象是意识发生的最低层次。作为一种潜在的、一同起作用的过程，它伴随不同层次的主动意识成就一同进行，构成一切主动性（Aktivität）成就的前提。而第二性的被动性现象以主动性成就为前提，是主动性成就的积淀物，但又构成新的主动性成就的前提。在对联想的形式和被动性现象的层次做了这样的区分后，霍伦斯坦分别一般性地考察了联想在时间构造（Zeitkonstitution）、空间构造（Raumkonstitution）或动感构造（kinästhetische Konstitution）、触发、共现（Appräsentation）、接受性（Rezeptivität）、变式（Modalisierung）、认同（Identifizierung）、积淀（Sedimentierung）和习性化（Habitualisierung）等现象中的作用，借此确立了联想在被动性经验和接受性经验之构造中的地位。

据此，他又在分别考察了时间构造与联想性的综合、联想性的综合与对象的综合之间的区别和联系的基础上，着重探讨了几种联想性的综合的功能形式：融合（Verschmelzung）、统觉（Apperzeption）、共现、动机引发和被动综合（passive Synthese）。霍伦斯坦的研究表明，在发生现象学中，联想既是一种发生性的综合，又是一种被动的综合，可以将其看作被动发生最重要的构造形式。被动性现象正是借助于内时间意识中联想的综合作用而发生的，因此，联想与内时间意识的综合不仅被看作被动发生之最重要的功能形态，而且被看作被动发生的最普遍的原则。[①]

### 2. 李南麟论本能现象学

在《胡塞尔的本能现象学》中，李南麟探讨了意识之被动发生的最低层次，亦即本能意向性（Instinktintentionalität）问题。他首先从"在胡塞尔那里本能现象学究竟如何可能被理解为一门先验理论"这一问题出发，考察了先验现象学本身及其基本概念——如意向性（Intentionalität）、内

---

① 参见 Holenstein，E.：*Phänomenologie der Assoziation：Zur Struktur und Funktion eines Grundprinzips der Passiven Genesis bei E. Husserl*，The Hague，Martinus Nijhoff，1972。

在、超越、原素、意向相关项、起源、奠基（Fundierung）、先验性（Transzendentalität）、先验观念论（transzendentale Idealismus）和先验主体性等——的歧义性特征。他认为，先验现象学的这种歧义性特征既非胡塞尔本人表述上的疏忽，也非后人阐释上的差误，而是一种本质的歧义性。它在"实事本身"方面有其根据，因为随着现象学分析的深入，"实事本身"将呈现出不同的面貌。这是从头开始的（anfangenden）先验现象学的宿命。

在他看来，本能现象学之所以可以被看作一门先验理论。正是由于随着现象学分析的深入，先验主体性概念发生了深刻的变化。而"先验主体性的这种歧义性恰恰构成了先验现象学之根本歧义性的最终根源"。因此，先验现象学论题本身也随之发生了变化。现在，"由现象学分析的深化所开显的先验主体性概念与本能概念产生了一种可理解的含义统一性"。因此，先验现象学澄清先验主体性的任务必然转向系统地分析本能的结构。李南麟的研究表明，为了对本能的结构进行系统分析，胡塞尔必须严格区分两种完全不同的构造现象学的观念，亦即静态现象学和发生现象学，尤其要明确制定出发生现象学的观念和方法。因为在整个先验现象学系统中，发生现象学不仅是系统展开本能现象学的操作平台，而且本能现象学是发生现象学的"原始部分"（Urstück），其任务就是揭示发生性的构造的最低层。他认为，本能现象学的发展不仅符合发生现象学的内在逻辑，而且发生现象学的最终形态由本能现象学规定。因此，本能现象学同时也体现了胡塞尔彻底澄清其发生现象学观念的企图。①

### 3. 山口一郎论被动综合与主体间性

在《胡塞尔的被动综合与主体间性》中，山口一郎系统地考察了胡塞尔的被动综合问题及其对于解决主体间性问题的意义。他认为，"交织起来的、具体的预先被给予性"的直观问题是胡塞尔先验现象学的基本问题之一，其后期对于主体间性问题的探讨正是从原则上澄清这种"业已交织在具体的预先被给予性中的主体间关联域"。但是，尽管胡塞尔对此有清楚的认识并且对这种"业已交织在具体的预先被给予性中的主体间性关联"进行了详细的分析，却并未将此深入的分析引向系统的结论。例如，《危机》中关于陌生主体之构造的描述仍停留于抽象的原真领域的层次，亦即停留于对那个绝对的、匿名的先验自我进行先验唯我论的自身时间

---

① 参见 Lee，N.-I.：*Edmund Husserls Phänomenologie der Instinkte*，Dordrecht，Kluwer Academic Publishers，1993。

化(Selbstzeitigung)和自身展显的分析层次上。在山口一郎看来，为了澄清这种"业已交织在具体的预先被给予性中的主体间性关联"，我们必须通过对世界具体化之被动综合的深入分析对之进行系统的建构，借此方能在这种系统的建构中探求主体间性的原则性根据。因为只有借助于对被动的、联想的综合的分析，才能澄清这种被动的、主体间的本欲意向性(Triebintentionalität)的作用机制或规则性，亦即原初的、原联想的、主体间的本欲意向性，内部身体性和外部身体性那种被动的、触发的、联想的统一化和陌生身体性之结对感知等的作用机制或规则性。

这些规则性克服了高级的、自身意识的自我主动性之个体性的唯一性而建立起被动的主体间性。当然，这种被动的主体间性不是主动的主体间性的独立基础，而是从一开始就受到高级的、社会的自我共同体的作用和影响。因此，系统的主体间性理论正是建立在被动的主体间性与主动的主体间性之交互奠基的基础之上，而这在胡塞尔关于主动性和被动性之等级性的思想那里有其根据。山口一郎还具体地将被动综合划分成"天生的本欲意向性""感知领域的原联想""触发""接受""素朴的把握""展显"(Explikation)和"关联"(Relation)七个层次。他认为，"天生的本欲意向性"是一种最原初的被动综合，亦即原触发的或原联想的被动综合，它处于现象学整个构造系统的最低层。通过对"天生的本欲意向性"的发生性分析，我们可以追溯到"前存在"和"作为前构造者的前主体性"。由此，我们不仅可以澄清个体主体性本身的起源，而且可以通过在这种原触发的或原联想的被动综合层次上所发生的联想—结对的综合澄清主体间的同源性(Gleichursprünglichkeit)。在山口一郎看来，只有这种同源性才是胡塞尔整个主体间性理论建构的原根据。①

**4. 阿古雷论未分化的、非时间的开端**

在《发生现象学与还原》中，阿古雷的研究论题旨在处理"通达还原的途径"的问题域。"现象学还原"在胡塞尔那里标识着超出生命和科学的自然实证领域的先验性转变方法，而其"哲学作为严格的科学"的理想正是建立在对此方法的思义之上。因为哲学的思义者借此方法才能获得绝对的确然性，亦即彻底排除所有的认识前提，从而达到绝对科学所要求的"无前提性"。因此，对此方法的思义标明了胡塞尔现象学的旨归："由一种真正方法的力量而来的真正生成的真正开端(Anfang)。"(VII，142)阿

---

① 参见 Yamaguchi，I.：*Passive Synthesis und Intersubjektivität bei Edmund Husserl*，The Hague，Martinus Nijhoff Publishers，1982。

古雷认为，尽管现象学还原的途径在胡塞尔那里不止一条，比如除了笛卡尔式的途径以外，还有心理学的途径、生活世界的途径等，但是，所有这些途径都包含这样一个基本思想：试图借助一种对经验着世界的意识的批判论证悬搁或还原的动机，悬搁或还原是作为其必然性结果而从这种批判中产生的。也就是说，所有的还原途径都必然以这种动机引发性的批判为基础。

在此基础上，阿古雷试图确立这样一个观点：悬搁或还原是经验批判的结果，而这种批判恰恰是先验观念论本身的建构。因此，悬搁或还原是先验观念论的结果。但问题是，这种作为还原之动机引发的先验观念论本身就应是现象学的自身思义（Selbstbesinnung）。据此，这种自身思义就处于一种悖论境地：为了能够成为现象学的，这种先验观念论恰恰需要现象学还原，而它本身却应是还原的引发动机。也就是说，它以其想要论证的东西为前提。为了解决这一悖论，阿古雷区分了单纯方法性的还原和先验现象学或哲学的还原。

单纯方法性的还原使我们的目光从对世间之物的唯一的指向性中解放出来，转向我们的体验。它把这种体验看作显现（Erscheinung），亦即看作现实性之自身给予的（selbstgebende）场所。但是，这种单纯方法性的还原中已存在一个原则性的决断：仅将对象或世界一般看作经验的经验物。这种原则性的决断的合法性何在？阿古雷认为，其合法性在于一个基本的明察："世界存在，但它的存在在于我的陈述。"这里所表达的是一种怀疑的意识，它使所有的存在物都与现时经验着的主体相关。因此，先验现象学的自身思义之内在的、系统的开端在于怀疑。在阿古雷看来，这种开端的悬搁，亦即单纯方法性的悬搁，是一种怀疑的悬搁。它不触及存在之物的客体性，也不对存在和存在者的意义做陈述。但是，它使思义者看到了意识与现实性之普遍的相关性。因而，不是绝对的对象或世界而是其对于意识的相关性方式，不是存在者而是显现，将成为这种思义的开端。

阿古雷由此推进到其研究的中心论题：作为严格科学的现象学建立在这样一种可能性的基础上，即在严格排除存在现实性的情况下，只将显现，亦即现实性之意识的方式论题化。显现作为原素之立义的产物，与立义、原素一同构成意识的实项（reelle）要素，体验在其活的实行中就由这些要素组成。但是，在体验中，意识超出实项要素而朝向被意指的对象。它是关于某物的意识，意向对象不可分割地属于这种经验性的生活。阿古雷认为，胡塞尔的立义—原素或统觉—原素图式尽管遭受多方诟病，却是构成整个先验现象学学说或先验现象学观念论的支柱。因为，胡塞尔自始至终都将意识看作被统摄地构造着的意识。换句话说，他总是将世界规定为原功能性的主体性的普遍的统觉。在静态的意向分析中，统觉与原素的区别只是暂时的，其最终意义只有通过对内时间意识的分析才能得到理解。而当这种统觉—原素图式获得一种时间性的—历史性的意义时，静态现象学就过渡到发生现象学。只有发生现象学才能完成先验现象学的观念论，才能兑现彻底的经验批判。

根据阿古雷的观点，现象学要想澄清存在和存在者的最终意义，就必须从静态现象学过渡到发生现象学。这种过渡是现象学思义逐步深化的过程，直至内时间意识。其出发点是静态现象学所获得的作为意向意指物的对象。通过对其经验的视域结构的揭示，经验着世界的生活的各种不同的层级和结构逐渐显露出来。它揭示自身是一个"无限的生活关联域"（Lebenszusammenhang），一切对象性都以严格的动机引发的方式产生于其中。从发生现象学的观点看，现实的经验物是统觉的产物，亦即被统摄、被经验为某物，而这个某物总是隶属于某种预先熟悉的经验类型。这种预先熟悉的经验类型是源于经验历史的习性获得物。统觉把当下的被给予物转载到其历史之上，这种经验的历史以历史地获得的视域形态规定着先验主体性的当下生活。因此，统觉是生成于现时经验中的、先验主体性的发生性的一历史性的状态。当现象学的思义深入这种发生性的—历史性的层级时，所有的现实性就揭示自身是某个绝对的、未分化的开端之发生性分化的结果。与原功能性的（urfungierende）主体性的非历史性不同，所有存在者和全部现实性都是统摄性的构成物，因而完全是历史的产物。由此，阿古雷站在发生现象学的立场上做出了论证：先验主体性的充分展显就是先验观念论，它作为经验的批判将动机引发先验现象学还原。而由于先验观念论显露了一切存在者普遍的历史性，亦即其统摄性的状态，因此，还原就是回溯到纯粹的现象。这种纯粹的现象是一种无视域的和无统摄的显现，亦即未分化的、非时间的开端。[1]

### 5. 阿尔麦达论开端与起源

在《胡塞尔发生现象学中的意义与内容》中，阿尔麦达从胡塞尔的代现理论（Repräsentationstheorie）或立义（Auffassung）—内容（Inhalt）图式切入，以静态现象学向发生现象学的发展所面临的理论困境为线索，通

---

[1]　参见 Aguire，A.：*Genetische Phänomenologie und Reduktion：Zur Letztbegründung der Wissenschaft aus der radikalen Skepsis im Denken E. Husserls*，The Hague，Martinus Nijhoff，1970。

过对静态的构造与发生性的构造之本质区别的阐明，揭示出立义—内容图式在发生现象学中所必然导致的"最初的开端"和"无穷回退"的悖论。借此，他阐明了发生现象学的本质：关于构造过程之世界起源的探究。

代现理论是胡塞尔早期现象学研究最重要的理论假设之一。尽管随着先验主体性和先验构造的揭示，代现理论呈现出某种新的意义，但是，其主导思想始终未变：在意识的体验流中，认识对象由直观内容展示自身，直观内容只有借助于主观实行的立义综合才能成为对象的展示性内容。由于被给予内容只能被看作对象的展示性内容，而立义自身带有某种意义，它赋予被给予内容灵魂，并借此赋予其对象关涉性（Gegen-standsbezogenheit）。因此，意义和内容是认识意向性的两个基本原则，它们在立义综合中彼此中介。阿尔麦达的分析表明，在静态现象学的范围内，代现理论或立义—内容图式不会招致明显的理论疑难。但是，当现象学开始通过一种发生性的分析将意向过程本身论题化时，一旦问题涉及被动综合中被给予内容或感觉素材（Empfindungsdaten）的构造和主动综合（aktive Synthese）中意义的制作，就必须放弃这种解释图式。

阿尔麦达认为，首先，静态现象学与发生现象学的决定性区别在于对先验主体性之存在方式的不同理解。在静态现象学中，自我本身只具有一种逻辑意义，它是意识行为的一种意义结构，一个本身空乏的关系极。而在发生现象学中，自我是一个主动制作性的主体和习性的基底，因而是一个历史的、生成性的自我。这个自我不是源于构造，而是源于生活。其次，静态现象学与发生现象学的区别在于构造概念的本质规定的差异。在静态现象学中，构造仅仅意味着意向活动的杂多与意向相关项的杂多之间的相关性，或自我的行为与对象之间功能性的相关性，因而仅仅考虑到意义给予（Sinngebung）本身。而在发生现象学中，构造则意味着意义给予本身之可能性的创立。在静态现象学的范围内，由于构造意义和内容之主体性的规则性还不是主体之具体的制作权能（Erzeugungsvermögen），而只是逻辑的可能性条件，因此，意义的先天性和内容的预先被给予性尚不构成明显的理论疑难。而在发生现象学中，意向性被理解为一种主动的制作过程，意义和内容本身被看作具体主体的成就，因而意义和内容的构造问题就成了论题。这种发生性的构造问题域的展开，必然导致一种悖论性的结果。

在阿尔麦达看来，与静态现象学将最初的综合要素仅仅看作立义综合之结构性的奠基层次（Fundierungsschicht）不同，从发生性分析的立场出发，还必须探求一个时间上的最初之物。于是，意向过程的开端问题，亦即原统觉问题就产生了。在这种原统觉中，某物第一次获得被给予性，因此需要探究：构造性综合中的立义内容和立义意义是如何被构造出来的？对此，似乎存在二者择一的回答，即要么接受"无穷回退"，要么承认存在"最初的开端"。按照第一种回答，所有综合的构造要素本身都是在先前的综合中被构造出来的，结果导致构造过程的无穷回退。按照第二种回答，存在最终的构造要素，即感觉素材和原初的对象意义。它们直接作为最终的和不可逾越的可理解性的视域存在于那里，亦即作为知性的事实性先天存在。但是，阿尔麦达认为，事实上，现象学中不存在这种二者择一的回答。就"无穷回退"而言，构造过程本身的无穷回退意味着构造最终是无根基的；就"最初的开端"而言，如果构造过程中存在一个纯粹意识事实方面的"最初的开端"，那么构造过程也是无根基的。因为虽然它似乎有一个最终的基础，但是，这与构造意向性的观念相悖。构造意向性意味着，对于主体来说，只有通过主体的构造力而生成的东西才是存在的。因此，这种纯粹的意识事实是一种非理性的被给予性。

阿尔麦达认为，这种"无穷回退"和"最初的开端"的两难抉择潜存于代现理论中。只要现象学仅限于对意向性做静态的描述，这种理论疑难就是潜在的；而当胡塞尔对意向性做发生性的分析时，它就会凸显出来。在静态现象学中，意向描述处理的是意向过程的共时性问题，没有将意向过程本身论题化。它仅揭示各种综合或意义给予的层级建构，因此，行为意向的分析——它将意向活动的功能和原素的或意向相关项的杂多作为论题——恰好适合于解析这种多层次的综合或意义给予。但是，在意向过程之发生问题的探讨中，这种行为意向的分析不仅不合适，而且清晰地凸显出理论上两难抉择的困境。在阿尔麦达看来，只有以行为意向的分析处理发生问题时，才会产生这种两难抉择的困境。因为从行为意向性（Aktintentionalität）的立场出发，我们必须把所有综合的成就都看作某个现时的实行行为的结果，因而必须解析这种在时间进程中现时进行的综合。而这意味着，要么承认存在"最初的开端"（在它那里尚未有综合被实行），陷入非理性的开端的疑难；要么接受"无穷回退"，而这不仅与行为意向性分析所要求的开端的观念相悖，而且意味着构造过程本身是无根基的。阿尔麦达指出，行为意向性的发生性分析从一开始就未切中发生现象学的本质，而且必然导致这种两难困境。在他看来，视域意向性（Horizontintentionalität）的发生性分析则能够避免这种两难抉择。因为它不再寻求最初的意义给予，而是力图指明，一切事实的意义给予都从对世界的原亲熟状态（Urbekanntsein）中获得其意义和其被给予的可能性。也就是说，各个经验行为在自身中内在地拥有作为经验视域（Er-fahrunghorizont）的世界，它构成各个经验行为的视域，也只有从这个视域出发，我们才能理解各个被经验之物。因此，对被奠基的对象性之发生关联的揭示表明，构成最终层次的不是感性的个体，而是作为视域整体的世界。

根据阿尔麦达的论述，世界现象必然在行为意向的分析视野之外。因为行为意向的分析指向对象之物的明见性，并把对象之物看作意义要素和内容要素之综合的产物。但是，发生性的分析表明，立义内容和立义意义不是封闭的统一性，它们具有视域般的整体性特征。也就是说，意义和内容自身含有一个非封闭的综合。通过对某个统摄性功能之被给予内容的解析，我们不是回返到那种从虚无中生成的基本要素，而是回返到在感觉的时间过程中时间结构的整体。同样，通过对谓词判断之意义复合体的解析，我们不是回返到最终的意义统一性，而是回返到作为无所不包的理解视域（Verstehenshorizont）的世界。阿尔麦达认为，作为视域的世界是无限的、可能的经验统一性，这种经验统一性具有观念的本质。它既是一个综合的、历史的生成过程，又是一种观念性的存在。也就是说，它是一个目的论的经验统一性。作为综合地生成着的经验统一性，世界是内容规定之被给予性的游戏空间；而作为观念存在着的经验统一性，世界是被给予物之意义规定的游戏空间。因此，意义构造和内容构造的最终基础是作为目的论的经验统一性的世界。对意义蕴含或意义历史的揭示并不回溯到原统觉或原被给予性，而是回溯到作为一个无限的和观念的综合的经验视域之开放整体的世界。

根据阿尔麦达的分析，一方面，只有从世界经验的视域性出发，亦即只有通过对视域意向性的揭示，我们才能理解被动综合之具体的可能性：存在某类综合。它总已被完成，但却没有被现时地实行。被动综合的"被动性"与对感性素材的"接受性"无关，而与一个目的论的经验统一性的观念相关。只有这个观念能开启世界经验之无限进程的视域。另一方面，对于世界经验的被动综合之本质的明察能使我们理解，为何构造过程没有真正意义上的开端，但却有一个出自世界的起源。世界总以构造生活之活的当下的视域的方式存在于那里。阿尔麦达的分析表明，发生问题不是关于行为意向过程的开端问题，而是关于构造过程的世界起源问题。因为作为经验视域，世界是一切意义性（Sinnhaftigkeit）的基础和一切能被给予物（Gegebenseinkönnens）的游戏空间。因此，真正的发生问题是世界与被给予物、世界与意义之间的起源关系问题。①

**6. 兰德格雷贝论被动构造**

在《事实性与个体化》中，兰德格雷贝清晰地勾勒出被动构造(passive Konstitution)的问题维度和关联，及其在胡塞尔先验现象学中的地位。他认为，胡塞尔的构造概念的含义摇摆于"意义赋形"(Sinnbildung)与"创造"(Kreation)之间。构造概念的这种歧义性导致其后期"先验生活"这一核心概念的晦暗不明，而只有澄清"先验生活"概念，我们才能真正理解什么是先验主体性。因此，被动构造或被动综合问题对于正确理解胡塞尔的先验现象学具有决定性的意义，因为构造概念的这种歧义性并不存在于胡塞尔对主动构造(aktive Konstitution)或主动综合现象的分析中，而仅仅与被动构造或被动综合相关。

兰德格雷贝首先区分了第二性的被动性和原被动性。由于第二性的被动性是自我主动构造的获得物，本质上属于作为意义赋形的构造，因而他把问题限制在对原被动性或被动的前构造(Vorkonstitution)的探讨上，旨在澄清这种被动的前构造的本质及其具体的问题。

首先，兰德格雷贝探讨了被动的前构造与现象学反思的关系。在胡塞尔那里，原被动性的最低层是指时间意识的综合。在时间意识的综合中，自我将自身构造成时间性之物，并且意识到自身是一个意识流。自我在时间性中的自身构造(Selbstkonstitution)问题是其后期现象学反思的重要论题。他认为，作为意识流而贯穿先验的内时间的普遍的意识生活是一种被奠基的意向成就。只有通过对这种意向成就的分析，现象学还原才能揭示一切经验之最终的可能化根据(Ermöglichungsgrund)。而这种最终的基础层次，就是"原始地流动着的活的当下"或"在其持存着—流动着的生活中自身当下地流动着的绝对自我(absolute Ich)"。这个最终的功能性自我(fungierende Ich)是一切构造成就的源泉(Urquelle)。它构成一切超越之物的绝对基础，因而可以称之为"原现象(Urphänomen)"，任何其他可以被称为现象的东西都起源于它。但问题是，我们应如何对待这种"原现象"，亦即如何确定最终的功能性自我的活动方式呢？

在兰德格雷贝看来，胡塞尔对此的回答似乎完全自相矛盾。一方面，他认为，最终的功能性自我之流动的时间化(Zeitigung)不是源于自我的作为(Tun)，也就是说，被动的前构造的成就不是自我的成就。另一方

---

① 参见 Almeida, G. A. de.: *Sinn und Inhalt in der Genetischen Phänomenologie E. Husserls*, Den Haag, Martinus Nijhoff, 1972。

面，他又认为，时间性在所有方式上都是自我的成就。因此，问题在于，我们应如何确定最终的功能性自我的流动（Strömen）与自我之间的关系，如何理解胡塞尔对此所做的悖论性的解释："这个流动总是预先存在，而自我也预先存在。"

兰德格雷贝认为，关键是我们应如何理解胡塞尔在此所谈论的自我和自我的成就。根据胡塞尔的观点，一方面，原初的自我不是源于经验，而是源于生活。这种生活不是为自我而存在的，而是其本身就是这个原初的自我。另一方面，不能在主动的成就意义上理解此处所说的自我成就，因为"在这个原始被动的流动中，某种匿名的存在意义（Seinssinn）通过前时间化（Vorzeitigung）而使自身被时间化"。而只有通过事后的现象学反思，我们才能揭示这种匿名的存在意义及其前时间化过程。兰德格雷贝对此提出质疑，认为活的当下这种匿名的存在意义，亦即"原现象"，不可能是一种自为的现象。因为只有当它成为反思的对象并因而被存在者化时，才能成为一种自为的现象。但是，反思指向的是业已完成了的活动，它是对这种活动的事后察觉。经过反思行为的中介，这种活动变样了。因此，在兰德格雷贝看来，反思不可能捕获这种活动本身，而现象学反思正是在"原现象"的认识中碰到了自身权能性的界限。

其次，兰德格雷贝分析了身体性之被动的前构造功能，并探讨了身体性与先验主体性之间的关系。他认为，尽管"原现象"之构造过程的深层维度不能被现象学反思捕获，但是，为了澄清胡塞尔的先验主体性概念，我们必须追问：如果这种预先被动地被构造起来的存在意义是一种绝对的匿名性，而这种绝对的匿名性逃逸所有统摄性的对象化或意义给予，那么构造概念还能在意义赋形的意义上被理解吗？或者，我们必须把这种原始被动的流动理解为创造吗？而创造又意味着什么？为了回答这些问题，我们必须进一步思考：什么属于这种原流动的（urströmende）事件（Geschehen），在其中主体性本身通过时间化被构造出来？在他看来，这种东西就是功能性的身体性。身体性不仅是被构造起来的，而且也是构造性的。因此，首要的问题是：功能性的身体性在何种程度上属于作为先验主体性成就的被动的原构造（Urkonstitution），而这种先验主体性最基本的成就是其时间性的自身构造的综合？这种时间性的自身构造与身体性之间的关系如何？

按照兰德格雷贝的分析，时间赋形（Zeitbildung）之构造成就的概念只是纯粹的功能—形式概念，其构造成就的实行需要某种被给予性内容。但是，这种被给予性内容并非《讲座》中那种与原印象（Urimpression）的意识相关的原素素材（hyletische Daten）和《观念 I》中那种作为无形式的材料的原素。尽管胡塞尔本人在后期关于发生性的构造的思考中已明确放弃了这种原素概念，比如在《现象学的心理学》中说"构造感觉素材的内时间意识"，在《沉思》中提及"提供一切材料的被动综合"，但是，他未能从中引出系统的结论。他没有对这种构造原素素材的成就做出明确的现象学分析。兰德格雷贝认为，只有通过动感意识（kinästhetische Bewußtsein）的分析，才能澄清原素素材的产生。因此，应当把时间意识的被动综合与动感的综合联系起来思考。因为如果没有印象就没有构造着时间的成就，如果没有动感就没有印象。在他看来，一切触发原初都是作为"我"的身体器官的感觉器官的触发，而一切动感运动都是感觉器官之触发的可能性条件。原素产生于动感过程，没有这种动感过程就没有活的流动着的当下。因此，身体性不仅是被构造之物，而且是构造性的。它是一个相应于各个感性领域的权能性系统，因而属于先验主体性。根据发生现象学的观点，身体在发生上首先是作为可支配物被获得的，因而对于"支配身体"的"能意识"（Könnensbewußtsein）在发生上先于发展了的"自我意识"（Ichbewußtsein），对于"我的"（mein）的发现先于对于"自我"的发现。这表明，自我的自发性尚处于一种隐蔽状态，但却以隐蔽的方式起作用。兰德格雷贝认为，正是在这个意义上，我们可以理解胡塞尔那个悖论性的解释："这个流动总是预先存在，而自我也预先存在。"

最后，兰德格雷贝对先验主体性之原流动的事件做出了本质规定。在《观念 II》中，胡塞尔业已在自我的自发性意义上谈论在身体性中显现的先验主体性的"自然方面"（Naturseite），亦即作为构造性的先验主体性本身之被动的结构要素的"自然的基础"。但问题是，如果不是把自然看作与其自身相对的他物，而是看作其自身的一个"自然方面"，那么我们要如何理解先验主体性，进而又如何理解它的构造成就呢？兰德格雷贝认为，"先验主体性的自然方面"意味着，我们只是在它与身体性的一动感的构造成就相关的意义上认识自然的。除了在身体性的事件中显现的东西以外，我们对它不可能再有任何认识，而且我们一切关于这种身体性事件的认识最终都回涉到这种事件本身。因此，身体体验（Leiberlebnisse），亦即对支配身体的能意识不仅是构造性的，而且这种原流动的事件逃逸反思的指明。它超越了内在与外在、主观与客观、精神与物质、形式与材料的对立，超越了一切属于反思概念的东西。就其本身是无基础的基础，亦即被看作绝对的基础而言，它是创造性的过程。兰德格雷贝的分析表明，这种原流动（Urströmen）是一种绝对的事实性，它超越了一般与特殊、本质与事实之间的对立，而且由于自我与这种原流动以同样的方式预先存在，因此，自我也是绝对的事实性。①

毋庸讳言，上述研究通过对静态现象学与发生现象学的关系和被动发生问题的探讨，分别从不同的角度阐明了胡塞尔发生现象学的观念，澄清了发生现象学的问题维度和层级结构，并且在一定程度上揭示了发生现象学的方法论困境和发生现象学的可能限度。但是，从总体看来，这些相关研究仍缺乏对胡塞尔发生现象学的系统展示。一方面是由于这些学者聚焦于特定角度和问题；另一方面则在于胡塞尔有关发生现象学研究的许多重要手稿仍在整理出版阶段。例如，2014 年出版的《胡塞尔考评版全集》第 42 卷，即《现象学的界限问题》，尚未进入上述学者的研究视野。因此，进一步整理和出版胡塞尔的相关研究手稿是深入研究和完整把握胡塞尔发生现象学的必要准备和基础。

## 第四节 论题与理路

在《被动综合分析》（简称《分析》）中，胡塞尔明确地勾勒出先验现象学的完整形态和阶段划分："一门普全的构造现象学，先行于它的是一门关于包括所有统觉范畴的最普遍的结构和样式的普全现象学。但是，此外还有一门普全的发生理论。"（XI，340）②首先，是关于普遍的意识结构的普全现象学，它是关于意向活动（Noesis）与意向相关项（Noema）之间相关性类型的本质描述，旨在揭示纯粹意识的普遍结构。其次，是构造现象学，它是关于意识的本质类型或统觉系统的构造性分析，旨在揭示意识诸本质类型或诸统觉系统的功能方式，以及诸构造层次之间的奠基关系。这两门相对独立的现象学共同构成胡塞尔的静态的—描述的现象学阶段。最后，是胡塞尔 1920 年前后所开显的发生性—说明的现象学阶段。从内在的系统关联来看，关于普遍的意识结构的普全现象学所揭示的意识的区域结构为静态的构造性分析提供了引导线索；而静态的构造现象学重又构成发生现象学的引导线索，因为发生性的分析恰恰探究这种静态的构造的发生。如果静态的构造性分析旨在描述诸区域本质的结构及其构造类型，那么发生性的构造性分析则揭示了它们在意识的时间

---

① 参见 Landgrebe, L.: *Faktizität und Individuation：Studien zu den Grundfragen der Phänomenologie*, Hamburg, Meiner, 1982。

② 在此处，胡塞尔做了更简洁的概括："现象学：(1)关于普遍的意识结构的普全现象学；(2)构造现象学；(3)发生现象学。"

结构中的构造方式。这种层级关系表明，作为一个必经阶段，静态的构造性分析处于现象学反思的较高层级；而发生现象学标识着现象学反思的深化，构成现象学反思的基础层级。

毋庸置疑，发生现象学与静态现象学探究的是同一个意识生活，但却具有不同的问题维度。相应地，它们在探究方式上存在本质性的差异。对此，阿尔麦达做过一个形象的比喻："静态现象学从体验流中切出一个横截面，这个横截面显露出（体验）流的垂直结构；发生现象学则展示了体验流的纵剖面，由此就澄清了体验流或意向性的过程性（Prozeßhafte）。"①这意味着，静态现象学致力于意识的某个共时性结构的探究，而发生现象学旨在探究意识的历时性的结构，指向时间结构与历史的意义。因此，与静态的—描述的意向分析方法相对，对于意识生活的发生性说明构成发生现象学本己的问题域。

在发生现象学内部，按照发生的基本形式，发生可分为主动发生和被动发生。简单说来，主动发生指有自我参与的先验发生（transzendentale Genesis）；相应地，被动发生则指无自我参与的先验发生。主动发生以被动发生为前提。被动发生本身又可区分出两种形态：被动的感性（ästhetische）发生和被动的形式发生。被动的感性发生为主动发生，亦即所有可能的统觉实行，提供预先被给予的原材料。在被动的感性发生内，还必须考虑原被动性与第二性的被动性之间的区分。被动的形式发生指内时间意识的构造。"时间意识是同一性统一性（Identitätseinheit）之构造的发源地"，它构成被动的感性发生的前提。但是，"由于内时间意识的构造成就仅仅提供一切内在被给予性之相继和共存的普遍秩序形式"（EU，75-76），因而被称为"形式的"被动发生。在胡塞尔看来，作为被动的形式发生，内时间意识构造位于发生现象学的最低层，构成一切发生问题性的基础，时间性则作为发生的普遍形式支配着整个发生现象学问题域。应当预先提请读者注意的是，在被动的感性发生与被动的形式发生之间所做的临时性区分仅在抽象的意义上有效。事实上，它们是同一个意识生活统一性的两个不同方面，亦即内容的和形式的方面，因而是彼此关联、不可分割的。一方面，时间性作为意识生活的解释图式支配着被动的感性发生的问题性。在这个意义上，单纯涉及时间形式的内时间意识现象学业已构成整个发生现象学的基础。另一方面，这种单纯涉

---

① Almeida，G. A. de.：*Sinn und Inhalt in der Genetischen Phänomenologie E. Husserls*，Den Haag，Martinus Nijhoff，1972，S. 7.

及时间形式的内时间意识现象学还不是真正意义上的发生现象学。对此，我们可以在胡塞尔那里明确地读到：“既然时间意识是同一性统一之构造的发源地（Urstätte），因而是所有被意识到的对象性之并存和相继的联结形式，因此，它还只是那种建立一个普遍形式的意识。单纯的形式当然是一种抽象，因而这种对时间意识及其成就的意向分析从一开始就是一种抽象的分析……那种给予各自的对象以内容上的统一性的东西，那种构成一个对象和另一个对象在内容上的区别——更确切地说，是对于意识而言的而且是源于意识之本己的构造成就的区别——的东西，那种使意识上的划分和部分关系得以可能的东西，等等。时间分析独自没有告诉我们这些东西，因为它恰恰是不考虑内容之物的。因此，它也没有给出任何关于流动的当下和当下的统一流（Einheitsstrome）之必然的综合结构的表象。这种流动的当下和当下的统一流以某种方式涉及内容的特殊性。”（XI，128）根据胡塞尔的观点，只有当关于内时间意识的研究与个体化（Individuation）问题相关联时，才是真正意义上的发生性探究。①

对于静态现象学与发生现象学之间的系统关联和发生现象学本身的层级结构的概观，允许我们在此简略指明发生现象学的探讨方向和问题关联。

从静态现象学与发生现象学之间的系统关联看，“探究构造并不是探究发生，发生恰恰是构造的发生”。这意味着什么呢？前述业已表明，静态的构造性分析揭示的是“带有附属性显现方式和证实方式的有规则的系统”，一切客观之物都以意义和有效性的方式在这种有规则的系统中得到证实。其任务在于从本原地被意识到的、作为引导线索的对象类型（Gegenstandstypus）出发，回问可证实性的规则结构（Regelstruktur）。这种规则结构先天地规定着原本的统摄性意识的实行，它就是《危机》中所说的“普遍的相关性先天”（Korrelationsapriori）（VI，161）。但是，由于它从预先规定了可证实性之规则结构的引导线索出发，因此，静态的构造性分析就把可证实性的规则结构当作现成的东西，亦即把各种统觉类型及其附属的证实关联（Bewährungszusammenhängen）当作现成物，而未对规则结构本身的动机引发问题做进一步追问。它只是借助本质变更（eide-

① 在1918年4月致英伽登（R. Ingarden）的信中，胡塞尔明确写道：“我正在研究的并不是单纯的时间现象学——后者是不能纯粹独立地得到解决的，而是关于个体化，亦即一般个体的（即‘事实的’）存在——而且是按其本质的基本形态——的构造的十分惊人的问题。”关于内时间意识现象学与发生现象学的关系，我们将在第四章“发生性起源与时间性”一节中做具体讨论。

tische Variation)的方法使具有普遍性特征的规则结构获得被给予性。

　　与静态现象学满足于对现成的规则结构的描述不同，发生现象学恰恰在描述规则结构的静态的构造性分析的基础上进一步追问规则结构本身的动机引发。它不是将可证实性的规则结构当作现成的东西，而是将其看作发生性的结果。也就是说，它揭示这种证实系统本身的基础。因此，问题就从对现成的统觉类型之构造的描述分析过渡到对统觉类型之构造的发生性说明，从对现成对象之构造的行为意向性的揭示过渡到对揭示行为意向性之构造的视域意向性的发生性说明。作为先验自我之权能性构造的理论，发生现象学能对视域意识做发生性的说明。而由于世界显现在每一个特殊视域中，因此，它又能对世界意识（Weltbewußtsein）做发生性的说明。于是，视域意向性和世界的起源问题成为发生现象学探究的中心论题。

　　如果说在静态现象学中，视域和世界问题涉及对于先验还原的正确理解，那么，在发生现象学中，视域意向性和世界的起源问题与先验还原的彻底化密切相关。对此，芬克在现象学还原标题下做过相关的讨论。芬克将现象学的基本问题规定为"世界的起源问题"："就其中心问题来看，现象学要求实现一种对世界的哲学理解。这种哲学理解超越了解释、澄清和论证等一切世间的形式：它想要从其存在的最终根据出发去理解世界一切实在的和观念的规定性。"因此，完全不同于任一信仰形而上学和形而上学，"现象学形成了一种通向世界自身的起源并使其成为可能认识的对象的方法。这种深刻地规定了现象学的本质特征的方法或认识途径就是'现象学还原'"[1]。芬克认为："现象学还原主要不是单纯'排除'的方法，而是**回溯**（Zurückleitung）的方法。它通过最彻底的自身思义，穿过其自身通向那个为其作为人的自身统觉所遮蔽的先验的信仰生活（Glaubensleben）。这种先验的信仰生活的有效性相关项（Geltungskorrelat）'是'世界。换句话说，它是发现和揭示一个原则上非世间的认识论题性——即世界起源的维度——的方法。"[2]这里涉及对现象学哲学观念的理解问题。因为在胡塞尔那里，现象学的真正论题既不是世界，也不是与其相对的先验主体性，而是世界在先验主体性的构造中的生成。

　　在他看来，作为关于由还原被揭示为先验的有效性现象的世界的理

① 参见 Fink, E.：*Studien zur Phänomenologie*：*1930—1939*，Den Haag，Martinus Nijhoff，1966，S. 103-105。

② 参见 Fink, E.：*Studien zur Phänomenologie*：*1930—1939*，Den Haag，Martinus Nijhoff，1966，S. 134。

念(Logos)，现象学是对世界构造的理论揭示，它在本质上是构造现象学。因此，从静态现象学的问题性向发生现象学的问题性的过渡，不仅涉及对现象学还原的正确理解和现象学还原的彻底实行，而且与胡塞尔对其现象学哲学观念，亦即其先验观念论的理解密切相关。只有在此基础上，先验现象学的构造问题性才能获得正确的理解和明确的规定。具体地说，只有通过对现象学哲学观念之深化轨迹的澄清，我们才能理解从静态现象学向发生现象学过渡的必然性；而只有通过对现象学还原的方向和层次的正确理解，我们才能明确区分现象学构造问题性的复杂层级结构。最终，只有站在从彻底的还原所开显的先验观念论的地基上，我们才能充分阐明发生的问题性。反过来，整个构造问题性的阐明，尤其是发生性的构造的问题性的阐明，不仅是对先验观念论的具体论证，借此可以澄清先验现象学的最终可能性问题，而且为正确理解和明确规定现象学还原提供了根据。此外，对于现象学构造观念的澄清也有助于我们理解胡塞尔先验现象学的一系列核心概念——先验主体性、意向性、内在、超越、先天、奠基、起源等——之歧义性的必然性。由此，我们将阐明胡塞尔先验现象学的观念、问题和方法的内在关联。无疑，这里必然还涉及对直观明见性原则在前期、后期的不同理解问题。

纵观胡塞尔整个现象学思想的发展，从系统划分的角度，大致以1917—1921年为界，可划分为前期的静态现象学和后期的发生现象学。形象地说，静态现象学与发生现象学的关系恰如一条河流的横断面与纵剖面。如果说静态现象学主要着力于意识流的共时性结构，那么发生现象学则旨在探究这种共时性结构的生成或起源。鉴于现象学整体所呈现的这两个方面，胡塞尔称之为"现象学的双重面孔"。

本书致力于后期的发生现象学研究，具体包括导论、四个主体部分和结束语。

导论：简明勾勒胡塞尔的先验现象学观念，并在此观念背景下探讨"发生现象学转向"的思想背景和动机引发，梳理国内外关于发生现象学的研究成果。

第一部分：旨在探讨现象学还原与先验构造的内在本质关联，通过对"相关性先天"论题的讨论，凸显现象学的先验构造学说。该部分包括第一章和第二章。第一章从怀疑论所揭示的自然认识的超越之谜入思，遵循直观明见性的原则，以向原初的经验视域回溯的最终奠基观念为引导，论证了先验还原的必然性。继而通过先验还原的具体实行，开显出先验经验(transzendentale Erfahrung)的研究领域。最终，借助经验的视域结构的揭示，探讨现象学的世界问题。第二章以现象学的"相关性先天"论题为切入点，通过对纯粹现象的概念在现象学开端处所具歧义性的考察导向对现象学还原之本质的探讨。具体的讨论分别着力于对"相关性先天"论题和明见性概念的构造性阐释，借此揭示现象学还原与构造观念的内在关联，凸显出先验现象学向最终起源回溯的运思路向。

第二部分：旨在探讨胡塞尔从前期的静态现象学向后期的发生现象学突破的引导性动机，在此基础上系统阐明发生现象学的观念、问题和方法。该部分包括第三章和第四章。第三章从立义—内容图式的困境、习性自我的概念、动机引发问题和视域意向性概念四个方面讨论了发生现象学的引导动机。一则通过清理从静态现象学到发生现象学的运思脉络，澄清胡塞尔开启现象学的发生性向度的必然性；二则以问题的展开为线索，勾勒出静态现象学与发生现象学之间的内在关联。第四章首先从经验的视域结构和起源概念等出发探讨发生现象学的观念，进而通过对静态的构造与发生性的构造的内在关联的讨论，阐明发生现象学的问题域和发生性分析的方法。

第三部分：旨在探讨被动发生的问题性和单子的个体化问题。该部分包括第五章和第六章。第五章通过对主动发生与被动发生、联想的综合与时间性综合之间关系的探讨，勾勒出被动发生的问题维度及方法论困境。第六章首先通过发生性的拆解（Abbau）回溯到最终的起源维度（Ursprungsdimension），即绝对的"原事实"，并由此澄清意识生活的先验历史性，最终借助对自我的习性概念和习性化问题的探讨阐明单子的个体化问题。

第四部分：旨在探讨现象学历史的一目的论维度的问题和先验观念论的本质问题。该部分包括第七章和第八章。第七章通过对生活世界问题的探讨阐明了"历史的先天"问题和先验目的论内涵及其问题关联，并且在与先验目的论的关联中探讨先验的主体间性问题。第八章首先探讨胡塞尔的先验现象学观念论与康德的先验观念论的本质差异，进而从发生性的立场阐明先验现象学观念论的哲学旨归，最终通过对现象学与形而上学的问题关联的讨论，澄清胡塞尔所谓的"一种新的意义的形而上学"的理论内涵。

结束语：简略勾勒胡塞尔现象学对 20 世纪现代西方哲学的思想效应。

# 第一部分
## 现象学还原与先验构造理论

# 引 言

深邃是混乱的标志，真正的科学要将它转变为一种秩序，转变为一种简单的、完全清晰的、被阐明的秩序。真正的科学在其真实的学说领域中不包含任何深邃。深邃是智慧的事情，概念的清晰和明白是严格理论的事情。将那种对深邃的预感改变为明确的、合理的构形，这是严格科学之新构造的一个本质过程。(XXV，59)

这段话明确表达了胡塞尔"哲学作为严格的科学"的理想。可以说，正是这种理想推动当时这位年轻的数学家投身于哲学，并支配着他一生的哲学思考。① 在他看来，哲学从一开始便要求成为严格的科学，这一观念自柏拉图最初给予明确的表述以来业已构成欧洲哲学和科学的基础。依此观念，"哲学应该是由认识者对他的认识成就进行普遍的最高的和最后的自身思考、自身理解、自身辩护而来的认识，或者说，哲学应该是绝对证明自身正当的科学，而且应该是普遍的科学"(VIII，3)。因此，哲学只能从最终的论证中或最终的自身负责中产生，它不承认任何未经充分论证和彻底的自身辩明的东西，任何未经探究的、述谓性的或前述谓性的自明性都不能作为它的认识基础。那么，哲学如何才能满足这种要求或实现这种目标呢？对此，胡塞尔给出的方案是："我们要回到'实事本身'上去。我们要在充分发挥了的直观中获得明见性。"(XXIX/1，A 7/B₁6)

这意味着哲学应在直观的明见性中获得最终的论证和彻底的自身辩明。因此，胡塞尔把直观的明见性确立为哲学方法论的基本原则，亦即"一切原则的原则"："**任何本原给予的直观都是认识的合法源泉，在直观中本原地**(可以说在其切身的现实性中)**展现给我们的东西都可作为自身被给予之物接受下来，但仅仅是在它们自身给予的范围内……每一理论**

① 对此，胡塞尔在《回忆布伦塔诺》一文中明确说道："从布伦塔诺的讲座中，我获得了一种信念，它给了我勇气去选择把哲学当作终身的职业。这种信念就是：哲学也是一个严肃工作的领域，哲学也可以并且因此也必须在严格科学的精神中受到探讨。"(XXV，305)正如施皮格伯格所正确评价的那样："尽管有各种谣传和意思相反的曲解，胡塞尔对严格科学理想的信奉从来没有动摇过。"参见〔美〕赫伯特·施皮格伯格：《现象学运动》，王炳文、张金言译，北京，商务印书馆，1995，第125页。

都只能从原本的被给予性中获得其真理。"(III/1，43-44)这就是说，直观不仅是一切其他认识类型的本原性源泉，而且构成哲学认识的操作性方法。但是，作为某种认识类型的直观不同于作为哲学认识之方法论基本原则的直观。① 一方面，作为"认识的合法源泉"，一切其他认识类型都建立在这种本原性的直观明见性基础上；另一方面，对作为某种认识类型的直观的论述重又以直观的明见性为基础。也就是说，这种本原地给予的直观被运用于哲学认识本身。哲学能断言的只应当是在本原地给予的直观基础上对它来说可能的东西，不比这更多，也不比这更少。作为方法论的基本原则，直观成了哲学的认识范式。因此，直观明见性不仅是哲学认识对象的基础，而且构成哲学认识方式的基础。胡塞尔确信，只有遵循直观明见性原则，才能排除一切前理论的偏见和理论的建构、玄想和假设，才能保证哲学认识"回到'实事本身'"，从而实现"哲学作为严格的科学"的理想。

但是，在哲学上遵循直观明见性原则意味着什么呢？在胡塞尔那里，明见性不是指自然经验中清楚明白的感受，就像在笛卡尔那里清楚明白的知觉被当作"最终奠基问题"的确定性原则一样，而是指"直观的、直接和相应地自身把握的意识，它无非意味着相应的自身被给予性(Selbst-gegebenheit)"(II，59)。在最宽泛的意义上，"明见性标明了意向生活的一种普遍的原现象——与其他那些空乏的、前意指的、间接的和非本真的意识具有(Bewußthaben)不同，它标明了某种实事、事态、普遍性、价值等之自身显现、自身展示和自身给予的极其卓越的意识方式"(I，92)。这意味着明见性是关于原初的自身显现者的原初认识，因而是一种直接性的认识。它无须论证和辩明，一切论证和辩明都以它为前提。因此，遵循直观明见性原则，就要求我们在其自身显现和自身展示中观察对象。也就是说，从被给予的对象与其本原的、主观的被给予方式的相关性中获得关于对象的认识。因为只有这种本原的被给予方式才是意识原初所具有的东西，我们不可能越过对象在其中显现的被给予方式观察对象，获得关于对象的经验。正是在这个意义上，胡塞尔把这种处于自身显现中的自身显现者，亦即在其被给予方式中显现的对象称为现象。

_____

① 在此应注意区分直观在胡塞尔哲学中的双重含义。直观首先是就其作为某种认识类型而言的，亦即一种"本原的自身给予"。在胡塞尔看来，真正的科学及其本身对偏见的真正摆脱，要求直接有效的判断本身作为一切证明的基础，而这种直接判断的有效性源自本原给予的直观获得。因此，这种意义上的直观是其他一切认识类型所依据的本原性，它本身也是哲学认识的对象。直观的第二重含义是就其作为哲学认识的方法论的基本原则而言的，这种意义上的直观就是"现象学的看"。

而作为严格的科学的哲学正是一门关于纯粹显现的现象的学问，因而名之为"现象学"。对此，芬克明确说道："并非我们业已以某种方式预先拥有了存在者，而是在其自身显现中规定它——并非已经预先认识了它，而是在其自身显现中规定它的存在，也就是说，**存在者作为现象成为哲学思义的起源维度。——现象性（Phänomenalität）是存在者的真理，而现象学是人的认识试图通过回溯到存在者的自身给予的自身论证。"**①

当然，我们在此只是从形式上规定了现象作为在其自身中的显现者的特征，同样，这里的明见性也仅仅表达了一种单纯的要求，亦即"哲学作为严格的科学"的理想的要求。作为现象学方法的第一原则，明见性要求不仅禁止我们承认任何不是通过"回到'实事本身'"而在原初的经验和明察中所获得的东西，而且要求我们不管在任何时候都必须追求相即的（adäquate）明见性。而在尚缺乏明见性的地方，不能要求任何最终有效性。但实际上，除了这种单纯的要求之外，对于明见性是否或在何种条件下被给予我们，它能伸展多远，它的有效性范围等，我们现在还一无所知。"回到'实事本身'"，亦即回到作为纯粹在其自身中的显现者的现象，并没有为我们预先规定现象学的可能论题，也没有为我们确定可被标识为实事的特殊的对象领域。我们在一开始只能而且必须从形式上来理解"实事"的概念。任何在其自身中显现的东西，无论它是实在物、观念物、视域、意义还是虚无，都可能是实事。相反，我们不能从实证主义的立场出发，将它理解为某种可以毫不费力地直接被看到的具体物。因为我们最初在直观上把握到的东西，亦即通常被当作认识和存在而有效的东西，并不是"回到'实事本身'"所要求的那个原初之物，而是其预先被给予性中已隐含历史的和传统的解释成分，而原初之物恰恰为这种解释成分所遮蔽。为了能在最终的认识上获得原初之物，亦即纯粹在其自身显现中的显现者，获得现象学这门作为严格科学的哲学所要求回到的现象，就必须借助某种严格的程序和方法，将隐含在预先被给予我们的直接所与物中的历史的和传统的解释成分凸显出来，以便从这种隐含的遮蔽物中剥离出真正的原初之物，亦即纯粹在其自身中显现的显现者。这种严格的程序和方法就是现象学还原，它的具体实施则是意向分析方法。通过现象学还原，一切预先被给予物及其特性都被还原到其在意识体验中的被给予方式上，亦即被还原到先验主体性领域。但是，还原的

---

① 转引自 Brand G.：*Welt*，*Ich und Zeit*：*Nach Unveröffentlichten Manuskripten Edmund Husserl*，Den Haag，Martinus Nijhoff，1955，S. 4。

结果必须在先验构造的研究中得到深化的理解。通过先验构造的研究，作为现象学还原的结果，现象进一步被看作先验意识之构造功能的成就，而构造性的先验意识才是现象学最终要求回到的"纯粹现象"或"原现象"。因此，我们的讨论就从现象学还原和先验构造及二者的相关性开始。

# 第一章　现象学还原与世界问题

"哲学作为严格的科学"的理想和最终奠基的观念，要求我们"回到'实事本身'"，亦即达到对于在其自身显现中的原初存在者的原初把握。但是，作为在其自身显现中的原初存在者的现象，在胡塞尔那里并不是指那种可以毫不费力地为我们所直接看到的东西。事实上，主观的显现领域中有某些被遮蔽的内容。例如，通常我们以为自己正在分析意向活动，实际上我们正在描述主观化的对象。只有借助严格的现象学还原，我们才能展显这些遮蔽领域。芬克曾明确强调把握纯粹现象的困难："现象概念不仅可以被区分出多种含义，而且也可以被区分出多重的思想层次。"①胡塞尔指出，现象的纯粹性要求我们："使现象学的状况……纯粹地（在摆脱了任何意向对象性之混杂的情况下）发挥作用……这种纯粹性也禁止我们以任何其他方式越出行为本身的本质内涵之外。就是说，它禁止我们利用与这些行为本身相关的自然统摄和设定，亦即禁止我们将它们作为心理学实在来利用。"（XIX，A 12/B₁11）在他看来，这种研究能力不是轻而易举能获得的，而是要通过艰苦的现象学还原的训练。在《现象学心理学》中，胡塞尔明确强调：对于整个现象学的理解依赖于对于现象学还原方法的理解。因为只有借助于现象学还原，我们才能获得现象学意义上的现象，才能揭示现象的确切含义和具体层次（IX，188）。因此，最终奠基的明见性原则和被给予对象与对象之本原的被给予方式之间相关性研究的论题，首先要求我们澄清现象学还原方法的本质及相关的问题性。

## 第一节　最终奠基的观念与明见性原则

胡塞尔赋予明见性方法论第一原则的地位，目的在于为哲学赢得一

---

① Fink，E.："Operative Begriffe in Husserls Phänomenologie"，Fink，E.：*Nähe und Distanz*：*Phänomenologische Vorträge und Aufsätze*，Freiburg/München，1976，S. 195. 芬克区分了现象概念的五种含义：（1）一般的显现之物；（2）人的表象活动领域中物；（3）被看作主观的表象系统之相关项的物（亦即在排除了"物自身"的情况下）；（4）撇开设定特征，作为意向的对象意义（Gegenstandssinn）的现象；（5）通过方法上对于设定特征的中立化，作为意向的对象意义的现象（a. a. O.，S. 198）。

个绝然的(apodiktische)基础，亦即那个不可动摇的"阿基米德点"。因为"这个原则表达了真正的奠基，由纯粹明见性而来的奠基之要求"，只有遵循这个原则，哲学才能实现"指向由绝对正当性证明而来的普遍认识的理念"(VIII，32)。根据明见性原则，"哲学家不能通过当下的把握开始，因为他不允许承认任何东西是预先被给予的，因为他只有并且只允许有他以绝对的正当性证明而给予自己本身的东西"(VIII，6)。但现在的问题是：究竟什么才是"回到'实事本身'"口号所要求回到的原初之物呢？如果作为现象学研究论题的现象完全不同于素朴的经验现象，那么我们是在什么意义上谈论这种现象的呢？因此，我们的讨论首先导向胡塞尔关于明见性本身的理解。

前述业已表明，胡塞尔明确地将其关于明见性的理解与传统的解释区别开来。在传统的解释中，明见性通常被看作一种绝对的绝然性(Apodiktizität)，一种与错觉相对的绝对的可靠性。在他看来："这种绝然性完全令人费解地被归因于某个脱离了主观体验之具体的、本质统一的关联体的单个体验，而这种单个体验却被看成真理的绝对标准。因此，传统的解释就完全以一种感觉主义的方式把明见性理解为一种清楚明白的感受。"(XVII，165)胡塞尔明确拒绝传统的解释所强加于明见性的这些特征。在他看来，传统的解释是"从那种被素朴地设为前提的自在真理出发构思明见性"的，因此必然将明见性看成"对这种自在真理的绝对把握"(XVII，283)。这种"绝对把握"意味着，我们是从其绝对的自在存在的内涵方面，亦即撇开了一切单纯主观的要素去认识存在者的。因此，与那种在自然的经验中获得的素朴的认识相同，由传统理解的明见性所绝对把握的真理也是以存在者的预先被给予性为前提的，尽管这种传统的解释极力否认这种素朴经验认识的合法性。与这种传统的解释形成鲜明对照的是，胡塞尔恰恰是在不承认或不接受存在者的这种预先被给予性或自在存在性的前提下规定其现象学的明见性概念的。最终奠基的科学不接受任何预先被给予之物，不允许任何前判断(Vorurteile)，不允许将任何未经绝对正当性证明的东西当作前提。对于为这种最终奠基的科学观念所引导的彻底的思义者来说，"他预先没有对象，对于他来说，不存在任何在此存在的对象慷慨提供给他的自然经验的不言而喻的权利。他预先不允许任何朴素实现的明见性，不论是什么经验方式的明见性，不加细察地通过，尽管由这种明见性本身并没有产生任何怀疑。凡没有绝对证明自身正当的东西，都是无效的"(VIII，6)。

因此，无论是素朴的感性经验，还是传统的解释中所谓的"清楚明白的感受""自在真理的绝对把握",都不能满足这种彻底思义的要求,亦即满足现象学之无前提性的要求。遵循这种无前提性的要求,明见性在现象学上只能被理解为一种自身给予的意识方式,亦即"纯粹的、相即的自身被给予性"。用胡塞尔本人的话来说,即"明见性标识着自身给予的意向成就"。更确切地说,"它是'意向性'或'关于某物的意识'的普遍的、卓越的形态,其中被意识到的对象之物是以自身被把握到、自身被看到和在意识上存在于它自身那里的方式被意识到的"(XVII,166)。根据胡塞尔的观点,现象学的明见性摆脱了任何素朴地、直向地实行的世界经验的束缚,它纯粹从自身被给予性出发把握原初的实事,而不是像素朴的经验那样从存在者之自在存在性出发把握所谓的"自在存在者"。基于这种理解,胡塞尔在术语上做了明确的区分。他将那种建立在自然经验之上的明见性称作"自然的明见性"(natürliche Evidenz),将传统的解释所赋予明见性的那种"真理的绝对把握"或"真理的绝对标准"的特征称为"实证性的明见性"。与此相对,现象学上的明见性则被称为"先验的明见性"(transzendentale Evidenz)或"先验的起源明晰性"(Ursprüngsklarheit)。而"自然的明见性"和"实证性的明见性"被统称为"素朴的明见性"。在他看来,只有在先验的明见性中,隐匿在素朴的明见性中的认识成就之起源以及认识成就之规定着原初正当性和限定着原初正当性的动机引发视域(Motivationshorizont)才能被揭示出来,并且得到理解(VIII,30)。也就是说,无论是"自然的明见性",还是"实证性的明见性",它们都隐含某种前提:或者是自在存在者的预先被给予性,或者是自在真理的预先被给予性。这恰恰阻塞了现象学之无前提性要求的彻底思义的路向。因此,为了获得现象学的明见性,亦即在绝然的自身给予意义上的明见性,我们必须明察"素朴的明见性"的隐含前提,彻底弃绝这种"素朴的明见性"。那么,如何才能彻底弃绝"素朴的明见性"的干扰,以便获得真正意义上的"先验的明见性"呢?

作为最终奠基的科学,现象学试图通过彻底的思义为哲学赢得一个绝然的基础。正如前述所表明的那样,现象学思义的彻底性实际上表现为对无前提性的彻底追求。在这种彻底性面前,任何预先被给予的存在者及其直接的明见性都被看作前判断。在胡塞尔看来,无论是预先被给予的世界,还是某个预先被给予的、观念的存在区域,如基数领域,它们都源于自然明见性的前判断。按照彻底的哲学思义的要求,它们需要一种其认识起源的批判和奠基。也就是说,必须将它们置于真正的明见性,亦即现象学所理解的"先验的明见性"的基础上,以便澄清和消除它们所隐含的前判断。就一切前判断而言，胡塞尔在《形式逻辑与先验逻辑》中明确指出："所有前判断中最严重的前判断是关于明见性的前判断。它们与那种关于作为不言而喻地属于它的自在真理之基底的绝对自在的世界的前判断相互关联。"(XVII, 283)在他看来，这两种相互关联的前判断是所有其他前判断产生的根源，而就这两种相互关联的前判断的关系而言，关于明见性的前判断，亦即所谓的"素朴的明见性"，本质上又根源于"关于绝对自在的世界的前判断"，因此，现象学彻底的哲学思义必须从消除这种"关于绝对自在的世界的前判断"开始。换句话说，如果现象学要实现最终奠基的哲学目标，要兑现"回到'实事本身'"的承诺，亦即达到自身给予的绝然性，那么它就必须消除这种自在世界的绝然性。同时，由于人们关于自在世界的信仰是自然的、前哲学的生活的基本信仰，因此，我们必须克服产生这种自在世界之绝然性假象的自然生活之信仰的素朴性。而这种消除或克服，在胡塞尔那里被称为"先验悬搁"或"先验还原"。

## 第二节　自然态度的总设定与悬搁

现象学想要排除一切非自身被给予性而回返原初的经验明见性，胡塞尔将这种"回返"称为"先验还原"或"先验悬搁"。因此，仅从形式上看，先验还原应具有两层含义：一种是肯定的含义，另一种是否定的含义。与现象学最终奠基的观念相应，先验还原首先意味着回返、开启或突进到"实事本身"，亦即原初的经验明见性或"原初的自身被给予性"。但是，这一肯定的含义中总已包含否定的方面：抑制或排除。因为现象学要想回到原初的经验明见性，首先必须排除一切非实事本身的东西，亦即一切非自身被给予性，因此，对于"还原"或"悬置"不应做片面的理解。一方面，我们不应将还原仅仅理解为回到原初之物，它同时意味着"中止判断"(Urteilsenthaltung)或"加括号"(Einklammerung)；另一方面，悬搁也不仅仅是"中止判断"或"加括号"，它同时具有回到原初之物的含义。

既然先验还原或悬搁是通达原初的明见性的途径，而还原或悬搁本身具有肯定和否定的双重含义，因此，只有当我们不仅澄清了悬搁的本质，而且指明了还原所要回返或开启的方向时，才能明确地将"素朴的明见性"与"先验的明见性"区分开来，才能真正把握现象学所要回到的原初之物或"原初的自身被给予性"。同时，只有通过对还原或悬搁之本质的澄清和对于现象学研究领域的揭示，现象学的问题性才能凸显出来。

在《观念 I》中，现象学还原首先被胡塞尔作为"中止判断"的方法、"加括号"的方法引入。这不仅意味着对在个别行为中被意指对象之现实性的加括号，而且意味着对自然态度的总设定（Generalthesis）的排除或不参与。因为从现象学反思的角度来看，自然态度的总设定是"自然的明见性"和"实证性的明见性"产生的根源，因而是"先验的明见性"被遮蔽的根源。在自然的生活中，我们以自然的态度去感知、想象、判断、意愿，这些由各种经验行为所意指的对象总是预先被给予的对象，总是属于一个预先被给予的世界的对象。当它们以各种方式触发我们时，就会促使我们对其产生某种被动的或主动的行为，并且对其存在——如它们的现实存在、不存在、可能存在——采取某种态度。这种态度就是存在设定（Seinssetzung）或存在信仰（Seinsglaube），它以世界存在的总设定为基础或前提。关于这种"总设定"，胡塞尔在《观念 I》中说："我不断地发现一个面对我而存在的时空现实，我自己以及一切在其中存在着的和以同样方式与其相关的人，都属于此现实……对属于自然世界的所与物的任何怀疑或拒绝都毫不改变**自然态度的总设定**……按照这个总设定，这个世界永远是事实存在的世界。"（III/1，52-53）显然，这种"总设定"本质上是一种普遍的、持续不断的、在内容上流动变化着的世界意识，亦即持续不断的世界统觉（Weltapperzeption）。自然态度的生活方式具有这样的特征：它是"直接地指向当时给定的对象的，因而是沉浸于世界视域（Welthorizont）的生活方式。这种生活方式具有通常的连续的恒久性，具有一种贯穿于全部活动的综合的统一性。这种直接指向各个被给予对象的通常的生活表明，我们的全部兴趣都在对象中有其目标。预先给定的世界是一个视域，它以流动的经久的方式包含着我们的全部目标"（VI，146-147）。

因此，在直接的自然生活中，我们发现自己总是处于一个预先给定的、自在的世界中，一个无疑是不言自明的预先被给予性的宇宙中，而且我们本身也归属于这个预先给定的自在世界，作为所有在世存在者之一员处于实在的因果关联中。对我们来说，这个世界存在着，并且是绝对地存在着，我们的经验或认识只是直接接受或科学地规定这个自在世界的自在真理；存在者、世界借其得以显露出来的"主观的显现"则被当成经验的即时状态。这种预先给定的自在存在观念亦即胡塞尔以"世界的存在信仰"所标识的东西，它构成自然态度的本质。由于自然的生活为"世界的存在信仰"所引导，它相信世界的自在存在不依赖于我们的意识，并且可以与其对我们的主观显现相分离，因此，对它来说，重要的只是尽可能地克服或排除主观之物，以便在一种无限的客观经验过程中获得对经验世界之实在性的精确规定。这种自感性的—直观的经验世界开始的"客观化"或"观念化"过程，在实证科学中达到极致。正是在这种"客观化"或"观念化"中，实证科学才发现了自在世界的自在真理，亦即摆脱了所有可能的主观之物的现实性。

在胡塞尔看来，这种摆脱了任何可能的主观之物的现实性是一切"自然的明见性"和"实证性的明见性"的基础。作为"客观化"或"观念化"的产物，它绝不是现象学所要回到的那种原初之物，而已经是意识的成就。与作为"客观化"或"观念化"产物的客观现实性相对，意识成就本身，亦即被"客观化"或"观念化"过程所排除的主观之物才是真正的原初之物。因此，为了回返意识成就本身，回到主观之物，现象学首先必须揭开这种客观现实性的"观念化"外衣，尤其必须克服作为一切"客观化"或"观念化"前提的世界自在存在的观念："只要我们意识到这些不言而喻的东西是'前提条件'，并认为它们是值得给以特殊的普遍的和理论的关心的，一个新的维度的无限多的越来越新的现象，就会向我们展示出来，不断地使我们感到惊异。只不过这些现象是通过对那些不言而喻的东西之意义的内涵和有效性的内涵进行坚持不懈的探究才显露出来的。之所以说无限多的现象，是因为连续不断的探究显示出，每一个在这种意义上的阐明中所达到的现象本身，首先是生活世界中作为不言而喻的东西的存在而给定的现象本身，已经包含有意义的内涵和有效性的内涵，对它们的解释重又导致新的现象，等等。"（VI，114）这些现象是纯粹主观的现象，亦即主观的体验。

上述分析表明，作为对自然态度总设定的加括号，现象学还原首先意味着克服世界之预先给定的自在存在观念，从直向的世界生活或从作为"客观化"或"观念化"产物的客观现实性回返到纯粹的主观体验。当然，这是从客观的现实经验向一种反思的生活体验的回返，但是，我们应正确理解这种服务于哲学之最终奠基的现象学反思。为此，我们需要在先验反思与自然反思之间做本质的区分。

自然的反思是处于自然生活中的人在任何时候都能够进行的反思。当经验主体不再继续实行直向的经验行为，而是将主观体验论题化并对之做出陈述时，我们就有了对直向的经验行为的反思。但是，只要反思者在其反思中仍然接受那个非反思的、直向经验的自我所实行的存在设定，或者说，只要他对自在存在的现实性采取信仰的态度，无论这种反思是人们日常生活中的反思，还是实证科学意义上的理论反思，它原则上都是在自然态度的层次上进行的。尽管在其反思行为中，反思者已不再处于非反思性生活的直向态度中，因为他恰恰将这种非反思的生活变成了思义的论题，因而已与那种素朴的直向态度实行了某种决裂，但是，他仍处于自然性中，因为他始终将自己统摄为存在于世界中的心理—物理的统一性，因此仍以自然的—经验的统觉和预先给定的自在世界为前提。对此，芬克指出，自然的反思是"一种人对其自身的反思，它处于人的自身统觉内，在自然态度的束缚下活动"①。胡塞尔本人也曾明确强调，自然的反思仍然停留在自然的—经验的统觉的基础上，因而仍然隶属于"世间的经验"。在他看来，尽管自然的反思是"专注于我的纯粹心理东西的、专注于我的纯粹心灵内在存在的反思"，但是，由于它以自然的—经验的统觉为基础，因而"这种纯粹心灵的东西恰好是并且始终是心灵的东西，是**继续有效的外在性之内在性**"（VIII，79）。这意味着，为自然反思所论题化的"主观的体验"，亦即"纯粹心灵的内在存在"仍然处于自然的—经验的统觉中。它仍然没有脱去"客观化"或"观念化"的外衣，只不过那种作为"客观化"或"观念化"产物的客观现实性变形。也就是说，自然的反思只是简单地将那种作为"客观化"或"观念化"产物的客观现实性从外部照搬进了心灵的内在。正因为自然的反思与所反思之物处在同一层次上，并且完全处于一种外在的关系中，因此，"如果我以这种自然的态度在经验上以反思方式考察我，我会发现自己是人。对于我的自我的进一步反思也同样如此，这个自我在这里就是'自我—人'这种经验主体，再考察我，又发现这个人，如此以至于无穷……我绝不会摆脱这种循环，即使我对我说'我只有从我的经验中才知道有关世界的某种东西，所有其他人也只有从他们的经验中才知道有关世界的某种东西'，也不会摆脱这种循环"（VIII，418）。显然，由于自然反思这种囿于自然的—经验的统觉的本性，它的运思轨迹只是从自然性到自然性，完全陷入自然性的网结中，因此，不可能克服素朴性的前提。

先验反思在本质上不同于任何形式的自然反思，它唯一地指向纯粹的意识体验，并借此指向以某种方式显现的世界。在这里，"唯一地指向"意味着，先验反思不再将自己理解为存在于世界中的经验性的人—主体，也不再将其体验看作内世间的、实在的—因果性的事件，这种事件本身不是自身被给予性的。同时，与自然的反思执持内世间体验的存在有效性，因而分有这种体验的存在信仰不同，先验反思不再与直向实行的行为体验一同实行对世界的存在信仰。也就是说，它不再执态于世界

---

① Fink, E.：*Studien zur Phänomenologie：1930—1939*，Den Haag，Martinus Nijhoff，1966，S. 122.

之预先给定的、自在存在性，而是从被反思的行为体验中剥离出存在信仰，不再参与存在信仰。例如，在对眼前的一栋红楼的素朴感知中，我看到并观察着这栋红楼。对我来说，红楼及其楼顶的四角飞檐现实地存在着。在我现实的感知中，我相信我看到的东西是现实地存在于那里的。在通常情况下，当我对素朴地实行的红楼感知进行反思时，我在反思中不仅看到了"我看到一栋红楼"，而且还分享了这个素朴感知的存在信仰。作为进行反思的自我，我同时实行着这个感知着红楼的自我的存在信仰。而在先验反思中，尽管我也像自然反思那样朝向"我看到一栋红楼"这一素朴的感知体验，但是，我不再参与或分享这个素朴感知的存在信仰，而是将对这栋红楼的存在信仰看成是那个素朴地感知着红楼的自我之设定行为的产物。这样，先验反思的自我就从自然反思的存在信仰中抽身，采取一种完全不关心的旁观者态度，以至于能够纯粹就主观的反思性体验本身观察体验及其实行状况。这种对于存在信仰的不参与的态度就是现象学还原的第一个步骤——悬搁。显然，作为对于存在信仰的不参与的态度，悬搁在本质上并不是从以前的存在信仰转入对存在的否定，或转入猜测意识、或然性意识以及其他诸如此类的意识变式。毋宁说，通过悬搁，我们摆脱了一切存在决断，排除了一切形式的存在兴趣或世界兴趣，将世界现实性置于括号之中。但是，我们并未因此否定世界现实性本身，而是从这种世界现实性中揭示出世界的存在信仰，并将其从世界现实性本身中剥离出来，因而洞察到世界之预先给定的、自在存在性的本质。只有这样，我们才能彻底弃绝自然态度的总设定，从自然的态度转变成先验的一现象学的态度。

## 第三节　现象学的世界问题

在《观念 I》中，悬搁主要作为彻底弃绝自然态度的总设定的步骤被引入。尽管胡塞尔本人反复强调现象学悬搁（phänomenologische Epoché）本质上不同于"笛卡尔的普遍怀疑设想"，悬搁的目的"是要去发现一个新的科学领域"（III/1，56），它**"与对真理的毫不动摇的信念，甚至与对明见真理的不可动摇的信念相容"**（III/1，55）。[①] 此外，他也曾明确指出：

---

① 利科正确地指出："在这里，胡塞尔使我们看到在前现象学的'直观主义'和由还原和构成十分特殊地运用的'唯心主义'之间的重要联系。在此意义上，悬置并未作用于直观，而是悬置了一个混入的特殊信念并使意识限于直观中。"〔德〕胡塞尔：《纯粹现象学通论——纯粹现象学和现象学哲学的观念（第一卷）》，李幼蒸译，北京，商务印书馆，1992，第510页。

"我们使属于自然态度本质的总设定失去作用，我们将该设定的一切存在性方面都置入括号：因此将这整个自然世界置入括号中，这个自然界持续地'对我们存在'，'在身边'存在，而且它将作为被意识到的'现实'永远存在着，即使我们愿意将其置入括号之中。"(III/1,56)甚至在谈论"现象学剩余"的语境中，他仍明确强调说："我们使把握的和理论上探索的目光指向**在其自身绝对独特存在中的纯意识**。这就是探索所余留下来的'现象学剩余'，虽然我们已'排除'了包含一切物、生物、人、我们自己在内的整个世界。严格说，我们并未失去任何东西，而只是得到了整个绝对存在，如果我们正确理解的话，它在自身内包含着、'构造着'一切世界的超越存在。"(III/1,94)尽管如此，但是由于胡塞尔在那里过于突出悬搁的否定性质，诸如"消解了物的世界""现象学的剩余物"等用语，而且由于这些论述在依托笛卡尔普遍怀疑思想的背景下过于强调世界之纯假象的存在与意识之绝对存在之间的对立，因此不可避免地误导了人们对其现象学的理解：似乎世界通过悬搁从现象学的研究领域中被排除出去了，仿佛现象学的研究只是与世界隔绝的、自身封闭的纯粹意识区域。这种误导不仅已为诸多现象学家——如芬克、兰德格雷贝、梅洛-庞蒂、利科、耿宁等——严厉指责，而且胡塞尔本人在后期对此也有明确的方法论反思。

我们在此试图澄清在现象学悬搁问题上通常存在的两个误区。这两个误区与这样两个问题相关：其一是如何正确理解现象学悬搁的目的问题，借此可以阐明对世界存在加括号的根本意图和现象学的真正研究论题；其二是如何正确理解现象学悬搁的普遍性问题，借此可以揭示现象学悬搁与世界问题性的内在关联。因此，只有澄清了这两个误区，我们才能对现象学还原和现象学的世界问题性的本质内涵以及二者之间的内在关联予以正确的理解。

首先是在对悬搁的目的的理解上存在的误区。[①] 上述业已表明，当胡塞尔在《观念 I》中第一次系统引入现象学还原方法时，由于"他的主要兴趣在于揭示一个新的研究论题"，而"将侧重点放在了具体的意向分析上"，并且由于"对于还原之起始阶段的规定最初所必然具有的临时性和'虚假性'特征"[②]以及在表述上的根本失误，以至于人们常常误以为，悬搁最终是为了把所有的世间存在者乃至整个实在世界从现象学的研究领

---

① 胡塞尔在《第一哲学》中曾明确提及存在这种误解的可能性。(VIII，110)
② Fink, E.：*Studien zur Phänomenologie：1930—1939*，Den Haag，Martinus Nijhoff，1966，S. 111-112.

域中排除出去，而"作为世界消解之剩余物的绝对意识"只是一个与世界
无关的、自身封闭的意识混沌的统一性。对此，我们在胡塞尔那里可以
清楚地读到："**意识的存在，即一般体验流的存在，由于消解了物的世界
而必然变样了，但其自身的存在并未受到影响**。当然是变样了。因为世
界的消解相应地只意味着，在每一个体验流中，某些有序的经验联结体，
以及因此与那些经验联结体相关的理论化理性的联结体，都被排除了。
但这并不意味着，其他体验和体验联结体也被排除了。"(III/1, 91-92)①
不仅如此，"剩余物"的说法也容易使人误将实在世界与纯粹意识对置，
将它们看作两个不同的存在区域。而胡塞尔相关的错误表述又进一步强
化了这样的印象："世界非存在的可能性将永远不会在本质上被排除……
我们想从中引出有关全体自然世界与意识领域、与体验的存在范围之间
在本质上是可分离的推论。"(III/1, 87)

　　在分析《观念 I》有关悬搁的论述可能产生的误解时，利科曾正确指
出，除了表述上的根本欠缺外，误解本质上是由于胡塞尔的先验观念论
在那里尚未达到充分的明晰化，因而《观念 I》的分析未能明确突出或建立
起现象学还原与先验构造二者之间内在的系统关联，以至于主要侧重于
描述意识体验的"纯粹性"，而其"先验性"特征并未得到应有的强调。②
但是，尽管存在导致上述误解的主观的或客观的因素，胡塞尔本人关于
现象学还原的主导思想仍然是明确的。这不仅表现在他后来对《观念 I》中
诸如"现象学剩余物""排除世界"等表述上的失误所做的批评性反思③，
而且表现在他对于现象学还原与世界问题性之间一致性的明确表达和一贯
强调。诚如兰德格雷贝所言，悬搁并不意味着试图假定这个被我意识到的
世界不存在，而是"对自然态度的总设定加括号，亦即对我们的整个世间存
在都具有的存在信仰加括号。这意味着：应当禁止所有关于自在存在着的
世界的判断设定，应当把世界纯粹看作被意指物，就像其在意识中被意指
那样，纯粹看作意识的现象"④，而"加括号这种说法应当严格按照括号的

---

① 利科对此做了注解："当世界消失时，我仍将是意向性的意识，但所意向着的是混乱；在此
　　意义上我将不再依存于物和一个世界。"〔德〕胡塞尔：《纯粹现象学通论——纯粹现象学和现
　　象学哲学的观念（第一卷）》，李幼蒸译，北京，商务印书馆，1992，第 520 页。

② 参见利科的"法译本注释"的相关论述（〔德〕胡塞尔：《纯粹现象学通论——纯粹现象学和现
　　象学哲学的观念（第一卷）》，李幼蒸译，北京，商务印书馆，1992，第 492～558 页）。

③ 例如，胡塞尔在《第一哲学》中清楚地写道："最好避免现象学的'**剩余物**'这种说法，同时也
　　避免'排除世界'这种说法。这种说法容易诱使人们以为，从今以后现象学的论题中就没有
　　世界了，代替它只有与世界关联的主观的行为，显现的方式等才是论题。"(VIII, 432)

④ Landgrebe, L.: *Der Weg der Phänoenologie: Das Problem einer Ursprünglichen Erfahr-
　　ung*, Gütersloh, Mohn, 1963, S. 83.

比喻来理解，在括号内，被括之物并未丢失，而是作为被括之物保留下来"①。因此，在正确的理解中，悬搁不是对世界的排除，而是揭示世界之真实意义的方法或途径。对此，胡塞尔明确说："不可将先验悬搁误解为应**该根本不考虑世界的存在和如此存在**。其实，**排除世界所意味的是排除作为素朴的'先入之见'的世界**；譬如排除素朴的经验(此外也排除其他素朴的意识)……不仅世界之如此存在是先入之见，而且世界之存在本身已经是先入之见了。"(VIII, 465)因此，"对于这个世界来说，先验研究并不是一种要将世界抛弃或剥夺它的自然的或更确切地说固有的意义的方法，而是一种以下面的方式获得世界的方法，这种方法首先揭示世界——正是自然生活的世界和在自然生活中建立起来的实证科学的世界——的意义"(VIII, 457)。

对于现象学悬搁所具有的这种独特本性，胡塞尔称之为"一种引起哲学上惊异的觉察"。在这里，我们确实没有丧失任何东西，"一切**被置入括号中的有效性**，或者说得更确切些，它的一切被置于无效的世界，**仍然在括号内保留着**"(VIII, 167)。这个"引起哲学上惊异的觉察"作为现象学还原方法的主导思想自始至终为胡塞尔所坚持和强调。② 可以说，它表达了先验现象学之普遍性的全部意义：一方面，"我能够纯粹就其自身来考察我的纯粹的普遍的生活，能够在继续进展中达到纯粹的给予性，并且也许还能从科学上研究它，只不过并不需要对作为前提的任何客观性采取任何态度"(VIII, 160)；另一方面，"对我的整个生活的反思所得出的，并不是没有在其中在体验上意识到的客体的，没有它的现实的和理想的诸世界的单纯生活，而恰恰是连同这些东西一起，并将这些东西作为相关物而得出的生活"(VIII, 157)。按照胡塞尔一以贯之的理解，先验现象学并不否认实在世界的现实存在，"它的唯一任务和功能在于阐明这个世界的意义"(V, 152)。如果说在素朴的生活和实证科学的态度中人们执持着世界之预先给定的、自在存在性的信仰，将世界当作无可怀疑地现实存在着的，那么先验现象学就在于理解素朴的生活和实证科学的这种无可怀疑性，并阐明其合法根据。

由此观之，现象学悬搁并不像通常被误解的那样，将世界从现象学的研究领域中排除出去。毋宁说，只有借助现象学悬搁，我们才能揭示和排

---

① Landgrebe, L.: *Der Weg der Phänoenologie*: *Das Problem einer Ursprünglichen Erfahrung*, Gütersloh, Mohn, 1963, S. 88.

② 关于现象学还原的这种主导思想，我们可以在胡塞尔思想自《观念 I》直至《危机》的发展中读到几乎完全相同的表述。参见《观念 I》第 50 节，《第一哲学》第 43、第 51、第 52 节，《沉思》第 8 节，《主体间性的现象学》(XV)第 21 节，《危机》第 41 节。

除自然生活和实证科学态度中的存在信仰或世界信仰（Weltglaube），才能从世界之预先被给予性的束缚中解脱出来，从而赢得与世界的一种原初的经验关联。诚如芬克所言："现象学并不排除世界，仿佛放弃它而转向某个其他哲学论题性似的。毋宁说，作为哲学，现象学旨在阐明世界是什么的问题。而它排除作为普遍的世界统觉的世界信仰，恰恰是为了最终认识世界。"①因此，如果说悬搁是对自然世界的排除，那么这种排除恰恰是为了重新赢得世界，亦即赢得作为意义的世界。而只有借助这种排除和重新赢得，我们才能揭示先验现象学的真正论题："世界本身与对世界的意识之间的、自身绝对封闭的和绝对独立的普遍相关性。"（VI，154）关于这种"普遍相关性"论题，芬克一语道破："现象学的真正论题既不是世界，也不是与世界相对而立的先验主体性，而是**世界在先验主体性之构造中的生成**。"②

　　第二个误区涉及如何正确理解现象学悬搁的普遍性问题。上述业已表明，作为世界信仰的排除或使失效，现象学悬搁并不是要否定世界的存在或彻底注销对世界的存在信仰，而是为了揭示世界信仰，以便从素朴信仰的执态中、从自然的—素朴的有效性中挣脱出来，以先验反思之不参与的旁观者态度探究其在纯粹主体性中的起源。换句话说，悬搁开启了世界信仰原初的先验维度。在这种原初的先验维度中，世界信仰的自然素朴性显露出来，因而丧失了其预先给定的自然有效性。现在，它作为现象成为现象学的论题。

　　鉴于对悬搁与世界信仰之间基本关联的明察，现象学悬搁的普遍性凸显出来。悬搁不应被理解成对世界信仰的世间性的禁止或抑制，毋宁说，作为世界信仰的排除或使失效，悬搁同时是对世界信仰的实行者之存在信仰的排除或使失效。对此，胡塞尔明确指出："在我禁止任何世界信仰并以明显可能的假设性无效判断这种普遍有效的形式使整个世界失效之后，现在我的自身设定，亦即作为世界实在之物、作为人也变成不可能了……使世界失效，同时就包含使将自身世间化（verweltlichende）的统觉失效。"（VIII，77-78）通过悬搁，世界信仰的实行者不再将自身统摄为人，亦即世间存在者。而当人本身作为信仰统一性、作为自身统摄的有效性被排除时，世界信仰却并未因此消失，而是在先验反思的目光中脱了自然素朴性的外衣。现在，它作为先验自我的成就变成了先验

①　Fink, E.：*Studien zur Phänomenologie*：*1930—1939*，Den Haag，Martinus Nijhoff，1966，S. 121.

②　Fink, E.：*Studien zur Phänomenologie*：*1930—1939*，Den Haag，Martinus Nijhoff，1966，S. 139.

的现象。胡塞尔认为，悬搁的否定性质在本质上表现为一种脱客观化的方法："一种从**我**身上脱去经验的—客观的外衣的方法，这种外衣是**我**从内部为**我**自己穿上的，或者宁可说，是**我**过去在一种——在素朴的经验生活期间未经留意地保留的——习惯的统觉中总是一再地为**我**形成的。"①(VIII，78)在此，我们清楚地看到芬克所谓的"属于现象学还原之实行结构的三个自我"的区分：(1)"经验自我"，即"束缚于世界的自我"，"自身统觉的自我"，"执态于世界信仰的自我"或人及其世间的经验生活；(2)"先验自我"，即"在流动的普遍统觉中预先给予世界、保持世界有效性的自我"或"作为世界信仰的实行者的自我"；(3)"实行悬搁的自我"。②

　　与自然反思在同一层次上的自我分裂不同，先验反思的自我分裂发生在不同的层次上。作为先验反思的结构要素，悬搁并不像直接实行论题性世界经验的信仰生活那样实行一种直接的信仰抑制，而是作为反思性的旁观者直观其活的实行的现实性中的世界信仰。在这种直观中，它发现了作为世界信仰之实行者的先验自我和那个因执态于世界信仰而将自身统摄为人的经验自我。对于"实行悬搁的自我"来说，"排除""使失效""放弃"或"抑制"等用语实际上主要是指它不参与、不一同实行世界信仰。作为旁观者，它只是直观世界信仰，并不参与或沉浸其中。因此，它不会将世界看作绝然的有效性，而是看作现象，看作被论题化了的先验信仰的相关项。如果说先验自我是"从内部"为"经验自我"穿上了世界信仰的外衣的话，那么"实行悬搁的自我"恰恰"从外部"识破并且脱去了罩在"经验自我"身上的世界信仰的外衣。借此，先验自我这个真正的信仰主体凸显出来。显然，这里展示出现象学还原的双重基本意图。一方面，它试图通过排除世界信仰彻底挣脱自然生活的束缚性；另一方面，它试图通过经验自我与先验自我的区分去揭示经验自我及其世界信仰在先验自我及其先验生活中的起源。现在，世界(包括世间的主体及其所有对象)作为先验自我的成就、作为先验的有效性总体、作为现象，成了现象学的论题。正是在这个意义上，我们可以理解芬克的那个著名论断："现象学还原归根结底是'自我本身'(Selbst)的变化，它超越了人之自我的那种直接的、无法分解的统一性，使它分裂，但却达到了某种更高的统一性。"③

---

① 黑体部分是笔者所做的强调。
② 参见 Fink, E.：*Studien zur Phänomenologie：1930—1939*，Den Haag，Martinus Nijhoff，1966，S. 122。
③ 参见 Fink, E.：*Studien zur Phänomenologie：1930—1939*，Den Haag，Martinus Nijhoff，1966，S. 123。在此语境中，芬克甚至认为，整个现象学哲学以及在现象学体系建构方面的基本明察都蕴含在"这三个自我的同一性"的问题中。

　　尽管上述分析业已充分显露出现象学还原的双重基本意图，但是，在现象学悬搁的"普遍性"问题上通常存在一种可能的误解。这种错误的观点认为，现象学悬搁可以分两步进行：首先排除外在的世界的存在信仰，然后再排除作为信仰主体的人的自身统觉；或者反过来，首先排除人的自身统觉，然后再排除外在的世界的存在信仰。采取这种步骤意味着，只要我们无限累进地实行个别加括号行为，就可以把世界，亦即时空客体的宇宙完全置入括号中。在此情况下，"实行悬搁的自我"似乎在观念中遍历了人的可能的世界生活中的所有个别行为，并伴以一个普遍的决断：所有个别行为的结果都不允许被当作前提。因此，导致这种误解的原因在于，将普遍的悬搁等同于个别悬搁的叠加或总和。这种等同自然会将这种逐步实行的悬搁步骤看成理所当然的事情：首先对所有涉及外部世界的行为和所有外部世界的客体实行普遍的加括号，然后对所有涉及人自身的现实的和可能的行为加括号；或者采取相反的步骤。

　　《危机》第 40 节，在"把普遍悬搁误解为可被逐步实行的对所有个别有效性的排除"的标题下，胡塞尔讨论了实行普遍悬搁的"无与伦比的特性"。为了澄清实行普遍悬搁的真正可行的方式，他折回对通常的自然生活方式的思考。在自然生活中，自我的每一个意识行为都以某种方式指向其周围世界的对象；但是，每一个意识行为及其所包含的有效性都不是孤立的。例如，在个别事物的感知中，被感知物总是具有其在意识上或多或少明确地一同被意指的背景，这种"一同被意指的背景"总是一同属于被感知物本身。例如，这栋红楼是"操场边的红楼""校园中的红楼"，校园则是"山脚下的校园""市区的校园"，等等。被感知物总是一再指向可由其引发的、作为经验之潜在性的感知。这种指明关联无须总是意识的明确论题，但却随时可以被现实化。因此，所有个别的感知行为都具有其可能进一步感知的视域。这不仅包括那些更确切地感知被感知物之本己内涵的感知，亦即感知的"内视域"（Innenhorizont）；而且包括那些与被感知物之周围世界相关的感知，亦即感知的"外视域"（Außenhorizont）。[①] 同样，每一个个别意识行为都必然蕴含着在流动的运动性中一同起作用的潜在有效性的无限视域。这种持续流动着的视域

---

[①]　关于经验的视域结构，参见《观念 I》第 27、第 47、第 82、第 83 节，《第一哲学》（VIII）第 48、第 49、第 50、第 51、第 54 节，《形式逻辑与先验逻辑》第 80 节，《沉思》第 19、第 28 节，《经验与判断》第 8 节。尤其在《经验与判断》中，胡塞尔在第 7 节阐明了"世界作为预先被给予任何个别对象的经验之普遍的信仰基础"后，在第 8 节对于经验的视域结构做了详尽的分析。

性（Horizonthaftigkeit）表明，自然的世界生活中每一种素朴的有效性总是以其他有效性为前提，所有这些有效性形成一个唯一的、不可分割的生活关联域。因此，对所有个别有效性实行逐步排除的步骤绝不可能实现普遍悬搁的目的，因为针对个别有效性所采取的逐步实行的排除步骤所获得的，只能是一种仍然建立在自然世界基础上的新的有效性样式（VI，152）。

那种试图在个别悬搁的无限实行中理解普遍悬搁的人恰恰没有认识到，一切个别的意识行为及其个别的有效性总已将作为普遍视域的自然世界设为前提。按照胡塞尔的理解，"以作为普遍视域的自然世界为前提"这句话不仅意味着"认识活动依赖于一个以被动的确然性样式预先被给予的领域"，而且意味着"世界对我们来说总是一个认识在其中业已以各种各样的方式起作用的世界"（EU，26）。这就是说，世界视域不仅是个别意识行为的对象之预先被给予的场域，而且也预先规定了个别意识行为的对象类型。对此，在《经验与判断》中，胡塞尔明确写道："对于个别经验对象的认识成就不是这样进行的，似乎这些对象是作为还完全未被规定的基底而第一次预先被给予的……确定无疑的是，不存在任何在第一次—素朴的事物经验意义上的经验。那种第一次把握和在认识上接纳某物的经验所获得的关于此物的'知识'仅止于注意到它而已。任何经验——无论它实际上经验到什么，只要这种东西自身被看到——当然都具有或必然具有恰好有关此物的某种知识和共识（Mitwissen），亦即对此物尚未被看到的特性具有某种知识和共识。"（EU，26-27）在胡塞尔看来，这种"知识"和"共识"是一种"前识"（Vorwissen）。这种"前识"是一种在内容上未被规定的或未被充分规定的知识，但是，它绝不是完全空乏的认识，否则经验就根本谈不上是关于某物的经验了。

根据这种"前识"的观点，我们可以从两个方面具体把握经验的视域结构。从经验对象方面看，"一切经验都具有其经验视域"（EU，27）的表述意味着，一切经验物都存在于世界视域之中。而作为这种经验物，它本身又具有其内视域。一方面，"任何作为可经验之物的实在之物一般都具有其普遍的'先天'，具有某种前识性，作为不确定的但却永远可认同的先天类型的普遍性，它们属于某个先天可能性的活动空间"（EU，32）。一切经验物的特殊类型都为总体性类型所包围，这种总体性类型在其无限性中属于整个世界视域。因此，世界视域作为先天可能性的活动空间预先规定着所有经验物的意义类型或存在类型。另一方面，任何经验都具有其现实的和确定的注意中心，有其自身直接被给予的规定性。但是，除了这种"确定的注意中心"和"自身直接被给予的规定性"以外，经验又都由"自身直接被给予的规定性"进一步指明新的可能规定性。不存在所谓的最终的规定性，现实的经验总是具有一个无限的可能经验的视域。作为可能性的活动空间，这个处于不确定性中的经验视域作为进一步规定的预示在起作用（EU，27）。从自我方面看，"一切经验都具有其经验视域"意味着一切经验都指明自我的权能性，亦即指明具体的意识生活。在具体流动的意识生活中，各种以前行为的获得物并非僵死的积淀物。那些总是一同被意识到但此刻却完全未被注意到的背景仍凭其所包含的有效性一同起作用。尽管所有这些有效性此刻是非现实的，却都处于持续地对自我实行直接或间接的唤起和触发的样式中。在某种情况下，它们能够进入主动的统觉，并且作为有效性嵌入行为关联域。因此，各种主动的意识行为及其相关项总已蕴含一个隐蔽地一同起作用的流动着的视域。现象学反思表明，具体的意识生活实际上是一种普遍的、持续流动着的世界统觉。它作为所有个别意识行为持续变化的动机引发视域流动着，这些持续流逝着的个别意识行为总是从这个动机引发视域中获得引发动机。因此，对于个别意识行为的主体来说，作为在其所实行的有效性中一同被意识到的普遍视域，世界总是预先存在在那里。任何个别的意识行为总是以作为其非论题性背景的预先被给予的世界为前提。而各个别意识行为的对象只有从这个普遍的世界视域中凸显出来，才能在意识上获得其存在有效性。

　　这样，通过对意识生活之具体的意向关联和普遍的视域结构的揭示，胡塞尔具体地阐明了意识生活之现时性与潜在性、个别行为意识与视域意识的内在关联。同时，个别意识行为与意识生活整体、个别统觉与世界统觉、个别存在设定与世界信仰之间的差异和内在关联亦清楚地显露出来。作为无所不包的信仰基础，世界是囊括一切个别存在设定的总视域。因此，存在信仰是世界信仰。当我们在自然态度中谈论存在时，我们总是完全不言而喻地认为它是世间的存在。具体流动的意识生活不断变化，作为世界统觉的统一性，它通过删除无效的假象和对个别经验失实的重新充实而持续进行自身校正，并且在这种持续的自身校正中修复和保持着它的世界信仰。在先验反思的目光中，这种持续的预先被给予的世界统觉是意识行为生活的基础和动机引发背景。所有的触发都源于各种预先给予性的统觉，而所有的触发者总已预先存在于世界的有效性视域中。因此，只有考虑到普遍的世界统觉，只有考虑到自身具体地包含着世界之存在意义的具体流动的意识生活，才能达到具体充分和普遍

的悬搁。对此，兰德格雷贝正确地指出："为了纯粹凸显出个别行为的
'被意指物本身'，亦即它的纯粹的意向对象本身，我们不应单单排除由
它实行且超出它本身的信仰设定，也不应仅仅对其本身实行还原。因为
这样的话，仍未顾及在每一个行为中一同起作用的视域。"①因此，"个别
行为意识之还原分析不能停留于这个个别意识，而是应被导入在每一个
行为意识中总已被蕴含的视域意识中……最终，这种视域意识乃是关于
作为总体视域的世界的意识。因此，现象学还原必须预先使世界之隐蔽
的、蕴含于个别行为中的存在有效性失效"②。

　　正是基于这种认识，胡塞尔在《危机》中明确要求：应当彻底戒绝个
别悬搁之逐步实行步骤的诱惑，而代之以一种真正的普遍悬搁的方式。
这种普遍悬搁的方式"一下子就使贯穿到自然的世界生活整体之中，并且
贯穿到有效性的整个的（不论是隐蔽的还是开放的）网络之中的总体实行
（Gesamtvollzug）停止起作用。正是这种总体实行作为统一的'自然态
度'，形成了'素朴的''直向的'沉沦（Dahinleben）"。因此，只有彻底弃
绝这种总体实行，才能突破素朴直向的沉沦，彻底改变自然的生活态度，
从而赢得一种全新的生活态度。这种全新的生活态度"突破了世界之预先
被给予的有效性（Geltungsvorgegebenheit），突破了其有效性总是一再隐
蔽地奠基于其他有效性之上的这种无限的相互交织状态，突破了由多种
多样但却综合地被统一起来的东西构成的整个的流动（Strom）。在这整个
流动中，世界具有并且重新赢得了意义内涵和存在有效性"（Ⅵ，153）。

　　这表明，"还原首先是作为一种普遍的决心被引入的，它不参与那种
超出被意指物本身的设定，而是禁止一切设定，对一切设定加括号。而
只有当不仅个别行为或个别意指的信仰命题就其自身而言被禁止，而且
那个为它们奠基的基础也一同被悬搁触及，并且悬搁首先是针对这个基
础时，这种普遍的决心才能产生持久的效果"③。与把悬搁看作在无限的
逐步实行中个别悬搁的总和不同，这种"真正普遍的悬搁"彻底弃绝了自
然态度的总设定，而将预先被给予的世界整体置入括号。这意味着，使
在具体流动的意识生活中的世界统觉和在这种世界统觉中保持的世界信
仰失效，而"使世界失效，同时就包含使对自身的世间化的统觉失效"。

①　Landgrebe, L.: *Der Weg der Phänoenologie：Das Problem einer Ursprünglichen Erfahrung*，Gütersloh，Mohn，1963，S. 43-44.

②　Landgrebe, L.: *Der Weg der Phänoenologie：Das Problem einer Ursprünglichen Erfahrung*，Gütersloh，Mohn，1963，S. 184.

③　Landgrebe, L.: *Der Weg der Phänoenologie：Das Problem einer Ursprünglichen Erfahrung*，Gütersloh，Mohn，1963，S. 43.

因此，人之持续的自身统觉也一同被置入括号中。鉴于世界统觉和人之自身统觉的失效，现象学悬搁的普遍性就得到了双重保证。首先，使世界统觉失效实际上就是抽去了个别意识行为及其成就的自然有效性基础，因而同时也就对所有在其中被动机引发的个别意识行为及其成就实行了悬搁。其次，人之自身统觉的失效则意味着现象学的思义彻底摆脱了自然反思的迷途，因而能够真正开显出先验的经验领域。胡塞尔认为，只有这样，世界统觉和人之自身的统觉在其中得以进行的具体流动的意识生活才能显露出先验的和绝对的本性。同时，我们也才能真正赢得先验的世界现象或作为相关现象的先验的世界统觉。

上述分析表明，一方面，悬搁揭示出作为世界信仰之起源的先验自我及其先验主观的生活，因而回溯到作为本身处于世界信仰中的有效性统一性的人的背后；另一方面，正是由于悬搁认识到并突破了人本身在世界信仰中的受缚状态，先验的世界问题，亦即现象学的基本问题才得以形成。通过将世界揭示为一个先验有效性的宇宙，悬搁使世界的问题性第一次脱离了自然态度的世界束缚性。也就是说，它现在不再站在世界本身的基础上，不再就世界的存在本身探究世界的存在问题，而是把世界的存在看成先验的有效性，并且回问其在先验自我之先验生活中的起源。

如果说所有哲学的主导问题都可以被规定为关于世界认识的问题，那么这也适合于现象学。但是，现象学的世界问题由于其特有的问题提法而不同于任何其他哲学的世界问题性。有关世界之自然的提问，在预先给予的世界中，在现实的和可能的经验世界中有其基础。而当现象学通过悬搁认识到世界存在的意义是一种先验的有效性时，当它作为世界存在之有效性基础的先验生活而提出世界问题时，这种问题提法实际上已超出了世界存在本身。关于世界的存在问题现在变成了现象学关于先验主体性或先验生活的本质问题："按照其先验的、延伸到隐蔽基础之中的'意识生活'，按照其将世界在自身中作为存在之意义而'实现'的确定方式，对主体性进行描述——以自明的方式将主体性揭示出来，而不是将它杜撰出来，不是以神秘的方式将它构造出来。"（VI，156）作为世界存在之有效性的最终根据，先验主体性在其具体流动的先验生活中持续地构成世界信仰和世界的存在意义，从而形成普遍的世界统觉。

# 第二章　现象学还原与先验构造的问题性

作为现象学还原的最初步骤，悬搁从自然态度的生活中剥离出存在信仰。世界不再具有其在自然态度的生活中的那种预先被给予性和自在存在的特征。毋宁说，通过现象学悬搁，我将世界还原到作为实行悬搁的旁观者的我的纯粹意识生活中的显现；同时，"我将自己理解成具有其本己的纯粹意识生活的纯粹自我"。这表明，世界现在作为赋予其存在意义的我的纯粹意识生活的相关物而落入我的反思目光中，它因我的纯粹意识生活的成就而"存在"。对于"纯粹自我"来说，世界及其自然的生活经验只是为我存在、对我有效的现象。因此，作为现象学还原的成就，现象学展现出其特有的论题。"我的纯粹生活及其所有的纯粹体验和所有纯粹的体验意指物，亦即现象学意义上的现象总体。"（I，60）也就是说，现象学的论题并非世界本身，而是世界在其主观的被给予方式中的显现。在《危机》中，胡塞尔更确切地将其表达为：世界与世界的主观被给予方式之普遍的相关性先天。

现象学还原将世界与世界的主观被给予方式之普遍的相关性先天揭示出来，并且作为自己特有的论题。但是，由此我们尚不能对世界与先验主体性之间的关系做最终的确定。诚然，通过悬搁，我们已经获得了现象学所要求的纯粹现象，但是，从"世界只是为我存在、对我有效的现象"的还原结论中，我们还不能最终理解"纯粹现象"的存在性质。作为"纯粹现象"，世界与它为其存在、对其有效的主体之间的关系仍是悬而未决的。对此，利科正确指出，胡塞尔的"世界为我（für mich）存在"的表达与"世界源于我（aus mir）而存在""世界在我之中（in mir）存在"的表达之间存在本质的区别，二者之间隔着一重"形而上学的决断"①。作为现象学还原的最初结果，"世界为我存在"仅仅表明了所赢得现象的纯粹性。但是，尽管这种纯粹性是现象学上的纯粹性，却还不是先验意义上的纯

---

① Ricoeur, P.: *Husserl: An Analysis of His Phenomenology*, trans by Ballard, E. G., and Embree, L. E., Evanston, Northwestern University Press, 1967, pp. 89-90. 利科基本同意英伽登就胡塞尔对这两个表达不做区别的使用所提出的异议："在悬搁的框架中，我应该只对我自己，而不应该对世界做判断"，因为"对世界做判断"只能作为先验的—构造的思考的结果（I，208）。

粹性(Ⅷ，128)。

现象的先验纯粹性的获得只能是先验的—构造性的考察的结果。只有通过先验的—构造性的考察，我们才能揭示纯粹现象源于先验的意识生活的被构造性质。纯粹现象才能作为先验的意识生活的相关项存在，亦即从"世界为我存在"过渡到"世界源于我而存在"和"世界在我之中存在"。从问题性上看，这是从对相关性论题之"存在者状态上的先天"(ontisches Apriori)的类型描述过渡到对"构造性的先天"(konstitutiven Apriori)的意向分析(XVII，255)；从方法上看，这是现象学还原之具体化和彻底化的步骤；从哲学观念上看，这涉及先验现象学观念论的本质规定性。因此，系统探讨现象学之"世界与世界的主观被给予方式之普遍的相关性先天"论题的任务，要求我们首先澄清先验构造理论的一般特征及其与现象学还原之间的内在关联。借此，我们才能在系统展开"普遍的相关性先天"论题的基础上，最终整体把握先验现象学观念论的本质形态。

## 第一节    先验现象学的基本观念：先验还原与构造

现象学还原开启了一个纯粹体验的领域，胡塞尔称之为先验主体性。我们对此领域的把握完全基于直观显现的纯粹现象，因此，这一研究领域真正满足了现象学彻底思义的最终奠基观念。但是，先验主体性不是一个与世界无关的领域。正如前面的论述所表明的那样，现象学还原所悬搁的是世界的存在信仰，而不是世界显现本身。也就是说，通过现象学还原，"世界本身不再是绝对的，可靠地和绝然地被给予我们的不是它的自在，毋宁说，它与感知的相关性是绝对地被给予的"①。这表明，世界的存在问题现在变成了世界如何在其主观的显现方式中被给予问题，变成了"世界在先验主体性中的生成"问题。因此，世界与其主观的显现方式之间的相关性先天成为现象学唯一的、真正的论题。如果能够澄清这种"相关性先天"，我们就从现象学上理解了世界的存在意义。但问题是：如何理解这种"相关性先天"？

一般而言，"世界与其主观的显现方式之间的相关性先天"这一表述意味着，意识是关于某物的意识，某物仅对主体显现出来。尽管这表达

---

① Sokolowski, R. ：*The Formation of Husserl's Concept of Constitution*，The Hague，Martinus Nijhoff，1970，p. 131.

了世界与主体之间的先天相关性，但在此情况下，相关性先天概念所具有的歧义性是显而易见的。它既可以仅仅指我的意识是关于世界的意识，而世界仅对我显现，"为我"存在；也可以指我是世界显现的条件，世界的存在源于我对它的意识，世界是"源于我"的存在。因此，单纯从先验还原所确立的相关性先天论题本身尚不能确定现象学的哲学立场。遵循"每一种意识形式都有一个与之相应的对象性形式"这种相关性先天原则，我们完全可以将自己限制在纯粹描述的范围内，亦即纯粹描述对象类型的具体显现方式。这种"纯粹描述"的研究本质上是从意识与对象性之间的外在的相关性——将它们看作两个不同区域之间的关系——出发来把握相关性先天论题的。这种纯粹的意识分析不可能产生任何真正的哲学结论，因此，与现象学为一切科学奠基的观念相悖。① 在《形式逻辑与先验逻辑》第 97 节中，在"意识构造之揭示方法的普遍的哲学含义"的标题下，胡塞尔明确说道："诚然，自笛卡尔以来，所有能为自我所想象物与其意识生活的普遍的关涉性作为一个哲学的基本事实业已得到普遍的承认，尤其近来重又引起了广泛的讨论。但是，对此实行自上而下的哲学思考是无用的。这种哲学思考仍以如此精巧构思的思想织物遮蔽它，而不是探究其广袤的具体性，使它在哲学上产生丰硕的成果。"（XVII，251）这表明，无论是泛泛的非现象学讨论，还是从对象性与意识的外在相关性出发而局限于纯粹描述的研究，都不足以揭示相关性先天论题的具体内涵。

因此，胡塞尔认为，现象学思义者从一开始就必须澄清："所有能够为他存在的东西——无论是这还是那，因而作为对他能够具有意义和有效性的东西——都必然以一种本己的、与这种存在者之特殊性相应的意向成就形式被他意识到，都必然从一个本己的意义给予中产生（**就像我在我的《观念》中所说的那样**）。"②（XVII，251）在《观念 I》中，他用整整三节篇幅（47～49 节）试图得出这样一个结论：意识可以脱离实在世界被想象，但是，实在世界却不能脱离意识被想象。其目的是要表明，作为纯粹体验领域，意识的存在无须实在世界的存在为条件，它以自身为根据，因而是绝对的；而实在世界完全依存于意识，它只是"**一种意向的存在**"。

---

① 对此，芬克明确指出，在现象学还原确立了"相关性先天"论题以后，现象学的推进是通过澄清先验主体性与世界之间关系的内在特征实现的。他特别提醒人们，不应将先验主体性与世界之间的相关性先天理解成在两个不同存在区域之间的关系。参见 Fink，E.：*Studien zur Phänomenologie：1930—1939*，Den Haag，Martinus Nijhoff，1966，S. 140。

② 黑体部分是笔者所做的强调。

对于意识来说，"它仅具有第二性的和相对的存在意义……这种存在首先为我们存在，其次才在其自身中存在。也就是说，只有在与前者的'关系'中，它才是其所是"(III/1，93)。根据胡塞尔的观点，实在世界对于意识的相对性意味着："**不管物是什么……它们是经验的物。正是经验本身规定着它们的意义。**"(III/1，88)而意识对于实在世界的绝对性则意味着："**一切实在的统一性都是'意义统一性'。意义统一性以意义给予的意**识为前提(我再次强调：不是因为我们能从某些形而上学假定中推演出来，而是因为我们能通过一种直观的、无可怀疑的程序证明出来)，此意识是绝对自存的，而本身不再通过意义给予而存在。"(III/1，106)

显然，实在只具有相对于意识的存在，原因在于它依靠意识给予其意义。意识是给予意义的存在，它是意义的源泉；而实在是一个"意义统一性"，它依赖于意识并相对于意识而存在。因此，对于"世界与先验主体性之间的相关性先天"论题的理解，只能从相对的实在对于绝对的意识的依赖性——超越的实在从纯粹体验的内在中获得其意义这样一种**内在的相关性**——出发来理解。而一般而言，"构造"概念正是作为表达内在与超越、绝对与相对之间内在的相关性方式被引入的：作为绝对的内在不是被构造的，作为相对的超越则是被构造的，而且是由其所依赖的作为绝对的内在构造的。这种依赖性的产生方式，亦即纯粹意识实行其意义给予的功能方式，被称为"构造"。① 正如我们在导论中所表明的那样，胡塞尔正是在世界与其主观的显现方式之间的"相关性先天"及其构造性揭示的意义上赋予其现象学以先验哲学的含义的。一方面，现象学还原确立了相关性先天的研究论题。通过对存在信仰的悬搁，现象学在对象对意识的显现方式之中考察对象。也就是说，现象学不是直向地探究对

---

① 与比梅尔、索科罗夫斯基等把胡塞尔"构造"概念的形成追溯到《算术哲学》的做法不同，德布尔认为，胡塞尔在《算术哲学》对数的分析中并没有发现"构造"概念，这个发现是他在1894年的论文《基本逻辑的心理学研究》中对意义给予活动的研究中完成的，这与他自1894年起开始确立的全新的意向性概念相吻合。从那时起，意向性不再是一种对内容的被动占有活动，而是一种意义给予活动。按照德布尔的考察，胡塞尔是在《逻辑研究》中首次使用"构造"概念的，在那里，构造被规定为"意义给予"。在他看来，胡塞尔赋予意向性以意义给予这样一个崭新的内涵和"构造"概念的形成导致的一个直接结果就是"敞开了所谓'相关性研究'的可能性"。这种"相关性研究"遵循这样一个规则："无论何种对象，都有一个与之对应的特殊意识形式。"参见〔荷〕泰奥多·德布尔：《胡塞尔思想的发展》，李河译，北京，生活·读书·新知三联书店，1995，第533页，第113～136页。兰德格雷贝则更明确地指出，胡塞尔正是在被给予物与其对于意识的被给予性方式之间的相关性这个意义上谈论存在者的构造问题。参见 Landgrebe, L.：*Der Weg der Phänoenologie：Das Problem einer Ursprünglichen Erfahrung*，Gütersloh，Mohn，1963，S. 146。

象，而是探究对象的"被给予性方式"，亦即"认识方式"。而通过本质变更和本质直观的方法，现象学从这种意向的相关性关系中揭示出先天之物。这样，现象学就在康德使用"先验的"一词的意义上获得了先验哲学的含义。另一方面，通过具体揭示这个相关性先天，构造性研究"追溯到一切认识形成的最后源泉的动机，是认识者反思自身及其认识生活的动机……这种动机如果彻底发挥作用，就是一种纯粹由这种源泉提供根据的，因此是被最终奠立的普遍哲学的动机"（Ⅵ，100-101）。胡塞尔把这种"原初的动机"称为"先验的"。因为构造性分析表明了这种"原初的动机""如何促使意识超越这种被给予方式的时或性而获得对象的确定种类，并且获得其存在信仰（'世界信仰'）"①，因而解释了实在世界的超越。

　　显然，构造概念或构造的问题性赋予了现象学另一重先验的含义。在胡塞尔看来，正是通过对相关性先天的这种构造性理解，他的先验现象学才与康德的先验哲学区别开来。对此，他明确说道："**康德**在主体性中，或者更确切地说，在主体性与客观之物的相关性中探究客观性之意义的最终规定……就这点而言，我们与康德是一致的，只不过我们将'主体性'规定为并且必须规定为现象学的'主体性'。但这种一致毕竟只是表面的一致。康德恰恰没有达到认识与认识对象性的相关性的真正意义，并因此也没有达到'构造'这一特殊的先验问题之意义。"（Ⅶ，386）结果表明，完整的先验现象学观念的本质内涵只能由现象学还原和构造概念共同规定。因此，我们既不能停留于现象学还原的最初步骤，而仅仅在康德先验哲学的意义上处理它唯一的、真正的论题，即"相关性先天"，也不能脱离现象学还原孤立地探讨构造的问题性，因为现象学的构造问题性恰恰要具体地阐明相关性先天。正是在这个意义上，芬克将构造和还原看作"现象学的两个核心的和系统的基本观念"。②

## 第二节　先验还原的构造性解释：内在与超越的区分

　　胡塞尔的构造概念的形成不仅为我们揭示"世界与其主观的显现方式之间的相关性先天"提供了具体的操作方法，而且证实了我们在第一章所提及的那种"引起哲学上惊异的觉察"：通过实行现象学还原，"我

---

① 〔德〕胡塞尔：《生活世界现象学》，〔德〕克劳斯·黑尔德编，倪梁康、张廷国译，上海，上海译文出版社，2002，第6页。

② 参见 Fink, E.：*Studien zur Phänomenologie：1930—1939*，Den Haag，Martinus Nijhoff，1966，S. 108。

们使把握的和理论上探索的目光指向**在其自身绝对独特存在中的纯意识**，但我们并未因此失去任何东西，只是得到了整个绝对存在，这个**在其自身绝对独特存在中的纯意识**在自身中包含着、'构造着'一切世界的超越存在"（III/1，94）。① 这实际上是通过对世界信仰和世界现象的构造性解释确保了现象学探讨世界问题的可能性。它不仅从方法论上论证了现象学还原的合法性，而且为我们正确理解现象学还原的基本意图和推进现象学还原的彻底化实行提供了观念支撑。② 对此，我们可以通过澄清内在与超越这对基本概念予以简略的指明。这对基本概念及二者的区分对于阐明构造问题，乃至对于理解整个先验现象学，都具有核心意义。

在现象学中，内在与超越是一对充满歧义的概念。胡塞尔对内在与超越的区分不仅与直观明见性原则和现象学还原相关，而且与他对相关性先天论题的构造性理解密不可分。在《逻辑研究》第五研究第一章中，在讨论"意识的多义性"的背景下，胡塞尔根据其纯粹直观描述的原则，亦即根据相即性感知与不相即性感知的对立，将意向体验划分为"实项内容"和"意向内容"。"实项内容"是指意向体验的实项的组成部分，亦即"意向活动"和"感觉素材"；"意向内容"则是指"行为的意向对象"，亦即行为所意指的对象。这是内在与超越这对概念的最初区分。在那里，内在仅仅指实项的内容，又被称为实项的内在；超越则是指与"实项的内容"相对立的"行为的意向对象"。③ 简单地说，"内在之物在我之中，超越之物在我之外"（II，5）。这种最初的区分与胡塞尔当时站在描述心理学立场上所持有的现象学观念相应。"无前提性原则"要求回溯到"在认识批

---

① 对此，利科正确指出："这句重要的话标志了留下'剩余物'的还原朝向构造迈进的一个转折点，构造在自身'中'保持了它似乎'从'自身排除的东西。只要它'分离出意识'，还原仍然是有限制的（第2章）。通过把现实'带回'到自身（第3章），还原与揭示世界意义的先验构造之间变得难以区分。"参见〔德〕胡塞尔：《纯粹现象学通论——纯粹现象学和现象学哲学的观念（第一卷）》，李幼蒸译，北京，商务印书馆，1992，第521页。李幼蒸的译文最后一句有误，笔者参照英译本做了校正，参见 Ricoeur, P.：*A Key to Husserl's Ideas I*，trans. by Bond Harris and Jacqueline Bouchard Spurlock，Marquette University Press，1996，p. 108。

② 我们可以在芬克那里读到这样的话："正是由于开启了非世间的先验主体性领域，还原的实行——就其在《观念I》中的解释而言——带有这样一个假象，亦即它似乎与传统哲学之**与世界相关的**论题不同，而是要为哲学确立一个**超越世界的**论题。而对于现象学构造学说的明察消除了这种假象，并且澄清了现象学对于世界问题回答的**先验特征**，亦即在超越世界中保留世界。"参见 Fink, E.：*Studien zur Phänomenologie：1930—1939*，Den Haag，Martinus Nijhoff，1966，S. 139。

③ 在《逻辑研究》中，胡塞尔进一步把这种"行为对象的意向内容"区分为"被意指的绝对对象"和"如其被意指的对象"，亦即"被意指的绝对对象"的被意指方式或被给予方式。

判的确切意义上的明见性"（XIX/2，A 594/B₂ 122）①，"实项的内在"之所以能担此重任，之所以是确然无疑的，正是由于它在自身中不包含任何超越的意指，而完全是相即地自身被给予的东西。

　　然而，尽管胡塞尔在这一时期对内在与超越的区分是明确的，但它尚未与严格意义上的现象学还原观念发生本质联系。② 在《现象学的观念》中，他认识到，不应把现象学的直观描述领域局限于实项的内在的范围内，而应包含行为的意向对象，亦即"纯粹的意向内容"或"超越实项的内在"。问题的关键在于，胡塞尔对自身被给予性概念做了扩展。自身被给予性不再仅仅指那种"相即的自身被给予性"，而是"绝对的自身被给予性"，亦即"在明见性中构造自身的自身被给予性"。这种扩展本质上源于此时业已形成的现象学还原的观念："不是排除实项的超越之物（完全在心理学—经验论意义上），而是排除作为一种仅仅是附加实存的一般超越之物，即所有那些不是在真正意义上的明见的被给予性，不是纯粹直观的绝对被给予性的东西。"（II，9）现在，按照胡塞尔的理解，只要是绝对的自身被给予性，就属于现象学上合法的纯粹现象。③ 而在现象学还原

---

① 胡塞尔认为，这种"内在的明见性""为我们提供了一个**描述性的特征**，这个特征将一种感知与另一种感知区分开来，并且摆脱了所有关于形而上学实在的前提"（XIX/2，A 697/B₂ 225）。遵循这种明见性，"我便处在这样一个点上：或者我可以将这个点看作阿基米德之点，以便从这个点出发彻底改造非理性的和怀疑的世界；或者我放弃这个点，从而放弃所有的理性和认识"（XVIII，A 143/B 143）。这形成了一个"在认识论上第一性的、绝对可靠的领域。这是一个由还原在相关瞬间所给出的东西的领域，这个还原是指将现象的经验自我还原为它的纯粹现象学的可把握的内涵"（XIX/1，A 335/B₁ 357）。这样，《逻辑研究》时期的现象学将自己限制于唯一可把握的直接意识的领域。在他看来，只有相即的感知才是实际被给予的。

② 在《逻辑研究》时期，现象学就是描述心理学，是一种关于体验的描述。但一旦胡塞尔在此基础上将自己限制于这种实际被给予的"实项的内在"领域，就会产生这样一个问题：认识论是如何可能的？因为认识论所研究的恰恰就是与对象的关系问题。因此，我们看到，在描述心理学的立场上，超越问题实际上在此方法论的基础上被消解了。它提不出关于外部世界的存在问题，因为对它而言，关于一个外部世界的存在和本质的问题是一个形而上学的问题。

③ 在《逻辑研究》中，胡塞尔尽管偶尔使用"还原"一词，但它只具有描述心理学所特有的"抽象操作"的含义。因此，在《逻辑研究》时期，"纯粹的"一词只能从抽象操作的角度去理解，而不应从后来严格意义上的现象学还原的角度理解。诚如德布尔所言："这种纯粹性是**人为的**。它是一种方法论处置的结果，因而只具有**方法论的而非本体论的意义**。纯粹心理'经验'的领域似乎是一个在实证主义和自然主义世界中的人工孤岛。"参见〔荷〕泰奥多·德布尔：《胡塞尔思想的发展》，李河译，北京，生活·读书·新知三联书店，1995，第 224 页。在那里，"纯粹的"一词基本具有这样两层含义：其一，"纯粹的"意味着不去理会理论的解释，而将自己限制在纯粹描述的领域，这是就描述心理学与发生心理学或阐释心理学两相对立而言的；其二，"纯粹的"意味着现象学的描述分析完全限制在意识的实项内涵上，而不去考虑所有的超越。德布尔认为："一旦胡塞尔认为意识不是身体的某个领域而是一个原

之后，"显现和显现者竟是如此地相互对置着，并且是在纯粹的被给予性中，即真正的内在中相互对置着"(II，11)。当我们直观纯粹现象时，"对象不在认识之外，不在'意识'之外，并且同时是在一个纯粹被直观之物的绝对自身被给予性意义上被给予的"(II，43)。

显然，存在两种绝对的被给予性：显现的被给予性和对象的被给予性。那种将绝对的自身被给予性仅仅看作"相即的自身被给予性"或"实项的内在"的观点是一种偏见。对现象学来说，这是一个致命的错误。现在，现象学不仅不再将实项的内在当作唯一的研究领域（例如，一般之物并非"实项的内在"，但却是绝对地自身被给予的。在这里，"实项的内在"只是"一般内在"的一个特例），而且**实项的**内在这一概念也要还原，它不再意味着**实在的**内在，不再意味着人的意识中的和实在心理现象中的内在"(II，7)。

与此相应，超越现在也具有双重含义。一是作为与实项的内在相对的实项的超越，亦即"在认识行为中对认识对象的非实在的含有"；二是作为与"纯粹的内在"(II，45)①或"绝对的自身被给予性"相对的"意向的超越"或"纯粹的超越"。关于内在与超越的这种双重区分及相互关系，我们可以用图 2-1 予以直观的说明。

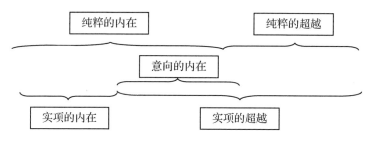

**图 2-1　内在与超越的双重区分及相互关系**

（接上页注③）

生领域时，这种纯粹性的观念就会发生根本性的变化。在这里，纯粹性不再是将意识从实在整体中孤立出来的产物。"（同上）通过现象学还原，这里的"纯粹的"一词已具有我们在导论中所分析的双重含义。也就是说，"纯粹的现象"不仅是一种经过本质还原的本质现象，而且是由先验还原纯化了的心理现象。在德布尔看来："纯化意味着从那种把意识理解为实在的一部分的错误理解中解放出来：意识在事实上是一切存在的本原，它还构造着物理世界自身。"（同上）正如胡塞尔在《观念 I》中所说的那样。"我们的现象学不应当是一门关于实在现象的本质科学，而应当是一门关于被先验还原了的现象的本质科学。"(III/1，4)

① 胡塞尔明确说明了其对内在进行规定的现象学根据："现象学的对象并不被设定为在一个自我之中、一个时间性的世界之中的实存，而是被设定为在纯粹内在的直观中被把握的绝对被给予性：纯粹的内在之物在这里首先通过**现象学的**还原得到描述。"

现在，现象学的着眼点是所有绝对的自身被给予性，而不单单是意向活动及其本质的自身被给予性。"纯粹的内在"不仅包括各种意向活动及其本质，而且包括相关的意向对象。但问题是：我们如何理解这种"绝对的自身被给予性"？或者说，"绝对的自身被给予性"能够伸展多远？胡塞尔的回答是：**"现实的明见性伸展得有多远，被给予性伸展得也有多远。"**（Ⅱ，73）

在胡塞尔那里，"自身被给予"与"明见性"是同义语。现象学还原将研究领域限制在纯粹自身被给予性领域内，也就是限制在纯粹明见性领域内。这一点他在前期和后期的著作中曾多次予以明确的论述。① 因此，如何把握明见性的意义就成了问题的关键。对此，胡塞尔明确强调说："'明见性'这个词要在某种严格的意义上去理解，这种意义排除任何'间接的明见性'，尤其排除所有不严格意义上的明见性。"（Ⅱ，61）

在胡塞尔看来，现象学所理解的明见性与感觉主义的明见性不同。按照感觉主义的观点，明见性似乎是一种单纯看的行为。对这种单纯看的行为而言，事物直接存在于此，并且通过明见的看的行为存在于意识中，而看的行为就是直接地看。换句话说，作为明见性，这种单纯看的行为就是直接把握、接受或指向直接在此存在之物，仿佛所有的区别都存在于事物中，这些事物自为地存在着并且由于自身而区别开来。然而在现象学看来，谈论这些直接存在于此而仅仅被看到的事物实际上根本没有意义。因为这种"直接的此在"是某些具有特殊的、变化的结构的体验，"实事在这些体验中并不是像在一个套子里或是像在一个容器里，而是在这些体验中**构造起**自身，根本不能在这些体验中实项地发现它们"（Ⅱ，12）。

显然，胡塞尔在澄清明见性的本质时将它与构造概念关联了起来。在他看来，将实项的超越排除在内在领域之外无非一种偏见。这种偏见产生的原因在于没有从意向体验的起源本身考察它②，而起源的考察恰恰是关于意向体验的构造性分析。③ 因此，正是"构造起"一词切中了现

---

① 例如，我们在《现象学的观念》中可以明确地读到："明见性实际上就是这个直观的、直接和相即地自身把握的意识，它无非意味着相即的自身被给予性。"（Ⅱ，59）

② 在胡塞尔看来，尽管感觉主义的认识论者表面上非常重视起源的探究，但实际上他们与最极端的理性主义一样远离真正的起源。在他们看来，明见的判断与不明见的判断的全部区别在于某种心理感受。通过这种心理感受，明见的判断便显示出来。因而，在他们那里，明见性被深深地烙上了心理感受的标记。（Ⅱ，59）

③ 利科在评论胡塞尔关于先验意识之于实在世界的起源意义的论述时正确指出："在《观念Ⅰ》中，起源具有绝对的基本意义，它等同于构造。"参见〔德〕胡塞尔：《纯粹现象学通论——纯粹现象学和现象学哲学的观念(第一卷)》，李幼蒸译，北京，商务印书馆，1992，第523页。

象学明见性概念的本质内涵。"事物在体验中构造起自身"表明，直观的意识，亦即被给予状态或者对事物的纯粹直观在其中进行的意识，已经是以某种方式形成的思维行为。而内在的自身被给予性并不像存在于一个盒子里那样直接存在于直观的意识中，而是在显现中显示自己。这些显现本身不是对象，并不实项地包含对象。就显现使内在的自身被给予性得以出现而言，它们在某种程度上可以说为自我创造了对象。这样，通过对自身被给予性，亦即明见性的构造性理解，胡塞尔不仅将其与感觉主义的明见性概念区别开来，而且为内在概念的扩展——同时也就为现象学还原——提供了最终的根据："实事不是思维行为，但却在这些思维行为中被构造起来，在它们之中成为被给予性，所以它们在本质上只是以被构造的方式表现它们自身之所是。"(II，72)

至此，我们看到，胡塞尔关于内在与超越的原则性区分正奠立在现象学还原与构造之间的内在关联的基础上：一方面，内在与超越的区分是实行现象学还原的结果；另一方面，论证现象学还原的可能性和必然性却以内在与超越的区分为前提。这是一个循环，而摆脱这一循环的钥匙恰恰是对于现象学还原和明见性概念的构造性理解。

## 第三节　构造及其基本图式

前述分别从相关性先天论题的构造性理解和内在与超越的区分这两个方面澄清了先验还原与构造的内在关联，但是，我们的考察仍停留在以构造概念揭示先验还原的意图和基本方向的层面，现象学的构造概念本身尚未成为论题。诚然，我们已借助对相关性先天之本质内涵的指明赋予了构造概念"意义给予"这一含义，但是，在胡塞尔那里，不仅"意义给予"本身尚有待进一步的澄清，而且构造概念的含义也不是一贯明确的。芬克在 20 世纪 30 年代就提请人们注意：胡塞尔的构造概念摇摆于意义给予与创造之间。① 因此，我们有必要通过具体的讨论，或者在构

---

① 　参见 Fink，E.：*Studien zur Phänomenologie*：*1930—1939*，Den Haag，Martinus Nijhoff，1966，S. 142-143。在《胡塞尔现象学中的操作性概念》一文中，芬克对胡塞尔使用构造概念的情况做了详细讨论。按照他的分析，"就字面意义来说，构造意味着组合。显然，组合可以有多种类型。'组合'可以指事物秩序的编排，也可以指事物的制造和生产，但也可以仅仅指我们关于事物的表象之编排或在表象上被给予我们的事物之对象意义的生产。在胡塞尔最初从日常的词义中引入构造概念并赋予其一种新的、先验的意义时，所有这些含义都是交错杂呈的。所赋新义尚未凸显出思辨的构造概念与素朴的—自然的引导模式之间的距离。这同样适用于与构造几乎同义的成就（Leistung）概念"。在芬克看来，正是"构造"和"成

造概念的"意义给予"与"创造"这两层含义之间做出明确的决断，或者通过对构造问题性层次的揭示厘定其各自的有效性范围。这不仅涉及对构造概念的本质内涵的最终确定，而且涉及对先验现象学观念论之本质形态的规定和澄清。除了含义上的不确定性，胡塞尔的构造概念还存在两种不同的解释图式的冲突。在前期的构造图式的运用中，立义—内容图式得到了明确具体的规定，但这不是唯一的构造图式。我们在胡塞尔的后期现象学中还可看到一种生成性的构造图式，这是他将时间性观念引入构造性分析的结果。因此，我们可将其现象学的构造图式区分为静态的构造图式和发生性的构造图式。

　　鉴于胡塞尔构造概念的这种双重歧义，除了前述对先验还原与构造问题的内在关联进行原则性的揭示以外，本章的任务主要在于鸟瞰现象学构造问题性的全景。本节试图在构造性分析的问题关联中揭示构造概念的本质规定，并且主要围绕原素（Hyle）—立形（Morphe）构造图式的运用展开。我们会简略指明这种解释图式的局限性，旨在引出生成性的构造图式，以便通过对两种构造图式之间关系的分析，指明胡塞尔的构造概念的发展线索。而对这种解释图式之局限性的具体讨论，我们会结合第三章"发生现象学观念的引导动机"的内容具体展开。在第四节，我们将揭示先验构造的问题性的核心概念"构造性的先天"，借以从总体上勾勒先验构造的问题性。

　　前述表明，构造概念在先验现象学中处于核心位置。一方面，这是因为先验构造的观念是胡塞尔厘清其先验现象学与康德先验哲学的界限的根据；另一方面，先验构造的观念不仅可以避免对现象学还原的误解，有助于我们真正把握其基本意图和推进方向，而且对于揭示相关性先

---

（接上页注①）

　　就"概念的这种歧义导致了先验意识或先验主体性之本性的不确定。对此，他继续说道："先验主体性的生活被标识为'成就性的生活'。我们通常所谓的存在者是主观成就的产物，世间之物是意向的成就活动系统的标识。对此我们可以做这样的理解：事物并不是自在地独立存在着的，它与主体性处于某种必然的关系中，它是统一极，主体的各种行为和习性据此达到统一，从而综合地积聚在一起。"但问题是："这种主观的表象系统在什么意义上是一种'成就活动'？在此，到底是什么'被成就了'以及如何'被成就了'呢？"因为"我们很可能会把'成就活动'素朴地理解成某种拥有结果，亦即产生某物的行为。这种生产活动，既可以做实质的理解，也可以做深一步的理解"。显然，对于"生产活动"的两种理解分别是指"创造"和"意义给予"。在芬克看来，正是这种理解上的不确定导致了在胡塞尔解释中的那个著名的争论：在胡塞尔那里存在的是一种认识论的观念论（亦即主张主体生产客体世界），还是一种实在论的立场（亦即主张认识的基本特征本质上是接受性的）？参见 Fink, E.：*Nähe und Distanz：Phänomenologische Vorträge und Aufsätze*，Freiburg/München，1976，S. 200-201。

天论题的具体内涵也至关重要。同时，也正是由于对相关性先天论题的构造性解释，先验现象学的观念论才得以与传统的观念论区分开来。正是在这个意义上，芬克将其称为现象学哲学的核心的和基本的概念，因为"只有在与这一概念的关联中才能规定现象学探究的真正论题"，以至于"现象学本质上是**构造**现象学"。① 但是，人们对这一核心概念的理解历来存在观念论与实在论的对立，而这种歧义性的理解进一步导致了其他一系列核心概念在含义上的不确定性，如先验还原、先验主体性、先验观念论等。② 观念论的解释以芬克、兰德格雷贝、利科和德布尔等人为代表，实在论的解释以梅洛-庞蒂、比梅尔和索科罗夫斯基等人为代表。问题的核心在于：构造究竟是"意义给予"还是"创造"？

实在论的解释明确赋予构造概念"意义给予"③和"使……显现"④等含义；观念论的解释则认为，构造概念不仅有一个从"意义给予"到"创造"的演变过程，而且这两层含义反映了不同构造层次的构造特征。此外，在胡塞尔构造概念含义演变的时间问题上，观念论的解释者之间也存在分歧。有人把"意义给予"的含义限制在《逻辑研究》时期，比如德布尔拒绝对《观念 I》中的构造概念做实在论的解释。⑤ 有人则将《观念 I》中作为

---

① 参见 Fink, E.：*Studien zur Phänomenologie*：*1930－1939*，Den Haag，Martinus Nijhoff，1966，S. 139。

② 这已为后来许多解释者明确认识到，芬克、兰德格雷贝、克赖斯格斯、耿宁、黑尔德、霍伦斯坦、山口一郎和李南麟等都曾做过相关的论述。例如，黑尔德就明确指出，胡塞尔本人已经把构造的双重含义论题化，当然不是在做明确抉择的意义上，而是将其区分为静态的构造和发生性的构造。这种区分是理解胡塞尔一系列核心概念之所以同样具有歧义性的关键。参见 Claesges，U.，Held，K.（Hrsg.）：*Perspektiven Transzendental Phänomenologischer Forschung*，Den Haag，Martinus Nijhoff，1972，S. 24。

③ Sokolowski, R.：*The Formation of Husserl's Concept of Constitution*，The Hague，Martinus Nijhoff，1970，p. 196.

④ Held，K.：*Lebendige Gegenwart*，*Die Frage Nach der Seinsweise des Transzendentalen Ich bei Edmund Husserl*，*Entwickelt am Leitfaden der Zeitproblematik*，The Hague，Martinus Nijhoff，1966，S. 4.

⑤ 我们在这里把"意义给予"简单地等同于实在论的解释，但这是就"意义"这个词的狭义使用而言的，亦即就其与"存在"相区别而言。在胡塞尔那里，"意义"这个词在宽泛的意义上与"存在"同义。在这种情况下，我们就不能将"意义给予"看作一种实在论的解释。与此相关的是对"意义观念论"一词的理解。仅就"意义"这个词的狭义使用而言，可以说，《逻辑研究》中所谈论的是一种"意义观念论"而不是"存在观念论"，因为这里依赖意识的是"意义"而不是"存在"；而当胡塞尔在《观念 I》中将"意义"等同于"存在"时，再谈论"意义观念论"与"存在观念论"的区分就纯属无谓之举。正是在这个意义上，作为构造概念的观念论解释者，利科仍可以把胡塞尔的先验现象学规定为一种关于"意义"的哲学。参见 Ricoeur，P.：*Husserl. An Analysis of His Phenomenology*，trans. by Ballard，E. G. and Embree，L. E.，Evanston，Northwestern University Press，1967，p. 89.

"意义给予"的构造概念与后期作为"创造"的构造概念区分开来，如芬克和耿宁。这种观点认为，《观念 I》中的论述只是权宜性的，在那里，胡塞尔借助悬搁在原则上揭示出先验意识，但是尚未对先验意识的本质特性给予明确的规定。还有一种观点认为，《观念 I》代表了一个过渡性阶段，它的论述在两种解决方案之间摇摆，因此在那里，构造概念包含一种可以引出两种解释的歧义性，代表人物有利科和瓦尔特（G. Walther）。关于构造概念应被理解为"实在的重建""意义给予"还是"创造"的问题，胡塞尔本人并未有明确的论述。兰德格雷贝认为，对此问题的澄清本质上不是在二者之间进行某种简单的抉择，因为"构造概念在意义赋形（或统觉）与创造之间的这种摇摆不可能通过更精确的说明得以消除，毋宁说，这有其'实事本身'方面的根据"。[1] 但是，从胡塞尔对于芬克那篇著名的论战文章《当代批评中的胡塞尔的现象学哲学》的态度及其后期对《观念 I》所做的批判性反省来看，一方面，他本人对构造概念的理解持一种观念论的立场；另一方面，他似乎又将《观念 I》看作其构造理论演变的分水岭。下面，我们结合相关文本做具体的讨论。

　　尽管构造概念一开始就表现出在"意义给予"与生产性的"创造"这两种解释之间摇摆不定的歧义性，但是，它的最初引入是在胡塞尔实施行为的—意向的分析的背景下进行的。人们很容易把意向行为的构造简单地等同于行为之意向的意义给予，而《观念 I》中原素—立形图式的运用更是强化了这样一种解释。前述业已表明，借助先验还原，胡塞尔首先确定，所有实在统一性都是意义统一性。整个世界本身的存在被看成某种意义，它以作为意义给予领域的绝对意识为前提，而这个作为意义给予的绝对起源的存在领域是直观的探究可以达到的。意识是"关于"某物的意识，其本质正在于自身含有作为灵魂、精神、理性之要素的意义，亦即立形或意向活动。这与《逻辑研究》中所说的"立义""统摄""释义"等相应。除此以外，意识体验流本身还含有另一个要素，即原素，它相应于《逻辑研究》中所说的"感觉素材""原始内容"等。在纯粹意识的体验流中，意向活动通过立义激活原素，由此产生了具体的意向体验，而相关的意向对象则在具体的意向体验中被构造出来。这就是胡塞尔最初引入构造概念时所使用的原素—立形图式，或称之为形式—材料图式。

　　在他看来，"**感性原素**与**意向立形**之间这种奇特的二元性和统一性，

---

① 参见 Landgrebe, L.：*Faktizität und Individuation*：*Studien zu den Grundfragen der Phänomenologie*，Hamburg, Meiner, 1982, S. 72。

在整个现象学领域内（'在整个'，亦即在被构造起来的时间性这个固定地被保持的层次上）都起着支配性作用"（III/1，172）。在此，我们看到，一方面，胡塞尔强调原素—立形图式在整个现象学研究中的作用；另一方面，他也做了某种限制和保留。他认为，原素与立形或感性材料与意向形式之间的区分只有在这样一个层次上才有效："这个层次不下降到那种最终的、构造所有体验时间性的意识的晦暗的深处，而是把体验看作内在反思中呈现的统一的时间过程。"（III/1，171-172）显然，胡塞尔没有忘记他在《讲座》中获得的认识。对此，我们在他那里可以明确读到："我们先前的论述在某种程度上对一整片领域保持着和必定保持着沉默，以免混淆了首先在现象学态度中看到的东西和这个尽管是一个新的方面却构成了一个自足研究领域的东西。我们通过还原产生的先验'绝对'实际上并非最终物；它是在某种深刻的和完全独特的意义上被构造的东西，而且在一种最终的和真正的绝对中有其根源。"（III/1，162-163）这里提到的"一整片领域""一个自足研究领域""最终的和真正的绝对"等，指的正是内时间领域。根据其《讲座》所引出的结论，一旦胡塞尔的构造性分析进入内时间领域，那么这种原素—立形图式就会失效。在内时间领域，立义内容和立义具有同源性，它们都是由原立义（Urauffassung）或原意识（Urbewußtsein）构造出来的，二者的区分不再有任何意义。作为内在客体，感性材料和意向形式的构造已超出了原素—立形图式的框架。因此，胡塞尔在《观念 I》中做这种保留和限制是必然的。①

　　按照原素—立形图式，原素素材被编排成某种样式，意向活动则以某种确定的样式彼此交织。结果，对象能够作为它们的相关项被构造起来。与现象学还原所确立的相关性先天论题相应，现在，现象学的任务就在于描述何种样式的意向活动和原素素材预先规定着各种对象类型的显现或存在。胡塞尔认为，意向对象性的构造问题是现象学最重要的问

---

① 在《讲座》中，胡塞尔具体讨论了意识体验的实项成分，亦即所谓的"内在客体"的构造。在那里，内在客体是指感觉和意向，分别对应于《观念 I》中的原素和立形或意向活动。胡塞尔认为，感觉和意向这两种内在客体是在内时间中被构造出来的。具体地说，内在客体是在时间映射的多样性中被构造出来的，这种时间的映射多样性是指由时间相位的接续，亦即由滞留、现在和前摄这三重时间相位构成的"活的当下"，而时间相位又被称为"原立义"或"原意识"。在胡塞尔看来，这种"原立义"不同于通常所说的立义，它是构造性的，但其本身不是被构造出来的。它不仅构造立义，而且构造感觉。但是这两种内在客体的构造并不是通过意向形式激活感觉内容这一图式解释的，胡塞尔认为，形式—材料图式不适合感觉和意向的构造。对此，他明确说道："并不是每一个构造都具有立义内容—立义这个范式。"参见〔德〕胡塞尔：《生活世界现象学》，〔德〕克劳斯·黑尔德编，倪梁康、张廷国译，上海，上海译文出版社，2002，第 74 页。

题，一切意向分析最终都以某种方式作为其成分或基础起作用。它考察赋予材料意义的意向活动如何交织成为多样性统一的连续统和综合，以实现"关于"某物的意识，以至于客观的对象性统一性能够在这种连续统和综合中一致地"呈现""显示"出来。因此，这种考察已不仅仅局限于《逻辑研究》中那种对个别体验所进行的比较、描述和分类，而是转向在体验本身中、在其意义给予中、在其意向活动中被预先规定的意识多样性，转向各种形式的意识连续统和从中凸显出的意识体验的联结。这些意识体验通过意义共属性，通过对同一个时而以这种方式显现、时而以那种方式显现的对象的统一的意识而联结起来。胡塞尔旨在探究这些极其多样但却在本质上具有必然的结构的意识构形如何属于被意指物的同一性。换句话说，就是同一之物，亦即任一种类的非实项的内在统一性如何被意指或被意识到，而我们如何从方法上严格描述这种意识构形。

对此，胡塞尔在《观念 I》第 86 节中明确写道："因此，应当在最广泛的普遍性中探究每一种区域和范畴的客观统一性'从意识中被构造起来的'方式。应当系统地指出，关于它们的现实的和可能的意识的所有关联体是如何按其本质——恰恰作为本质可能性——被预先规定的……应当在本质普遍性和现象学纯粹性中系统地研究和阐明所有基本种类的可能意识和本质上属于它们的诸变体、诸融合和诸综合。这些基本种类的可能意识如何按其**本身固有**的本质规定着一切可能性存在（以及存在的不可能性），存在的对象如何按照绝对固定的本质规则是意识之完全确定的本质内涵的关联体的相关项，正如反过来说，这种关联体的存在相当于存在着的对象；而这通常涉及所有存在区域和所有普遍性层次，直至存在具体化的层次。"（III/1，177）这段话可以被看作胡塞尔关于构造问题性的一个纲领性表述，它是对现象学相关性先天论题之具体内涵的简略揭示。更具体的展显出现在后来的《沉思》中，《观念 I》只是部分地实现了这个纲领。严格说来，我们只能在《分析》、Märgen 手稿（AVII 13）、《意识结构研究》①等中期作品和后期的《形式逻辑与先验逻辑》《经验与判断》中真正看到它的具体实施。

简单地说，这一纲领性表述包含这样四层含义：（1）意识对象是由意向活动的意义给予而"从意识中被构造起来的"；（2）意识对象的构造问题本质上是普遍的意识生活之构造性先天的问题；（3）构造问题应当探究各

---

① Holenstein, E. ： *Phänomenologie der Assoziation*：*Zur Struktur und Funktion eines Grund-prinzips der passiven Genesis bei E. Husserl*, The Hague, Martinus Nijhoff, 1972, S. 192.

种意识类型及其奠基关系，亦即关于普遍意识生活的结构研究；（4）考察各种意识类型构造相关对象类型的本质规则，亦即关于存在者状态的先天的构造性分析。一言以蔽之，意识对象性的构造问题被归结为在意识关联体的本质中探究所有可能的和现实的意识的构造。

我们看到，诚如芬克所言，胡塞尔在《观念Ⅰ》中关于构造问题的论述是在一种受限制的情况下进行的，现象学还原所开启的先验意识的构造本性尚处于某种不确定性中。所谓"意识对象性的构造"，只涉及体验的意向活动要素，并且设定了那种将被激活的原素，而构造仅仅是指意识多样性在一个意义统一性中的综合。因此，意识对象性的构造问题被限制在原素的观念及其一致性中。在那里，迫于原素—立形图式的强制，胡塞尔无法进一步探究意义、原素的来源或意义、原素本身的构造，而是有意识地悬置了内时间意识领域的构造问题，而这恰恰妨碍了对构造概念的澄清。毋庸置疑，胡塞尔正是通过立形、原素的区分和统一解释了对象性在意识体验中的构造，然而，立形意义和原素本身还不是最终的起源。尽管他本人明确将内时间领域看作现象学"最终的和真正的绝对"，但却由于方法论的考虑而被迫搁置了这一最终起源领域的探究，结果就导致了那个著名的难题：立形和原素这两个构造对象性的要素究竟是从"外部"被接受进来的，还是源于意识体验本身的晦暗深处？正是在这个意义上，索科罗夫斯基正确指出："在《观念Ⅰ》的意向性的较高层次与较深的时间层次之间存在一个冲突，这个冲突是胡塞尔无法解决的。"①

当然，这里所说的"无法解决"仅仅是就《观念Ⅰ》按照原素—立形图式对构造所做的静态考察而言的。索科罗夫斯基认为，只要胡塞尔引入发生性的构造的观念，这一冲突就能消解。从发生性的构造的立场出发，在意向性的高级层次的考察中将引入意识的时间特性，结果自然要求放弃意向活动与原素之间的绝对区分，放弃原素—立形构造图式，而代之以时间性的生成图式。因此，鉴于《观念Ⅰ》中静态构造的这种局限性和对最终起源领域的有意识的搁置，我们能够理解芬克为什么说世界的意义构造还不是世界最终起源的揭示。在他看来，只有后者才是先验现象学的最终任务。②

① Sokolowski，R.：*The Formation of Husserl's Concept of Constitution*，The Hague，Martinus Nijhoff，1970，pp. 142-143.

② 参见 Fink，E.：*Studien zur Phänomenologie*：1930—1939，Den Haag，Martinus Nijhoff，1966，S. 146。

## 第四节　构造性的先天与先验构造的问题性

从《观念 I》对构造问题所做的限制性的讨论看，胡塞尔尚停留于揭示意识体验的普遍结构的层次上，目的是为进一步揭示构造的问题性提供先验的"引导线索"。但是，这一步骤却以先验主体性与世界之间的相关性先天逗留于不确定性中为代价。在这个层次上，先验意识生活的构造本性尚处于悬而未决之中。在那里，构造概念只具有方法论的性质，其任务仅在于遵循其自身被给予性来探究每一存在区域的构造。此外，尽管胡塞尔那时尚未将这种方法论性质的构造概念与其后来对它的观念论解释明确区别开来，但却对此有着清醒的认识。这不仅在《观念 I》前引文字中有所表露，而且在其后期的相关反省中得到更明确的表达。例如，我们可以在《形式逻辑与先验逻辑》中读到："在《观念 I》中，我有意识地并且明确排除了内时间意识的问题或本我论时间性的对象之构造的问题，以便预先勾勒出这个可能的描述领域中巨大的问题关联并试图部分地加以实施。"(XVII，292)因此，兰德格雷贝有理由说："在《观念 I》中，作为意识成就的构造从一开始就不单纯意味着存在者获得对意识的显现，而且更意味着'世界创造'，亦即存在在意识的设定成就中的创造。"①

与《观念 I》中的构造概念所必然具有的歧义性不同，在《沉思》这部后期著作中，不仅构造概念的本质内涵得以充分显现，而且《观念 I》中那段关于构造问题性的纲领性表述的内涵也得到了更具体的展示。

在《沉思》中，胡塞尔区分了两种明见性，即相即的明见性(adäquate Evidenz)和绝然的明见性(apodiktische Evidenz)。相即的明见性表达了一种完全的自身被给予性理想："完全明见性和它的相关项，亦即纯粹的和真正的真理，只能作为存在于认识追求和对意指意向进行充实的追求中的观念，或通过进入这种追求所获得的观念被给予。"(I，53)胡塞尔认为，相即的明见性只存在于一种无限接近或追求的过程中。相即的明见性的这种观念特征使所有现实的明见性所具有的确然性都不能完全排除被取消或否定的可能性。据此，哲学开端的"阿基米德点"还能作为一种正当性要求被提出来吗？对此，胡塞尔的回答是肯定的。在他看来，尽管现实的明见性具有这种不完善性，但却可以通过一种批判的反思获得

① Landgrebe, L. : *Der Weg der Phänoenologie*: *Das Problem einer ursprünglichen Erfahrung*, Gütersloh, Mohn, 1963, S. 147.

一种绝然的明见性。这种绝然的明见性建立在不相即的明见性之上，是"一种完全确定和特殊意义上的绝对的无可怀疑性"（I，55）。具体地说，"绝然的明见性不单纯是那些在其中明见的实事或事态的存在确然性，而且通过批判的反思同时显示自身是那些实事或事态之不存在的绝对的不可想象性；因此，它预先就把那些能想到的怀疑作为站不住脚的而排除在外"（I，56）。显然，绝然的明见性的获得并不取决于意向体验的个别被给予性，而只能诉诸体验类型的本质规则性。通过以某个现实的明见性中个别被给予性为范例的本质变更，在变更体验的明见性中直观地把握作为个别被给予性之界限或游戏空间的本质规则性。①

根据胡塞尔的观点，超越对象不可能在单个意识中获得充分的规定性或直观性，充分的被给予性只能作为康德意义上的观念被预先规定。这种观念"作为一个在其本质类型中由无限持续的显现过程构成的绝对确定的系统，或者说，作为这个过程的领域，一个先天地被规定的**显现连续统**，它具有各种不同但却确定的维度，并完全为固定的本质规则性所决定"（III/1，297）。这表明，超越对象尽管不能由单个意识完全把握，但却可为单个意识构成的无限的显现连续统本身所具有的本质规则性所决定。在《存在与虚无》的开篇，萨特对此评论说：

> 近代思想把存在物还原为一系列显露存在物的显象……这样做的目的是消除某些使哲学家们陷入困境的二元论，而以现象的一元论取代它们……显露存在物的那些显象，既不是内部也不是外表，它们是同等的，都返回到另一些显象，无一例外……因此，存在与显现的二元论在哲学中不再有任何合法的地位……因为存在物的存在，恰恰是它之所显现。于是我们获得了现象的观念……现象是什么，就绝对是什么，因为它就是像它所是的那样的自身揭示。我们能对现象做这样的研究和描述，是因为它是它自身的绝对的表达……显象并不掩盖本质，它揭示本质，它就是本质。存在物的本质不再是深藏在这个存在物内部的特性，而是支配着存在物的显象序列的显露法则……作为显象序列规则的本质显然只是诸显象的联系，就是

---

① 参见 Levin, D. M.：*Reason and Evidence in Husserl's Phenomenology*，Evanston，Northwestern University Press，1970. p. 126，p. 130。莱维因通过对现实的明见性或不相即的明见性所做的本质变更的分析和先验—发生批判，在相即的明见性与绝然的明见性的区分中建立了一种内在关联。在那里，他的观点通过标题得到了明确的体现："绝然的明见性必然是相即的。"

说，本质自身就是一种显象。这正说明何以有对本质的直观。于是，现象的存在显露其自身，它就像显露它的存在一样显露它的本质。它无非是把这些显露紧密联系起来的系列而已。①

如果撇开萨特这段论述的否定含义，那么他的评论恰恰可以被看作对"意识体验之无限的显现连续统及其本身所具有的本质规则性"的指明。事实上，在胡塞尔那里，现象学的构造研究的最初任务正在于探究这个显现连续统的本质规则性。这一点已在《观念I》中得到明确的表达："**构造问题**恰恰意味着这个有规则的并且必然属于显现者统一性的显现序列能够被直观地通观并且能够在理论上被把握——尽管它的（恰恰可以确定的'如此等等'的方式明确控制的）无限性意味着，这些规则序列的**本质特征**是可分析和可描述的，而且意味着，**作为统一性的确定的显现者与确定的但却无限的显现多样性之间的相关性的规则性成就**可以被充分地洞见。"（III/1，315-316）对于这个显现连续统的本质规则性，胡塞尔在后期又称之为"构造性的先天"。②

第一章关于先验还原的普遍性的论述表明，还原揭示了一个无限的意向活动—意向相关项或我思—所思连续统。就意向活动方面而言，存在一个无限开放的纯粹意识生活；在意向相关项方面，则存在一个作为意向相关项的被意指的世界。因此，还原所揭示的不是个别性的特定体验，而是一个包含无限多样的个别体验的纯粹意识体验整体。这是一个无限开放的领域，后期被称为"先验的经验领域""先验的生活"等。

在第二《沉思》关于"按照其普遍结构揭示先验的经验领域"的标题下，胡塞尔在第12节中讨论由先验还原所开启的先验的经验领域的明见性问题。在那里，他明察到，就先验的自身经验领域而言，相即的明见性和绝然的明见性不可能被同时获得，因为"这种经验当时所呈现的只是一个真正相即地被经验的核，即活的自身当下"，而一旦超出这个核，我们将面对一个"必然一同被意指但却未被真正经验到的、不确定地推定的普遍视域"（I，62）。这个不确定的普遍视域不仅包含自我的完全模糊的过去，而且包含自我的先验权能和各种习性。胡塞尔认为，在此情况下，尽管不可能达到相即的明见性，但是，"**我在**的绝对明见性必然会延伸进那种源于自我的先验生活和习性的自身经验的多样性中去，因为先验的自身

---

① 〔法〕萨特：《存在与虚无》，陈宣良等译，北京，生活·读书·新知三联书店，1997，第1～3页。

② 参见《形式逻辑与先验逻辑》第72、第75、第80、第98节，《沉思》第59、第64节。

经验的绝对无疑的成分并非'我在'的单纯同一性。毋宁说，存在**一个普遍绝然的自我的经验结构**（如体验流的内时间形式），它贯穿了现实的和可能的自身经验的所有特殊的被给予性"（I，67）。由于与这个普遍绝然的自我的经验结构相关联，自我现在被绝然地预先规定为一个具体自我，这个具体自我具有一种由体验、权能和习性构成的个体性内涵。它以视域的方式被预先规定为一个可以由可能的、不断被完善和丰富的自身经验通达的经验对象。在胡塞尔看来，这个普遍绝然的自我的经验结构预先规定了现实的经验及其视域的潜在性，因此，整个先验的经验领域或自我的整个先验生活可以达到绝然的明见性。

在《沉思》中，胡塞尔不仅赋予意向体验意向综合的特征，而且赋予其视域意向性的特征。通过对意向综合和视域意向性的意向分析，这个普遍绝然的自我的经验结构的类型特征被揭示出来，每一种固定的对象性类型都相应于各自的意向体验类型。无论个别的体验或意识方式如何流变不居，无论就最终的要素而言如何不可把握，它们始终被束缚于某种类型的经验结构上。这种结构类型是意向体验流中稳固的不变项。

因此，胡塞尔认为，系统地阐明意向体验流中固定的体验结构类型是现象学的构造研究的首要任务。正是由于这种固定的体验结构类型，现象学研究才不会迷失在个体事实性的描述中，而是可以把握本质的规则性。与之相关，作为构造性分析的引导线索，一切客体、对象一般都表明了先验自我的一种规则结构，所有构造类型都是通过其与某个对象类型的意向关系而建立自身的。先验主体性不是一团混沌的意向体验，也不是一片混沌的构造类型。就整个先验的自身经验领域或先验的意识生活而言，存在一个普遍的构造性综合。所有体验类型都以一种固定有序的方式共同起作用，以至于所有现实的和可能的对象性，所有关于这些对象性的现实的和可能的意识方式都存在于其中。正是在这个意义上，胡塞尔指出，整个先验现象学的任务就在于，以各种对象类型和对象类型的总体系统作为先验的引导线索，探究各种经验结构类型的本质规则，并在此基础上探究那个在自身中包括一切经验结构类型的普遍的构造性综合的规则结构（I，89-90）。

在第三《沉思》中，胡塞尔借助第二《沉思》对经验结构及其本质规则性的揭示，进一步推进了《观念 I》在"理性与现实"的标题下关于现象学的构造问题的讨论。在那里，胡塞尔给出了一个"更严格的构造概念"。根据第二《沉思》的考察，每一种经验结构都具有一个无限开放的经验视域。那些包含在潜在的经验视域中的无限多样的可能的意识方式，不可能在个别现实的体验中被现实地获得，而只能按照自我的先验权能和习性所规定的经验结构的本质规则性在观念上获得。因此，正是自我的先验权能和习性预先规定了对象构造中超额意指（Mehrmeinung）的可能性。现在，胡塞尔有理由认为，单个体验或单个明见性不能独自构造对象，任一对象的构造都会指明一个经验结构的本质类型。与这个经验结构的本质类型相关联的是自我的先验权能和习性，它们规定了对象之现实的和可能的意识方式。只有通过所有这些意识方式的无限综合，一个现实的对象性才能真正被构造起来。对此，胡塞尔明确说道："因此，这种最宽泛意义上的自在（Ansich）指引着明见性，但不是指引着某个作为体验事实的明见性，而是指引着某种建立在先验自我及其生活中的潜能性，最初指引着与同一之物综合地相关的意指一般之无限性的潜能性，但随后指引着意指一般之证实的潜能性，因此，指引着作为体验事实可无限地重新获得的潜在的明见性。"（I, 96）

在胡塞尔看来，每一个明见性都为我创立了一个永久的拥有（Habe）。在后续的意向体验中，我可以一再返回到作为潜在视域的这个永久的拥有之上，在新的明见性链条中恢复或重建这个原始的明见性。而如果没有这种可能性，那么就不会有任何固定的和永久的存在物为我存在，也不存在任何实在世界和观念世界。鉴于单个明见性的这种不完善性和作为视域存在的潜能性的无限性，或者说，鉴于明见的证实综合过程的无限性，任何一个可以想象的综合都不会形成一个相即的明见性，而总是含有未被充实的前意指（Vormeinung）和共意指（Mitmeinung）。正是在这个意义上，我们可以谈论超越对象或世界对于意识的超越性。最终，胡塞尔就在观念性的意义上解释了超越的构造问题。既然只有通过经验视域的揭示才能最终澄清世界的现实性或超越性，那么就现实性或超越性而言，"这种从任何世间经验出发对于进一步可能经验进程之一致性的无限性的指引……显然就意味着，现实的世界客体，进一步说，世界本身，是一个与无限的、和谐一致的经验相关的无限观念——**一个完善的经验明见性，亦即一个充分的可能经验综合的观念的观念相关项**"（I, 97）。

根据这种观念性的解释，就对象总体而言，真实的存在本质上是在现实的和可能的思维活动的无限多样性内部存在的结构区分的标识。而现实存在着的对象则指示着这些无限多样性内部的特殊系统，亦即相关对象的明见性系统。这一系统中的诸明见性综合地形成一个无限的总体明见性。尽管这种处于无限性中的总体明见性将会是一个绝对完善的明见性，在其中，对象达到其相即的自身被给予性；但是，它显然只是一个康德意义上的观念。鉴于它的观念性存在，胡塞尔指出，存在对象的先验构造问题的任务在于："并不是要把这种总体明见性现实化……而是要阐明这种总体明见性的本质结构。或者说，根据整个内在结构阐明那个系统地建立其观念的、无限的综合的无限性维度的本质结构。"(Ⅰ, 98)换句话说，就是要揭示蕴含在作为先验的经验中的意向性结构，通过转入可能充实的明见性揭示预先确定的视域，并以同样的方式不断揭示那种按照确定的样式在旧视域中持续形成的新视域(Ⅰ, 98-99)。

为了阐明这种总体明见性的结构，或者说，阐明那个具有其无限视域的"绝然明见的自我的经验结构"，在第四《沉思》中，胡塞尔借助先验还原与本质变更的内在关联，将事实性的先验经验与可能性的先验经验区分开来，同时，也将单纯经验性的描述与本质性的描述区分开来。结果，通过在先验的可能性意识范围内所实行的本质变更，那种与各种对象类型相关的经验结构类型获得其本质形态。他认为，通过先验还原，我们回溯到先验自我。这个先验自我具有其作为这个事实性自我的、具体的一单子的内涵。在此情况下，"构成问题的是这个事实性自我的事实性事件的类型，因而先验描述必然具有**经验的**含义"(Ⅰ, 104)。

在胡塞尔看来，先验的经验结构类型的揭示最初尚停留于单纯经验描述的层次上，但是，进一步的考察将表明，先验还原所开启的先验经验领域本质上恰恰是一种与事实性意识相对的可能性意识。因为先验还原切断了与事实世界的事实性关联，而将所有与事实性世界相关的意识置入纯粹可能性领域。与这种可能性意识相比，一切事实性意识现在都成了某种例示性的事件。与此相应，对经验结构类型的描述在本质上意味着，它从作为例示性世间的事实性意识出发，通过一种自由想象的变更在纯粹可能性中进行。因此，这种描述摆脱了事实性的束缚而达到了纯粹的普遍性，亦即其本身成了本质性的描述。对此，胡塞尔在《沉思》第34节中明确说道："由于这种变更是指明见的变更，亦即可能性是指在纯粹直观中达到自身给予的可能性，因此，它的相关项是一种**直观的和绝然的普遍性意识**。"(Ⅰ, 105)作为这种本质性描述的结果，最初所描述的经验结构类型就变成了纯粹普遍性中的本质类型，而这种经验结构的观念的范围则由一切作为纯粹可想象性的观念上的可能性经验构成。现在，胡塞尔明确将最初的经验性描述看作一种素朴的假象："事实上，我们迄今为止所涉及的所有的描述或所有的问题域都是从这一原初的本质形态转渡进经验类型的形态中去的。"(Ⅰ, 105)因此，我们看到，也只有在此时，胡塞尔在第二《沉思》开头就已对此有所表达的论断，才真正得以展示其充分的内涵。在那里，他说道："如果考虑到，就每一种现实的经验及其普遍的变式而言……都存在一种相应的纯粹想象，一种**拟—经验**（Erfahrung als ob）……那么我们就会期待一门执持于纯粹可能性或纯粹可想象性领域中的先天科学。这门先天科学不是对先验的存在现实性做判断，而是对先天的可能性做判断，这样它同时就为现实性预先规定了规则。"（I，66）

至此，胡塞尔不仅通过对先验还原与本质还原之间内在关联的揭示，为我们阐明经验结构类型提供了本质变更这种具体的操作方法，而且最终使我们获得了作为这种阐明结果的构造性的先天概念。简单地说，这是指构造着所有对象性的意向成就的本质规则。

进一步的研究将表明，正是这个构造性的先天概念标识着胡塞尔整个先验现象学系统发展的理论关节点。对此，我们只做以下几点提示或简明的勾勒，具体的讨论留待后文的相关研究。①

首先，"构造性的先天"的揭示为我们完整地把握先验现象学提供了引导线索。现在，我们可以根据"先天"概念揭示先验现象学内在发展的系统脉络，具体指"存在者状态上的先天""构造性的先天"和"发生性的先天"（genetische Apriori）三者之间的递进关联（XVII，252-257）。就先验现象学的完整形态而言，这三种先天之间的关系相应于胡塞尔 20 世纪 20年代初对其现象学思考所做的阶段划分和体系规划：（1）关于普遍的意识结构的普遍现象学；（2）构造现象学；（3）发生现象学（XI，340）。就"存在者状态上的先天"而言，它构成现象学的区域存在论的内涵。作为普遍的意识结构的相关项，它指的是普遍的对象类型及其本质关联。因此，"存在者状态上的先天"只有作为构造性的先天的相关项才是可能的。作为相关项，它与构造性的先天处于具体的统一之中，并且作为在构造性分析中揭示这种构造性的先天的引导线索起作用。就"构造性的先天"而言，作为与"存在者状态上的先天"相关的、具有类型特征的意向体验连续统的本质规则结构，它属于构造现象学的研究论题。② 在第二《沉思》一个不引人注意的地方，胡塞尔指出，这种本质的规则结构本身又可以作为先验的引导线索而探究其在内时间意识中的构造。这表明"构造性的

---

① 关于构造性的先天，胡塞尔在《巴黎讲座》中进行了极富启发性的论述，他甚至将意识生活这种构造性的先天的发现看成一个仅仅次于现象学还原的方法论洞见（I，24-39）。

② 关于存在者状态上的先天与构造性的先天的关系，或存在论与构造现象学的关系，参见《分析》第 48 节，《第一哲学》（VIII）增补 A 文章《通过实证的存在论和实证的第一哲学进入作为绝对的和普遍的存在论的超越论现象学之道路》，《沉思》第 21、第 29 节。

先天"本身回指"发生性的先天",并且作为揭示这种发生性的先天的引导线索起作用。正是在这个意义上,胡塞尔在一份 1921 年 6 月的手稿中明确强调:"探究构造并不是探究发生,它恰恰探究这种构造的发生,并且是作为活动在某个单子内部的发生。"(XIV,41)因此,后两种"先天"分别构成静态的构造的问题域和发生性的构造的问题域。

其次,作为先验自我本身的本质结构,一方面,构造性的先天将自我揭示为包含着先验权能和习性的具体自我;另一方面,构造性的先天凸显出单个行为意向性与视域意向性之间的本质区别和内在关联。与之相关,权能、习性和视域意向性等概念的论题化,为后期发生现象学的探讨提供了具体的指明。我们可以在胡塞尔那里明确读到:"随着作为其行为同一极的自我的学说和关于作为习性之基底的自我的学说,我们已经触及发生现象学的问题,并且是在一个重要的关节点上触及的。"(I,103)

再次,构造性的先天概念从更深的层次上揭示出先验还原与现象学构造问题性的内在关联。我们在前面的讨论中较多地强调了构造性观念的形成和发展对于先验还原的意义。现在,我们则在构造性的先天观念中认识到先验还原对于构造问题性的展开所具有的根本意义。作为一种彻底的态度转变,诚如芬克所言:"先验还原获得了一种回问意向的生活流之世间客体性的方法特征。它通过消除那种使意向生活世间化并将其置入世界之中的自身统觉使意向生活脱客体化和脱世间化。"①在胡塞尔看来,整个先验生活就是在持续的综合和生成中的持续的客体化过程。因此,先验还原的这种必要的脱客体化的立场,不仅为先验构造问题性的形成提供了方法论的保证,而且也为先验构造问题性的展开指明了方向。在阿古雷作为题跋所引用的一段胡塞尔的文字中,我们可以清楚地看到先验构造的问题性所可能展开的方向。在那里,胡塞尔说道:"我通常需要两种东西:一个是流动着的'体验'领域,那里永远是一个持续地流逝进滞留(Retention)并前摄着的原印象领域;另一个是自我,它为这个原印象领域所触发并被动机引发成行动。但这种原印象不是已经是一个统摄性的统一性,一个自我的意向的相关物了吗?而回问(Rückfrage)不是总是一再通向统摄性的统一性吗?"②

---

① Fink,E.:*Studien zur Phänomenologie*:*1930—1939*,Den Haag,Martinus Nijhoff,1966,S.142.

② Husserl,Manuskript C 7 I,S.18,转引自 Aguire,A.:*Genetische Phänomenologie und Reduktion*:*Zur Letztbegründung der Wissenschaft aus der Badikalen Skepsis im Denken E. Husserls*,The Hague,Martinus Nijhoff,1970,VII.

复次，在对构造性的先天的揭示中，胡塞尔明察到先验还原与本质还原或本质变更之间的内在关联。现在，先验自我的事实性及其先验经验中的特殊被给予性仅仅被当作纯粹可能性的例示。因此，先验现象学必然是一门纯粹本质的现象学。作为一门直观的先天科学，它的一切本质研究恰恰是揭示先验自我本身的普遍本质，即普遍的构造性的先天。当然，这种"揭示"有两重含义：一种指静态的构造的描述，另一种指发生性的构造说明。但是，不管在什么情况下，如果没有这种普遍的构造性的先天，先验自我都是不可想象的。因此，如果我们在最终意义上将先验现象学看作先验自我的一种自身思义，那么作为先验自我本身的结构的这种普遍的构造性的先天无疑就成为进入先验现象学或探究先验自我自身构造问题的入口。最终，胡塞尔在方法论上获得了这种洞见："除了现象学还原以外，本质直观也是所有特殊的现象学方法的基本形式，二者彻底规定了一门先验现象学的合法意义。"(I，106)

最后，构造性的先天概念揭示了一切对象性之观念的和先天的特性。相应地，作为普遍的构造性的先天的相关项，生活世界成为现象学探究的论题。一方面，只有当生活世界在"构造性的先天"的标题下被论题化，我们才能在真正的意义上提出现象学的构造问题，并且从原则上予以解决，进而获得那个构造着一切的充分的先验主体性概念；另一方面，对构造性的先天与发生性的先天之间内在关联的揭示，则为我们从发生性的构造的立场探讨生活世界的问题提供了可能。

## 第五节　胡塞尔对康德的先天学说的批判

按照胡塞尔对哲学史的目的论解释，整个近代哲学就是先验主义与客观主义的一场旷日持久的斗争。笛卡尔是"先验哲学的动机"的创立者，其**"彻底的怀疑的悬搁……实际上是一种迄今为止闻所未闻的彻底主义"**（VI，77）。在胡塞尔眼中，笛卡尔是其先验现象学的先驱，他"给近代打上了标明它向先验哲学发展之趋向的烙印，**我思**，依据其深刻的意义来理解，肯定可以被看成对先验主体性之发现的最初形式"（VII，241）。但是，笛卡尔的沉思自身始终为一种几何学的或数学化的自然科学的客观性理想所支配。因此，尽管他向"我思"的回溯标志着一种哲学上无前提的彻底主义，但怀疑和"我思"的全面实施只是用来强化客观主义。结果，"我思"被等同于实体性的心灵。由于仍完全囿于客观主义的成见，笛卡尔没有成为先验哲学的创始人，他在自己所开启的先验主义门槛上止步不前。因此，在胡塞尔看来，笛卡尔哲学兼有客观主义和先验主义的两重性，由此开启了近代哲学发展中先验主义与客观主义的斗争。

通过对哲学史的目的论考察，胡塞尔指出，构成"近代哲学的隐秘的憧憬"的是笛卡尔的"先验哲学的动机"经由"休谟问题"的悖谬性而向其先验现象学的发展。尽管他坦承，康德在全部哲学史中具有无与伦比的重要性，其不朽的意义就在于"一种原则上新的此外还是严格科学的对于世界之意义的解释的'哥白尼式的'转向"（Ⅶ，240），但是，笛卡尔所创立的"先验哲学的动机"的真正继承者是休谟。康德并"不属于从**笛卡尔**开始经过**洛克**持续地产生影响的那条发展路线"（Ⅵ，93），因为"康德从来也没有深入到笛卡尔基本研究的精奥之处"（Ⅵ，102）。同时，尽管康德宣称，是休谟将他从独断论的迷梦中唤醒，但在胡塞尔看来，"康德不是休谟的后继者"（Ⅵ，94），"康德所理解的休谟并不是真正的休谟"（Ⅵ，99），因为他没有看到"隐藏在休谟怀疑论的悖谬性中的动摇客观主义的哲学动机"（Ⅵ，91）。而正是这种哲学动机使休谟成为笛卡尔"先验哲学的动机"的真正继承者。究其根源，则在于康德囿于传统理性主义的坏的遗产而将先天看作主体的权能。在胡塞尔看来，"他缺乏真正的先天概念"（Ⅶ，402），而流于一种先验的—心理学的杜撰。在胡塞尔那里，所谓"真正的先天概念"不仅是厘清先验现象学与康德哲学之间界限的根据，而且为其开显先验现象学的致思路向提供了支点。

## 一、胡塞尔眼中的"休谟问题"

康德曾坦承，正是休谟的提示将其从独断论的迷梦中唤醒，并为他在思辨哲学的研究上指出了一个完全不同的方向。① 事实上，康德正是沿着这个方向描述其《纯粹理性批判》的特点的，说它想把"休谟的问题用尽可能大的规模摆出来"。② 对于康德来说，休谟问题的真正范围还从未被充分地研究过。因此，他的这段表白似乎是将其批判哲学看成对休谟问题的回应。

休谟立足于彻底的经验论立场提出了所谓的"休谟原则"，即"不要教条主义地将理性的运用推进到一切可能的经验领域之外去"③。他从因果联结概念出发向理性提出质疑：理性有什么权利把事物想成如果一个什么事物成立了，另外一个什么事物也必然随之成立？在康德看来，休谟

---

① 参见〔德〕康德：《未来形而上学导论》，庞景仁译，北京，商务印书馆，1978，第9页。

② 参见〔德〕康德：《未来形而上学导论》，庞景仁译，北京，商务印书馆，1978，第10页。

③ 〔德〕康德：《未来形而上学导论》，庞景仁译，北京，商务印书馆，1978，第152页。

无可辩驳地证明了理性绝对不可能先天地假借概念来思维一种必然性的联结。因此，"休谟问题"就在于："概念是否能先天地被理性思维，是否具有一种独立于一切经验的内在真理，从而是否具有一种更为广泛的、不为经验的对象所局限的使用价值？"①康德认为，休谟的学说最终导致"虚构主义"，根源在于他完全忽视了另外一个原则，即"我们的理性不要把可能经验的领域视为对它自身的限制"②。如果将"休谟原则"与这"另外一个原则"结合，我们就能解决"休谟问题"。基于这样一种认识，康德在哲学上实行了所谓的"哥白尼式的转向"，在怀疑论与独断论之间开辟了一条真正的中间道路，最终成就了批判哲学。

"休谟问题"对后世哲学产生了深远的效应。然而人们在"康德的'休谟问题'所指究竟为何"的问题上历来聚讼纷纭，相关的讨论历久弥新，构成近代哲学一条重要的发展线索。争论主要聚焦于"康德的表白"中的两个方面。一方面，休谟在《人性论》中曾表示，他的"唯一希望"只是"在某些点上**使哲学家们的思辨转到另一个方向上去，并向他们比较清楚地**指出他们唯一能够对之得到证信和信念的那些题目"③。因此，这方面的问题在于"康德的表白"中的"一个完全不同的方向"与休谟所说的"另一个方向"是否是同一个方向，或者说，二者的哲学动机是否一致。另一方面，康德所谓的"独断论的迷梦"究竟所指为何？正是基于这两点考虑，胡塞尔立足于对"休谟问题"的现象学解释，展开了对康德的先天学说的批判。

胡塞尔的讨论是从近代哲学创立的"先验哲学的动机"开始的。这种"先验哲学的动机"由"笛卡尔式的悬搁"展示出来，表现为一种哲学上"无前提性的彻底主义"。这种"无前提性的彻底主义"旨在将真正的科学认识回溯到有效性源泉，亦即回溯到自我，回溯到处于其内在性中的进行认识的"我"。在胡塞尔看来，笛卡尔实际上并未将其本人所创立的彻底主义贯彻到底。尽管基于"彻底的和普遍的悬搁"，他明确提出了"我的理性中产生的理性构成物如何能够要求具有客观上'真的'有效性，一种形而上学的超越的有效性"这个后世所谓的"笛卡尔的问题"（VI，83），但是囿于理性主义和客观主义的偏见，向自我的回溯只是作为达到客观主义目标的手段，以至于自我被简单地等同于心灵。最终，他未能深入其本人

① 〔德〕康德：《未来形而上学导论》，庞景仁译，北京，商务印书馆，1978，第 10 页。
② 〔德〕康德：《未来形而上学导论》，庞景仁译，北京，商务印书馆，1978，第 152 页。
③ 〔英〕休谟：《人性论》上，关文运译，北京，商务印书馆，1980，第 304 页。按：黑体字部分为笔者所做的强调。

所提出的"笛卡尔的问题"的精奥之处，错失了"一度已经到手的那种伟大发现"，即"提出系统地研究**纯粹自我**的**任务**"（VI，84）。

按照胡塞尔的目的论解释，由笛卡尔本人所揭示但随即又掩盖了的"先验哲学的动机"隐藏在休谟悖谬的怀疑论背后。在他看来，休谟借助一种"无前提性的心理学"将"笛卡尔的问题"凸显出来并加以彻底化，从而极大地动摇了"独断论的"客观主义，指明了一条直观主义的内在哲学的路向。对此，胡塞尔给予了极高的评价："几乎在休谟所有的论述中，都有被同时看到的，同时在读者的视界中呈现的现象学的关联……休谟怀疑论……因此是唯一真正的直观主义哲学的，即现象学的预备形式。"（VII，181-182）显然，"休谟问题"在胡塞尔这里实际上表现为"笛卡尔的问题"，在最终澄清的意义上表现为现象学的问题。

康德哲学的动机就是源于休谟怀疑论所导致的那种客观主义的动摇吗？胡塞尔在《危机》中如是发问，而"回答必然是**否定的**"。在胡塞尔看来，"康德不属于从笛卡尔开始经过洛克持续产生影响的那条发展路线，他不是休谟的后继者"。因为康德"对于休谟的怀疑论的解释，以及他对这种怀疑论的反应方式都是由他本人的沃尔夫学派的出身决定的"（VI，93-94）。这种"沃尔夫学派的出身"意味着，康德在哲学上所实行的"哥白尼式的转向"不是针对经验主义的，而是针对笛卡尔以后的理性主义的。囿于传统理性主义的偏见，康德接受了莱布尼茨关于智性自身（intellectus ipse）的假说。根据这种假说，存在一些纯粹由智性本身产生的概念，它们独立于一切感觉素材，而由这些概念形成的先天规则表现的是纯粹属于智性之内在本质的合规则性。在康德那里，这些纯粹智性概念分为感性直观形式和知性范畴，感觉素材则由感性和知性的原初功能赋予形式而形成现象，并且这些原初赋形的功能具有固定的合规则性。由此，他的先天形式的学说形成了，它旨在说明我们如何先天地做出普遍的和必然的判断，说明先天规则无条件的客观有效性。因此，在胡塞尔看来，尽管康德也是在主体性中——或者说，在主体性与客观之物的相关性中——探求客观性之意义的最终规定，但他绝不是像休谟那样回溯到"绝对的被给予物这种无前提性的领域"，而是回溯到所谓的"主体性的先天形式"。正是在这个意义上，胡塞尔指出："**康德所理解的休谟并不是真正的休谟。**"（VI，99）在他看来，休谟的"无前提性的心理学"尽管具有感觉主义、自然主义和唯我论的一切特点，但却以悖谬的形式揭示出：客观世界存在的有效性、科学的客观真理的有效性只是一种在主体性中构成的有效性。如何理解这种将世界本身主观化的最彻底的主体主义呢？

在休谟那里，"这是最深刻的并且是最终意义上的世界之谜。这是有关其存在是**由主观成就产生的存在**的世界之谜"（VI, 100）。

胡塞尔认为，休谟的问题正是这个世界之谜，而"**康德**并没有达到一种真正的开端，即通过彻底摆脱一切科学的和前科学的传统而获得的开端。他并没有深入研究按照意义和有效性构造一切存在物的绝对主体性，以及按照其绝然性把握这种主体性、询问这种主体性，并按照绝然性阐明这种主体性的方法"（VI, 202）。因此，他从来没有进入这个世界之谜，他的问题是完全建立在莱布尼茨—沃尔夫的理性主义基础之上的。

在此我们看到，尽管康德曾坦承休谟为他指明了哲学的新方向，但他所理解的哲学新方向并非休谟本人实际开启的方向。从现象学立场看，休谟怀疑论指向"最彻底的主体主义"，而康德的理性批判本质上仍具有独断论的要素。对此，胡塞尔指出，尽管从表面上看，康德似乎也在主体性中探求一切客观性的最终根据，但他的主体性并不是现象学意义上的纯粹主体性，而是基于形式—理性主义建构的主体性。在他看来，正是这种形式—理性主义建构决定了康德缺乏一种彻底主义的哲学精神，他所谓的"从独断论的迷梦中唤醒"并未真正实现。胡塞尔在《危机》中通过对康德的问题提法的批判分析，揭示出"康德的未言明的'前提'：不言而喻地有效的生活的周围世界"（VI, 105）。而"休谟问题"在胡塞尔眼中恰恰被明确地表述为："如何能够使我们生活于其中的这种对世界的确信的**朴素的不言而喻性**成为**可以理解的**呢？"（VI, 99）

## 二、胡塞尔对康德"回溯—建构的方法"的批判

"先验哲学的动机"，即康德所谓的"哥白尼式的转向"，最初以萌芽的形态蕴含在笛卡尔最初的几个沉思中，旨在从绝然的自我出发，以"最彻底的主体主义"的方式为哲学奠基。但由于对自身的误解，笛卡尔很快错失了这一革命性的转向。在胡塞尔看来，康德的新开端也没有达到哥白尼式转向的真正意义，尽管他"绝不缺少将哲学作为得到最终奠基的科学来创立的真诚愿望"（VI, 204），亦即在主体性中探求一切客观性的最终根据，但是，他并未实现"先验的哲学动机"所要求的"最终奠基"。囿于形式的—理性主义的形而上学假定，康德缺乏一种彻底的哲学精神，他的理性批判采用的是一种独断的"回溯—建构的方法"，最终"陷入一种他特有的虚构的学说之中"（VI, 116）。

胡塞尔在许多文本中都批判了康德的"回溯—建构的方法"，但是，他本身并不反对在回溯到奠基性的可能性条件的意义上的回溯的方法，

并且积极地将"回溯的"方法用于他的现象学操作。事实上，胡塞尔只是在回溯到非直观的假定的意义上反对回溯—建构的方法。在他看来，康德回溯—建构的方法虽然表面上指向主观的东西，实际上指向的却是主观的东西的方式。这种方式原则上是不能被直观到的，以至于"他被迫去进行神话式的概念构造，并被迫从事一种危险的与任何真正的科学都敌对的意义上的形而上学"。最终，"康德的全部先验的概念，先验统觉的自我概念，各种先验的权能的概念，'物自身'的概念（它构成躯体和心灵的基础），都是建构性的概念，这些概念原则上是抗拒最后阐明的"（VI，203）。因此，胡塞尔批判康德回溯—建构的方法缺乏直观。正是在这个意义上，他在《危机》中强调："缺少直观显示方法是康德的虚构的体系之原因。"（VI，116）

直观在胡塞尔那里被称作"一切原则的原则"，因为"**任何本原给予的直观都是认识的合法源泉，在直观中本原地**（可以说在其切身的现实性中）展现给我们的东西都可作为自身被给予之物接受下来，**但仅仅是在它们自身给予的范围内**……每一理论都只能从原本的被给予性中获得其真理。"（III/1，43-44）正是就这一点而言，胡塞尔自称"实证主义者"。但必须注意的是，现象学的直观与传统的实证主义意义上的直观具有原则性的区别。对胡塞尔来说，"本原的直观"绝不意味着单纯对个体事实的感性经验，亦即感性的直观、感性的看，而是对象在其中以"自身在此"的样式达到被给予性的意识种类。简单地说，现象学的直观意味着一切自身给予性的意识。因此，它不是康德那里与思维的权能对立的直观权能，并且与一切"先验的权能"都无关。传统的实证主义把本原直观性的被给予物的领域限制在个体的事实上，胡塞尔认为这是一种形而上学的偏见。现象学的直观标题下存在一种对范畴或一般对象的直观性认识，存在一种对本质和本质规则的观念直观。为了强调其本质直观的合法性，胡塞尔称现象学是一种真正的实证主义。对此，他在《观念 I》中说道："如果'**实证主义**'相当于有关一切科学均绝对无偏见地基于'实证的'东西，即基于可被原初地加以把握的东西的话，那么**我们**就是真正的实证主义者。实际上我们不容许任何权威去剥夺我们接受作为同样有价值的合法认识源泉的各种直观的权利。"（III/1，38）基于对直观概念的扩展和对本质直观概念的确认，胡塞尔要求回到纯粹主体性，回到"我思"，试图在本原的自身被给予性领域中寻求哲学的最终奠基。

对于胡塞尔的这种哲学立场，康德也许会像其后继者那样斥之为"独断的直观主义"。在康德看来，"如果我们在综合命题那里，不论它们如何自明，想要承认不用演绎而根据它们自己的表面言辞，就可以将它们置于无条件的赞同之下，那么知性的一切批判就都丧失掉了"①。因此，康德反对将直观作为哲学之最终奠基的根据。在胡塞尔看来，康德之所以拒斥直观，一方面源于其形式的—理性主义的偏见，另一方面则是因为他并未彻底摆脱经验主义。

休谟怀疑论的冲击把康德从传统的理性主义的"独断论的迷梦中唤醒"，但在他拒斥理性主义的地方，其思想仍然被束缚在典型的德国理性主义的轨道上。如果说经验主义在近代曾起过重要作用，它回溯到经验活动本身，凸显出一种彻底的直观主义哲学的要求，那么理性主义所起的作用则在一个完全不同的方面。在同经验主义的对立中，理性主义从来没有真正理解并公平对待经验主义，没有把握住经验主义的怀疑论背后存在的合理内核，以至于它反对一切心理主义和所有形式的经验心理学研究。囿于这种传统的理性主义立场，"当康德注意到洛克在进行心理学化时，当他认识到借助经验心理学不可能成就任何先验哲学时，他却又对洛克关于起源的研究之正当而深刻的意义做了错误认识。他没有看到，先验哲学只想而且只允许澄清认识的意义和认识的有效性，而这种澄清活动所意味的不外是追溯到起源，追溯到明见性，因此就是追溯到一切认识概念直观地在其中实现的意识"（VII，356）。在胡塞尔看来，由于对经验主义的过度反应，康德极力回避一切经验，回避一切可直观之物。同时，由于否认本质直观——在康德那里即所谓的"智性直观"——的存在，康德把直观分析径直等同于心理学的分析，拒绝一切心理主义，不允许系统地进行直观的意识研究。因此，尽管康德的先验哲学采取的是回溯的方法，而且"回溯的方法上的操作在他那里起着最重要的作用"，尽管他的"整个研究事实上都是在先验的主体性这个绝对的基础上进行的"（VII，197），但他从来没有达到笛卡尔的"我思"这一绝然的基础，没有达到"本原的直观"的自身给予这一绝对无前提性领域。胡塞尔认为，康德没有完全达到先验哲学的真正地基和最终奠基的方法。在《第一哲学》中，他对此批评说："康德自己要求'演绎'，并且实行了'演绎'。他以形而上学方式和先验方式把这种演绎称作对直观形式的演绎，对范畴的演绎；图式论，纯粹知性的基本法则之必然有效性等，也同样是演绎出来的……然而它却是**建构性的**思想程序，接着它而来的是随后的直观，但并不是自下而上的，由指明到指明地对意识之基本成就进行直觉进展

---

① 〔德〕康德：《纯粹理性批判》，邓晓芒译，北京，人民出版社，2004，第210页。

的阐明，而且根本不是按一切向反思敞开的照准方向进行的阐明。在康德那里，进行构造的意识之在某种程度上可以说是最内在的方面，几乎根本就没有被涉及。"(VII, 197-198)因此，尽管康德看到了纯粹主体性中的多样性形态，并且揭示出其中一些重要层次，但由于立基于概念建构这种理性形而上学立场，以至于所有这些都浮于一种不可捉摸的氛围中，所有这些始终都是神话般的先验权能的成就。

胡塞尔还在其与英国经验论的自然主义心理学的关联中看到了康德错失对先验意识进行具体的直观性研究的根源。他指出，康德虽然反对经验主义，但他关于心灵的解释和心理学任务的解释仍然囿于经验主义。因为他是根据经验主义的、心理学的意义理解内感知的，并且由于受到休谟怀疑论的警示，他把一切对心理学的诉诸都看作对于真正认识论问题的背离，从而加以回避。最终，他陷入了自己虚构的概念建构活动之中。他不允许将他的回溯方法的结果改变为直观的概念，不允许从原初的纯粹明见的直观出发，经过真正明见的逐一步骤而前行，一步一步构造理论的尝试。因此，他的先验概念存在自身无法克服的不明晰性(VI, 117)。

除了对于理性主义和经验主义的双重依赖，康德缺乏直观显示方法还有其哲学本身的本质内涵方面的根源。在胡塞尔看来，"康德的理性批判到处都以运用超越的形而上学假设进行研究的独断论客观主义为基础"(VII, 369)。康德的先验哲学体系充斥着坏的形而上学成分，先验权能、物自身、先验统觉、原型智性等一系列半神话式的概念都出于形而上学的假定。因此，"他没有从整个近代哲学的源头上，从笛卡尔的**我思**上，获取意识的最终意义，即绝对的、具体直观的主体性的意义"(VII, 237)。他也因此没有达到先验哲学问题提法的基础，而是仅止于这样的问题："一般客观世界（自然）必须服从什么样的概念形式和法则形式，这个客观世界对于一切认识者才是应该能够通过可能经验的综合作为同一的东西而可经验的，然后进一步，才是应该能够在接下来的理论认识中认识的？"(VII, 281)反过来，问题将会是："认识必须是怎样的，以使世界能够在它当中被认识（而且能够科学地认识）？"(VII, 383)显然，这种问题提法"只涉及由这种自然科学合理规定的自然之客体性"(VII, 401)。基于这种问题线索，康德回溯—建构的方法就只能从客观科学的事实出发回溯到形而上学地建构起来的概念上。胡塞尔斥之为一种"调和的形而上学"。

毋庸讳言，康德并不缺乏回溯到主体性寻求哲学之最终奠基的真诚愿望，并且"他还以一种空前的直观力看到了这种主体性中的一些本质结构"(VII，197)。但是，哲学要想成为被最终奠基的科学，原则上只能从绝对可理解的原初根据出发，并且沿着一条绝对无偏见的、在每一步骤上都能根据明见性原则得到自身辨明的道路行进。胡塞尔认为："为此需要一种与康德的回溯方法根本不同的回溯方法(康德的回溯方法是建立在那些不加怀疑地被认为是不言而喻的东西之上的)，不是以虚构地建构的方式进行推论的方法，而完全是直观地阐明的方法，从它的开端上以及在它所阐明的一切东西上都是直观的方法。"(VI，118)在胡塞尔看来，只有通过这种真正彻底的回溯，才能够与康德的回溯理论相反地去寻求通向先验哲学的道路。这条道路肯定不再是回溯地进行的，而一定是从最后的根据上升的，因此是向前进行的。

### 三、康德缺乏真正的先天概念

在康德那里，只存在一种直观性的经验，即世间性的(weltliche)经验。因此，他只知道一种内在经验，即主体的自身把握。这种内在经验在他那里只能是心理学的经验，而绝不可能是现象学意义上的先验经验，它无法把握先验的意识。结果，康德的先验概念不能由直观来充实，始终保持神话般的状态，因而在原则上是不可理解的。正是在这个意义上，胡塞尔指出，康德完全受他那个时代的自然主义心理学的束缚，未能真正把握先天认识的问题以及先天认识对于理性的客观认识的方法论功能(VI，118)。这种关于"康德缺乏真正意义上的先天概念"的批评从《逻辑研究》直至《危机》一再得到强调。在胡塞尔看来，这种缺乏必然对康德的先验哲学本身的方法程序产生极坏的影响。

康德认为，想要对意识体验进行科学的把握是不可能的，因为"一般意识的特性在于，它是一种在不同层面上流逝的波动，因此不可能谈论任何本质具体项的或一切直接构成着它们的因素的精确的概念确定性"(III/1，139)。胡塞尔也看到了这种源于意识的流动性特征的困难，并且唯有在本质学(Eidetik)中他才看到克服这种困难的可能性，才能获得永久的普遍有效的陈述。对此，他指出："对本质的一般把握、分析和描述在性质上显然是：在高层次上可获得的东西不会依赖于在低层次上可获得的东西。"(III/1，140)对他来说，对意识进行本质把握的可能性是先验哲学之可能性的前提，同时，也是使认识问题性或理性问题性不陷入单纯事实性和不导致相对主义的前提。胡塞尔看到，由于否认本质直观，康德也否认把握观念对象的可能性，因此，他拒绝在纯粹主体性领域进行一种本质研究的可能性和必然性，并且没有在先验的考察中区分事实之物与先天之物。胡塞尔指出，正是基于这样一种方法论立场，康德的理性批判未能切中一种绝对的基础科学的观念，其先验哲学"所有原则模糊性都与此相关，即康德从未弄清纯粹的'观念直观'（Ideation），从未弄清对概念本质、对本质规律之普遍性的相即观视"（XIX/2，A 675/B₂ 203）。正如英国经验论那样，康德的先验哲学也具有反柏拉图主义的特征，因为他没有看到先天具有对象性特征，而且将其与把握先天的意识及其结构混淆起来，将普遍性和必然性回溯到人种之智性形式的一般结构。

在胡塞尔转向先验哲学以前，其现象学研究就聚焦于先天问题，旨在论证埃多斯（Eidos）或观念对象的存在。他认为，正是他与康德对先天的不同理解促使他不依赖于康德而重新探讨先验问题。在他看来，只有在澄清了观念性存在的问题以后才能有意义地提出先验的问题。这不仅涉及先验研究的范围，而且涉及理性的或本质的先验研究的可能性问题。

胡塞尔的先天概念以埃多斯的学说为基础。对此，他在《形式逻辑与先验逻辑》中指出："我们总是在最广泛的意义上理解对象，它也包括一切句法对象。因此，也存在一种最广泛的意义上的**埃多斯**概念。同时，它也为先天这个多义概念界定了唯一性的概念，即我们在哲学上承认的概念。因此，凡是我在文章中谈到先天的地方，就专门指它。"（XVII，255）"埃多斯"指的是通过观念直观所把握到的普遍本质。在胡塞尔那里，我们可以通过本质变更的方法获得它，即对示例实行变更。在他看来，尽管本质变更以某个示例作为其必然的出发点，但它不是一种经验性的变更。因为本质变更"是在纯粹想象的自由性中以及在任意性的——'纯粹'一般性的——纯粹意识中实行的变更……因此，变更同时延伸进一个无限开放的具有多样性的自由的不断更新的变体之可能性的视域中"（XVII，255）。属于此无限开放范围的一切变体都处于一种综合的相关性和总体的联结性的关系中，处于一种"冲突中的相合"的连续一贯的综合中。而这种"冲突中的相合"在自由的不断更新的变更中必然会凸显一个不变项，"这个不变项就是存在者状态上的本质形式（先天的形式），即埃多斯"（XVII，255）。

在胡塞尔看来，一方面，一切个体——就其具有的某种内涵全体而言——都隶属于由各种不同的普遍性层次的本质组成的等级系统；另一方面，它以空乏的形式的方式隶属于分析的—形式的本质。分析的—形式的本质与有实事内涵的本质并不处于普遍化的关系中，而是处于形式化的关系中。胡塞尔把先天标识为那些存在于普遍的本质之间的必然关系，亦即本质规则，把关于这类规则的认识标识为先天认识。对此，我们可以在他那里读到："'先天'的真正意义通过在普遍的明见性之纯粹的和充分的看中被把握到的本质真理的领域得到标识，亦即这类真理，它们在其普遍的意义中不包含对单个个体的此在的设定，而仅仅陈述那种不可分割地属于纯粹的普遍性、属于纯粹的观念或本质的东西。这种东西因此必然无条件地对所有可能的个体，亦即这种普遍性的个别性有效。"①胡塞尔反复强调，康德未达到这种"柏拉图式的"先天概念，亦即那种可在普遍的直观中被把握到的本质规则的概念。在他看来，所有被给予的对象性都回指一种意向构造的先天形式，因此，"**整个意识生活都由一种普遍的构造性的先天统治，这种普遍的构造性的先天囊括一切意向性**"。这种先天由于在本我中被构造起来的主体间性的特性而扩展成为一种主体间的意向性的先天。胡塞尔指出："关于这整个先天的研究是……**先验现象学的任务**。"(XVII，253)

就康德的先天概念只是消极地意味着逻辑在先或对经验（Empirie）——对个体此在的经验——的独立性而言，胡塞尔与他是一致的，尽管这种"对经验的独立性"在他们那里并不具有相同的意义。对胡塞尔来说，无论从经验性的直观还是非经验性的直观——譬如，单纯想象性的直观——出发，都有可能达到对本质和本质规则的把握，只要对本质的直观性把握不包含对任何一个个体此在的最低限度的设定。显然，现象学的先天对于经验的独立性仅仅意味着对个体对象之实存的独立性。康德的先天也包含这种对实存的独立性，但这并未穷尽康德的与经验相对的先天之先天性的意义。对康德来说，先天认识的先天性还意味着其对于一切经验性的"材料"或内容在逻辑上的独立性。因此，在他那里，"质料的先天"的说法是悖论性的。在康德看来，种和属作为经验的内容，其等级系统不可能从先天的原理中推导出来，就此而言，它不是先天必然的。

胡塞尔则确认"质料的先天"的存在，亦即那些规定有实事内涵的本质之间的关系和建基于这种事实内涵本身的规则。借用康德式的术语，胡塞尔也把"质料的先天"称为"综合的先天"。在他看来，康德的先天综合判断就展示了"质料的先天"，只不过他错误地规定了它的本质和范围。

---

① 　Husserl，Ms. transcr. F I 28，S. 298/299，转引自 Kern，I. ；*Husserl und Kant：eine Untersuchung über Husserls Verhältnis zu Kant und zum Neukantianisum*，Den Haag，Martinus Nijhoff，1964，S. 56。

因为康德有形式的一理性主义的偏见，他只将分析性的认识看作真正理性的认识。当然，就分析性的认识而言，他也错过了作为埃多斯的先天。因为在胡塞尔看来，康德对这种认识的论证径直诉诸矛盾律，而没有看到"即使是矛盾律，也是因为以下原因才能被认为是绝对正当的和能进行正当性证明的原理，即因为这个原理奠基于构成它的纯粹逻辑观念之本质中"（VII，354），因此，它仍需回溯到埃多斯。

当胡塞尔深入研究康德的先天综合判断的方案时，一方面，他指责康德缩小了先天综合判断的范围，亦即忽略了综合性的先天性；另一方面，他批评康德盲于本质直观。作为对观念对象的普遍性意识，本质直观根本不同于康德的"纯粹直观"，因为康德的"纯粹直观"与普遍的观念对象性无关，只是对现实的时间和现实的空间进行经验性直观的形式条件。如果康德以必然性和无条件的普遍性来标识先天综合判断，那么胡塞尔能够同意这一点。因为在他看来，这个特征标志着本质规则。但是，如果康德囿于人类而将这种普遍的和无条件的必然的判断相对化了，那么这在胡塞尔看来就是一个悖论。为此，他抱怨康德的先天概念经常令人陷入困境，因为康德用以标识先天的必然性和普遍性所指向的不是绝对自身呈现出来的埃多斯。在他那里，先验主体性借以在自身中形成客观性（按照其正是使客观性变得可能的合理形式）的先天的合规则性，只具有普遍的人类学的事实的含义（VII，199）。根据胡塞尔的观点，先天综合判断意味着必然的和普遍有效的本质规则，它们不会在某个事实性的主体上被相对化，而是无条件地有效，甚至对上帝也有效。在他看来，康德将先天综合判断与人相关涉意味着，先天综合也能以不同的方式进行，因此，它只表示一种特殊的有效性之必然性，亦即人类的有效性之必然性。

在胡塞尔看来，康德将先天心理主义化了。先天在他那里表现为心理上的"天生性"，结果，客观的本质形式被回溯到经验心理学的条件。胡塞尔指出，究其根源，在于康德混淆了两种完全不同的必然性。一种是事物的某种存在论形式的必然性，它通过观念直观先天地被认识；另一种是主观强制的必然性，它源于人类主体性的事实性的习惯，而只能根据经验被认识。第一种必然性，即作为先天认识对象的必然性，意味着对立面的不可想象性和本质上的不可能性，因此是无条件的普遍性。这种不可想象性与偶然的心理上的无能为力无关，因为不可想象性建基于本质认识的客观内容，而心理上的无能为力属于人类事实，是一种经验认识的对象。对此，胡塞尔说："康德将由人的特性而产生的（由事实而产生的），并且只能知道谁证明了这种特性存在（这只有借助于经验才有可能）的普遍强制性，与被看作在运用于任意摆在面前的一种作为任意个别情况的个别情况时被普遍看到的东西之不可能是别的东西的那种必然性混淆了。"（VII，359）因此，"康德到处都从根本上混淆了心理学意义上的必然性和普遍性与认识论意义上的必然性和普遍性"（VII，381）。

胡塞尔认为，不可想象性并不意味着没有能力形成一种不同的直观，并不意味着一种偶然的无能为力，而是意味着本质上的不可能性。本质必然性与事实性心理上的强制性之间的异质性排除了由此及彼的回溯的可能性，因为"我根本不能以下面这种方式说明内在地存在于明见的规则意识中的必然性，即我提出这样一种假设：这种规则表达的是心理学的构造的规则，表达的是一种属于该构造的普遍强制性。因此，认为不言而喻的是将思维意识的必然性解释为形式的必然性，解释为在进行赋形的功能之自然合规则性意义上的心理学的必然性，是根本错误的"（VII，381）。因此，当康德将必然性和普遍性理解为先天的标志时，他是把主体性的结构作为这种标志的根据，因为在他那里，先天不可能源于经验。胡塞尔认为："这是先验的—心理主义的杜撰；它是传统的理性主义的一种坏的遗产。"（VII，402）

# 第二部分

# 发生性观念的形成与发生现象学的问题性

# 引 言

现象学以先验还原作为基本的理论前提和操作方法，这不仅因为现象学特有的问题性只有在还原所揭示的先验的起源维度上才能形成，而且因为只有遵循先验还原所保持的那种彻底追问起源维度的方向，现象学特有的问题性才能在先验的维度上充分展开。

我们已用两章的篇幅讨论了先验还原和现象学的构造问题性及其内在关联。通过对先验构造的问题性的勾勒，我们根据其系统发展的线索揭示了整个先验现象学的枢纽概念：构造性的先天。这样，还原所揭示的相关性先天论题就在存在者状态上的先天、构造性的先天和发生性的先天这三者内在的递进关联中凸显出来。至此，作为先验现象学之哲学旨归的先验观念论似已呼之欲出。但事实上，问题并不像表面看起来的那样，仿佛随即就能有一个明确的决断。

作为从构造上对于世界的观念性的系统阐明，先验现象学观念论本质上是一门构造性的观念论。它试图通过回溯其构造性的起源达到对世界之存在意义的最终澄清。因此，先验现象学观念论之本质的最终确定取决于对构造概念之含义的本质把握，而这只有在相关性先天论题的具体展开过程中才是可能的。换句话说，只有我们具体澄清了存在者状态上的先天、构造性的先天和发生性的先天三者之间的内在关联，尤其是具体澄清了构造性的先天与发生性的先天之间的内在关联以及二者各自的问题性，我们才能获得构造概念的内涵的本质规定。胡塞尔本人在这个问题上所表现出来的"摇摆"和不确定及其后期在发生现象学问题域中所遭遇的难题，要求我们对此保持审慎的态度。斯特洛克曾明确提请人们注意："只有当胡塞尔启动了发生现象学并持续地实行发生性的构造性分析，才能在现象学上适当地澄清先验构造这个关键概念，而只有借助这个关键概念，我们才能充分理解胡塞尔的先验哲学的立场。"①因此，只有在先验构造的问题性的具体展开中澄清静态现象学与发生现象学之间内在的系统关联，只有最终澄清发生现象学的问题性，我们才能对先验现象学观念论的本质形态做出明确的决断。

---

① Ströker, E. : *Husserls Transzendental Phänomenologie*, Frankfurt am Main, 1987, S. 11.

　　在《危机》中，相关性先天的论题及其与构造性的先天的关联得到了明确的表达。第 41 节，胡塞尔在"生活世界"的标题下重复了其在此之前一以贯之的关于先验还原之基本意图的主导思想："我们作为以新的方式进行哲学研究的人，在实行悬搁时将悬搁当作从并非偶然地而是本质地发生在前的自然的人的存在之态度中转变出来，也就是从那种就其不论在生活中还是在科学中的整个历史性而言从来没有被打断过的态度中转变出来。"（VI，154）通过这种态度转变，我们就从自然态度的那种最隐蔽的、最强有力的和最普遍的内在束缚性中挣脱出来，亦即从世界的预先被给予性中挣脱出来。借此，"世界本身与对世界的意识之间的、自身绝对封闭和绝对独立的普遍的相关性，就被发现了"（VI，154）。

　　从最广义上理解，这种"普遍的相关性"是指在一切种类的存在者或意义与构造着意义和存在有效性的意识之间的绝对相关性。普遍的相关性论题的凸显表明了现象学还原的基本意图：不是消除世界本身，而是消除关于世界的绝对化解释；不是世界本身独自成为论题，而是世界本身与世界的被给予方式之间的普遍的相关性成为论题。从先验构造的角度看，普遍的相关性论题还表明，世界意识本质上是指成就着世界有效性的主体性的意识生活。因此，作为广义上的先验主体性概念，这种构造性的意识生活就是现象学意义上的绝对，亦即那个"至大无外，至小无内"的存在大全。在此广义的先验主体性中，一方是作为被构造物的世界现象或世界有效性，另一方则是狭义的先验主体性，即先验意识生活本身。按此理解，"在哲学家**超出**他的自然的存在并**超出**自然的世界以后，并没有从它们的存在与它们的客观真理中失去任何东西，同样，也没有从他的世界生活的精神获得物中以及整个历史的共同体生活的精神获得物中失去任何东西"（VI，155）。这表明，通过现象学还原，我们并未失去任何东西，而只是放弃了自然态度的提问方式。而在放弃的同时，我们赢得了一种新的提问方式。

　　现在，我们不再坚持在现存世界的基础上提出关于诸如存在与非存在、主观与客观、内在与外在、经验与先验等的对立问题。通过追问普遍的构造性的先天，我们超出现存世界观念的束缚，就世界本身的起源发问，并且可以此为引导线索进一步探究世界的发生性起源。关于普遍的构造性的先天，胡塞尔在《危机》第 46 节中说："通常，我们觉察不到所有这些'属于'事物的呈现方式的主观之物，而通过反思我们惊异地发现，这里存在着诸**本质相关性**。这些本质相关性是一个继续延伸着的、**普遍的先天**的成分。在此呈现出极其奇特的'蕴含'（Implikation），而且完全可以以直接描述的方式揭示。"①(VI，162)这意味着，任何个别的对象意识都在自身中蕴含着一个完整的视域，其中存在着所有非现实的但却一同起作用的显现方式和有效性综合。如果没有这一视域所蕴含的显现的多样性，就不会有任何事物、任何经验的世界被给予我们。这个完整的视域为一条无限延伸着的经验结构所贯穿，其中起决定作用的是这一经验结构的本质规则性，亦即"普遍的构造性的先天"。

因此，现象学还原所揭示的相关性先天论题本质上就成了关于普遍的构造性的先天的探究。但是，胡塞尔指出："我们随即会面临具体展开这种相关性先天的重重困难。这种相关性先天只能以展开视域的方式得到相对的揭示。在展开视域的过程中，人们随即会注意到诸种令人察觉不到的束缚和许多变得不明显的视域，这促使人们去探询新的相关性。这些新的相关性与业已显露出来的相关性不可分割地联结在一起。"(VI，162)这里显然包含两层相关性：其一是指行为意向性与视域意向性之间的相关性；其二是指意向体验的表层结构与深层结构之间的相关性，亦即芬克在关于无意识问题的讨论中所说的意识与生活之间的内在相关性。② 在芬克看来，"意识的领域，观念论哲学的领域，归根到底是'生活'的一种派生的方面"(VI，474)，因为"行为意向性和能够轻易揭示的视域意向性，全都溯源于深层的构造性的功能活动"(VI，515)。③ 在《几何学的起源》一文中，胡塞尔将这种深层结构称为"历史性视域"。他认为，无论包含在这种历史视域中的意义多么隐蔽，无论它怎样只是单纯潜在地一同被意指，它仍然具有被说明、解释和澄清的可能性，因为"这种历史性视域具有自己的本质结构，这种本质结构可以通过有条理的询问揭示出来"(VI，378)。

胡塞尔和芬克关于这两层相关性及其相互关系的论述表明，这里涉及两个不同的问题层次，存在两种不同的视域结构和两种不同的先天。但是，这两种不同的问题层次、不同的视域结构和不同的先天之间又存在内在关联。一方面，就它们的区别来看，存在两种不同的视域。其一，单纯就行为意向性与视域意向性的相关性而言，或者说单纯就意向体验的现实性与潜在性的相关性而言，它是指当下行为所属的那个蕴含所有

---

① 黑体部分是笔者所做的强调。
② 参见芬克为《危机》所加的关于"无意识"问题的附言，此附言被《危机》编者比梅尔编入《危机》附录 XXI(VI，473-475)。
③ 参见芬克为《危机》后续部分写的提纲，此提纲被《危机》编者比梅尔编入《危机》附录 XXIX(VI，514-516)。

可能经验的多样性、无限的经验结构或系统，可以被称为"共时性视域"或"空间性视域"，这对应着构造性的先天，就问题层次而言，涉及的是静态的构造的问题性。其二，就意向体验的表层结构与深层结构的相关性而言，它是指当下意向体验的"历史性视域"或"时间性视域"，对应着发生性的先天，涉及的是发生性的构造的问题性。另一方面，就它们的内在关联来看，前一种视域结构——"共时性视域"或"空间性视域"——是作为单个意向行为之构造成就的条件在起作用，尽管构造性分析和意向展显可以揭示其中所蕴含的可能经验的多样性，但是，这种意向性视域本身并未成为论题，它只是通过其中起支配作用的本质规则，亦即构造性的先天规定着某种对象类型的构造。而后一种视域——"历史性视域"或"时间性视域"——观念的凸显，使得前一种视域成为论题。相应地，我们现在可以探究在这种构造性视域中起支配作用的构造性的先天本身的构造。这种构造性的先天本身的构造也具有本质规则性，亦即"发生性的先天"。对此，胡塞尔在《形式逻辑与先验逻辑》中说道："借助属于所有对象性区域的构造问题，我们在这里开启了巨大的、先天的和主观的研究领域，因此，已经可以预见，这样的研究领域必然能够进一步扩展，进而超出最初由这种方法分析所揭示的研究领域。也就是说，如果所有事实性的主观之物都具有其在时间上内在的发生的话，那么我们可以期待这种发生也具有其先天。"(XVII，256-257)胡塞尔将探讨这两种不同的先天的问题性明确区分开来，并把前者看作后者的引导线索，把后者看作对前者之构造的问题性的深化。胡塞尔称前者为静态的构造的现象学，称后者为发生性的构造的现象学，这二者共同构成胡塞尔的先验现象学的完整形态。

# 第三章　发生现象学观念的引导动机

在导论中，我们已就胡塞尔"发生现象学转向"的时间和动机问题做了简略的讨论。我们从系统分期的角度将胡塞尔整个先验现象学划分成前期的静态现象学和后期的发生现象学。关于静态现象学和发生现象学各自所特有的观念、方法和问题，胡塞尔本人曾做过简略但却明确的论述，后来的阐释者也给出过各种不同的解释。而关于胡塞尔从前期的静态的构造性分析向后期的发生性的构造性分析推进的引导动机问题，人们却鲜有论及。无论在胡塞尔本人那里，还是在后来的阐释者那里，我们都未曾发现对此的系统论述。但是，这一问题恰恰至关重要，它不仅关系到对胡塞尔前期、后期思想系统发展的规定方式，关系到对静态现象学与发生现象学之间关系的理解和发生现象学的理论定位，而且对于我们把握胡塞尔现象学方法的完整形态，进而对于我们正确理解先验现象学的观念论的本质特征起着决定性作用。因此，我们在此尝试做系统的讨论。

关于这种引导动机问题，我们可以从迄今已有的零星论述中清理出这样几种观点或思路。第一种主要是从笛卡尔式的还原路径的局限性出发来探讨发生现象学观念的形成动机。这是一种较为普遍的观点。但是，这种观点不仅一般都是些泛泛之论，而且确切的研究业已表明，笛卡尔式还原路径的局限性与静态的构造性分析相对于发生性的构造性分析所具有的局限性并不相当。《观念 I》的确给我们造成了这样的印象：似乎正是笛卡尔式的还原路径限制了时间问题的阐明和视域意向性的揭示。然而，时间问题的阐明和视域意向性的揭示本身并不必然是发生性的分析。第二种是从胡塞尔自 20 世纪 20 年代起建构现象学体系的尝试中所显露出来的系统现象学观念这一角度出发来解释发生现象学的引导动机问题，如威尔顿。[①] 第三种是从形式—材料图式的困境或局限性出发来揭示发生现象学观念萌发的必然性。这种阐释角度所揭示的必然性在胡塞尔的现象学文本中表露得最为显著，因而容易被人们发现和认可。持这种观

---

① Welton, D.: *The New Husserl. A Critical Reader*, Bloomington, Indiana University Press, 2003, pp. 221-228.

点的代表人物有阿古雷、索科罗夫斯基和阿尔麦达等。第四种主要是从
习性自我的概念出发来探讨胡塞尔采用发生性的构造性分析的必然性，
如耿宁、马尔巴赫、斯泰因伯克和榊原哲也等。第五种是从意向体验之
关联体的动机引发结构和视域意向性观念以及二者之间的内在关联出发
所做的阐释。这种阐释思路把握到胡塞尔先验现象学从存在者状态上的
先天到构造性的先天，再到发生性的先天这一系统推进的线索和内在的
问题性，代表人物有克赖斯格斯、黑尔德、让克（Bernhard Rang）、卡尔
和斯特洛克等。本章的任务主要是就后三种观点做具体分析，并试图揭
示这三种阐释之间的内在关联。而对于其他阐释的可能性，我们将在具
体分析的基础上结合相关问题做相应的说明。

## 第一节　形式—材料图式的局限性

在《逻辑研究》中，胡塞尔从具体的意向体验中区分出行为的意向内容
和行为的描述性内容。行为的描述性内容包含两个要素：意向和感觉
（Empfindung）。他认为，在意向行为中，感觉作为非意向的要素是意向立
义的材料："感知表象之所以得以形成，是因为被体验到的感觉复合是由某
个行为特征、某个立义、意指激活的；正因为感觉复合被激活，被感知
的**对象**才显现出来……感觉内容可以说是为这个通过感觉而被表象的对
象的内容提交了一个类似建筑材料的东西。"（XIX/1，A 75/$B_1$75）这就是
说，当一个行为的意向本质，亦即行为的质料和质性与感觉内容结合时，
就形成了一个完整具体的意向行为。因此，**每一个具体完整的客体化行
为都具有三个组元：质性、质料和代现性内容**"（XIX/2，A 562/$B_2$90）。

第二章业已表明，胡塞尔最初正是在"意义给予"和"使……显现"的
意义上引入现象学的构造概念的，这构成现象学构造概念的基本规定，
尽管对于这一基本规定尚需随先验构造问题性的展开做更确切的把握。
因此，《逻辑研究》中关于意向性的结构要素的分析尽管尚未达到先验现
象学的高度，但它不仅基本规定了胡塞尔此后构造性分析的基本概念或
要素，而且也为现象学构造理论提供了基本的解释图式：形式—材料
图式。

在《观念 I》中，胡塞尔在先验还原的背景下通过对《逻辑研究》中感
觉或原始内容概念的修正，提出了原素概念，并且以原素—立形图式
取代了《逻辑研究》中的立义—内容图式。尽管如此，形式—材料这一
基本图式的主导思想却一以贯之："在感性原素之上有一个似乎是'赋

予灵魂的’、**给予意义的**（或本质上涉及一种意义给予行为的）层次，具体的意向体验通过此层次从本身不具有任何意向性的感性材料中产生……感性素材作为各种不同层次的意向构形或意义给予的材料出现。”（III/1，172）显然，无论是就《逻辑研究》中的感觉和意向，还是就《观念 I》中的原素和立形而言，形式—材料构造图式都以两种异质性要素的原则性区分为前提，并且在这种区分的基础上将构造理解为意向活动对于原素的“立义”“统摄”或“释义”（deuten）。在胡塞尔看来，感性原素和意向立形之间的这种二元性和统一性，在整个现象学领域内都起着支配作用。事实上，无论是在前期的静态现象学阶段，还是在后期的发生现象学阶段，胡塞尔在其具体的现象学分析中始终没有放弃对形式—材料图式的运用。作为解释意向体验之构造成就的基本方式，形式—材料图式为意向性的结构分析提供了解释坐标和描述框架。无论是对普遍的意向性之结构类型的描述，还是对意向性之具体层次的奠基关系的构造性分析，在胡塞尔那里，形式—材料图式都是解释意向性功能的不二法门。

从胡塞尔思想的效应史来看，他这种从原素的立义来解释世界构造的形式—材料图式是其整个先验现象学中最遭诟病的学说之一。甚至胡塞尔的忠实门徒也不能忽略原素—立义的二元论色彩。为了消解这一疑难，他们总是竭力证明：这种构造图式并不能被看作意向性学说之真实的和最终的形态。在《存在与虚无》中，萨特对胡塞尔的原素概念做了尖锐批评：“胡塞尔以为把物的特性和意识的特性给予了这种‘材料’，会有助于两者的彼此过渡。但是他只不过创造了一个杂交的存在，这种存在既遭到了意识的否定，又不能作为世界的一部分。”[1]梅洛-庞蒂关于《观念 II》中预先被给予性概念的讨论则指出了形式—材料图式的困境：“它们于我们来说总是‘已经被构成了’，或者它们‘从来都没有完全被构成’。简言之，从它们的角度看，意识总是滞后或者提前，从来不曾同时。胡塞尔大概是通过对这些独特存在的思考才另外引来了一种构造，这一构造并没有通过把某一内容立义为一种意义或一种本质而领先于活动的或潜在的意向性——例如，那种赋予时间生命的意向性，它比人类**活动的**意向性更为古老。”[2]伯姆（Boehm）通过其对《讲座》的研究，也得出了消

---

① 〔法〕萨特：《存在与虚无》，陈宣良等译，北京，生活·读书·新知三联书店，1997，第 18 页。

② 〔法〕梅洛-庞蒂：《哲学家及其阴影》，见《哲学赞词》，杨大春译，北京，商务印书馆，2000，第 149 页。

解形式—材料图式的结论。① 而在阿尔麦达那里，形式—材料图式仅在静态现象学的范围内有效，一旦进入发生的领域，必将陷入两难之境。② 与对形式—材料图式的否定或限制不同，兰德格雷贝明确指出，胡塞尔在任何时候都没有取消感性原素观念与意向立形观念之间的原则性区分。③ 倪梁康先生在《胡塞尔：现象学概念通释》中对此做了较为全面的评论。他认为，"尽管胡塞尔有时也对这一观点进行自我批评"，但却始终"没有对这个模式本身做出否定，而只是对它的有效性范围做了限定。换言之，胡塞尔始终保留着这个模式"。④ 与兰德格雷贝和倪梁康的观点基本一致，阿古雷认为，形式—材料图式比人们通常想象的要根本得多，它是整个先验现象学观念论的支柱，甚至在塞尔后期几乎不再谈论这种构造图式的地方——无论是在《形式逻辑和先验逻辑》和《沉思》中，还是在《危机》和《经验与判断》中，它仍继续起作用，而且从本质上规定着先验现象学思考的意义。因为，"胡塞尔直到其创作生涯的结束仍继续把意识规定为统摄性地构造着的。换言之，他一直将世界规定为在基底上起作用的主体性之普遍的统觉"⑤。阿古雷通过对先验构造问题性的具体展开，最终得出结论说：消解了形式—材料图式就等于放弃了先验的观念。这种观点基本上可以被看作回应了那个困扰着梅洛-庞蒂的难题："如果意向性不再是通过精神把某一感性材料立义为本质的样品，不再是从事物中认出我们置于其中的东西，那么它是什么？"⑥

　　胡塞尔本人在《观念 I》中自觉地限制了形式—材料图式的有效性范围，这是因为他在《讲座》中业已认识到："并不是每一个构造都具有立义内容—立义这个图式。"（X，7）在《观念 I》中，胡塞尔强调，"时间是一个完全**独立的**问题领域的标题"（III/1，162），而他在那里旨在实现一个有

① 参见 Boehm, R.：*Vom Gesichtspunkt der Phänomenologie：Husserl-Studien*，Den Haag，Martinus Nijhoff，1968，S. 113-118。

② 参见 Almeida，G. A. de.：*Sinn und Inhalt in der Genetischen Phänomenologie E. Husserls*，Den Haag，Martinus Nijhoff，1972，S. 1-18。

③ 转引自 Aguire，A.：*Genetische Phänomenologie und Reduktion：Zur Letztbegründung der Wissenschaft aus der Radikalen Skepsis im Denken E. Husserls*，The Hague，Martinus Nijhoff，1970，S. XIX。

④ 参见倪梁康：《胡塞尔现象学概念通释》，北京，生活·读书·新知三联书店，1999，第 64~65 页。

⑤ Aguire，A.：*Genetische Phänomenologie und Reduktion：Zur Letztbegründung der Wissenschaft aus der Radikalen Skepsis im Denken E. Husserls*，The Hague，Martinus Nijhoff，1970，S. XIX-XXII。

⑥ 〔法〕梅洛-庞蒂：《哲学家及其阴影》，见《哲学赞词》，杨大春译，北京，商务印书馆，2000，第 152 页。

限的目标：通过现象学还原开启先验的主体性领域，进而对意向活动—意向相关项之相关性的结构类型做具体的意向分析，借以揭示纯粹意识的普遍结构。为此，他在方法论上有意识地使自己对时间的问题域保持沉默："以免混淆最初仅在现象学态度中所看到的东西与构成这个未被注意到的新维度，亦即一个自足的研究领域的东西。"(III/1, 162)因此，在《观念 I》第 85 节中区分感性原素和意向立形这两种意向性要素时，胡塞尔对其考察层次做了明确的限制："这个层次不下降到那种最终的、构造所有体验时间性的意识的晦暗的深处，而是把体验看作在内在反思中呈现的统一的时间过程。"(III/1, 171)这种自觉的方法论策略在其后期对形式—材料图式所做的自身批判中得到了更明确的表达："在《观念 I》中，我有意识地并且明确排除了内时间意识的问题或本我论时间性的对象之构造的问题，以便预先勾勒出这个可能的描述领域中巨大的问题关联并试图部分地加以实施。于是，在此领域必然出现**原素素材**与**意向功能**之间的根本对立。"(XVII, 292)但是，我们在这里必须将胡塞尔在《观念 I》中所采取的方法论策略与其后期对形式—材料图式所做的自身批判区分开来，这不仅涉及对形式—材料图式的不同态度，而且涉及对感觉素材或原素的不同理解。

在《观念 I》中，为了"预先勾勒出这个可能的描述领域中巨大的问题关联并试图部分地加以实施"，胡塞尔采取刻意回避时间问题的方法论策略，这主要归因于他从此前关于内时间问题的思考中获得的认识。在 1905 年的《讲座》中，胡塞尔详细讨论了内时间意识中内在客体的构造问题，亦即感觉和意向的构造问题。关于内时间意识的分析表明，感觉和意向这两种内在客体是在内时间中被构造出来的。具体地说，内在客体是在时间的映射多样性中被构造出来的，时间的映射多样性是指由时间相位的接续，亦即由滞留、现在和前摄（Protention）这三重时间相位构成的"活的当下"（lebendige Gegenwart）。时间相位又被称为"原立义"或"原意识"。原立义不同于通常所说的立义，它是构造性的，但其本身不是被构造出来的。它不仅构造立义，而且也构造感觉。胡塞尔认识到，内在客体的构造不同于超越客体的构造，感觉和意向并不是通过某种意向形式激活某种感觉内容被构造出来的。在内时间领域，作为构造图式前提的感觉与意向的区分已无从谈起，而是具有同源性，因为它们都是在内时间之流的延展中通过时间相位的聚合生成的。因此，形式—材料图式不适用于感觉和意向的构造。

　　正是由于从《讲座》中获得了这样的认识，胡塞尔才会对《观念 I》的研究领域做了自觉的限制。但是，在《讲座》中，关于感觉和意向的构造的分析是一种纯粹的形式分析，"它描绘了一个意识和成就的领域，这个领域是所有进一步构造的前提，但它没有涉及这种随后的构造的内容"①。索科罗夫斯基敏锐地察觉到这一点："就像行为的时间构造没有说明行为的性质（它没有说明，为什么一个行为是意愿而另一个是感知）一样，感觉的时间构造也没有说明它们的性质要素。在胡塞尔关于内在客体之时间构造的理论中存在某种形式主义。"②因此，尽管胡塞尔通过这种关于时间的形式分析揭示了形式—材料图式的局限性，但是，这种揭示尚不涉及发生。也就是说，《讲座》尚未达到从发生性的构造的立场或发生性的构造的图式出发来检验形式—材料图式的有效性的高度。同样，在《观念 I》中，胡塞尔自觉的方法论策略也不是建立在发生的观念的基础上的，所以他才会把时间的问题域看成一个**完全独立的或自足的**研究领域。结果显然是，胡塞尔在那里只是有意识地限制了形式—材料图式的有效性范围，而缺乏对这种构造图式本身以及感性原素与意向立形之间原则性区分的本质思考。与这种关于时间的纯形式分析的立场不同，胡塞尔在《形式逻辑与先验逻辑》中从发生性的构造的立场对形式—材料图式做了原则性的批判。但是，即使那时他也没有完全放弃感性原素与意向立形之间的原则性区分，而是认为这种区分对于现象学初学者来说是首要的事情（XVII，292）。③

　　关于胡塞尔在感性原素与意向立形之间的区分和形式—材料图式问题上的这种保留态度，我们可以从他在现象学还原的具体实施步骤上所采取的方法论策略和他对于先验意识生活的本质把握这两个方面来理解。在胡塞尔看来，先验的意识生活是一个无限的持续生成、持续客体化或世间化的过程。先验还原的目的就在于脱客体化或脱世间化，而先验构造的理论是要在先验还原的态度中，通过对客体和世界在先验意识生活中的构造的分析，达到对于客体化或世间化过程的先验理解。因此，对于无限的客体化或世间化过程来说，形式—材料图式和感性原素与意向立形之间的区分尽管具有临时的性质，但是，它不仅为我们探究先验意

---

① Sokolowski, R. : *The Formation of Husserl's Concept of Constitution*，The Hague，Martinus Nijhoff，1970，p. 100.

② Sokolowski, R. : *The Formation of Husserl's Concept of Constitution*，The Hague，Martinus Nijhoff，1970，pp. 97-98.

③ 胡塞尔明确说道："并非似乎要完全摈弃后一种区分……对于现象学的初学者来说，这显然是首要的事情。"这里的"后一种区分"就是指"感性素材"与"意向体验"之间的区分。

识生活的深度提供了坐标或引导线索，而且为我们描述先验意识生活之持续生成的状态和层级结构提供了操作性工具。芬克在指出原素与立形之间区分的临时性的同时，明确肯定了保持相对区分的意义。在《当代批评中的胡塞尔的现象学哲学》中，他这样说道："实际上，现象学的构造中不存在异质性要素的二元对立，而只有相对的层次，亦即从构造上统一地揭示世界从先验主体性之生活深处的起源的相对层次。"①对于整个先验现象学研究来说，形式—材料图式作为操作性的工具假设可以被形象地比作搭建现象学大厦的脚手架，而一旦我们"登楼拆梯"，就会达到对先验意识生活的本质理解和把握。当然，这是从发生性的构造的立场重新审视静态的构造的结论。

上述分析表明，《观念 I》对于形式—材料图式的限制还不是发生性的构造的观念引导的结果。但是，它所体现的明确的方法论意识却为发生性的构造观念的形成提供了契机："我们通过还原产生的先验'绝对'实际上并非最终物。它是在某种深刻的和完全独特的意义上被构造出来的东西，而且在一种最终的和真正的绝对中有其起源。"(III/1，163)显然，胡塞尔并不满足于《观念 I》中有限的问题领域，他的先验现象学最终要回溯到"绝对的起源"维度，亦即时间性维度。在他看来，这种"绝对的起源"领域的构造是"某种深刻的和完全独特意义上"的构造，这当然是相对于按形式—材料图式进行的构造而言的。索科罗夫斯基正确指出："在《观念 I》中，在意向性的高级层次与较深的时间层次之间存在一个冲突，这个冲突是胡塞尔无法解决的。"因为《观念 I》的"这种高级层次的分析都是静态的分析，它们的静态特征使得胡塞尔不可能将主体性内部的流动的时间性与它们协调起来"，而"只有当他引入发生性的构造的理论，他才能解决这个困难。那时，意识的时间特性同样会进入意向性的高级区域"。② 这种"静态特征"可以被看作形式—材料图式的必然结果。因为只要遵从这种构造图式，意向分析就只能建立在某种"现成的"材料——无论这种材料是感性原素，还是具有某种形式的较高级的材料——和意向立形之上，而这必然遮蔽了那种通过内容的具体融合所产生的特定的意向综合。因此，在《观念 I》中，形式—材料图式不仅限制了现象学问题域，而且使得其整个研究都带有某种形式主义的局限性。这种形式主义

① Fink, E.：*Studien zur Phänomenologie：1930—1939*，Den Haag, Martinus Nijhoff, 1966, S. 146.

② 参见 Sokolowski, R.：*The Formation of Husserl's Concept of Constitution*，The Hague, Martinus Nijhoff, 1970, pp. 142-143。

的局限性在于：无论对于行为性质和感觉内容，还是对于客观意义的内容和对象的内容，我们都无可言说。结果，"一个被给予的对象或一个被给予的含义一再出现在同一个意识流中，胡塞尔却无法说明，这种再现如何改变了对象或含义的意义"[①]。因此，我们看到，形式—材料图式的固有局限性在胡塞尔那里引发了两种转向发生性的构造的动机。首先，先验现象学向"绝对的起源"维度回溯的目标要求将反思的目光扩展到内时间意识领域。《讲座》中关于内时间的分析图式尽管能够满足这种扩展的要求，但是，为了能够使意向性较高层次的构造与体验流的时间性的构造相协调，胡塞尔必须另辟蹊径，以引入某种"深刻的和完全独特意义上"的构造图式。其次，形式—材料图式导致静态的构造性分析必然具有某种形式主义特征，而克服这种形式主义局限性的努力也必然将胡塞尔引向发生性的构造图式。

## 第二节　习性自我的概念

关于自我概念，胡塞尔有一个从否定到肯定，再到从不同角度进行具体描述和把握的过程。在《逻辑研究》中，胡塞尔对于自我概念基本上采取了否定的态度。在那里，他明确拒绝那托普将自我看作"统一的关系点"或"主观关系中心"的纯粹自我的做法，认为这是一种形而上学的虚构。在他看来，存在的只是意向体验的联结体，根本没有什么子虚乌有的独立自我。对此，我们可以在《第五研究》第 4 节中读到："**在现象学上还原了的自我**不是一种在杂多体验的上空飘浮着的怪物，相反，很简单，它与这些体验自身的联结统一是一致的。这些内容的本性中以及制约这些内容的规律中包含着某些联结形式。这些形式以各种各样的方式从一个内容转移到另一个内容，从一个内容复合转移到另一个内容复合，最后，一个统一的内容总体得以构成，这无非就是**在现象学上还原了的自我本身**。内容之为内容，就在于它们具有特定的规律性的相互聚合、融化为一的方式。在它们如此达到一致并且成为一体时，现象学的自我或意识统一便已构成，除此之外，它不再需要一个特有的、负载着所有内容并将这些内容再次加以统一的自我原则。在这里和在其他地方一样，这样一种原则的功能是令人费解的。"（XIX/1，A 331-332/B₁ 353-354）显

---

[①]　Sokolowski, R.: *The Formation of Husserl's Concept of Constitution*, The Hague, Martinus Nijhoff, 1970, p.163.

然，胡塞尔的这种态度和结论，一方面源于他在《逻辑研究》时期所持有的"实项的内在"的观念；另一方面则源于他对自我的形而上学的高度戒备心理。

在《观念 I》中，胡塞尔的态度发生了根本变化。在先验还原的背景下，他在第 57 节和第 80 节中分别对"纯粹自我的排除问题"和"体验与纯粹自我的关系"重新做了考察。胡塞尔认识到："纯粹自我似乎是某种本质上**必然的**东西；而且是作为在体验的每一实际的或可能的变化中某种绝对同一的东西。"(III/1, 109)因为先验还原不应排除这种纯粹自我在每一我思中的本质作用。也就是说，就其直接的、可明见论断的本质特性及其与纯粹意识一同被给予而言，我们应当将纯粹自我看作一种现象学材料。① 因此，他现在赞同康德"'我思'必定能伴随着我的一切表象"的观点："纯粹自我在一种特殊意义上完完全全地生存于每一实显的我思中，但是一切背景体验都属于它，它同样也属于这些背景体验；它们全体都属于为自我所有的**一个体验流**，必定能转变为实显的**我思过程**或以内在方式被纳入其中。"(III/1, 109)这样，《观念 I》就召回了在《逻辑研究》中被排除的纯粹自我。现在，纯粹自我获得了以下几重规定。(1)纯粹自我是一个"统一的关系点"或"主观的关系中心"，"它在任何意义上都**不可能被看作体验本身的真实部分或因素**"(III/1, 109)。(2)它是"一种独特的——不是被构造出来的——超越，一种**在内在之中的超越**"(III/1, 110)。(3)所有现实的体验和可能的体验都属于纯粹自我，它们与纯粹自我处于一种相互作用之中。纯粹自我是体验流的功能中心，但却不是整个意向体验联结体的统一形式或基础，现象学的内时间才是"在**一个体验流**内的（一个纯粹自我内的）一切体验的统一化形式"(III/1, 161)。(4)纯粹自我不是一种自为存在，不可能独自成为研究对象，"除了其'关系方式'或'行为方式'以外，自我完全不具有本质成分，不具有可说明的内容，不可能从自在和自为方面加以描述"(III/1, 160)。

在《观念 I》中，尽管纯粹自我获得了肯定，并且被赋予多重规定性，但同时也暴露出致命的缺陷。首先，与上述规定(3)相应，胡塞尔认为，

---

① 在与《观念 I》处于同一时期的《逻辑研究》第二版中，胡塞尔对他在第一版中关于纯粹自我的观点做了修正："如果对这种超越的排斥以及向纯粹—现象学被给予之物的还原不保留作为剩余的纯粹自我，那么也就不可能存在真正的（相应性的）'我在'的明见性。但如果这种明见性确实作为相即的明见性而存在着——谁又能否认这一点呢，那么我们怎么能够避开对纯粹自我的设定呢？它恰恰是那个在'我思'的明见性的进行中被把握到的自我，而这种纯粹的进行明确地将这个自我从现象学上'纯粹地'和'必然地'理解为一个属于'我思'类型的'纯粹'体验的主体。"(XIX/1, A 336/$B_1$ 358)

所有关于体验与客体的意向关系的论述以及与此相关的关于体验成分和意向相关项的论述，都"可在全面研究中分析地或综合地加以探讨和描述，而无须更为深入地涉及纯粹自我及其参与方式"（III/1，161）。[1] 显然，纯粹自我不仅不是整个意向体验联结体的统一形式或基础，而且仅仅被看作可为其他研究所撇开的、孤立的研究领域。我们看到，这种观点与胡塞尔此时在时间问题上的看法非常一致。前述业已表明，尽管《观念 I》肯定了时间问题绝对起源维度的性质，但却将其看作自足或独立的研究领域。从胡塞尔后期所形成的发生性的构造的观念以及相应的关于先验意识生活之本质的观点来看，其根源不仅在于其静态的构造图式对先验意识生活的层级结构所做的绝对化理解，而且在于这种静态的构造图式无法形成真正统一的、先验意识生活的观念。诚如耿宁所言："在其自我学说的这个发展层次上，胡塞尔还没有认识到对象统一性或认识统一性与统一的世界，亦即受先天的（存在论的）规则支配的世界之构造之间的必然关联：自我被他规定成这种能够在其**我思**中被把握到的、作为同一极的自我，而不考虑是否有一个统一的（超越的）世界（一个宇宙）在这些'我思'中被构造出来。"[2]

其次，《观念 I》暴露出胡塞尔尚未形成足够清晰明确的纯粹自我的观念。根据上述规定（2），纯粹自我是一种"独特的——不是被构造出来的——超越"。这就是说，对于纯粹自我的存在，只是就在每一"我思"中所发挥的构造功能而言，它是构造性的，而本身不是被构造的。然而，这种理解与胡塞尔的整个构造现象学的基本立场相冲突。从现象学上看，某物存在是就其在直观中达到自身显现而言的，而谈论所有不是在意识的构造成就中达到自身被给予性之物的存在是一种荒谬。因此，胡塞尔关于纯粹自我的这种"不是被构造出来的超越"的论断最终使它成为一种在现象学上不可理解的东西。对此，在为《观念 I》所写的"法译本导言"中，利科正确指出："在《观念 I》中，胡塞尔又重新回到了这样一个判定：存在一个未被还原的纯我。但这个纯粹自我是否是最根本的先验主体呢？对此他没有任何说明。反之，被清楚断定的是它本身是在一特定意义上

---

[1] 在《逻辑研究》第二版中，胡塞尔更是明确强调："尽管纯粹自我的问题不仅在其他领域中非常重要，而且作为纯粹现象学的问题也是一个非常重要的问题，我们也仍然可以在对整个自我问题不做表态的情况下系统深入地研究现象学极为全面的问题领域，这些领域普遍地涉及意向体验的实项内涵以及它们与意向客体的本质关系。"（XIX/1，A 344/B₁ 363）

[2] Kern, I.: *Husserl und Kant: eine Untersuchung über Husserls Verhältnis zu Kant und zum Neukantianisum*, Den Haag, Martinus Nijhoff, 1964, S. 287.

被构造的。"①这表明，《观念Ⅰ》尚未达到对纯粹自我的最终规定，而只能被看作胡塞尔整个自我学说的一个过渡层次或阶段。究其根源，利科认为，《观念Ⅰ》中"有限的还原只能达到一个'封闭'的构造的问题域"。因为在那里，"时间问题和原素问题——而且一般而言体验之内在结构的问题"被排除在外，而这恰恰是"这种'转向自我'的现象学的基准"，因为"如果有一个时间意识之'谜'，正因为它触及了自我本身的这种原构造……自我的时间性能够使我们进到自我的'发生'的观点"。②

　　最后，根据上述规定（1）和规定（4），纯粹自我被规定为一个空乏的自我极。它不仅不是自为的存在，而且不具有任何可说明的内容。但是，前述业已表明，《观念Ⅰ》中已有"构造性的先天"观念的萌芽。胡塞尔认识到："**每一'真正存在的'对象**都必然（以无条件的本质普遍性的先天方式）对应着一种可能意识观念，其中对象本身是可以原初地，因此是以**完全充分的**方式被把握的。"（Ⅲ/1，296）但是，"完全的被给予性"只是康德意义上的观念，它指明一个"在其本质类型上由连续显现行为的无限过程所组成的绝对确定的系统，或作为这些过程的一个领域，一个先天确定的**诸显现连续体**。它具有不同而确定的方面，但被一固定的本质法则严格支配"（Ⅲ/1，297）。这种固定的本质法则就是支配整个先验意识生活的普遍的构造性的先天。因此，我们看到，继《观念Ⅰ》在内时间意识领域的构造图式与高层次对象的构造图式之间存在的冲突之后，纯粹自我的空乏的同一极的规定与这种"普遍的构造性的先天"观念再一次形成了冲突。具体地说，不仅背景体验观念和一个现实的和可能的经验连续统的观念要求超出《观念Ⅰ》所执持的相即的明见性原则，而且普遍的构造性的先天也要求有一个超出作为空乏的同一极的、点截性的"我在"的自我观念与其相应。因为这种空乏的纯粹自我无以支撑普遍的构造性的先天的观念，也就是说，它不能为我们揭示何以世界会与其主观的被给予方式具有"先天相关性"提供任何解释性观念，而借此解释性观念，我们就能理解世界

---

① 〔德〕胡塞尔：《纯粹现象学通论——纯粹现象学和现象学哲学的观念（第一卷）》，李幼蒸译，北京，商务印书馆，1992，第478页。利科说，胡塞尔在《观念Ⅰ》中清楚断言"它本身是在一特定意义上被构造的"，而实际上，胡塞尔清楚断言的是"纯粹自我不是被构造的"。我们在利科所注页码中找不到这种"清楚断言"，但从整个语境来看，利科可能是指胡塞尔将纯粹自我看成一种特定意义上的超越的存在。

② 参见〔德〕胡塞尔：《纯粹现象学通论——纯粹现象学和现象学哲学的观念（第一卷）》，李幼蒸译，北京，商务印书馆，1992，第535页。按：译文依英译本略做改动。参见 Ricoeur, P.：*A Key to Husserl's Ideas Ⅰ*, ed. by Vandevelde, P., trans. by Harris, B., and Spurlock, J. B., Marquette University Press, 1996。

是如何预先被给予的。

此外，尽管《观念 I》把整个体验流内的所有体验的统一化形式交托给了内时间意识；但是，这种作为"**把体验与体验结合在一起的一种必然形式**"(III/1，163)的时间性只能使整个体验流达到一种形式的统一，而且这种时间性本身也只能在一个体验统一性中通过自我的反思被揭示出来。事实上，从《观念 I》关于体验与纯粹自我的关系的论述中，我们已经可以期待一个并非空乏的同一极的纯粹自我的概念。在那里，我们不仅可以读到"所有背景体验都对纯粹自我产生作用，而纯粹自我也对这些背景体验产生作用。它们作为'它的'而'属于'纯粹自我，它们是**它的**意识背景"(III/1，160)，"每一作为时间性存在的体验都是其纯粹自我的体验"等诸如此类的话(III/1，163)，而且在《观念 I》第 82 节结尾处还可以读到："**一个纯粹自我——一个在所有三个维度上被充实的、在这种充实中本质上相互联结的和在其内容的连续性中进展的体验流：它们是必然的相关项**。"(III/1，165)从这种关于体验与纯粹自我的相互作用以及所有体验对于纯粹自我的所属性的观点出发，胡塞尔本该引出更为积极的纯粹自我的概念，但是，《观念 I》对于它们之间关系的论述实际上就此止步不前了。在《观念 I》中，由于受相即的明见性原则的束缚和静态的构造观念的支配，胡塞尔还无法就此做更具体和深入的考察。到了《沉思》中，胡塞尔明确将整个体验流的具体实质性的统一性归因于自我，但是，这个自我已不再是《观念 I》所规定的纯粹自我了。他不仅扬弃了这个被束缚于相即的明见性原则上的、作为点截性"我在"的纯粹自我的概念，而且将普遍的构造性的先天归结为自我的先验权能和习性。

上述关于纯粹自我概念的局限性的讨论不仅表明，这种局限性与其在《观念 I》中所执持的相即的明见性观念和形式—材料的静态构造图式密切相关，以至于纯粹自我问题和时间问题被看作可以与其他研究领域分离开来的、完全自足的独立论题，而且也表明，胡塞尔此时尚未达到对先验意识生活的本质理解，亦即从内在发生的角度将其揭示为一个在时间性过程中持续生成的意向体验的综合统一性，以至于这种作为空乏的同一极的纯粹自我观念也无法与其处于萌发阶段的普遍的构造性的先天观念相协调。这种内在的逻辑冲突原则上要求胡塞尔对其纯粹自我学说做出理论上的修正，但问题是，具有何种观念的自我才能与先验现象学的内在发展逻辑相一致呢？换句话说，什么样的自我才能既与《观念 I》中被认为可以独立进行的、意向活动—意向对象结构类型的研究相协调，又能支撑普遍的构造性的先天的观念呢？更明确地说，究竟什么样的自我观念引导了胡塞尔从静态的构造图式向发生性的构造图式的突破？

我们在导论中曾简略地讨论过耿宁先生的观点，它也是一种被普遍认同的观点。耿宁首先将发生现象学的引发动机归因于胡塞尔对自我拥有权能性和信念的明察，原因在于"只有在这种权能性和信念中，一个世界才能作为'权能视域'（Vermögenhorizont）预先被给予'我'，这是一个我从它那里能够使无论什么对象达到被给予性的世界"。①　而自我的权能性和信念又进一步回指自我的习性概念。因此，在他看来，最终正是这种习性概念引导着胡塞尔对发生的问题性的思考："习性有一个发生性的起源和一个历史。这种历史既是'我'的历史又是其对象的历史。"②阿尔麦达不仅将习性概念看作发生现象学的引导动机，甚至还认为："发生现象学的中心概念不是时间概念本身——而是习性概念"，因为"静态现象学也以某种方式承认意向性的时间特征"。③　正如耿宁将作为权能视域的世界之预先被给予性问题看作胡塞尔引入习性概念的契机，阿尔麦达也看到："习性的发现源于一个确定的问题域。这个问题域的中心问题可以表达为：为何在我们面前持续存在一个由预先被给予的对象构成的世界，为何一个世界业已预先存在于那里，尽管对象每次只能主动地被构造出来？"④显然，这个问题涉及预先被给予的可能性根据，亦即涉及一种被动的经验综合；但是，只有当这种被动经验被赋予一种生产性的、发生性的特征并被看作源于自我的权能性和习性时，我们才能充分理解自我与世界之间这种先天的相关性。

毋庸置疑，耿宁和阿尔麦达的考察的确切中了问题的要害，因而在胡塞尔阐释者中产生了广泛的影响。但是，我们不能仅仅停留在这种简略的指明和结论上，而是要沿着既有的问题线索上溯，尽可能展显胡塞尔向发生性的构造观念推进的运思轨迹。在《观念 I》中，尽管胡塞尔已提及纯粹自我与背景体验之间的相互作用及其与整个体验流之间的必然的相关性，而且在构造问题的标题下将世界看作整个体验联结体的相关项，但是，在纯粹自我与世界的关系问题上却未置一词。对此，我们要追问：

---

①　参见 Bernet，R.，Kern，I.，Marbach，E.：*An Introduction to Husserlian Phenomenology*，trans. by Embree，L.，Evanston，Northwestern University Press，1998，pp. 199-200。

②　Bernet，R.，Kern，I.，Marbach，E.：*An Introduction to Husserlian Phenomenology*，trans. by Embree，L.，Evanston，Northwestern University Press，1998，p. 200.

③　参见 Almeida，G. A. de.：*Sinn und Inhalt in der Genetischen Phänomenologie E. Husserls*，Den Haag，Martinus Nijhoff，1972，S. 10。

④　Almeida，G. A. de.：*Sinn und Inhalt in der Genetischen Phänomenologie E. Husserls*，Den Haag，Martinus Nijhoff，1972，S. 10.

究竟是什么原因导致胡塞尔在这个恰恰触发习性概念的关节点上保持沉默？此外，我们要追问：在阿尔麦达那个未曾言明的问题域中，究竟还有哪些问题引发了胡塞尔的习性概念，进而将问题引向发生性的思考？我们的分析将表明，在《观念 I》出版后的几年中，胡塞尔对于纯粹自我同一性观点的修正，对先验意识生活的统一性问题的思考，以及对自我的统一性与世界统一性之间的相关性问题的思考，三者相互关联，以至于共同诱发了习性这个发生现象学的核心概念的形成。

## 一、自我的同一性问题

在《观念 I》中，囿于相即的明见性观念，胡塞尔仅仅将纯粹自我看作在我思多样性中反复出现的点截性的"我在"，而纯粹自我的同一性则在于其作为功能中心的本质作用。也就是说，作为每一个我思的发射中心（Ausstrahlungszentrum），纯粹自我在体验流中保持为同一之物，而与我思多样性相对。显然，这种单纯从某一功能性角度所理解的同一性只能是一种抽象的同一性。在那里，尚未出现射入中心（Einstrahlungszentrum）和触发概念。因此，纯粹自我与背景体验之间的相互作用问题尽管已被提及，但却缺乏必要的方法论概念的支撑，因而无法具体展开，更不用说纯粹自我与世界之间的相关性问题了。随着射入中心和触发概念在《观念 II》中的出现①，胡塞尔试图阐明行为与触发之间的相互作用。这种相互作用的阐明不仅具体地论证了纯粹自我的同一性，而且澄清了自我的习性结构的起源。在胡塞尔看来，自我的习性结构与自我的同一性是同一个问题的两个方面。对此，他在《观念 II》中明确指出："纯粹自我的同一性不仅在于，鉴于每一个我思，自我（重又是纯粹自我）可以把自己理解为我思之同一的自我。毋宁说，只要我在我的执态中必然持续地实行某种确定的意义，我就存在于其中并且先天地是同一个自我。每一个'新的'执态都建立起一个永久的'意指'或论题（经验论题、判断论题、愉快论题、意欲论题），以至于就像通常那样，我像以前那样理解自己，或者说，把现在的我与以前的我看成同一个我。因此，我保

① 在《观念 II》第 25 节"行为的极性：自我与客体"和附件 XII 第 3 节"自我的发展——自我行为和自我触发"中，我们可以看到有关射入中心和触发概念的明确论述。例如，在第 25 节中，胡塞尔明确说道："自我是同一个意识流中所有行为同一的功能主体。它是所有意识体验的发射中心和射入中心，亦即所有触发和行为的发射中心和射入中心……实际上，我们在这里看到双重射线，向前和返回：从中心穿过行为指向客体和重新从客体指向中心的返回的射线……在具有理论兴趣的经验行为中，自我追求客体，占有它，探究它，但同时也持续地被客体刺激、吸引、侵袭和规定。"（IV, 105）

持着我的论题，把它们当作现时的论题，就像以前建立它们那样。"
（IV，111-112）这表明，作为射入中心，纯粹自我的同一性现在通过这
种"永久的意指或论题"的积淀得以保持。作为纯粹自我的获得物，这
种"永久的意指或论题"能够通过对自我的触发而使其保持某种稳定的
"执态"，体现出某种"风格"或"类型"。胡塞尔把纯粹自我的这种积淀
物称为习性。通过对习性的构造的探讨，《观念 II》已开始触及纯粹自
我的构造问题，这与《观念 I》中关于纯粹自我的非构造性的理解形成了
鲜明的对照。

## 二、先验意识生活的统一性问题

在《观念 I》中，由于受静态的构造图式的限制，胡塞尔尚未达到对先
验意识生活的本质理解，而只是将整个先验意识生活的统一化形式归因
于现象学的内时间。事实上，胡塞尔在《观念 I》后不久就认识到现象学时
间形式的局限性。这不仅表现在《观念 II》已开始谈论一种新的统一化形
式，而且在稍后的"发生逻辑学讲座"中，胡塞尔明确指出："既然时间意
识是同一性统一之构造的发源地，因而是所有被意识到的对象性之并存
和相继的联结形式，因此，它还只是那种建立一个普遍形式的意识。单
纯的形式当然是一种抽象，因而这种对时间意识及其成就的意向分析从
一开始就是一种抽象的分析……那种给予各自的对象以内容上的统一性
的东西，那种构成一个对象和另一个对象在内容上的区别——更确切地
说，是对于意识而言而且是源于意识之本己的构造成就的区别——的东
西，那种使意识上的划分和部分关系得以可能的东西，等等——时间分
析独自没有告诉我们这些东西，因为它恰恰是不考虑内容之物的。因此，
它也没有给出任何关于流动的当下和当下的统一流之必然的综合结构的
表象。这种流动的当下和当下的统一流以某种方式涉及内容的特殊性。"
（XI，128）

在《观念 II》中，胡塞尔不仅开始谈论纯粹自我的构造，而且借助再
回忆（Wiedererinnerung）概念将这种构造与体验流的统一性关联起来：
"这个纯粹自我被构造成与体验流统一性相关的统一性，这意味着……它
能够通过再回忆回观以前的我思并且意识到自己是这些被再回忆起来的
我思的主体。其中确实存在一种自我的持续性。"（IV，112-113）①在他看

---

① 在《分析》中，我们可以看到胡塞尔关于体验流在再回忆中构造的详尽论述。参见《分析》第
四部分"意识流的自在"。

来，如果一个稳定持续的体验流没有被构造起来的话，那么也就没有稳定持续的自我的构造。也就是说，"如果这个本原地被构造出来的体验统一性不可能重新被获取，亦即在再回忆中重新出现和在接受其存在性质（存在于内时间中的性质）的过程中重新出现的话，而且如果不存在澄清这个黑暗的可能性和根据其内在的现实性利用这个持续的拥有物，亦即回溯到理性的持续性的可能性的话，那么一个'稳定持续'的自我就不可能被构造出来"（IV，113）。这不仅意味着，"自我同一性的本质规则在于：我保留一个内在的、现时的执态，在重复的行为中我把它看作我的执态并作为我的执态接受下来"（IV，113），而且意味着，正是通过纯粹自我对执态的保留、对所获"意指"或"信念"的持续拥有，体验流才获得了具体的、内容上的统一性。

显然，自我作为发射中心与射入中心的双重身份，或者说，行为与触发之间的相互作用在这里扮演了重要角色。正是在这种相互作用中，整个体验流的所有凸显性要素——无论是个别意向体验还是其获得物——都通过对纯粹自我的所属性达到了真正的统一。这种所属性在后来的《现象学心理学》和《沉思》中作为"自我极化"（Ich-Polarisierung）现象得到了更具体的阐明。① 这种通过"自我极化"所形成的统一性与《观念 I》中由现象学时间所完成的形式的统一性具有本质区别，体现在考察体验流之统一性的不同方向上。《观念 I》受静态观念的引导，立足于对意向活动—意向对象之相关性的普遍的类型学及其层次结构的构造性分析，来考察它们的可能变化和它们之间的本质关联。最终，整个体验流在现象学时间中获得了一种形式的统一性，这本质上是对体验流之统一性的一种形式的考察，以至于在那里，无论是纯粹自我、个别的体验类型，还是内时间意识，都可以作为独立的论题得到分门别类的研究。与这种静态的考察方式不同，从"自我极化"的观念出发，体验流首先被理解成自我的一个普遍的、无所不包的综合，一个持续生成的整体。作为这个动机引发的联结体中相互触发的要素，每一个别体验或意向对象都被看作从整个体验流中凸显出来的成分。显然，这是对体验流之统一性所做的发生性的构造的理解。现在，意向性的表达式从《观念 I》的"我思—所思"

---

① 参见《现象学心理学》第 41 节和《沉思》第 31 节。尤其在《现象学心理学》第 41 节中，胡塞尔不仅对其《观念 I》关于纯粹自我的抽象理解做了明确的反思，而且重申了《观念 II》的观点，但却依托发生的观念对先验意识生活的综合统一性、习性的发生和自我的历史性等问题做了具体而明确的论述（IX，207-212）。

结构变成了"自我—我思—所思"结构。①

### 三. 自我与世界的相关性问题

与关于先验意识生活的统一性问题相关，对于自我的统一性与世界统一性之间相关性问题的思考也构成了习性概念和习性自我概念形成的契机。根据马尔巴赫的考察，在《观念 I》出版的随后几年中，与这种静态的、空乏的自我相对，胡塞尔构想出与其周围世界相关联的人格自我概念，并且在弗莱堡时期持续地探讨了人格自我与周围世界之间发展的相关性。② 现在，胡塞尔认为，只有在与普遍的经验结构或一个稳定持续的世界的构造的关联中，自我的统一性或持续性才能得到具体的规定。我们可以在一份 1915 年的手稿中读到："作为自我，我必然是进行思想的自我，作为进行思想的自我，我必然是思想客体，我在思想时必然与存在着的客观世界相关。此外，这个纯粹的主体，纯粹在知性中实行自我—成就的主体，好像是这样的，即只当它能在自己的一切思想过程中将思想的客观性始终作为与自身同一的客观性坚持到底时，它才能保持为同一的主体。只要我在我的思想中是保持一致的，我就保持着我的统一性，这个主体的统一性，自我—统一性。"(VII，398)③这种相关性表明，构成自我的具体的同一性的"永久的意指"或"信念"并不是随意和偶然的，而是具有本质的结构，它的相关项就是所谓的"客观世界"。在胡塞尔看来，自我存在于它的信念中，它在持续追求一个总体信念的统一性过程中保持自身是同一个自我，而这意味着："每一个信念变化就是一种自我变化；自我不是把信念当作稍纵即逝的体验，而是把它们看作自我特性。这种自我特性是自我从本己的、原创立的活动中或从本己的、自由地遵从其他自我及其决定的决定中获得的，但自我可能由于其他活动及其必然的动机引发而丧失这种自我特性。"(IX，214)

然而，这种信念变化或自我变化并不是自我统一性的丧失，而属于自我统一性的一种自身校正，因为"作为持续的自我，自我在其行为的变化过程中，因而在其信念、决定的变化过程中具有其在时间延展中的方

---

① 参见《沉思》第 21、第 31 节和《危机》第 50 节。

② 参见 Bernet，R.，Kern，I.，Marbach，E.：*An Introduction to Husserlian Phenomenology*，trans. by Embree，L.，Evanston，Northwestern University Press，1998；p. 211。

③ 这段话是胡塞尔在讨论康德的"先验统觉"思想时对康德观点的描述。在这一点上，胡塞尔是同意康德的。

式……自我是在与其所意识到的周围世界的关联中被动机引发出的变化决定的"（IX，214-215）。这就是说，自我在其个别信念的变化过程中之所以仍能保持统一性和个体的风格，仍能追求作为观念的总体信念，是由于这种作为观念的总体信念是建立在对那个自在存在着的统一的世界的永恒的信念基础上的。对此，胡塞尔明确说道："只有当这种意向性，只有当我的整个意向地关涉着'世界'的生活，而且首先是经验生活——它包含一个固定的规则，借此规则，我在经验的世界的标题下指向一个观念的信念统一性，而在这种观念的信念统一性中，所有个别的信念成为和谐的统一性——时，我才能是探求着的和持存着的自我，亦即同一的自我，而不是杂多的自我。"①

至此，关于自我的统一性与世界的统一性之间的相关性的论述表明，自我的统一性指向作为其意向相关项的世界的统一性。但是，它本质上回指普遍的经验生活的规则结构，回指信念保持或变化的规则，回指自我习性的生成规则，回指先验意识生活的目的论结构。

## 第三节　动机引发与视域意向性

在胡塞尔的先验现象学中，动机引发（Motivation）是一个极其宽泛而又充满歧义的概念。但是，它有两个基本确定的内涵。首先，它不同于日常意义上和传统哲学意义上的动机概念，这种动机概念仅仅与人的行动的意愿或动力相关；其次，作为现象学的基本概念，它与因果性（Kausalität）概念截然对立。也就是说，它绝非一种实在的"因为—所以"的关系。在《观念I》第47节的脚注中，胡塞尔对此做了特别强调："应当注意，通过《逻辑研究》对纯粹的现象学领域所实行的分离，我获得了这一现象学的基本概念——动机引发（它与涉及超越的实在领域的因果性概念相对立）。它是这样一个动机引发概念的普遍化，根据这个动机引发概念，比如我们可以说目的意愿是手段意愿的动机。"（III/1，90）同时，他明确承认动机引发概念必然具有的歧义性："由于本质的原因，动机引发概念经历了各种变化。一旦现象学情境得到澄清，与这些变化相随的歧义将不会有害，甚至似乎是必然的。"（III/1，90）

事实上，在不同的问题关联中，动机引发概念具有不同的含义。

---

① 转引自 Kern, I.：*Husserl und Kant：eine Untersuchung über Husserls Verhältnis zu Kant und zum Neukantianismus*，Den Haag，Martinus Nijhoff，1964，S. 290。

例如，在《分析》和《经验与判断》中，与关于作为原信仰的信仰确然性之变体的存在样式（Seinsmodalität）的学说相关，动机引发概念标识着怀疑意识中信仰倾向之间的争执。[①] 但是，诚如让克所正确指出的："为了能够估价被动机引发的可能性概念对于开启和实行整个先验现象学的意义，它不应仅仅作为样式问题内的特殊论题被探讨。只有当我们思考被动机引发的可能性和空乏的可能性的共同起源而解除胡塞尔对于被动机引发的可能性意识的限制，亦即限制在信仰倾向之争执内的揣测性意向活动时，才能估价其效用范围。"[②]这种"被动机引发的可能性和空乏的可能性的共同起源"就是指视域意向性。与我们的问题相关，这里主要是从视域意向性理论出发来阐明动机引发概念的本质内涵，并在动机引发与视域意向性的内在关联中揭示发生现象学的引导动机。

在《观念 I》中，动机引发概念首先是在第 47 节关于事物的超越性的讨论中被引入的。先验悬搁为纯粹从本质必然性和本质可能性方面考察"被动机引发的经验联结体之本质可能的诸变体"提供了可能。通过悬搁，现实世界作为事实性经验的相关项，只是"具有某种有序性的经验联结体的**'经验意识'观念之本质可能的诸变体的相关项**"的"**各种可能的世界和非世界的特例**"。因此，"真正的事物的超越概念，作为所有关于超越的理性陈述的标准，本身只能从感知之本己的本质内涵或某种类型的联结体，亦即我们称之为证实性经验的事物中获得"。这表明，"这种超越的观念是这种证实性经验的纯粹观念的本质相关项"（III/1，88-89）。按此观点，根本不存在与意识和意识自我无关的自在对象。所谓"对象之自在存在性"，在现象学上仅仅是指"对象的可经验性"，而这种"可经验性**绝不意味着一种空乏的逻辑可能性，而是一种在经验联结体中被动机引发的**可能性"（III/1，89）。在胡塞尔看来，这种经验联结体本身完全是一种"动机引发的联结体"，它不断地接受新的动机引发和改造业已形成的动机引发。这些动机引发在其立义内涵或规定内涵方面是不同的，而正是动机引发的这种具体内涵规定了联结体的本质构形。据此，与第 44 节关

---

① 参见《分析》第一部分，第二章"怀疑的样式"，第三章"可能性的样式"和增补文本 A 第 1 节至第 4 节，《经验与判断》第 21 节。相关研究可参见 Rang, B.：*Kausalität und Motivation*：*Untersuchungen zum Verhältnis von Perspektivität und Objektivität in der Phänomenologie Edmund Husserls*，Den Haag，Martinus Nijhoff，1973，S. 140-156。

② Rang, B.：*Kausalität und Motivation*：*Untersuchungen zum Verhältnis von Perspektivität und Objektivität in der Phänomenologie Edmund Husserls*，Den Haag，Martinus Nijhoff，1973，S. 157.

于视域概念的一般规定不同(III/1, 80-81)①，胡塞尔现在试图从经验联结体这种动机引发特征出发对经验的视域结构做出本质的规定："本质上，凡现实存在的但却尚未现时地被经验到的东西都能达到被给予性，因而这意味着，它属于我的各个经验现时性的未被规定但却可规定的视域。但这种视域是那种本质上依附于事物经验本身的非规定性成分的相关项，而这些非规定性成分——本质上始终——向经验可能性敞开。这种经验可能性绝非任意的，而是按其本质类型被预先规定，被动机引发的。所有现时的经验都超出自身指向可能的经验，这种可能的经验本身重又指向新的可能经验，如此以至于无穷。而所有这一切均按照本质上确定的、与先天类型相连的方式和规则形式进行。"(III/1, 89-90)

这一本质的规定主要表达了五层含义。第一，视域并不是无任何规定性的空乏的可能性，而是一种被动机引发的可能性，一种非规定性的可规定性。② 第二，在动机引发的经验联结体中，不仅现时经验与可能经验之间存在一种持续的动机引发关系，而且可能经验之间也存在动机引发关系。第三，超越物的意义并非由现时经验独自规定，而是由作为此超越物之相关项的整个经验联结体所规定。现时经验既不是从自身也不是从自然态度的事物之自在存在的规定性中获得意义，而是从经验的视域结构中，亦即从被动机引发的可能性经验中获得意义。第四，动机引发关系及其相应的经验视域结构受构造性的先天支配，亦即受那个先天地决定着整个经验联结体的本质规则的支配。第五，由于作为超越物之观念相关项的经验联结体本质上是一种动机引发的联结体，因此，每一种统觉类型或对象类型的构造都有相应的动机引发类型和相应的明见性类型。

在《观念 I》第 136 节中，胡塞尔正是借助动机引发概念对明见性概念

---

① 胡塞尔试图从显现方式的差异出发论证超越物与内在物之间在存在方式上的区别，亦即"超越物的纯现象存在，内在物的绝对存在"。结果，超越物之被给予方式的侧显特征使他认识到："由立义而来的'现实的被呈现者'的核必然被一个由非本然的'共同被给予性'和具有一定程度模糊性的非规定性所构成的视域包围。"在胡塞尔看来，这种"非规定性"并不是指一种绝对的不可规定性。事实上，它的意义已为被感知物的普遍意义或各种感知类型的普遍本质预先规定，因此，这种本质上恰恰意味着属于某种固定规定风格的可规定性。它预先指明了可能的感知多样性，这些感知多样性持续地相互融合，汇成一个感知统一性。就这种持续统一的可能感知联结体而言，事物感知以一种系统的、有固定规则的方式在无限多的方向上延伸，而在每一方向上都为一个意义统一性所支配。在这个意义上，胡塞尔将"视域"规定为事物现时感知的一种无限的"可规定的非规定性"。

② 在《观念 I》第 140 节中，胡塞尔在"理性的现象学"的标题下对空乏的可能性与被动机引发起来的可能性之间的区别做了具体讨论(III/1, 291-292)。

做出了具体的规定："一般说来，**明见性**是一种非常突出的事件，就其
'实质'而言，它是**某种理性设定与其本质的动机引发者的统一性**。"(III/
1，284)①这意味着，明见性是一种理性设定，这种理性设定是某种具体
的动机引发因素，本质上受经验联结体之具体的动机引发规则支配。正
是在这个意义上，索科罗夫斯基正确指出："理性和现实的规则不可能在
一个先于一切经验的先天中找到，而只能通过对经验本身的探究被发现，
亦即通过现象学分析予以确定：一个被给予的存在区域具有怎样的意向
相关项的构造才是合乎理性的，在理性上可设定的。"②

　　上述关于动机引发概念的论述表明，由于为特定的目的所引导，尽
管《观念 I》中动机引发概念的引入对于先验构造的问题性的展开极具启
发，但却将动机引发关系限制在纯粹的体验领域或实项的内在领域。在
《观念 II》中，动机引发概念的内涵得到了扩展和深化(IV，222)。③ 这具
体表现在两个方面。

　　首先，动机引发概念突破了实项的内在领域，不再局限于意向活动
侧的动机引发关系。相应地，意向相关项方面的动机引发问题也得到了
探讨。在《观念 II》第 56 节中，胡塞尔明确说道："动机引发关系具有不
同的方面。一方面，存在意向活动方面的动机引发……另一方面，行为
动机引发的本质在于：在诸行为与诸行为相关项之间以及诸相关项本身
之间也存在动机引发关系。"(IV，232)

　　其次，动机引发概念既属于主动领域或理性设定领域，也属于被动
性领域，亦即联想的动机引发领域。我们从《观念 II》第 56 节"理性的动
机引发"与"作为动机引发的联想"这两个子标题中已可窥其一斑(IV，
220-224)。这种扩展和深化表明，动机引发关系不仅存在于一切体验领
域，而且存在于意向体验的每一个方面。例如，不仅有体验行为之间的

---

① 应当注意的是，动机引发在此语境中仅仅是动机引发的一种特殊形式，亦即理性的动机引
　发。在《观念 II》第 56 节中，胡塞尔区分出理性的动机引发和联想的动机引发，并做了具体
　论述。简单地说，理性的动机引发是指由一种执态引出另一种执态或一种主动设定引出另
　一种主动设定的关系；联想的动机引发则是指一切种类的体验之间的相互作用关系，或者
　指以前理性成就的积淀物的动机引发，或者指相似的统觉统一性的动机引发，或者指那种
　完全无理性之物，如感性、预先被给予之物和被动性领域中的被驱动物等的动机引发(IV，
　220-224)。

② Sokolowski, R.：*The Formation of Husserl's Concept of Constitution*，The Hague, Marti-
　nus Nijhoff, 1970, p. 155.

③ 胡塞尔对动机引发概念做了一般规定："这种在其模糊的背景中被动机引发的单个之物具有
　其精神上的动机或根据。我们可以追问：我如何达到它？什么把我引向它？这种被追问之
　物就标识着整个动机引发一般。"

动机引发，而且在体验行为与行为相关项之间，在行为相关项本身之间，也都存在动机引发关系。与我们前面从自我的极化现象对先验意识生活的统一性所做的论证相一致，在这里，同样也可以从这种无所不在的动机引发关联来谈论整个体验流的统一性。对此，我们可以在《观念 II》中读到："我们有一个由另一个判断所动机引发的判断，但在这个判断之前，时间形式本身彼此动机引发。在这个意义上，我们可以说，一个融贯的意识流统一性是一个动机引发的统一性。在人格的态度中，这意味着：自我的每一个行为都经受了持续的立义，它被标明是'这个'自我的行为，是'我的'体验。"(IV, 227-228)正是在这个意义上，让克在先验还原的标题下充分肯定了动机引发概念对于整个先验现象学的意义："先验悬搁就是向经验之原初的动机引发联结体的回溯。"①

通过对动机引发概念的本质规定及其普遍性的揭示，现在，我们能够从两个方面来探讨动机引发概念作为发生现象学观念形成的引导线索的方法论意义。我们的讨论将表明：这种方法论意义一方面表现在，一旦我们试图超出事实性的范围，而就一切可能的统觉类型进行思义，作为事实性统觉类型的必要条件，动机引发概念必然将我们引向对整个先验意识生活的发生性思考。另一方面表现在，动机引发概念的引入揭示了经验视域结构的本质，作为被动机引发起来的可能性意识，视域意向性概念的形成不仅为开启发生性的构造观念提供了方法论基础，而且视域意向性表明自身是一个先验主体性之权能性的系统，这种权能性系统观念又进一步将我们引向发生性的探究。

《观念 I》关于动机引发概念的本质规定表明：一方面，具体的动机引发关系及其相应的经验视域结构受先天地决定着整个经验联结体的本质规则的支配，亦即受构造性的先天的支配；另一方面，作为超越物之观念相关项的经验联结体本质上是一种由动机引发的联结体，每一种统觉类型或对象类型的构造都有相应的动机引发类型和相应的明见性类型。因此，动机引发概念为具体揭示经验联结体的本质规则，亦即构造性的先天，提供了操作性的方法论概念。正是在这个意义上，胡塞尔试图通过动机引发概念来揭示具体统觉类型的本质结构。为此，他在《分析》中说道："任何一个动机引发都是统觉。在一个意识统一性中，体验 A 的出现动机引发体验 B；对 A 的意识具有一个超越指向的、'指示着'一同此在(Mitda-

① Rang, B.: *Kausalität und Motivation*: *Untersuchungen zum Verhältnis von Perspektivität und Objektivität in der Phänomenologie Edmund Husserls*, Den Haag, Martinus Nijhoff, 1973, S. 135.

sein)的意向……我们也可以说，统觉本身就是一种动机引发，它动机引发一切可能在充实过程中发生的东西，向外动机引发到空乏中去。"（XI，337）这意味着，任何原本的统觉都是通过其可证实性（Bewährbarkeit）被意向地动机引发起来的，亦即通过共现过渡到体现（Präsentation），或者说通过可能体验过渡到现时体验的这种证实（Bewährung）被动机引发。但是，动机引发本身受与此统觉类型相应的本质规则的支配。因此，作为这种现成类型的统觉形成的必要条件，这里所引入的动机引发概念最终是为了以原本的意识对象为引导线索回问这种可证实性的规则结构。

　　显然，这种对现成类型的规则结构的回问属于静态的构造理论的范围。在此理论框架下，由于规则结构本身是预先给定的，因此它只能就单个类型的规则结构进行构造性分析，而无法做出系统的考察。这种静态考察的局限性促使现象学突破原有的分析模式，以便能就先验意识生活整体对这种规则结构本身做出系统的思义："一种规则结构在意识中的根据是什么，而一个事实性的、原本的统摄性意识必然根据这种规则结构进行？"①在此我们看到，《观念 II》对动机引发概念所做的扩展和深化为系统的考察提供了可能。在那里，动机引发关系不仅存在于每一个意向体验的各个方面，而且存在于先验意识生活的一切领域，以至于整个意识流被看成一个动机引发的统一性。因此，就系统的考察而言，我们现在可以在整个意识流的统一性内探究这种规则结构的动机引发。当然，这里的动机引发概念与静态考察中的动机引发概念具有本质的区别：静态考察中的动机引发是指某个现成的统觉之证实的必要条件，这里的动机引发则意味着一切可能统觉之证实的充分条件。与此相应，关于"规则结构的动机引发"的探究与先验反思通过本质变更对某种现成的规则类型的揭示也决然不同，它本质上表明自身是"关于原创立（Urstiftung）的习性化之发生性的探究"。在这里，可能的统觉的证实不再有现成的规则结构可以追溯，而只能"从发生上预先被给予的但却是非统摄性的可能性意识中获得"②。

　　《观念 I》关于经验的视域结构的规定表明，视域在本质上是一种被动机引发的可能性，这种"被动机引发的可能性"概念指明以一切现时经验

---

① Claesges, U., Held, K. (Hrsg.)：*Perspektiven Transzendental Phänomenologischer Forschung*, Den Haag, Martinus Nijhoff, 1972, S. 21.

② Claesges, U., Held, K. (Hrsg.)：*Perspektiven Transzendental Phänomenologischer Forschung*, Den Haag, Martinus Nijhoff, 1972, S. 22.

为前提的、未被规定的一可规定的视域结构。换句话说，每一个未充实的视域都包含动机引发，包含动机引发的系统，它是一个动机引发的潜能性（Potentialität）。因此，视域概念首先指明意向体验之现时性与潜能性之间的关系。前述关于先验构造的问题性表明，任何超越物的构造都不可能在某个现时的我思中独自完成，而是对应着一个可无限进行的、有规则的体验联结体。其中，"每一个现时性都蕴含着其潜能性，这种潜能性不是空乏的可能性，而是在内容上，亦即在各个现时的体验本身中意向上被预先规定出来的可能性"（I，81-82）。关于这种潜能性，我们必须分别从意向活动侧和意向相关项侧来理解。

从意向活动侧来看，这种潜能性意味着先验自我的权能性，亦即自我实现某种现时体验的可能性。因此，先验自我本质上被看成一个"我能"的系统："主体'能'做各种各样的事情，并且根据其能力为刺激或现时的动机支配着去做。它总是不断地根据其权能行动，并通过其行动不断地改变、丰富、增强或削弱其权能。"在胡塞尔看来，"一切可理解之物最终都回溯到**主体的原权能**（Urvermögen），继而回溯到**获得性的权能**（Vermögen），亦即源于以前生活现时性的权能"（IV，254-255）。以感知为例，对于眼前这张桌子，我们只能从某个面去看它。这个"看"是一个现时的我思，而被看到的面则是一个现时的所思。就其现时性而言，我们并没有看到整张桌子本身，但是，伴随这种现时的"看"，主体的权能性意识到看到桌子的各个面。这种权能性不是事后才被意识到的，而是蕴含在现时的"看"之中。

从意向相关项侧来看，这种潜能性是指一种指明关联（Verweisungs-zusammenhang），亦即每一个现时的所思都指明可能的所思。胡塞尔的感知分析表明："每一个感知，就意向相关项方面而言：对象的每一个个别角度自身都指向一种连续性，即可能的新感知的多种连续。恰恰是在这种连续中，同一个对象将会不断地展现出新的面。在其显现的方式中，被感知之物本身在感知的每一瞬间都是一个指明的系统，它具有一个显现的核，它是这些指明的立足点。"（XI，5）这种指明关联就是现象学意义上的视域。对此，胡塞尔明确说道："每一个体验都有一个在意识联结体中变化着和在其本己的流动相位中变化着的**视域**——一个指明隶属于意识本身的潜能性的意向视域。"（I，82）在胡塞尔看来，每一个经验都有其经验视域，因为"每一个经验都指明可能性，在自我方面则指明权能性……每一个经验都可以在连续性中、在单个经验的展显的链条中延伸"（EU，27）。

鉴于现象学对视域所做的指明关联的理解，我们还可以通过对自然态度所理解的视域与先验视域的本质区分予以简要的说明。自然意识也具有视域结构，被感知到的面指明其他各面，这些面同样能为进一步的感知所通达。但是，在自然意识中，现时性与潜能性之间的关系只能从预先被给予的对象出发来理解。也就是说，那些未被看到的面就其作为对象之自在规定性而言是现存的，后续的感知能依此看到它们。因此，在此情况下，经验的视域结构是外在于对象本身的。相反，在先验意识中，被意指对象只是意向的相关项。因此，视域结构就进入了作为相关项的对象本身之中。在自然意识中，现时被看到的面是从预先被给予的对象这里获得其存在意义的；而在先验意识中，它作为现时意指的相关项是从作为相关项蕴含在它之中的视域获得其存在意义的，亦即从蕴含在意识现时性中的潜在性中获得其存在意义。关于自然意识的视域结构与先验意识的视域结构的区分表明，作为经验之可能性活动空间的视域不再诉诸对象的预先被给予性，而是诉诸先验自我的权能性。在现象学上，视域与权能性是一对严格相关的概念。因此，现时性与潜能性不再是一种彼此外在的相继关系，而是一种蕴含关系。意向分析的任务就在于，通过展显这种蕴含关系，通过澄清权能性及其相关的视域，就其本身来理解意识的构造功能。[1]

至此，关于经验视域结构的分析表明了现象学的意向性概念的扩展，亦即从行为意向性向视域意向性的扩展。在胡塞尔那里，视域意向性本质上是指先验自我的整个权能性系统。作为"我能"的规则系统，先验自我能够使经验按照某种有规则的类型方式进行，因而先天地规定着可能经验的进程和方向。对此，《沉思》写道："作为关于同一个对象的意识，每一个意识不仅完全能不断地转变成新的意识方式，这同一个对象在综

---

[1]　关于经验的视域结构或视域意向性的论述，参见《分析》第 1 节至第 4 节，《形式逻辑与先验逻辑》第 80 节，《沉思》第 19、第 20 节，《危机》第 36、第 47 节，《经验与判断》第 8 节。相关研究可参见 Claesges，U.：*Edmund Husserls Theorie der Raumkonstitution*，Den Haag，Martinus Nijhoff，1964，S. 22-26；Almeida，G. A. de.：*Sinn und Inhalt in der Genetischen Phänomenologie E. Husserls*，Den Haag，Martinus Nijhoff，1972，S. 167-173；Rang，B.：*Kausalität und Motivation：Untersuchungen zum Verhältnis von Perspektivität und Objektivität in der Phänomenologie Edmund Husserls*，Den Haag，Martinus Nijhoff，1973，S. 156-172；Landgrebe，L.：*Der Weg der Phänoenologie：Das Problem einer Ursprünglichen Erfahrung*，Gütersloh，Mohn，1963，S. 31-32，41-45，181-191；Ströker，E.：*Husserls Transzendental Phänomenologie*，Frankfurt am Main，1987，S. 98-106；Kuhn，R.，*Husserls Begriff der Passivität：Zur Kritik der Passiven Synthese in der Genetischen Phänomenologie*，Freiburg/München，1998，S. 286-331。

合统一性中作为同一的对象意义意向地寓于这些意识方式之中，而且它能够，甚至仅仅能够以视域意向性的方式转变成新的意识方式。"(Ⅰ，83)就行为意向性与视域意向性的关系而言，《形式逻辑与先验逻辑》将视域意向性看作构造性的，它从本质上规定机遇性判断的意义(ⅩⅦ，207)。《经验与判断》则将其看成一种前识或共识(EU，27)。这表明，视域意向性不仅为行为意向性提供了可能的活动空间，而且为行为意向性规定了确定的意义类型。在这个意义上，视域意向性又可被称为"意义规定"。在它那里，意向性不是通过现成的意义为原素的立义构造对象，而是对这种现成的意义本身的规定。任何行为意向性都只有通过由视域意向性所规定的意义才得以进行。在《经验与判断》中，胡塞尔对此做了极具启发性的说明："对于个体经验对象的认识成就绝不是这样进行的，似乎这种个体经验对象是作为尚未完全被规定的基底而第一次预先被给予出来的。世界对我们来说总已是这样一个世界，其中，认识业已以各种各样的方式起作用，因此毫无疑问，不存在任何在最初的一直接的事物经验意义上的经验……经验——无论它在真正意义上经验到什么，亦即它本身看到什么——当然具有，必然恰恰具有关于它尚未看到的事物的某种知识和共识，这种知识同样为它所固有。这种前识在内容上是未被规定的或未完全被规定的，但绝非完全空无内容的。如果不承认它，那么经验就根本不会是关于同一个物的经验。"(EU，26-27)在胡塞尔看来，任何实在之物一般作为可经验之物都具有其普遍的先天，一种前识性。这种普遍的先天和前识性是不确定的，但却是永远可自身认同的一种先天类型的普遍性。这种先天类型附属于一个先天可能性的活动空间(EU，32)。这就是说，与一个现成的先验自我相对应，存在一个现成的世界意识。这种世界意识作为"总体类型"预先规定了每一种具体的对象类型的意义，因此，它本质上规定着每一个行为意向性的进行，而世界意识在胡塞尔那里指的就是最普遍的视域意向性。

　　通过上述关于行为意向性与视域意向性的关系的分析，我们可以引出三条关于发生的观念形成的引导线索。首先，作为现时性与潜能性之间的指明关联性，视域意向性的开启为在对象的构造性分析中引入时间性提供了理论空间。在行为意向性的观念中，现时性与潜能性仅仅被看成两种不同的意指对象的方式，因而它们之间尚停留在一种外在的相互继起关系上。在这种情况下，关于它们的意向分析仍属于静态现象学的范畴。而在视域意向性的观念引导下，现时性与潜能性之间变成了一种蕴含关系。在此情况下，"意向体验的现时性和潜能性不仅像论题性被给予物与其在视域上一同被给予物之间的关系那样彼此相关，而且尤其与一种时间关系联系起来"①。也就是说，原本在静态观念下作为一种"前"与"后"的空间性视域关系，现在演变成了一种时间性的生成过程。而一旦关于时间意识的构造性分析不再被看作一个孤立的探究领域，而是被引入关于超越物的构造的研究，必然将先验现象学导向发生性的思考。对此，卡尔正确指出："胡塞尔后来对从静态分析向发生性分析过渡的坚持是由这样一种认识所引导的，时间意识形式也与先验现象学的出发点相关，亦即与世界如何被给予的问题相关……不仅事件，而且对象其被给予性本身必须被看作一个时间过程。"②其次，作为先验自我的权能性系统，视域意向性观念把我们引向对习性化的发生性探究。最后，作为世界意识或"总体类型"，视域意向性凸显出其"意义规定"的本质，而现象学关于意义之起源的追问最终将我们引向视域本身的发生性的构造。

　　至此，我们分别从形式—材料图式、习性自我、动机引发和视域意向性观念这四种角度具体论述了发生现象学的引发动机。但是，这里的讨论并不试图涵盖这一问题域的各种角度，或者像威尔顿那样从先验现象学的系统观念入手所做的分析，或者像贝耐特（Rudolf Bernet）和迪特•洛玛（Dieter Lohmar）那样将发生的观念的形成归于胡塞尔关于时间意识之本质的思义（XXXIII, S. XLIV-XLIV）。也许我们在此可以说，先验构造问题性中的每一个核心概念原则上都能导致发生现象学观念的形成，如起源、统觉、联想、内在、超越、奠基、意向相关项和意向活动等。这些概念在胡塞尔那里具有不同程度的歧义性，诚如兰德格雷贝所言，这些歧义性并不能通过我们更仔细和确切的考察得以消除，而是有其实事本身上的根据。深入的研究表明，它们分别置身于静态的和发生性的问题域中，静态的构造观念与发生性的构造观念的本质区别就是它们具有本质歧义性的实事本身上的根据。我们之所以选取上述四种角度考察发生现象学的观念的形成，主要是考虑到这四种角度具有更为突出的方法论内涵。

---

① Ströker, E.: *Husserls Transzendental Phänomenologie*, Frankfurt am Main, 1987, S. 156.

② Carr, D.: *Phenomenology and the Problem of History: A Study of Husserl's Transcendental Philosophy*, Evanston, Northwestern University Press, 1974, p. 71.

# 第四章　发生现象学的观念与方法

　　形式—材料图式的困境、习性自我和视域意向性观念的形成引导着先验现象学从静态描述的阶段推进到发生性说明的阶段。诸引发动机重又可以回溯到先验现象学的新观念，亦即由时间性观念的引入所产生的新的起源观念。与这种新的起源观念相应，发生现象学旨在对静态的构造性分析的成就做发生性的说明。作为先验现象学的内部转折，发生性的转向不只是一种单纯的研究方向或研究层次的变化；毋宁说，它标志着先验现象学从单纯的方法向哲学的观念推进。最终，作为哲学，先验现象学将为一种新的形而上学奠基。因此，先验现象学之发生性维度的开启决定着先验现象学的观念论的本质形态，其相关的问题域的层级结构规定着先验现象学的观念论的展开方式，发生性的问题域之展开的可能性则构成先验现象学之可能性的试金石。与静态现象学相比，发生现象学不仅表现出先验现象学的观念更新、研究方向的转移和问题维度的深化，而且运用了特殊的研究方法。因此，我们这里的探讨分别从观念、研究方向、问题维度和研究方法这四个方面入手，旨在通过与静态现象学的对照对发生现象学做系统的澄清。

## 第一节　经验的视域结构与发生的观念

　　"哲学作为严格的科学"的理想支配着胡塞尔一生的哲学思考。与自然科学的精确性理想相对，作为"严格的科学"，哲学要求一种"最终的奠基"："哲学应该是由认识者对他的认识成就进行普遍的最高的和最后的自身思考、自身理解、自身辩护而来的认识。或者说，哲学应该是绝对证明自身正当的科学，而且应该是普遍的科学。"(VIII，3)按照"最终的奠基"的观念，哲学只能从最终的论证中或最终的自身负责中产生，它不承认任何未经充分论证和彻底的自身辩明的东西，任何未经探究的、述谓性的或前述谓性的自明性都不能作为它的认识基础。哲学如何才能满足这种要求或实现这种目标呢？胡塞尔给出的方案是：**回到"实事本身"**，在充分发挥了的直观中获得明见性。

单纯从字面上看，"回到'实事本身'"只是一般的理论思考的方法论原则。也就是说，它旨在以一种"知性的真诚"达到客观的真实性，这是所有认识所追求的目标。然而，让实事本身说话仅仅取决于我们吗？我们能确信，只要我们努力就能达到实事本身吗？这不只是一个素朴的愿望吗？事实上，根据胡塞尔的观点，"回到'实事本身'"意味着，认识不带有任何固有的前见，而单纯就实事本身的显现把握实事，这也意味着回到原初的经验。然而，尽管这一口号有着明确的旨归，但它并未确定"实事本身"是什么，因而也无从确定构成实事的认识的是什么。

那么，我们应当如何听从"回到'实事本身'"的召唤呢？如果我们还没有关于实事的概念，又如何能切入实事本身呢？

问题的解决线索在于与"回到'实事本身'"并置的提法："在充分发挥了的直观中获得明见性"。在胡塞尔看来，明见性不同于笛卡尔的清楚明白的感受，而是指"直观的、直接和相即地自身把握的意识，它无非意味着相即的自身被给予性"（II，59）。他强调：**"任何本原给予的直观都是认识的合法源泉，在直观中本原地展现给我们的东西都可作为自身被给予之物接受下来，但仅仅是在它们自身给予的范围内……每一理论都只能从原本的被给予性中获得其真理。"**（III/1，43-44）正是鉴于直观明见性与实事本身之间的内在关联，胡塞尔称之为"一切原则的原则"。"自身被给予"这一表达意味着我们应保持"纯粹的看"：纯粹按照被给予物的被给予方式把握被给予物。也就是说，纯粹在显现者的自身显现中把握显现者。显然，这种"纯粹显现"就是我们要回到的实事本身。但问题是，这种纯粹显现与我们通常所说的经验或经验对象关系如何？我们究竟如何才能达到"纯粹显现"？

根据立义—内容图式，当立义实行时，原素被立义构成显现，而在同一个统觉行为中，行为意向同时超出显现达到对象。因此，显现既是对象的面，同时也是整个对象的到场。作为对象的面，显现是我们实际被体验到的东西；但是，在现时的经验中，显现本身并没有被经验到。因为在现时的经验中，我们不是在对象的面那里，而是在处于显现中的对象那里，意识正是穿过所有这些显现着的面意指对象。因此，在显现中，被体验者与被经验者相互关联，显现同时是处于显现中的对象。显现与显现者的二元相关性结构表明，一个对象经验的统一性同时包含自身被给予性和非自身被给予性。自身被给予性切身到场，而非自身被给予性只是作为一同被意指之物在场。因此，它是本真的自身给予与共意指的一种混合。例如，就感知而言，胡塞尔指出："尽管它是感知，根据它的本己意义是直接的自身把握（Selbsterfassung）。但是，根据其本己意义，它恰好同样也是先行把握性的——这种先行把握（Vorgriff）涉及一个一同被意指之物，而且如此彻底，以至于甚至在被给予的感知要素的自身被把握物的形态中，更确切地看，也存在先行把握的要素。实际上，在被感知物中没有什么东西是纯粹的和相即的被感知物。"（VIII，45）这表明，任何被感知物都必然有一个意识上的蕴含，亦即自身拥有与一同意指相互间的意向蕴含。如果没有展开这种蕴含，任何经验的理论都是不可能的（IX，179）。这种意向的蕴含意味着，意向的行为生活是一种意向性的交织物，"一个具体的意向只有借助意向的而且是**不独立的**成就的某种**交织**连同意向的对象性的一种潜藏的交织才是可能的"（VIII，124）。

在现时的经验实行中，总是有一个相位作为实行相位或当下相位到场，它构成一个核。其他相位则作为视域按远近不同依次排列，这个核总是作为整个视域的载体起作用。由于这个原本的自身被给予的核被体验为单纯的部分要素、不独立的片段，它在意识上总是载有整体。因此，经验在其一切构形中都显示出视域结构。胡塞尔在《经验与判断》中说："每一个经验都有其经验视域，每一个经验都能在一种个别经验的连续性和展显性的链条中被扩展，综合地统一为一个唯一的经验，一个无限开放的经验。"（EU，27）在他看来，每一个被经验物都首先具有其经验的内视域，原因在于"每一个现时性都蕴含着其潜能性，这种潜能性不是空乏的可能性，而是在内容上，亦即在各个现时的体验本身中意向上被预先规定出来的可能性"（I，81-82）。这表明，内视域首先指明了意向体验之现时性与潜能性之间的关系。例如，我们看到桌子的这个面，只有当它还有未被看到的面时，我们所看到的才是桌子的这个面，那些未被看到的面已作为具有如此意义规定的东西被预期。通过这种预期，我超出切身的自身被把握部分而朝向整体。当我把实际的自身被给予性立义为某物时，我总是预期非自身被给予性。自身被给予性作为实际显现的当下相位绝不是完整的对象，而我现时所经验到的是完整对象。这一事实表明，预期具有一个固定的结构。我总是根据我对事物的立义进行预期，而预期通过这个意义被预先确定。根据预期，我在意识上总是目的论地指向经验对象的非自身被给予的部分，以至于一旦新的显现序列发动，那些在新的显现序列中达到被给予性的东西必然作为对预期中"未知物"的充实而被意识到。但是，这种未知物"本质上绝非绝对的未知物，而是其形式的类型（Typus）——如作为空间—事物的东西——已预先被确定了"（VII，275）。这表明，内视域承载着经验对象的存在意义，承载着某种处于不确定性中的"先天类型"，它规定着经验可能性的活动空间。与内视域相关，胡塞尔认为，每一个经验还有一个无限开放的外视域，它蕴含在内视域中。一切视域的视域就是世界视域。如果说内视域承载着经验的某种"先天类型"，那么外视域则承载着经验的总体性类型学（Totalitätstypik），它规定着各种特殊的先天类型的分布和本质关联。在胡塞尔看来，任何一个对象性都可以作为整体关联域中的部分要素被论题化，它与其他对象性处于一种连续的交织中，而正是这种连续的交织使得外视域一同规定着对象性的存在意义。例如，就世界视域而言，"所有总是同时被预期的或者甚至只是在作为外视域的背景中一同被意识到的实在之物（或特性、关系等）都作为世界中的实在客体，作为在这一个时空视域中存在着的东西"（EU，29）。这种关于内视域和外视域的经验的视域结构分析，尚处于静态现象学的范围内，因为意向分析在此尚停留于经验对象之现成的存在意义或先天类型之上。

根据胡塞尔的观点，实际被经验物与它的内视域、外视域共同处于一个经验行为的统一性中，它们充盈着活的当下。因此，活的当下是已知的类型一般性的一种具体化。活的当下始终只是充实，是一个业已存在的已知性视域（Bekanntheitshorizont）的现实化。作为业已存在的东西，这个已知性视域是过去之物。而当活的当下充实这个过去之物时，它同时指明着那些可在进一步可能的经验进程中获得充实的东西，亦即指明着未来。任何充实作为过去的现实化都同时是作为未来之期待（Erwartung）的预期。活的当下同时蕴含着一个滞留性的过去视域（Vergangenheitshorizont）和一个前摄性的未来视域（Zukunftshorizont）。在这个意义上，视域在本质上是一种被动机引发的可能性。换句话说，每一个未充实的视域都包含着动机引发，包含着动机引发的系统，它是一个动机引发的潜能性。对此，胡塞尔明确说："每一个经验都指明着可能性，从自我方面看则指明着权能性。"（EU，27）这种潜能性意味着先验自我的权能性，亦即自我实现某种现时体验的可能性。因此，先验自我本质上被看成一个"我能"的系统："主体'能'做各种各样的事情，并且是根据其能力为刺激或现时的动机支配着去做；它总是不断地根据其权能而行动，并通过其行动不断地改变、丰富、增强或削弱其权能。"（IV，254-255）在胡塞尔看来，一切可理解之物最终都回溯到**主体的原权能**，继而回溯到**获得性的权能**，亦即源于以前生活现时性的权能。

前述以感知为例业已表明，当我们看到眼前的一张桌子时，在现时的看之中已经蕴含着主体的权能性了。正是这种权能性使得我们超越现时被看到的东西。在《经验与判断》中，胡塞尔对此做了极具启发性的说明："对于个体经验对象的认识成就绝不是这样进行的，似乎这种个体经验对象是作为尚未完全被规定的基底而初次预先被给予出来的。世界对我们来说总已是这样一个世界，其中，认识业已以各种各样的方式起作用，因此毫无疑问，不存在任何在最初的—直接的事物经验意义上的经验……任何经验——无论它在真正意义上经验到什么，亦即它本身看到什么——当然具有，必然恰恰具有关于它尚未看到的事物的某种知识和共识，这种知识同样为它所固有。这种前识在内容上是未被规定的或未完全被规定的，但绝非完全空无内容的，而如果不承认它，那么经验就根本不会是关于同一个物的经验。"(EU, 26-27)这表明，如果经验要得到理解，那么作为视域的世界必须首先得到理解。因此，胡塞尔提醒人们应当注意明见性与世界视域之间的内在关联性："在我们世界经验的流中，当它与总已预先被给予的世界相关时，我们不会总是那么容易发现那些被寻求的、最终原初的经验的明见性。"(EU，38)

只是把任意一个经验性的判断作为例子并探问其基底对象的被给予性是不够的，因为世界总是已经作为浸透了逻辑成就的积淀的东西预先被给予我们。正是基于对经验的视域结构的这种理解，斯特洛克明确指出："意向体验的现时性与潜能性不仅像论题性被给予物与其在视域上一同被给予物之间的关系那样彼此相关，而且尤其与一种时间关系联系起来。"①也就是说，原本在静态观念下作为一种"前"与"后"的空间性视域关系，现在变成了一种时间性的生成过程。这种时间性的生成正指明着现象学的发生性向度。

## 第二节　发生性起源与时间性

在传统的形而上学意义上，起源(Ursprung)标识着一种理性观念，它意味着事物所源出的第一因。在《形而上学》中，亚里士多德明确表达了这种关于起源的理解："所谓'原'就是事物的所由成，或所从来，或所由以说明的第一点"，它"不是事物的内在部分，而是事物最初的生成以

---

① Ströker, E.：*Husserls Transzendental Phänomenologie*，Frankfurt am Main，1987，S. 156.

及所从动变的来源"。① 亚里士多德认为，哲学"研究'实是之所以为实是'，以及'实是由于本性所应有的禀赋'"②，亦即关于起源的探究。

毋庸置疑，胡塞尔也是在探究起源的意义上谈论其现象学哲学的观念的。在他看来，"哲学本质上是一门关于真正开端、关于起源、关于万物之本的科学"（XXV，61）。但是，在胡塞尔那里，起源概念具有特别的含义，它本质上区别于传统形而上学的理解。现象学的起源不再是那种不可捉摸的本体、第一因，而是可借助本质直观所把握的先验意识生活的本质结构。对此，胡塞尔在《哲学作为严格的科学》中明确说道："只要哲学是在向最终的起源进行回溯，它的本质便恰恰在于：它的科学工作是在直接直观的领域中进行的。而我们这个时代所迈出的最大一个步伐便是，它认识到，借助于正当意义上的哲学直观，**借助于现象学的本质把握，一个无限的工作领域便显露出来。**"（XXV，61）这种"无限的工作领域"就是现象学意义上的起源领域，亦即先验主体性或先验意识生活。在现象学看来，一切理性的设定，包括传统形而上学的"本体"或"第一因"，甚至上帝的存在，都在先验意识生活中有其起源。此外，与胡塞尔在本质描述的心理学与经验发生的心理学之间所做的本质区分相应，现象学的起源概念一开始就拒绝某种经验的或心理学起源的解释。③ 由此两重区分，我们可以获得现象学起源概念的两重规定。首先，与形而上学的推定相对，现象学的起源是可经验的或直观上可描述的；其次，与经验发生的心理学相对，它是先验的本质描述领域。但是，就现象学的起源本身而言，胡塞尔的思想也有一个演变或深化的过程。这不仅表现在起源领域的扩展上，而且表现在其向起源回溯的方式上。我们的分析将表明，正是这种现象学的起源概念的"演变或深化"，推动着先验现象学从静态的构造阶段向发生性的构造阶段的发展。

《逻辑研究》旨在确定和澄清"所有原初的概念"以及作为"这些概念的复合的可能形式"的规律，以便通过对这些概念、概念复合和规律的规定充分展示"一门与理论一般可能性条件有关的科学的观念"。胡塞尔认为：

---

① 参见〔古希腊〕亚里士多德：《形而上学》，吴寿彭译，北京，商务印书馆，1959，第83～84页。

② 〔古希腊〕亚里士多德：《形而上学》，吴寿彭译，北京，商务印书馆，1959，第56页。

③ 在《观念I》中，胡塞尔开篇就明确强调："此处无须追溯历史。当我们在此谈及起源性时，无论是心理学的一因果性的发生，还是历史发展的发生，都无须或不应该考虑。"（III/1，8）。此外，可参见《主体间性的现象学》第1卷，在那里，胡塞尔以"心理学的起源与现象学的起源"为题，具体讨论了心理学起源与现象学起源这两种观念的本质差异（XIII，346-357）。

"要想达到这个目的，我们就只能在相即的观念化中对各个本质进行直观的**当下化**（Vergegenwärtigung），或者，如果我们所涉及的是复杂的概念，就只能通过对寓居于这些概念之中的基本概念之本质性的认识，以及对它们的联结形式的概念之本质性的认识。"（XVIII，A 245/B 244）这表明，现象学对这些"原初的概念""规律"的确定和澄清是通过回溯到直观的现象或意向体验的明见性而实现的。在胡塞尔看来，现象学借此"打开了'涌现出'**纯粹逻辑学**的基本概念和观念规律的'泉源'，只有在把握住这些基本概念和观念规律的来历的情况下，我们才能赋予它们'明晰性'"（XIX/1，A 4/B₁ 3）。显然，这种起源探究本质上是指对纯粹逻辑学的概念和规律在意向行为体验中之构造的描述分析，旨在解决观念的有效性问题，而起源是指意向体验或行为意向性。

在《观念 I》中，先验还原开启了先验意识领域，亦即一切对象性或客观性之构造性的起源领域。由于《讲座》的研究成果，胡塞尔在那里已明确认识到这种起源领域的相对性："我们通过还原产生的先验'绝对'实际上并非最终物；它是在某种深刻的和完全独特的意义上被构造的东西，而且它在一种最终的和真正的绝对中有其起源。"（III/1，163）尽管他没有对这个"最终的和真正的绝对"做进一步说明，但是，与讨论内在的时间性之流这一语境相关，这必然是指这个内在时间流的起源，亦即"活的当下"。对此，伯姆正确指出："这只能意味着，这个绝对意识本身是从一个更根本的起源——流动着的时间的起源——中获得其本己的绝对性。如果没有这个先行的、原初的和持续的时间之流动的现前，没有这个'活的流动的当下'……意识就不可能被构造出来。"①因此，从《逻辑研究》到《观念 I》，这标志着现象学起源领域的一种扩展。尽管在《观念 I》中，意向体验领域和内时间意识领域被看作各自独立的研究领域，并且分别受不同的构造图式的支配，但是，这两个起源领域之不同构造图式之间的冲突却为胡塞尔进一步深化和统一构造方式的理解提供了契机。

就胡塞尔现象学向起源回溯的方式而言，我们可以将《逻辑研究》和《观念 I》所理解的起源称为"有效性起源"（Geltungsursprung）。这种起源分析旨在描述有效性关联中的奠基环节，它表达的是一种有效性奠基（Geltungsfundierung）关系。例如，《逻辑研究》中关于非客体化行为在客体化行为中的奠基，或者高层次的客体化行为在低层次的客体化行为中

---

① 转引自 Sokolowski, R.：*The Formation of Husserl's Concept of Constitution*，The Hague，Martinus Nijhoff，1970，p. 162。

的奠基，《观念 I》中关于意向活动—意向相关项的不同层次之间的奠基。
这种有效性奠基本质上是指"现成的"意向活动或意向相关项之间的意向
指明关联，亦即从"现成的"、尚不明确的或变异了的被给予性方式指向
"现成的"、明确的或原初的被给予方式。与此相应，有效性起源意味着
"原初性的—较少原初性的"这种有效性奠基关系，其中原初性的奠基环
节相对于较少原初性的被奠基环节来说就是一种有效性起源。作为先验
构造问题性的一种引导性观念，这种有效性起源观念所主导的向起源的
回溯实际上就是从一种"现成的"有效性环节指向另一种"现成的"有效性
环节。在这里，形式—材料构造图式居支配地位，但它显然只具有一种
抽象的或形式的方法论意义（XIII，347-349）。①

　　在《讲座》中，尽管现象学探究已深入内时间意识领域，亦即一切主
体性成就的最终的起源领域，而且形式—材料构造图式业已受到质疑，
但是，起源分析仍然受有效性起源观念的支配。按照《讲座》的观点，"时
间的**起源问题**是针对时间意识所具有的那种原始形态而发的，正是在这
种原始形态中，时间之物的原始差异直观地、本真地作为所有与时间有
关的明见性的原本来源构造起自身"（X，9）。② 胡塞尔的分析表明，这种
"原始形态"实际上只是作为有效性奠基的最终层次起作用。在那里，感
觉和意向这两种内在客体在时间映射或时间相位多样性中的构造，只是
被看作原意向或原立义在滞留—当下—前摄这种形式结构中的聚合。作
为内时间意识之流中的最终层次，亦即非被构造的要素，时间相位之间
的区别仅在于时间位置的不同，而它们之间的关系只是内时间意识流中
单纯的前后相继，而不是"后一个出自前一个"。

　　因此，《讲座》中的这种起源分析就处在了一个奇特的位置上。首
先，"构造"在那里具有特殊的含义，它既不遵循形式—材料图式，也
不表现为一种时间性的生成。所谓内在客体在时间流中的延伸所展示
的滞留—原印象—前摄这一形式结构，只是描述其构造性要素，亦即
显现多样性的框架，以便能谈论统一性的构造；而构造只是时间相位
或原立义的聚合。诚然，构造已表现为一个过程，但只是一个单纯的
积聚性的过程。其次，尽管内时间领域的构造性分析已深入到"活的当

---

① 参见 Lee，N.-I.：*Edmund Husserls Phänomenologie der Instinkte*，Dordrecht，Kluwer Ac-
　ademic Publishers，1993，S. 19-28。

② 胡塞尔严格地把现象学的起源问题与心理学的起源问题区别开来。在他看来，心理学的起
　源问题是"关于原始的感觉素材的问题"，而现象学的起源是指"所有那些对经验来说构造性
　的概念的起源，也包括时间概念的起源"，其兴趣在于"体验的对象意义和实项内涵"。

下"层次，但是，在此起构造作用的意向性却仅仅被理解为"一种具有其对象性相关项的、自我性的行为意向性"（XXXIII，S. XLVII）。因为内在客体的构造显然是一种主体性的成就。尽管这不是在独立的行为意义上的成就，而是在由部分意向或时间相位聚合而成的一种持续的、创造性的时间流意义上的成就。在此情况下，"这种意识的自发性是自动的和必需的"①。最后，内在客体的构造最终将胡塞尔引向关于意识流之自身构造的思考。但是，根据原立义与时间相位的同一性原则——它和滞留学说一起构成《讲座》中时间学说的轴心，意识流无非是完整的时间相位序列或部分意向的总和。相应地，在这个内时间之流中被构造出来的"各个阶段的构造性显现多样性"或"内在统一性"（X，73）尽管已表现为一个持续统一的过程，但却仅仅是一种单纯的前后相继。在这里，起作用的是行为意向性。无论是诸时间相位或部分意向之间，还是"各个阶段的构造性显现多样性"或"诸内在统一性"之间，本质上都是相互独立的，它们是一种抽象的前后并置关系，而不是相互蕴含关系。对此，胡塞尔明确说道："原则上这条河流的每一个相位都不能延伸进后继的相位中。"（X，74）

针对意识流的这种自身构造特征，索科罗夫斯基指出："单纯从时间原则出发……我们无法将同质性的河流分解成各个独立的行为。的确，各个行为彼此相继，而时间流分解成各个统一性，但这必然是由非时间的因素来解释的，诸如行为的性质或感觉的物质内容。"②这表明，从诸时间相位或诸内在统一性之间单纯的前后相继这种抽象的并置关系出发，我们既不能理解意识流本身的具体的统一性，也无法理解在这个内时间流中被构造起来的意向行为的具体的区别或独立性。这同时也表明，《讲座》中这种时间分析所揭示的意识流在某种程度上恰恰是非时间性的或非过程性的，它揭示的只是内时间领域内的有效性层次或现成的统觉类型，以便在"原初性的一较少原初性的"相对性中描述这些行为意向性的有效性层次构造或这些现成的统觉类型之间的关系。关于这种非时间性的考察，胡塞尔在《分析》中明确指出："意识流是一个持续的发生性的河流，不是单纯的'一个接续着另一个'（Nacheinander），而是'一个出自另一个'（Auseinander），一个按照必然接续的规则的生成。在这种生成中，

---

① Sokolowski, R.: *The Formation of Husserl's Concept of Constitution*, The Hague, Martinus Nijhoff, 1970, p. 99.

② Sokolowski, R.: *The Formation of Husserl's Concept of Constitution*, The Hague, Martinus Nijhoff, 1970, p. 93.

各种类型的具体的统觉都源于原统觉或原始种类的统觉意向……当我们在描述中从作为一个涉及所有统觉的普遍类型特征的原本印象（感知）过渡到所有那些滞留、再回忆、期待中的意识变化上，并因此遵循一个统觉系统秩序的原则，这个原则与根据最高对象属（现实的和以可能方式实存的对象区域）而对统觉所做的区分相交叉，同样也不存在一个说明性的发生问题。"（XI，339-340）

在胡塞尔看来，这种非时间性的考察与《讲座》中时间分析的单纯形式特征密切相关。关于这种单纯的形式分析，他后来评论说："既然时间意识是同一性统一之构造的发源地，因而是所有被意识到的对象性之并存和相继的联结形式，因此，它还只是那种建立一个普遍形式的意识。单纯的形式当然是一种抽象，因而这种对时间意识及其成就的意向分析从一开始就是一种抽象的分析……那种给予各自的对象以内容上的统一性的东西，那种构成一个对象和另一个对象在内容上的区别——更确切地说，是对于意识而言而且是源于意识之本己的构造成就的区别——的东西，那种使意识上的划分和部分关系得以可能的东西，等等——时间分析独自没有告诉我们这些东西，因为它恰恰是不考虑内容之物的。因此，它也没有给出任何关于流动的当下和当下的统一流之必然的综合结构的表象。这种流动的当下和当下的统一流以某种方式涉及内容的特殊性。"（XI，128）结果表明："这整个时间意识学说是一种抽象的观念化的产物！"（XI，387）

关于这种抽象的观念化的结果，诚如索科罗夫斯基所言："一个给定的对象或一个给定的含义可以在同一个意识流中反复出现，但胡塞尔无法说明，这种重复事件如何改变对象或含义的意义……同样，与意向相关项的意义相关的意向活动每次都作为相同的反复出现。事实上，历史的维度没有进入意向相关项的意义，也没有进入构造意向相关项的意向活动或原素构形。"[①]这种历史维度的缺失无疑标明了这种时间分析的非时间性或非过程性。

《讲座》中时间分析的这种局限性在"贝尔瑙手稿"和《分析》中得到了原则性的修正。针对《讲座》中整个时间分析的观念化特征，胡塞尔明确指出，这种抽象的观念化成就本身"必须得到构造性的描述，而出发点应是由各个具体的现象构成的领域——确切地说，是原现象。因而开始于

---

① Sokolowski, R.：*The Formation of Husserl's Concept of Constitution*，The Hague，Martinus Nijhoff，1970，p. 163.

对原现象的类型的描述。——通过原现象说明现象的方法"(XI，387)。这种原现象就是那个"无论如何都与内容的特性相关"的"具体的、完整的流动的生活当下(Lebensgegenwart)"(XI，125)。

在《分析》第三部分第一章"原现象与被动综合的秩序形式"中，胡塞尔在联想现象学的标题下具体描述了各种类型的原现象，如相似性、相同性、增长序列(Steigerungsreihe)、对照(Kontrast)、具体化(Konkretion)、分离(Diskretion)、凸显性(Abgehobenheit)、融合、生成，等等(XI，128-142)。通过对各种原现象的描述，胡塞尔揭示出整个内在性或先验主体性中那种"原则上最普遍的综合，亦即超出先验的时间性综合的内容性综合"(XI，126)。借助这种最普遍的内容性综合，一个具体的流动的当下被构造起来；同时，《讲座》中那种单纯形式的滞留综合和前摄综合得到了具体的揭示。现在，胡塞尔不再满足于将每一种原体现(Urpräsentation)看成"被嵌入滞留性的被给予性与前摄性的被给予性的双面视域中了"；相反，在这种最普遍的、内容性的联想的综合的问题性的具体展开中，他能够具体分析"前摄在滞留性变异连续体范围内的作用，以及滞留对于前摄之内涵规定的影响"。因此，与《讲座》相对，原体现不再被称为时间意识的原始核心，而是被看成一个单纯的临界点，滞留性变异的连续体与前摄性变异的连续体就在这个临界点上重叠在一起。与术语上的变化相应，现在，《讲座》中那个无以命名的"绝对意识"被称为"原现象""原过程"(Urprozeß)或"原河流"(Urstömen)，它不再被看作一个由从当前向过去的后推所决定的连续变异的机械过程。毋宁说，作为具体的意识生活过程，这种原现象或原过程是"受被动的倾向和预期所支配的，是受被给予性的直观丰富性的提高和削弱之形式、充实和非充实的体验所支配的"(XXXIII，XLI)。由此，"贝尔瑙手稿"和《分析》对《讲座》中的时间分析进行了修正。

第一，胡塞尔现在认识到，先验主体性"只有通过发生才是可想象的"(XI，125)，而且"自我原初不是产生于经验——在联想的统觉意义上，在其中相互关联的多样性的统一性被构造起来，而是产生于生活(**生活是其所是，不是为自我而存在，毋宁说，它本身就是自我**)"(IV，252)。这意味着，先验主体性不是产生于主动的经验，而是产生于被动的意向生活。与此相应，原先那种把在时间意识中起作用的意向性单纯理解成一种行为意向性的观点不再被坚持，时间分析的深化将必然导致对前自我性的被动意向性的讨论。

第二，由于当下意识现在被看成被动地体验到的原河流之滞留意向性与前摄意向性相互作用的结果，因此，作为一个生成了的当下，它表明自身是时间意识的最原始的维度，具有其发生的历史。

第三，对于先验主体性的发生来说，单纯的时间意识的综合是不充分的。如果没有被动的联想的唤起，纯粹自我就不可能意识到其身后存在一个过去体验的无限领域。因为滞留是空乏的，甚至已沉入那种无差别的滞留背景中，而前摄的未来是被更加空乏地意识到的。因此，胡塞尔认为，普遍的联想的综合"对于主体性的发生来说也是绝对必要的"，"它与那种构造所有对象之时间形式的综合一同进行，因而自然一同涉及时间内容，涉及那种在时间上形成的对象内涵"(XI，125)。而借助这种在原初的时间性综合基础上起作用的最普遍的联想的综合，先验主体性不仅被构造成一个持续生成的、具体的统一过程，而且每一个个别体验都被看成这个持续生成的意识流中受被动的联想规则支配的凸显物，并能就其具体的综合结构——无论是主动的还是被动的——给予具体的揭示。

第四，作为现象学还原在其中终结的原现象，这种具体的、流动的生活当下与《观念 I》中那个"最终的和真正的绝对"，《讲座》中那个无以命名的"绝对意识"或"原源泉点"处于同一层次；或者说，它们指的是同一个东西。但是，就向这个最终起源回溯的方式而言，它们具有本质的区别。诚如黑尔德所言，这种具体的生活当下现在被理解为"一切经验着世界的功能活动的发生性的起源根据(Anfangsgrund)，同时也是自我性的存在的原样式"①。作为发生性的起源，它与那种将先验意识生活或意识流理解成一种持续统一的生成过程的观点相应。

第五，胡塞尔现在对《观念 I》在时间问题上的错误理解有了明确认识。在 1918 年 4 月致英伽登的信中，胡塞尔这样写道："我正在研究的并不是单纯的时间现象学——后者是不能纯粹独立地得到解决的，而是关于个体化，亦即一般个体的(即'事实的')存在——而且是按其本质的基本形态——的构造的十分惊人的问题。"②这表明，胡塞尔不再将时间问题看作一个独立的研究领域，而是将其与超越对象的构造关联起来。现在，不仅内时间领域的构造被看作一个时间化的过程，而且超越对象

①　Held，K.：*Lebendige Gegenwart：Die Frage Nach der Seinsweise des Transzendentalen Ich bei Edmund Husserl，Entwickelt am Leitfaden der Zeitproblematik*，The Hague，Martinus Nijhoff，1966，S. 68.

②　*Husserliana. Dokumente* III. *Briefwechsel. Band* III. *Die Göttinger Schule*，S. 182.

的构造也被看作一个时间化的过程。在胡塞尔看来，时间的样式就是存在的样式或者实存（Existenz）的样式。

鉴于起源观念的这种发生性的理解和内时间领域与超越对象领域在构造性分析上的统一，胡塞尔就在整个先验构造的领域确立了一种与有效性起源观念相对的发生性起源（Genesisursprung）观念。现在，借助前述关于发生性起源与时间性之间关系的讨论，我们可以在有效性起源与发生性起源之间做出原则性的区分。

第一，从奠基关系的角度看，有效性起源观念表达的是有效性关联中的一种有效性奠基关系。这种有效性奠基关系本质上为一种作为必要条件的"前提"观念所引导，涉及各个现成的有效性类型或层次。与此相对，发生性起源观念表达的是时间序列中"前者"与"后者"之间一种"源出"和"蕴含"的时间关系。这种时间关系也可以被称为奠基关系，但却是一种从发生上理解的奠基关系。根据这种发生性的奠基关系，时间上的前者在时间上的前者那里有其起源："现象学的时间上的后者只能因果性地产生于某个时间上的前者，现象学的后者包含着现象学的前者，因此，它们必然是因果必然性的同时性要素（Mitfaktor）。"（XIII，348）显然，这里所说的因果性指的并不是自然因果性，而是动机引发的因果性，亦即时间上的前者对于时间上的后者之发生性的动机引发的因果性。关于有效性起源的"前提"观念与发生性起源的"源出"观念，胡塞尔明确指出："但'前提'不是'源出'！"（XV，616）

第二，从具体的起源关系看，某种有效性起源关系在发生性起源的观念中可能不再有效，而是可能出现一个奠基上的翻转。例如，当下具有（Gegenwärtigung）对当下化的起源关系，直观的回忆对空乏表象的起源关系等。我们说的是"可能不再有效"和"可能出现翻转"，而不是"必然不再有效"和"必然出现翻转"，这要视具体的奠基情况而定。例如，当下对于发生上继之而起的意识样式来说，仍然具有其发生性的起源性。对此，胡塞尔在《形式逻辑与先验逻辑》中指出："每一个原本的被给予方式都具有双重的发生效果。首先是以通过原初—发生性的和完全直接相邻的滞留产生的可能的回忆性再造的形式，其次是'统觉的'效果。"（XVII，317）就其本质而言，发生性起源的观念表达的是视域意向性对于现时的行为意向性的一种构造性的起源关系。例如，在谈及共—当下具有（Mitgegenwärtigung）与当下具有的发生性起源的关系时，胡塞尔说道：

"如果我们现在思考这种在发生上更原初的共—当下具有的话，那么就应该考虑——例如，对于每一个感知对象来说——直接附属于它的整个构造性的视域。"(XI，75)

第三，从最终起源的角度看，无疑存在两种不同的原始的当下(urtümliche Gegenwart)。就最终的有效性起源而言，这是指具有其作为先于一切其他可想象的明见性的绝对明见性的我思，那个"在我思这个句子的语法意义上所表达的、活的自身当下"(I，62)，亦即点截性的我思。就最终的发生性起源而言，它超出那种处于瞬间当下中的点截性的我思，而进一步追溯到**当下视域中的昏暗的意识背景**。但是，这种昏暗的意识背景还不是最终的发生性起源，因为它在发生上还要继续指明那种处于**遥远的过去视域中的昏暗的意识背景**。我们看到，这两种起源观念都将原始的当下作为其最终的起源。但是，在这两种情况下，对于原始的当下的理解却存在根本区别。关于这种区别，胡塞尔在 C 手稿中有明确的表达："当然，必须对这种原始性(Urtümlichkeit)做出区分：一种是我的原始性，亦即成熟的、自身思义的自我的原始性；另一种是通过进一步的回问和通过发生性的揭示被重构起来的(rekonstruierte)原始性，亦即构造性的发生之'开端'的原始性。因此，问题在于我的处于昏暗的视域中的隐蔽的过去。"[①]因此，与作为最终的有效性起源的瞬间当下或点截性的我思相对，最终的发生性起源意指那个具体的、流动的生活当下。这种流动的具体性中蕴含着当下视域和历史性视域的统一。

至此的论述表明，发生性起源的观念的形成使时间在现象学的先验构造问题性中赢得了一个新位置。正如威尔顿所正确指出的那样，时间现在"不仅被看作比其他行为位于更深层的一个行为层次，就像在构造性分析中被看到的那样，而且被当作发生性分析本身的解释图式"。[②] 对此，胡塞尔本人也给予了充分的指明："一切其他本质形式都回涉其上的、意向发生的普遍的本质形式是内时间性的构造形式。这种内时间性以一种僵固的合规则性统治着每一个具体的意识生活，并赋予一切意识体验一种持久的时间性存在。"(XVII，318)

---

① Husserl，C 13 III，7，转引自 Lee，N.-I.：*Edmund Husserls Phänomenologie der Instinkte*，Dordrecht，Kluwer Academic Publishers，1993，S. 28。这里的部分论述也参考了李南麟先生的相关成果。

② 参见 Welton，D.：*The Other Husserl*：*The Horizons of transcendental Phenomenology*，Bloomington，Indiana University Press，2000，p. 248。

## 第三节　静态的构造与发生性的构造①

发生性起源与有效性起源的区分体现了先验现象学在起源观念上认识的深化，而这两种起源观念在各自的起源澄清上所体现出来的特点标明了先验现象学两种不同的研究维度或方向，胡塞尔称之为"现象学的双重面孔"：静态现象学与发生现象学（XV，617）。这两者共同构成先验现象学的完整系统。在导论中，我们的相关论述业已表明，对于静态现象学与发生现象学之间关系的理解不仅关系到对胡塞尔思想发展之内在逻辑的裁定，而且对于完整把握先验现象学的系统形态、方法和目标也至关重要。因此，对整个先验现象学的运思来说，从静态现象学向发生现象学的推进是一个决定性的步骤。但是，在此问题上，国际现象学界历来众说纷纭，至今尚未形成一种系统的共识。这不仅是因为发生问题本

① "Genesis"一词在现象学汉语圈内基本采用了"发生"和"生成"这两种译法。罗克汀先生（在《从现象学到存在主义的演变——现象学纵向研究》《现象学理论体系剖析——现象学横向研究》中）采用"发生"之名，倪梁康先生（在《胡塞尔现象学概念通释》中）译为"发生性"，二者之间应无义理上的区别。李幼蒸先生在《观念 I》中则将其译作"生成"。王炳文先生在《第一哲学》中将其译作"生成"，在《危机》中则译作"发生"。他们均未对各自译名的厘定给予具体的文字说明。方向红先生在《生成与解构——德里达早期现象学批判疏论》中似乎遵从张宁在《书写与差异》中的汉译而采用了"生成"的译法，并且给出了简要的说明。就翻译而言，定于一尊的译法固然有欠妥当，但是，如果译名涉及义理上的分歧，适当的澄清就显得必要了。方向红先生采用"生成"一译的理由有二：（1）"是想与发生心理学的'发生'区别开来"；（2）"更重要的是，这个词在德里达的意义上，除了表示'发生'之外，还暗指任何一种发生都无法逃脱作为整体性的世界和时间。换言之，每一次发生既蕴含着已构成之物，又被包含在更大的整体之中，根本不存在从单纯到复杂的发生论过程。"参见方向红：《生成与解构——德里达早期现象学批判疏论》，南京，南京大学出版社，2006，第 29 页。笔者认为，这两条理由均不能成立。首先，就第一条理由而言，在胡塞尔那里，先验的发生与经验的发生之间存在本质的区别。这种区别只能通过对先验发生的阐明加以厘定，而不是简单地在术语上做技术性处理所能解决的。此外，这种技术性处理本身也是有问题的：在经验的层面译为发生，而在先验的层面译为生成，这种区分究竟是为了强调两个研究领域的不同，还是为了强调"发生"与"生成"在现象学描述上有实事方面的差异？其次，就第二条理由而言，也有两点不妥之处。其一，"除了表示'发生'之外"，这里的"发生"究竟何指？其二，在胡塞尔的发生现象学中，先验的发生无论如何都不是指"从单纯到复杂的发生论过程"。因此，所谓"根本不存在从单纯到复杂的发生论过程"一说也就无从谈起。笔者认为，"Genesis"一词采用"发生"的译法较为妥当，理由有二。首先，从术语方面考虑，译为"发生"则能将"Genesis"与"Werden"（生成）区别开来。其次，从义理上看，在胡塞尔那里，"genetisch"分析本质上是对具有其双重视域的具体的生活当下的回问和重构。通过这种回问和重构，先验意识生活的历史性维度得以显露出来。因此，尽管"Genesis"一词即使在先验的意义上也具有多重含义，但是，从其主导倾向来看，更宜从起源方面来理解。而通过"发生"与"起源"、"生成"与"起源"之间单纯词义上的两两对照，我们即可看出，采用"发生"的译法似乎更为贴切。

身是"一个巨大的疑难"，而且也因为胡塞尔本人的相关论述缺乏足够的清晰性。根据耿宁先生的考察，尽管胡塞尔至迟自弗莱堡初期起就一直明确地将其先验现象学划分成静态的构造和发生性的构造两个部分，但是，对于二者之间的区别他似乎从未做出一以贯之的和充分的澄清。原因在于，"胡塞尔没有足够清晰地阐明发生性的构造分析的方法论"[1]。但是，这种事实上的困难并不妨碍我们潜心追溯胡塞尔的思想踪迹，努力对静态现象学与发生现象学的关系做出原则性的把握。

胡塞尔关于静态的构造与发生性的构造之间关系的论述散见于其整个后期著作，相对明确和集中的论述则主要存在于 1921 年撰写的 Märgen 手稿中，亦即现在的 B III 10 手稿。其中已刊出部分分别收在《分析》增补文本 B 部分文章 III "静态的与发生的现象学方法"和《论主体间性的现象学》第二卷附件 I 中。另有 B IV 6/5a 手稿（1915），现已收作《形式逻辑与先验逻辑》第 98 节和附件 II 第 2 节；一份出自 1916/17 年的手稿，已作为附件 XLV 收在《论主体间性的现象学》第一卷中；一份出自 1933 年的手稿，收在《论主体间性的现象学》第三卷 Nr. 35 中；以及《沉思》第 37 节（1931）。从这些文本的时间分布来看，胡塞尔自《观念 I》出版后不久直至其晚年，始终致力于对现象学这双重面孔的澄清。尤其是 20 世纪 20 年代初的前后几年，他更是在这方面集中努力，其结果便是一批重要的发生现象学的手稿、讲座稿和著作的产生。[2] 这些文字不仅标志着胡塞尔系统阐释静态现象学与发生现象学之间的本质区别和各自的方法论特征的努力方向，而且也透露出他试图以发生的观念为引导将二者统一起来，致力于先验现象学之系统发展的目的和愿望。我们这里的探讨主要借助这些手稿中的相关论述，分别从先验构造的问题性展开的系统的层级结构、静态分析与发生性分析之间的区别以及静态现象学与发生现象学之间的系统关联三个方面入手勾勒发生现象学的基本轮廓。

就先验构造的问题性展开的系统的层级结构而言，从静态现象学向发生现象学的推进表明了一种递进关系：从存在者状态上的先天回问构造性的先天，进而再由构造性的先天回问发生性的先天。这三者在现象学形态上分别对应于"一般结构的普全现象学""构造现象学"和"发生现象

---

[1]　Bernet, R., Kern, I., Marbach, E.: *An Introduction to Husserlian Phenomenology*, trans. by L. Embree, Evanston, Northwestern University Press, 1998, p. 196.

[2]　例如，"贝尔瑙手稿"（1917/18），"Märgen 手稿"（1921），"发生逻辑学讲座"（1920/21—1925/26），"改造"（Kaizo）论文（1923/24），《形式逻辑与先验逻辑》（1929）和《经验与判断》（1938；这部由兰德格雷贝编辑的文本尽管在胡塞尔逝后才得以出版，但是，作为文本形成的基础的手稿则主要出自 20 世纪 20 年代）。

学"(XI，340)。前两种形态同属于静态现象学的范畴，其中前者充当了后者构造性分析的先验的引导线索。而就发生现象学而言，构造现象学则构成其发生性的构造分析的先验的引导线索。正是在这个意义上，胡塞尔强调说："探究构造并不是探究发生，发生恰恰是这种构造的发生。"(XIV，41)因此，这种递进关系本质上是一种引导与被引导的关系，而整个静态现象学被胡塞尔称为"引导线索的现象学"。

在《形式逻辑与先验逻辑》第98节中，胡塞尔对构造性的先天做了明确规定，并具体讨论了其与存在者状态上的先天和发生性的先天的关系。根据他的观点，整个意识生活是一个具有某种统一性成就的、普遍的生产性生活的统一性，其中起支配作用的是"一个囊括所有意向性的构造性的先天"。这种构造性的先天预先规定了每一种对象性的意识方式都具有某种确定的风格，亦即预先规定了构造各种对象性的统觉类型或意向性的本质形式，以至于"**每一种直接被构造出来的对象性**(例如，自然客体)**都按照其本质种类而回指各种现实的和可能的**(在所给出的例子中是无限**的)意向性**的某种相关的**本质形式。对于该对象性来说，这种具有其相关的本质形式的意向性是构造性的……因此……这种生产性主体性原则上不会为现时的意向生活所穷尽，不是仅限于其被编排在一起的意向体验。**毋宁说，它存在于而且稳定地存在于其**权能**之中。这种权能绝非假设性的解释性构成物，而是在各个'我能'和'我做'的脉动中可指明的稳定的生产性要素。同样地，一切普遍的权能也可从那里得到指明"(XVII，253-254)。这表明，这种构造性的先天本质上是生产性主体性的权能性系统，它可以通过静态的构造的分析被揭示。与此相对，存在者状态上的先天则是指在先验还原的领域内通过对普遍的意识结构的本质描述而"直接获得的先天"，属于现象学的形式存在论和区域存在论的范畴。胡塞尔认为，这种存在者状态上的先天只有作为构造性的先天的相关项才是可能的，"每一种直接获得的先天都回涉到它的构造性的先天，只有这样才能理解对象与构造性意识之相关性的先天的可理解性"(XVII，256)。

就其本质来说，这两种先天之间是一种具体的统一关系。而就先验构造的问题性的系统展开而言，存在者状态上的先天是揭示构造性的先天的构造性分析的引导线索。因此，二者之间又存在一种在构造上引导与被引导的关系。在胡塞尔看来，正是基于先天的这种构造性理解，现象学与康德的先验哲学才得以区别开来。但是，他认为，这种对于先验主体性的权能性系统的构造性揭示还不是一种发生性的分析。只有当这种构造性揭示深入这种权能性系统的起源时，现象学才真正触及发生问题。关于发生，胡塞尔指出：“如果所有事实性主观之物都具有其内在的时间性的发生，那么可以期待，这种发生也具有其先天。”(XVII，257)这意味着，不仅先验主体性的权能性系统作为先天的规则在整个先验意识生活中起支配作用，而且这种权能性系统本身就有一个在内时间中的发生。这种发生同样具有其规则性。与构造性的先天相对，这种规则性被称为“发生性的先天”。因此，就静态的构造与发生性的构造的关系而言，区别显然在于：静态的构造性分析揭示的是一个事实性的先验主体性的权能性系统，“它与一个业已‘形成了的’主体性相关”；而发生性的构造性分析则旨在探究这种权能性系统本身的生成，因而必须从这种业已“形成了的”主体性出发回问其中所积淀的“历史”，而这只有借助发生性的先天才是可能的(XVII，257)。

关于静态分析与发生性分析之间的区别，胡塞尔在《形式逻辑与先验逻辑》附件 II 中明确指出：“‘**静态的**’**分析**由被意指对象的统一性所引导，它从不清晰的被给予性方式出发——根据其作为意向变异的指明(Verweisung)——追求清晰的被给予性方式；而**发生性的意向分析**指向整体的具体关联，每一个意识及其意向对象本身总是存在于这个整体的具体关联中。”(XVII，316)鉴于这两种意向指明的本质区别，胡塞尔分别称之为“意向的指明”和“发生性的指明”(XVII，318)。在他看来，既然发生性的分析涉及的是这种属于主体活动的“境遇”(Situation)的“发生性的指明”问题，因而同时也会涉及具有其历史的生活之时间性的内在的统一性问题，以至于“在那里，任何个别的意识体验作为时间性的到场都具有其本己的‘**历史**’，亦即都有其**时间性的发生**”(XVII，316)。显然，“历史”在此取其词源上的含义，亦即“相关联的层次”(Ge-schichte)；相应地，“发生”则是指时间上的起源性层次。这表明，发生性的分析在本质上就是揭示出那种与当下的意识体验相关联的、时间上的起源性层次。胡塞尔认为，这种起源性层次实际上就是指在发生上由原创立所建立的各种统觉类型，它们是各种非被原创立起来的统觉类型在发生上所回溯的起源。如果没有这种具有原创立特征的统觉类型，就不可能存在其他统觉类型，因而也就不会有任何关于对象的意识。

根据胡塞尔的观点，这种原创立的统觉类型在发生上具有两种效果，一种是再回忆，另一种是“统摄的”效果。这种“统摄的”效果是指，任何在新的相似的境遇中出现的对象性都是以与这种原创立的统觉类型相似的方式被统摄起来的。我们之所以能够具有关于陌生对象或陌生规定的意识，其根据是相似性境遇中相似性对象或相似性规定的被给予性，而这正是某种原创立的统觉类型之"统摄的"效果。与对"发生性的指明"的充分讨论相应，静态的分析与发生性的分析之间的区分在意向的指明与发生性的指明的两相对照中明确显现出来。简单地说，静态的分析是指，从"现成的"对象类型出发，在意向活动—意向相关项的相关性结构中探究这些对象在其中获得明见的被给予性的体验复合体。它"追求不清晰的被给予性方式对清晰的被给予性方式的意向的指明"。在现象学还原的范围内，由于这些对象单纯被看作意识方式的意向相关项，因此，静态的分析本质上通过向其在意识中的显现系统和证实系统的回溯来澄清这些对象的意义和有效性。用胡塞尔的话来说就是："从其被给予性方式出发揭示对象的'真正的'和'现实的'意义，而这些被给予性方式就是对于这种可能的'它本身'的意向的指明。"（XVII，318）发生性的分析则意味着，探究各种原本的统觉类型的原创立和由这种原本的统觉类型在发生上的"统摄的"效果所产生的非原本的统觉类型的生成规则。

在 Märgen 手稿中，静态的分析与发生性的分析之间的区别得到了更具体的揭示。就静态的分析而言，从意向活动方面看，胡塞尔指出："在静态的思考中，我们所具有的是'现成的'的统觉。这些统觉出现，作为现成的统觉被唤起，并且具有源远流长的'历史'。"（XI，345）因此，静态的分析在此考察的是"统觉之间的相互关联，在此关联中，同一个对象本质性地（eidetisch）构造自身，作为它被经验成的东西和可被经验成的东西，显现在其被构造起来的自身性（Selbstheit）中"（XI，345）。显然，"统觉之间的相互关联"在这里是指在同一个意向体验中不同的统觉层次之间的套叠性奠基。但是，在胡塞尔看来，这种考察以及对于"现成的"统觉本身的考察尚不涉及发生问题。对此，胡塞尔说道："每一个统觉都具有一个在意向活动与意向相关项方面的结构。每一个统觉都按其种类进行着一个意义给予并且进行着一个在信仰样式中的对象设定。我们必须采取一种特有的分析形式，以便澄清一个统觉的意向性，以便根据意向活动和意向相关项的结构来描述可能的充实类型以及那些可能的、全面的、完整的和自身连续地完善化的充实的系统。就这些描述，亦即构造性的描述而言，它们尚未触及说明性的发生问题。同样，当我们从作为一种与一切统觉有关的普遍类型的属特征的原本印象（感知）转向一种构成性的特征，在这些描述中是转向所有那些在滞留、再回忆、期待等中的样态变样，而且因此遵循一个系统的统觉秩序的原则时——这个原则与统觉按最高的对象属（现实的和以可能的方式实存着的对象区域）的划分相交叉——也不存在关于一种解释性的发生的问题。"（XI，339-340）

从意向相关项方面看，胡塞尔论述说："或者（就像刚才物质的事物性那样），目的客体、精神构成物和书等已经被给予我，而我追问它们是如何被给予的。一般地，我从对象性出发，甚至从像概念性思想、数学原理这样的观念物出发，追问关于它们的意识看起来是怎样的，关于它们的多样性的意识是如何可能的，以及它们是如何作为自身被给予物在意识上'构造'自身的。"（XIV，40）显然，这里的静态分析是指从"现成的"被意指对象出发，描述"显现着的对象的统一性与在意向活动方面的和谐统一的显现的多样性之间的相关性"（XIV，40）。在胡塞尔看来，静态分析的描述任务不止于此，它还向我们揭示意向对象的层级结构，这些意向对象作为对象的意义出现在被奠基的高层次的统觉中和意义给予的功能活动中，以及这些意向对象在那里是如何起作用的，等等（XI，340）。但是，他认为，所有这些构造性的描述都尚未涉及发生问题。

就发生性的分析而言，从意向活动方面看，与那种单纯描述"现成的"统觉类型的静态分析相对，发生性的分析旨在追溯这种"现成的"统觉的历史。从意向相关项方面看，由于追溯"现成的"统觉类型的历史就是追溯某种客体化的历史，因此相关地，发生性分析必然要追溯"作为某种可能认识的客体的客体本身的历史"。在胡塞尔看来，"客体的原历史（Urgeschichte）回溯到原素性的客体和内在的客体一般，亦即回溯到它们在原初的时间意识中的发生。一个单子的普遍发生中包含着客体之构造的历史……反过来，我们获得了单子的一个层次秩序。这种层次秩序与客体的层次相应"（XI，345）。通过对静态的分析与发生性的分析之间的区别性特征的描述，胡塞尔在 Märgen 手稿中对静态现象学与发生现象学的各自问题形态做出了较为具体的规定。与其对于系统现象学的三个形态划分相应，胡塞尔分别就一般结构的普全现象学和构造现象学这两种现象学形态规定了静态现象学的双重问题性。

作为静态现象学的第一阶段，一般结构的普全现象学的任务在于描述所有发展层次的意识联结体的类型。因此，"在《观念 I》中，纯粹意识的结构是作为在内在现象的联结体的统一性中可能出现的现象的结构"（XIV，41）。显然，在此阶段，现象学旨在对最普遍的意识结构做描述分析，如意向活动—意向相关项结构、体验—纯粹自我的结构等。但是，正如胡塞尔本人的自问，问题是：我们是否从**一开始**就必须将纯粹意识的结构看作构造性的事件？这涉及如何站在静态现象学第二阶段的立场上看待第一阶段的性质问题。按照胡塞尔的观点，作为第二阶段，构造现象学是关于引导线索的现象学，亦即"关于引导性的对象性类型之构造的现象学"。在他看来，尽管构造所表达的本质共属性是一种相关性的本质共属性，但是，"这还不是发生的被决定性（Bedingtheit），这里不是指被决定者源于决定者"（XIV，41）。关于构造现象学，耿宁正确指出，对这种静态特征具有决定意义的是，"这种具有其存在论结构的对象以及这种相应的统觉系统或构造性的联结体在某种程度上被看成**固定的**统一性或**固定的**系统，而不探究这种固定统一性和固定系统的发生。这种静态的构造的现象学从存在论的系统统一性中获得其系统的统一性"①。

与这种静态的构造的现象学相对，胡塞尔明确指出："探究构造并不是探究发生，发生恰恰是这种构造的发生，并且**它是作为某个单子中的发生而进行的**。"（XIV，41）这句话表达了两层含义：其一是发生性的构造与静态的构造之间的关系，其二是发生与单子之间的关系。

从发生性的构造与静态的构造之间的关系来看，首先，与静态的构造那种非被决定性相对，发生现象学"探究时间流中的原初的生成——这个时间流本身是一个原初的构造性的生成——并且探究那种在发生上起作用的'动机引发'。它揭示出一个意识如何从另一个意识中产生，以及构造性成就在那里是如何持续地在生成过程中实现的。因此，它揭示出这种被动机引发者与动机引发者之间的被决定性关联"（XIV，41）。其次，与静态的构造那种"现成的"统觉类型相对，发生现象学正是要探究这种构造性的统觉类型的构造。而发生性的分析的本质在于："理解性地（verstehende）澄清发生性的构造，这是静态构造的构造，是相应的习性和习惯的统觉类型的发生。"②显然，探究统觉类型的构造就是揭示统觉的历史。这当然不是指事实性的历史，而是本质的历史，亦即历史的必然形式或本质规则结构。与之相关，这种探究也揭示意向对象的历史。

从发生与单子之间的关系来看，首先，发生现象学探究的是先验主体性的整个权能性系统或构造性的先天的构造；同时，它也探究那个为先验主体性存在的世界或周围世界的发生。其次，胡塞尔认为，个别统觉类型的发生只有被置于整个单子的发生关联中才是可理解的，或者说，一个个别的统觉类型的意义只有在单子发生的整体关联中才得以确定。因为在发生现象学中，单子的整个先验的意识生活被表现为一个具体的、

①　Kern, I.：*Husserl und Kant：eine Untersuchung über Husserls Verhältnis zu Kant und zum Neukantianismus*，Den Haag，Martinus Nijhoff，1964，S. 351.

②　Husserl，Ms. B. III 10，S. 48，转引自 Holenstein, E.：*Phänomenologie der Assoziation：Zur Struktur und Funktion eines Grundprinzips der Passiven Genesis bei E. Husserl*，The Hague，Martinus Nijhoff，1972，S. 27。

动机引发的关联体，这种发生性的动机引发将单子揭示为一个活的统一性。在这个活的统一性中，每一个要素都借助视域而与其他要素相关联。对此，胡塞尔明确指出："每一个就其自身'被划定出来的'体验都需要其'背景'，需要一个视域。"（XIV，34）"单子是一个'单一的'不可分割的存在（Wesen），这意味着，它是在时间中持续生成的东西，而属于它的每一个东西都处于这种持续生成的某个位置上，并且它们在这种内在地被充实的时间中都具有其作为时间充盈的存在，但就其本身而言却什么也不是。"（XIV，35-36）正是在这个意义上，胡塞尔才特别强调说，发生是"作为某个单子中的发生而进行的"。最后，与发生现象学所理解的、单子的这个活的统一性相对，胡塞尔认为："在静态阶段，我们还不可能描述一个单子本身的这种普遍关联，因而不可能描述这些已知的基本类型的各种各样的体验在这个单子性联结体——这恰恰构成'一个单子'的统一性——中处于怎样的情况，以及什么东西构成了这个单子本身。"①原因在于，单子本质上恰恰是一个发生性的统一性。

基于上述分析，我们试图就静态现象学与发生现象学的系统关联做简要的讨论。正如我们在导论中所表明的那样，在静态现象学与发生现象学的关系问题上，国际现象学界可谓观点纷呈，立场各异。我们在此无意参与各种争论，而只是想就实事本身做几点澄清。

首先，就静态现象学与发生现象学的秩序而言，我们在前述讨论中已然触及胡塞尔本人的一个疑问：我们是否从**一开始**就必须把纯粹意识的结构看作构造性的事件？这个疑问在胡塞尔那里虽然是针对静态现象学的两个阶段而发的，但是，这种发问方式同样适合我们这里的问题。根据这种发问方式，我们现在可以就静态现象学与发生现象学之间的秩序提出这样的问题：我们是否从一开始就必须将静态的构造看作发生性的事件？由此问题，我们可以引出两种关系：一种是实事上的关系，另一种是理论上的关系。就实事的关系而言，作为发生性的构造的成果，静态的构造在时间上应迟于发生性的构造，至少，发生性的构造应当逻辑上在先。就理论的关系而言，作为发生性的构造的引导线索，静态的构造又应当理论上在先，因为如果没有这种充当引导线索的静态的构造，那么我们将无法在理论上切入发生性的分析。这种实事关系与理论关系的冲突决定了发生性的分析在方法论上只能采取"回问""重构"（Rekon-

---

① Husserl, Ms. B III 10, S. 45f, 转引自 Holenstein, E.: *Phänomenologie der Assoziation: Zur Struktur und Funktion eines Grundprinzips der Passiven Genesis bei E. Husserl*, The Hague, Martinus Nijhoff, 1972, S. 28。

struktion)或"拆解"的操作方式。

其次，就发生现象学转向的性质而言，有两点须做澄清。就这种"转向"的理论性质而言，它标识着先验现象学之系统发展过程中的一种内在转折。我们在导论中表明，胡塞尔在尚未形成明确的发生的观念，并且在尚不具备明确的发生的方法论意识的情况下，就已经在其具体的现象学研究中采用了发生性分析的方法。这意味着，胡塞尔从静态立场向发生立场的转变是内在于其现象学运动本身的。在这个意义上，谈论"转向"的确有欠妥当，或许用"推进"较为适合。就这种"转向"后的先验研究的状态而言，发生性的转向并不排斥静态现象学的存在。这不仅是由于作为发生性分析的引导线索，静态的构造是发生性的构造的理论前提，而且因为发生性的分析的成果只有借助静态的分析才能确定下来。对此，黑尔德正确指出："先验反思必须被看成所有构造和统觉的论题化，而对于统觉的澄清总是要求对可证实性的规则做静态的指明。"①这表明，对于所有意向分析来说，静态的分析都是必不可少的。因此，尽管胡塞尔后期致力于发生现象学的澄清，却仍有"现象学的双重面孔"一说。

再次，就静态现象学与发生现象学各自在理论上的普适性而言，胡塞尔显然是将静态现象学看成一种临时性的或过渡性的理论形态。它只具有一种理论操作上的有效性，尽管它对于先验现象学来说是必不可少的，并且本身构成发生现象学的理论前提。对此，胡塞尔蛊惑性地问道："是否能够建立一门关于静态联系的系统现象学？是否发生性的东西能够完全被排除？"(XI，344)根据我们前面的论述，答案显然是否定的。因为在静态阶段，我们无法描述单子的普遍关联，它在本质上是一个发生性的统一性，因而只能以发生的方法加以揭示。

最后，就静态现象学与发生现象学的内在关联而言，尽管胡塞尔在两种不同的方法之间做出了区分，但是，单纯命之以两种不同的方法论，对于描述静态与发生之间的结构差异来说是不充分的，因为这种描述仍然是静态的。而就静态的方法和发生性的方法及其问题的系统阐释本身而言，它们恰恰要求系统地阐明静态的方法与发生性的方法之间的关系。也就是说，这本身需要一种发生性的描述。因此，问题是如何编排这种研究。当胡塞尔在与静态的方法及其问题的关联中探讨发生性的方法及其问题时，当他将静态的方法及其问题作为引导性线索时，一种特有的

---

① Claesges, U., Held, K. (Hrsg.)：*Perspektiven Transzendental Phänomenologischer Forschung*，Den Haag，Martinus Nijhoff，1972，S. 24.

重估就形成了。在明确地探讨了发生的问题后，胡塞尔认为，发生的问题不是比静态的问题更复杂，而是比静态的问题更具体和更基本。同样，静态的问题不再只是简单的，而是更抽象的。鉴于这种认识，我们应当反转引导性线索的方向，因为现在正是发生预先规定着静态的构造和结构的研究。这必然导致——胡塞尔本人显然已察觉到这一点（XIV，38）——我们从发生的观点出发重塑以前的静态分析的成果。这种静态分析的成果已经作为发生性分析的引导性线索在起作用了。因此，我们必须根据在发生上被揭示出来的现象探究这些本质关系。只有这样，我们才能既澄清结构——单子个体化的结构——的发生，又澄清这种发生的结构。

## 第四节　发生现象学的问题维度和方法

与静态现象学相比，在起源观念上的深化理解和静态的构造本身的论题化标明了发生现象学的问题维度的特殊性。与这种特殊的问题维度相应，发生性分析的方法也必将采取某种特殊的形式，从而在本质上与静态分析的方法区别开来。

关于发生现象学的问题维度，胡塞尔在 Märgen 手稿和第四《沉思》中做了较为明确的规定，而我们首先可以在《分析》第 48 节胡塞尔从发生性的立场出发对先验意识生活的特征的描述中获得有益的启示。胡塞尔首先确认："先验哲学的重大论题是作为构造成就的一种层级结构的意识一般，在这些构造成就中，常新的客体性、常新类型的客体性在常新的层级或层次上被构造起来，产生各种常新种类的自身给予，附属于它们的是可能的证明——真实存在的可能观念的可能证明——的已预备好的常新种类的途径。"(XI，218)这表明，尽管这些先验的意识层次通过被综合进更高的层次而不断被更新，但是，它们并没有丧失在这些更高的层次中，而是随时可为反思的目光指明。在他看来，这种构造成就的生活的本性在于发生，因为"如果这个意识没有按照本质规则，亦即按照绝对不可取消的规则从其原素性成分的材料中完成相应的意向的发生，那么在一个意识流中，或在其自我中，就没有任何东西能够被意识到。这种意向发生的结果是相应的客体意识，而它的积淀物是相应的滞留系统。这种滞留系统中存在如此形成的意向的客体性的类型之自在的前提及其标准化的前提"(XI，128)。因此，按照这种发生的本性，我们不应把意识看作一个单纯的体验之相继序列，而应将其理解为一个持续的生成："作为在一个持续的层级累

**进**(Progressus)过程中的持续的客体性之构造活动，意识是一个持续的生成。"(XI，128-129)这种"持续的生成"表明，意识是一个永不中断的历史，因为历史的本质在于，"它是一个完全为一个内在目的论所支配的、越来越高层次的意义构成物的构造过程"(XI，129)。

基于这种对先验意识生活的理解，胡塞尔认为，彻底的现象学研究的途径必须遵循构造的这种层级结构，而且必须探究和澄清这种层级结构。首先是关于"现成的意向性"的静态研究，但"这只是一个开端"，因为"普遍的信仰理论进一步为我们指明了道路"(XI，129)。这种普遍的信仰理论是指意识的原样式向诸变式——如否定样式、怀疑样式和可能性样式等——的变异。在他看来，就诸变式中各种客体化的成就而言，它们只有借助意识的自身客体化才能得到澄清，而这显然是最基本和最原始的领域中的发生问题。同样，就自然之构造的成就而言，"自然之可能的一致性的和不一致性的被给予性的这种整体结构，亦即可能的证实和否证的这种整体结构必然嵌合在构造性意识的历史中，而这必须在发生上被理解：这种现成性(Bereitschaftheit)如何在意识中形成，根据何种本质规则形成，而这种本质规则使得这些构造的关联体和标准化能够遵循真理的观念"(XI，220)。这表明，从发生性的立场出发，先验现象学不仅以构造对象的构造性意识的构造系统的构造为论题，而且这种构造系统被看成是"嵌合在构造性意识的历史中"的。按照这种理解，发生现象学不仅探究"现成的意向性"本身的构造或各种统觉类型的构造，而且探究它们与作为一个持续的生成过程的先验意识生活整体的嵌合规则，具体地说，就是探究先验主体性的整个权能性系统的生成规则。按照先验意识生活的意向活动—意向相关项之相关性结构，它也探究各种对象性类型的生成和世界的生成。

关于先验主体性的自身构造及其与各种对象类型的构造之间的关系，《巴黎讲座》给出了较为明确的表达："自我的本质特性在于持续地形成意向性的诸系统并拥有业已形成的诸系统"，而自我的"存在以及所有附属于它的特殊存在者都在它之中被构造起来，并且继续为它被构造起来"。显然，自我不仅为其自身存在，而且是一种持续的发生："自我的这种为其自身的存在是在其持续的自身构造中的存在。"(I，25)据此，胡塞尔明确指出："自我的这种持续的自身构造是一切所谓的超越之物的构造，亦即世间对象性之构造的基础。"(I，25)

关于个别构造系统在先验意识生活中的嵌合问题，胡塞尔在《沉思》第22节中写道："先验主体性不是各意向体验的一团混沌，但它也不是各构造类型的一团混沌，每一种构造类型都通过与某个种类或形式的意向对象的关系而建立自身。换言之，所有可为我——先验地说，为先验自我——想到的对象和对象类型都不是混沌，相应地，所有与这种对象类型相应的无限多样性的类型也不是混沌，它们依其可能的综合在意向活动和意向相关项方面总是属于同一整体的。"(I，90)这表明，先验意识生活中存在一种普遍的构造综合。在这种普遍的构造综合中，所有个别的构造综合都以某种有序的方式共同起作用，也就是说，所有现实的和可能的对象性。与之相关，所有现实的和可能的意识方式都以某种有序的方式被编排在这种普遍的构造综合之中。胡塞尔认为，整个静态的构造现象学的任务就在于揭示这种普遍的构造综合的先天："在一个系统的和无所不包的秩序的统一性中，按照动态的引导线索，亦即逐层被揭示出来的、所有可能的意识对象的系统——包括它们的形式的范畴系统和质料的范畴系统——**将所有的现象学研究作为相应的构造性研究来进行。因此，这些系统是以严格系统的方式一个建立在另一个之上的，并且以严格系统的方式相互联结。**"(I，90)

但是，随后的分析表明，这种普遍的构造综合本身受一种先验的发生的规则性的支配。个别的构造系统之所以能够与其他构造系统相嵌合并共同构成先验意识生活的整体，相应地，个别的对象类型之所以与其他对象类型相关联并共同构成作为先验意识生活之相关项的世界，是由于在先验意识生活中存在一种发生的规则性。正是这种先验发生的规则性决定着每一个个别的构造类型及其相关的对象类型的构造，决定着整个先验意识生活之普遍的构造性的先天及其相关的世界统一性的构造。对此，胡塞尔明确指出，尽管作为一种本质形式，先验自我的普遍的先天包含无限的形式，包含意识生活之可能的现时性和潜能性的无限的先天类型，但是，"对于一个统一的、可能的自我来说，并非所有个别可能的类型都是共存的，并非是以任意的秩序、在其本己的时间性之任意的位置上可共存的"(I，108)。例如，科学理论化的类型就不可能出现在儿童意识生活类型的本质关联中，它只有通过这种意识生活类型的进一步发展才能出现。而这种发展遵循一种先验发生的规则："这种制约性在一种先天的普遍结构中有其根据，在本我论的—时间性的共存和相继之普遍的本质规则性中有其根据……在我的自我中，从本质观点看，在一个自我一般中，无论出现什么东西——一个意向体验，一个被构造起来的统一性或一个自我性的习性，它都具有其时间性，而且在这方面有普遍时间性的形式系统，每一个可想象的自我都通过这种形式系统自为地构造起自身。"(I, 108)关于这种普遍的时间性的形式系统，胡塞尔又称之为"普遍的发生的形式的规则性"，它本质上是一种动机引发的形式系统。在这种最普遍的形式系统内，作为一个被动机引发起来的特定的构造成就的进程，意识生活具有各种各样特殊的动机引发和动机引发系统，它们"根据发生之普遍的规则性产生一个自我的普遍的发生性的统一性"(I, 109)。

通过上述分析，我们可以清晰地分辨出发生现象学的问题性的展开方向。首先，发生性的探究不再致力于"现成的对象性类型"在"现成的构造系统"中的构造，而是探究这种"现成的构造系统"的生成或发生规则。其次，这种"现成的构造系统"的发生还进一步服从于具体的先验自我或单子在发生上的自身构造的规则。因此，就某个类型的构造系统的发生来说，它同时受两种类型的发生规则的支配。正是在这个意义上，胡塞尔才会在 Märgen 手稿中特别强调说，发生是作为某个单子中的发生而进行的。对此，《沉思》第 37 节做了更为明确的表述："如果我们曾说，在自我的构造中包含所有为自我存在着的对象性——无论是内在的还是超越的，观念的还是实在的——的一切构造，那么现在必须补充说，这些构造系统——这个及那个对象和对象范畴借此存在——本身只有在一个规则性发生的结构内才是可能的。在那里，它同时还受普遍的发生形式的制约。这种普遍的发生形式使具体自我（单子）能够作为统一性、作为具有其可共存的特殊的存在内涵的东西而存在。"(I, 109)

在 Märgen 手稿中，这两种类型的发生规则分别被称为"在指明体验流中个别事件彼此接续的规则意义上的发生规则"和"支配着统觉的形成的合规则性"。关于第一类规则，胡塞尔重又把它区分为两种具体的类型。类型一是指直接的、必然的接续规则，它可以进一步被划分成"具体事件之直接的、必然的接续的规则"和"这些事件的抽象相位或要素之直接的、必然的接续的规则"。例如，滞留与已消逝的体验的必然衔接，滞留的相位与各个印象的相位的必然衔接，等等。类型二是指间接的彼此接续的规则。例如，联想规则，再造在当下体验中产生的规则，期待意向在当下体验中产生的规则，等等(XI, 336)。关于第二类规则，胡塞尔将其区分为原统觉的发生规则和复杂的统觉类型的发生规则。原统觉的发生规则又可以具体划分成"原本的统觉"的发生规则和由"原本的统觉"的效应所形成的相似性统觉的发生规则。复杂的统觉类型则在自身中具有一个历史，一个根据原规则（Urgesetzen）而进行的发生。在胡塞尔看来，这种统觉的历史，亦即意识的历史，并不涉及事实性统觉或统觉类型的事实性发生；相反，每种统觉形态都是一种本质形态，并且具有其根据本质规则进行的发生。事实上，每个个别统觉的必然生成并没有被给予，与本质发生一同被给予的只是发生的样式。而在某种统觉类型按照这种发生的样式产生出来后，统一类型的个别统觉便可以以完全不同的方式产生，亦即作为业已形成的统觉之发生性的效应而产生。这意味着，它可以受到一种发生性的分析，而这种发生性分析的目的在于"确立从原统觉中形成统觉所遵从的那些普遍的和原始的规则，并且系统地推导出那些可能的形成，亦即根据其起源说明每一个被给予的构成物"（XI，339）。

胡塞尔认为，通过这种发生性的分析，我们可以获得静态分析所无法获得的认识，亦即"一个在其完整性中的单子可以说看起来怎样，以及这个完整的单子个体性的哪些可能性被预先显示出来，并且是通过哪种个体化的合规则性而被预先显示出来的"（XI，341）。借助于这种问题维度的澄清，胡塞尔进而勾勒出发生问题性的具体层次。首先，是关于具体的统觉类型的发生。他指出："每一个活动都是被动机引发起来的，而我们在行为领域中具有纯粹的发生，它是这样一种形式的行为发生，即我这个实行行为的人受这样一种状况的规定：我已经实行过其他行为。其次，我们具有这样的行为，它们是通过触发并且与非行为领域处于发生性的关系中被动机引发的。最后，我们具有纯粹的被动性领域中的发生。即使在这里，那些源于以前主动性的构成物也可能起作用，但它们本身现在只是被动地出现的。"（XI，342）这样，胡塞尔就在统觉这一问题维度中划分出三个具体的层次：（1）主动发生；（2）主动性与被动性之间域的发生；（3）被动发生。与之对应的发生规则是：（1）主动的动机引发的规则；（2）联想的规则，联想的期待的规则；（3）原初的时间意识的规则，再造的规则。而关于单子的发生这一问题维度，这里可区分为：（1）个体单子的发生；（2）交互单子的发生。

就个体单子的发生而言，问题涉及"在何种程度上能够对一个单子的个体性，对它的'发展'的统一性，对那个赋予所有个别发生以本质的、单子的统一性的合规则性做出陈述，哪种类型的个体单子是**先天**可能的和可设想的？"（XI，342）这里的问题按层次又可以具体地表达为：（1）"内在地被构造起来的单子的个体化"问题；（2）"原构造性的流动之合规则性"问题，亦即"绝对的单子的个体化"问题（XIV，35）。就交互单子的发生而言，问题涉及"一个单子的发生在什么意义上延伸进另一个单子的发生中，并且在什么意义上一个发生性的统一能够有规则地联结起多个单子?"(XI，342-343)这在本质上是指共存的，而且在发生上相互联结的单子复多的个体性问题。这种交互单子的发生又可以被划分为被动的交互单子的发生和主动的交互单子的发生。

与发生现象学这种特殊的问题维度及其相应的问题性层次划分相关，鉴于单子的发生本性，亦即作为具体的、历史的、活的、生成的统一性，发生的问题性又可以在两个方向上展开。关于单子的生成统一性，胡塞尔在作为《论主体间性的现象学》第二卷附件 II 的 Märgen 手稿片断中指出："在单子的标题下，我们已经认识到它的生成的统一性，它的历史的统一性。但它也具有它的活的当下，它在这个当下中被生成并随即继续生成着。"(XIV，36)因此，一方面，我们可以就"一个作为鲜活地涌流着的、'印象'形态的、现实的生活瞬间(lebensmoment)的当下"(XIV，36)探究其中原本的被给予性的发生；另一方面，我们可以就这个活的当下之历史的视域来探究其中所蕴含的历史性要素或习性之物。正是在这个意义上，芬克曾经明确提出应当区分两种类型的发生性分析。一种是对原本被给予性(Originärgegebenheit)领域内的原创立经验的统觉所实行的发生性分析。在此情况下，我们可以直观地探究这个过程。另一种则是对"现成的"统觉类型——"当世界被构造起来而自我作为人被构造起来时我们所拥有的统觉"——所实行的发生性分析。在此情况下，统觉的历史并不是原本地可通达的，而必然是一种建构物，但却不是任意的建构物。[1] 显然，这两种发生性的分析探讨的都是统觉在时间性中的发生。前一种是从原本的被给予性出发，回溯到先于所有客体化的被动性原素。这种被动性原素与动感和本能相关联。后一种则是从"现成的"世界和"成熟的"自我出发，回溯到各个阶段之自我—非自我的相关性的原创立。此外，由于这种探究方向是在意向性之历史的维度中延伸的，因此，它必然进一步导致原创立和自我发生性的开端问题。关于这种发生性的开端，胡塞尔在一份手稿中谈到："在发生性的回问中，我们把那种尚无世界的前领域和前自我建构为开端。"[2]在这个方向上，胡塞尔在非自我侧常常谈论"最初的原素""未分化分原素""未分化的总体性"等问题，而在自我侧谈论"纯粹的动感"。与前一种发生性分析相一致，整个问题最终回溯到"本能的生活和本能的意向性"。

---

[1]　参见 Cairns, D. : *Conversations with Husserl and Fink*, The Hague, Martinus Nijhoff Publishers, 1975, pp. 24-25。

[2]　Husserl, Ms. C 16 V，转引自 Rabanaque, L. R. : "Hyle, Genesis and Noema", *Husserl Studies* 19(2003), pp. 205-215。

　　与发生现象学特殊的问题维度、问题层次以及问题的展开方向相关，发生性的分析方法也必然呈现出某种不同于静态分析的特征。为了明确地将二者区分开来，胡塞尔把静态的方法称为"描述性的"方法，而把发生的方法称为"说明性的"方法。对此，他解释说："'说明性的'现象学是关于合规则的发生的现象学，而'描述性的'现象学是关于可能的、无论以何种方式都能在纯粹意识中生成的本质形态的现象学，和关于这些本质形态在'对象'和'意义'的标题下于可能的理性之领域中的目的论秩序的现象学。"(XI，340)从胡塞尔这种简略的解释中，我们只能获得一般性的认识。首先，与"描述性的"静态方法不同，发生性的分析方法采用"说明性的"方式。其次，与"描述性的"方法相同，发生性的分析方法也是一种本质探究的方法，因为它所给予说明的是发生的合规则性。关于第二点，我们可以在胡塞尔关于现象学的统觉概念的论述中得到确证："统觉的每个形态都是一个本质形态，并且具有其按本质规则进行的发生。"(XI，339)这不仅表明这种"历史"是本质形态的"历史"，而且表明发生的样式只是随着本质发生被给予的。因此，这种"说明性的"方法无疑是一种本质探究的方法，这从本质上与那种事实性说明的方法或心理学说明的方法区别开来。但是，问题在于，我们如何确定发生性分析的这种"说明性的"特征呢？根据上述关于发生问题性的论述，我们可以从三个方面予以简略的勾勒，具体的方法论探讨则会在第三部分结合被动发生的问题性展开。

　　首先，就发生的问题维度的展开方向而言，它探究的是先验意识生活的历史性维度，因而必然采取我们在前面一再提及的"回问"的方法。

　　其次，发生性的分析的对象的隐蔽性和匿名性决定了这种方法的建构特征，亦即"现象学假设的建构"。对此，胡塞尔指出："在研究对象无法达到自身被给予性的地方，现象学的建构是必须的，如关于儿童心灵的研究，或者关于死亡的研究。"①

　　最后，鉴于发生性的分析以静态的构造为引导线索，从"现成的"的对象类型或统觉类型出发回问其构造性的历史要素，因而它必然采取一种拆解的方法。胡塞尔曾以弹钢琴为例做了直观的说明。在他看来，弹钢琴不是一个单纯的神经—习惯问题，而是一个有关被积淀起来的子行为的问题，所有这些积淀性的子行为都被统一在一个复杂的结构中。当

---

① Cairns, D.: *Conversations with Husserl and Fink*, The Hague, Martinus Nijhoff Publishers, 1975, p. 52.

弹奏者向自己发出弹奏的指令时，无须直接将指令颁布给每一个子行为，而是通过这个复杂的结构自发地作用于每一个子行为，从而产生和谐的弹奏行为。胡塞尔认为，为了从发生上揭示这种统一的弹奏行为的生成，我们必须采取拆解的方法："这种拆解的方法不仅能使我们区分诸结构层次，而且能使我们'重构'一个现实的时间性过程。在这个时间性过程中，低层次先于高层次。"[1]显然，这在本质上是指重构意识生活的这样一个阶段，其中尚未产生原创立的行为，而只有一种客观的原素流和一种主观的动感追求。

这种"拆解"和"重构"方法的特征表明，发生性的分析这三方面的特征是一个相互关联的统一性。"回问"规定了"拆解"和"重构"的方向，而"建构"和"假设"既构成了"拆解"和"重构"的目标，同时也是"拆解"和"重构"的结果。

---

[1]　Cairns，D.：*Conversations with Husserl and Fink*，The Hague，Martinus Nijhoff Publishers，1975，p. 65.

# 第三部分

# "被动发生"问题与现象学的单子论

# 引　言

　　与静态的构造的问题性相比，发生性的构造的问题性意味着研究领域的拓展和视角的转换。发生性的探究不仅凸显出先验现象学自身思义的特征，而且标明了一种系统的哲学建构的努力。作为系统的哲学建构的努力，发生性的分析试图系统揭示静态的构造系统所蕴含的目的论因素，以至于胡塞尔在静态描述立场上所明确反对的形而上学观念重新以先验目的论的形式进入现象学的视野。

　　前述业已表明，通过先验还原，现象学获得了"世界与世界的主观的被给予方式之间的普遍的相关性先天"这个唯一论题，它本质上是"一个先验意识之动机引发的联结体"。如果说静态现象学旨在对先验意识的动机引发的联结体进行本质的描述分析，那么发生性的分析则力图从先验意识生活之整体的发生——在最初的层次上是个体单子的发生——的角度对这种动机引发关联进行一种先验的本质说明。因此，从静态分析向发生性分析推进的直接后果是现象学在方法论上的自身冲突。如果说在静态分析的立场上，现象学坚持在直观明见性领域描述现象学直观所能"看到"的东西，那么在发生性分析的领域中，这种直观的描述将不再有效，因为先验意识生活的那些隐蔽的动机引发关联无法为现象学直观所通达，发生性的分析旨在为意识体验之间的决定与被决定的关系提供一种"因为—所以"或"如果—那么"的说明。这意味着现象学在这里首先应致力于一种历史的重构，以便从起源上系统展示这种动机引发关联的发生层次。

　　但问题是，发生性的说明与静态的描述应如何协调。

　　诚然，发生现象学试图借助重构以超出直观明见性领域而成为一门完全的哲学①，但是，作为一种现象学形态的操作程序，胡塞尔必须为重构提供一种充分的方法论基础。在这方面，诚如耿宁所言，我们在胡塞尔那里既未看到一种系统的方法论布局，也看不到一种明确的发生的方法论观念，尽管他为此倾注了极大理论热情和心血。因此，我们的工

---

① 参见 Hart, J. G.: "Genesis, Instinct, and Reconstruction: Nam-In Lee's *Edmund Husserl's Phänomenologie der Instincte*", *Husserl Studies* 15(1998), S. 101-123。

作只是试图就胡塞尔具体的发生性分析追踪其方法论的思想轨迹，以便在这种发生性的—说明性的方法与先验现象学观念的内在关联中探究其本质特征和理论上的合法性根据。

　　作为先验现象学系统建构的努力，发生的问题性事实上只是一个方法论的标题。也就是说，一切以发生性的—说明性的方法实行的先验现象学探究都归属于发生的问题性，如自我意识、本质直观、判断、感知、原素、联想、本欲（Trieb）、主体性和历史，等等。关于这些问题的探讨最终将导向各种层次和形态的发生现象学。因此，我们很难将所有这些问题统一在同一个问题的标签下。事实上，我们在前面对于发生现象学的问题维度的粗略勾勒已经表明了这一点。在那里，我们不仅有个别的统觉类型和相应的对象类型的发生，而且有单子和相应的世界的发生。在此基础上，还有一门关于交互单子的发生的现象学。就具体的问题层次来说，我们不仅有主动的发生、主动性与被动性之间域的发生，而且有被动的发生。就发生问题的探讨方向而言，我们不仅可以致力于现时的"活的当下"领域的发生，而且可以探究"活的当下"之历史性视域的发生。因此，除了充分的方法论思考外，选择一条适当的切入发生的问题性的途径对于我们系统把握发生现象学的展开方向和澄清发生问题性的本质特征也至关重要。

　　就发生性的探究所采取的"回问"的方法及其在方法论上的"重构"的特征而言，作为一切发生之基础层次的被动发生问题处于整个发生问题性的核心。这不仅是因为被动发生问题相对于主动发生问题的基础地位，而且由于被动发生问题具体的展开方向和展开的可能性规定着整个发生问题性的展开方向和展开的可能性。因此，被动发生问题构成发生现象学的试金石。就先验现象学的系统建构而言，它也相应地构成先验现象学观念论的试金石。在这个层次上，先验构造概念的本质得以最终澄清。正是在这个意义上，兰德格雷贝正确指出："探讨被动构造和被动综合问题对于正确理解作为一门先验哲学的胡塞尔的现象学具有决定性意义。"①

　　但是，就被动发生问题本身而言，它只是一个先验意识生活之被动领域的问题标签。在这个领域内，我们可以探究各种层次和形态的被动发生问题。例如，在《经验与判断》中，胡塞尔将被动性划分为两个层次。

---

① Landgrebe, L.: *Faktizität und Individuation. Studien zu den Grundfragen der Phänomenologie*, Hamburg, Meiner, 1982, S. 21.

一个是"先于主动性的被动性"层次，即"原初地构造着的但只是前构造着的(vorkonstituierende)时间流(Zeitflusses)"；另一个是"主动性中的被动性"层次，即"真正进行着对象化"的被动性(EU，119)。对于这两层被动性，胡塞尔又称之为"第一性的被动性"(或"原被动性")和"第二性的被动性"。相应地，我们可以探究原感性(Ursinnlichkeit)领域的发生和第二性的感性(sekundäre Sinnlichkeit)领域的发生。而就不同的问题形态而言，我们有内时间意识现象学领域的被动发生问题、联想现象学领域的被动发生问题等。最终，"我们有单子的个体性的现象学，其中包含单子的统一性得以产生的关联性的发生的现象学"(XIV，38)。

我们在第二部分关于"发生性观念的形成与发生现象学的问题性"的具体论述中已经探讨了习性自我的概念，展显了先验自我自身的构造及其历史性的维度。具体地说，我们从发生现象学的角度揭示了胡塞尔的自我概念的发展，即由纯粹自我向具体自我的发展。与作为自我极的纯粹自我相对，具体自我具有其在行为和触发中的自我生活。从发生性的起源看，自我产生于"原被动的时间流"(XV，585)，具有其在原被动的时间流中生成的同一性和统一性。自我的这种自身构造过程同时也是自我的世界的构造过程，而正是这种相关性的构造构成具体自我的习性和全部的动机引发关联。根据胡塞尔的观点，作为具体自我，自我与其具体的经验生活的统一性是一种绝对的统一性。为了凸显自我的规定性内涵及其绝对的统一性，胡塞尔借用莱布尼茨的术语，将具体自我标识为单子。与莱布尼茨静态的单子论不同，在胡塞尔那里，单子不仅是"一个活的统一性……一个由醒觉的生活和隐藏的生活构成的统一性，一个权能的统一性"(XIV，34)；而且从发生上说，单子是"一个在内时间中的发生的统一性"(XIV，35)。因此，对于单子的发生性考察不仅涉及其内时间的关联和体验关联，而且应当探究这整个关联本身在"原被动的时间流"中的构造。

我们的研究遵循"回问"的发生性方法论路径，直至"原被动的时间流"这一"原事实"，亦即"绝对的无差异的开端"；然后基于习性化的考察"重构"单子的个体化，即单子的个体性生成。一方面，发生性的"回问"能够展显被动发生的各个层级及其内在关联；另一方面，个体化的"重构"则可以揭示出被动发生的各个层级之间发生性的奠基关系和单子生成的历史性。

我们的论述将首先勾勒被动性领域的结构和被动发生问题的方法论困境，在此基础上，我们将围绕"发生性的回问与绝对的原事实的展显""习性化与单子的个体化生成"这两个主导问题系统探讨被动发生的问题域。

# 第五章  被动发生的问题性

被动发生问题在整个发生性探究中的位置不仅由发生性起源的观念和发生性分析方法的"重构"特征所标明，而且为被动发生与主动发生之间的内在关联所规定。被动发生的观念不仅是发生现象学的诞生地[①]，而且其中蕴含着整个先验构造的问题性的秘密，因而在本质上规定着先验现象学观念论的可能性及其本质形态。[②] 在这里，我们不仅可以看到感性与知性的传统对立在现象学中所呈现的特殊的问题形态，而且可以看到古老的时间问题与联想概念的奇特关联。遵循被动发生问题的展开路径，先验意识生活的本性和先验主体性的存在方式以及对象的超越性将得到最终的确定。被动发生的问题性是涉及一切层次和形态的被动性现象的总标题，我们的任务并不在于对被动发生的问题性做概观式把握，而是试图就被动发生的本质、规则、问题关联和方法等分别予以适当的澄清。

## 第一节  主动发生与被动发生

被动发生无疑是先验现象学最令人困惑的概念之一。事实上，在胡塞尔那里，它也是最缺乏规定的概念之一。诚然，我们现在可以在"被动综合"的标题下获得关于它的整卷的讨论，但是，诚如霍伦斯坦所言，《分析》中关于被动发生的讨论与其说是一种系统的论述，倒不如说是一种例示性说明。[③] 尽管如此，这也并不妨碍我们在胡塞尔所给出的一系

---

① 正是在这个意义上，霍伦斯坦不仅强调联想、发生和被动性概念在胡塞尔那里出现的同时性(1917/18)，而且强调它们是"三个相互关联的问题标题"。参见 Holenstein，E.：*Phänomenologie der Assoziation：Zur Struktur und Funktion eines Grundprinzips der Passiven Genesis bei E. Husserl*，The Hague，Martinus Nijhoff，1972，S. 26。

② 库恩指出，只要现象学试图从其具体的—先验的起源出发来澄清显现，那么被动性就是整个现象学哲学的试金石。因为被动性不仅比所有的意识现时性(Bewußtseinsaktualität)更全面，而且指明了所有意向还原的限度。参见 Kuhn，R.：*Husserls Begriff der Passivität：Zur Kritik der Passiven Synthesis in der Genetischen Phänomenologie*，Freiburg/München，1998，S. 3。

③ 参见 Holenstein，E.：*Phänomenologie der Assoziation：Zur Struktur und Funktion eines Grundprinzips der Passiven Genesis bei E. Husserl*，The Hague，Martinus Nijhoff，1972，S. 192。

列概念对照中单纯就其概念内涵做出确切的规定。例如，自发性与被动性、意识的现时性与非现时性的对照（IV，11-13），原感性与智性权能（intellectus agens）的对照（IV，275-280，332-336），主动性与被动性的对照（XXXI，3-4）①，以及主动发生与被动发生的对照（I，111-113），等等。

　　但是，对于规定被动发生概念具有首要意义的是将现象学的被动性概念与传统的接受性概念区分开来。这涉及对接受性概念的不同理解。传统哲学通常把被动性看成感性的接受性同义语，亦即感官接受外界材料刺激的状态。在这个意义上，它与知性的自发性相对。例如，康德就认为："就表象而言，我的心灵要么是行动着的，因而显示出权能（facultas），要么是经受着的，处于接受性（receptivitas）之中……就心灵处于经受状态而言，使主体受到触发——可以是主体自己触发自己，也可以是被一个对象触发——的那些表象属于感性的认识权能；而那些包含一个单纯的活动（思维）的表象则属于智性的认识权能。前者也被称为低级的认识权能，而后者被称为高级的认识权能。前者具有诸感觉之感受力的被动性特征，后者具有统觉的自发性特征，亦即构成思维的行为的纯粹意识的自发性特征。"②显然，这种建立在感性与知性传统对立之上的被动性概念有这样两个特征：其一，存在一个单纯刺激性的材料，它触发感官产生感性表象；其二，它是感性的一种被触发状态，意识在此阶段业已采取某种主动的姿态，尽管尚未达到知性的自发性层次。与此相对，胡塞尔明确将被动性与接受性区分开来。接受性被规定为一种最原始的自我性的活动，亦即自我注意地朝向触发者的活动。被动性则是一种无自我参与的综合活动："就处于被动性层次的精神生活而言，它们在任何地方都是人格性（Personalität）的前提。单纯的接受性，亦即每一个重又从自我中心发出的'我注意，我把握，我观察'业已以此为前提：这个被把握者以前已经以未被把握的方式存在于把握性自我的意识领域中，并且对这个自我实行一个触发，一个刺激，使自我注意地朝向它。因此，就

---

（接上页注③）

　　霍伦斯坦列举了胡塞尔论述被动性或被动发生概念的文本：《现象学心理学》第21节，《形式逻辑与先验逻辑》第4节和附件II，《沉思》第38、第39、第51节，《危机》附件III（"关于几何学的起源"），《经验与判断》第23a节。我们认为还应包括：《观念II》第5、第54、第61节和附件XII，《主动综合分析》第1节。当然，受条件所限，我们尚无法顾及霍伦斯坦所提及的极其重要的A VII 13手稿和标题为"意识结构的研究"的手稿。

①　参见《经验与判断》第23a节。

②　〔德〕康德：《实用人类学》，邓晓芒译，上海，上海人民出版社，2002，第20～21页。按：译文依照德文原著有所调整。

像我们看到的那样，在这个注意性的经验之先业已存在一个非注意性的
经验，这个非注意性的经验带有先于任何自我参与的、一致性的也可能
是不一致性的综合。"（IX，131）

在传统哲学的立场看，综合是知性之自发性的成就，与感性的接受
性具有本质的区别。谈论"无自我参与的综合活动"或"被动综合"，无疑
是说存在一种被动的主动性活动，因而是一种悖论性的说法。胡塞尔本
人显然已经意识到它这种表述上的悖谬性："就其并不涉及自我和自我行
为而言……这种描述存在着危险……由于缺乏可用的语词，我们在这里
诉诸被动的、被动的意向。"（XI，76）但是，这种表述上的疑难恰恰表明
胡塞尔试图超出传统哲学在综合概念上的狭隘理解。问题是，胡塞尔必
须对这种"被动综合"的性质做出明确的规定：既然它是一种先于任何自
我参与的综合，那么这种综合的主体是谁？这种综合的主体与作为行为
发射中心的自我及其行为处于一种怎样的关系中？这里显示出胡塞尔与
康德哲学的奇特关联。尽管他不同意康德对被动性概念的理解，但是，
其关于被动综合的思考却试图在康德"生产性想象力的综合"的学说中寻
求思想的支援："在此，历史的兴趣使我们想到康德的天才洞见，亦即在
其深邃但却不明晰的、关于生产性想象力的综合的学说中——特别是在
其《纯粹理性批判》第一版的先验演绎中——所表达的洞见。当康德在其
伟大的著作中谈论分析的综合时，他指的是那种在明确的概念和判断的
形式中发展的认识。在他看来，这种认识回溯到一种生产性综合。而按
照我们的观点，这种生产性综合恰恰是我们称之为被动构造的东西，恰
恰是可为我们的现象学方法所揭示的、被动意识的那种持续向高级发展
的意向性的协作。"（XI，276）

显然，胡塞尔诉诸康德的想象力概念旨在克服感性与知性的传统对
立，以便为"综合""构造"概念的扩展开辟道路。在《纯粹理性批判》中，
康德对想象力与知性之间关系的规定存在第一版与第二版的区别。在第
一版中，想象力似乎是一种与知性相对的独立的权能；而在第二版中，
想象力被看作知性的一种功能。① 与这种区别相对应，胡塞尔似乎在第
一版和第二版中分别看到了不同的东西。在《分析》中，他显然倾向于第

---

① 参见〔德〕康德：《纯粹理性批判》，邓晓芒译，北京，人民出版社，2004。在第一版中，我
们可以读到："我们有一种作为人类心灵基本能力的纯粹想象力，这种能力为一切先天知识
奠定了基础。借助于这种纯粹想象力，我们把一方面即直观杂多和另一方面即纯粹统觉的
必然统一性条件联结了起来。这两个极端，即感性和知性，必须借助于想象力这一先验机
能而必然地发生关联。"（同上书，第130页）在第二版中，康德说："想象力的先验综合是在

一版。前引业已表明，他所强调的是想象力的生产性综合对于知性综合的基础地位。在《危机》中，他则突出了第二版中关于想象力作为知性的功能的洞见，并誉之为康德的伟大发现："知性的双重功能的本性，一种是以明确的自身思义的方式展示在规范性的规则中的知性，另一种是隐蔽地起作用的知性，亦即作为构造已固定生成的和继续流动地生成的'直观的周围世界'这种意义形态而起作用的知性。"（VI，106）换句话说，前一种知性功能是指统觉之自发性的综合；后一种则是指想象力之生产性的综合，它"不断地将感性素材合理化，总以这种合理化的方式拥有感性素材"（VI，97）。但是，胡塞尔对《纯粹理性批判》第一版和第二版的不同的强调本质上不同于康德在想象力与知性关系规定方面的不确定性。与他对被动性与主动性的区分相关，胡塞尔援引康德想象力概念的动机有二。其一是确立两种不同的意识综合形态或意向性形态，亦即主动综合与被动综合或主动的意向性与被动的意向性；其二是试图借助想象力概念在康德哲学中的特殊地位，亦即在感性与知性之间的联结作用，使他关于被动性与主动性区分的学说克服感性与知性的传统对立。因此，尽管胡塞尔在其关于被动综合的思考中历史性地回溯到康德，但是，二者的理论出发点，亦即关于感性与知性之间关系的理解却迥异其趣。① 诉诸康德想象力概念仅仅表明了胡塞尔思义被动综合问题的方向。

鉴于接受性概念所负载的传统认识论问题性，胡塞尔通过与接受性概念的区分而对被动性概念所做的超出感性与知性之传统的对立的理解必然面临新的现象学问题。首先，对作为接受性的被动性概念的消解迫

---

（接上页注①）

　　行使自发性，是进行规定的而不像感官那样只是可规定的，因而是能够依照统觉的统一而根据感官的形式来规定感官的，就此而言，想象力是一种先天地规定感性的能力……这是知性对感性的一种作用，知性在我们所可能有的直观的对象上的最初的应用（同时也是其他一切应用的基础）。"（同上书，第101页）

① 按照耿宁的考察，胡塞尔曾多次批评康德在感性与知性之间所做的截然对立的区分，因为在他看来，感性与知性之间不存在严格的分界，而是彼此交织。它们并不涉及两个完全不同的领域，而是一个深刻的统一性的两个方面。在胡塞尔那里，除了《逻辑研究》时期所持有的感性与知性对立的观点外，大约自1909年起，胡塞尔就开始把"知性"或"理性"的术语用于素朴的事物经验，开始谈论一种"经验的理性"的观点。胡塞尔用这种宽泛意义上的"知性"和"理性"指涉主动性，但这种主动性并不仅仅意味着逻辑的或范畴的自发性，而是指宽泛意义上的判断。这种宽泛意义上的判断并不局限于谓词判断，而且包括感知的设定。据此，感性与知性的传统对立（包括康德在内）在胡塞尔那里就在被动性与主动性的相对性关系中达到了和解。参见 Kern, I.: *Husserl und Kant: eine Untersuchung über Husserls Verhältnis zu Kant und zum Neukantianisum*, Den Haag, Martinus Nijhoff, 1964, S. 62-63。

使胡塞尔必须站在发生性的立场上重新接过传统哲学的那个接受性材料
或绝对的刺激性内容的问题。在《形式逻辑与先验逻辑》中，胡塞尔试图
以能否实行一种意义给予功能为标准为最普遍的思维领域划界。他似乎
认为，并非所有的意识体验都具有这种意义给予的功能："原初的被动性
的体验——功能性的联想，原初的时间意识，亦即内在的时间性的构造
在其中得以进行的意识体验等——不能实行意义给予。"（XVII, 29）只有
设定行为类型的意识体验及其变式——第二性的被动性，如作为灵感而
被动地浮现的判断——才具有这样的功能。如果情况果真如此，那么现
象学不仅重又折回到那种作为接受性的被动性的立场上，以至于无法突
破感性与知性的传统对立，而且也难以厘定发生性的构造与静态的构造
之间的分界。事实上，胡塞尔在那里并未表明自己的立场，而是通过三
点质疑对问题进行了悬置。在《分析》中，胡塞尔明确地将这种意义给予
的功能赋予了原初的被动性。对此，他说道："在被动性领域——它为一
切主动性确立了奠基性的基础，我们已经具有明见性及其相关项的前层
次……在被动的意识中，它被动地进行着极其多样的、内在和超越的意
义给予，并且组织成为广泛的意义形态和存在形态，如体验流的内在统
一性，而就超越而言，则如具有其普遍形式的世界统一性。"（XI, 275-
276）①这表明，被动综合的构造物并不是一种单纯的感觉质性——它作
为被动的接受性材料，只有通过某个立义行为才能获得意义——而是从
一开始就富含意义的。

其次，胡塞尔必须对被动综合的主体做出明确的规定。前述业已表
明，被动综合本质上是指一种"无自我参与"的意识过程。这意味着，在
这种意识过程中，自我不在场，或者作为旁观者并未参与其中。但是，
任何综合活动都诉诸某个实行者，既然被动综合的实行者不是自我及其
行为，则必须另行给出某种综合的主体。胡塞尔对此问题的解决与其人
格自我或具体自我的观念相应。在《观念 II》中，胡塞尔从人格自我发展

---

① 由于胡塞尔文本形成的复杂性，我们在这里已无从考证这里所涉及的《形式逻辑与先验逻
辑》文本和《分析》文本孰先孰后的问题，因而无法确定胡塞尔在此问题上的不一致究竟是属
于后者对前者的校正，还是属于前者自身的疏忽。霍伦斯坦对此给出了另一种解释，他不
认为这两种说法之间存在不一致，而是认为《逻辑》中的"意义"概念比精神的或范畴的"含
义"或"意义给予"概念狭隘，只应按照《观念 I》中由内容—立义构造图式所规定的统觉概念
来理解。在他看来，"意义给予"概念在两个文本中内涵上的差异消解了这两种说法之间的
表面冲突。参见 Holenstein, E.: *Phänomenologie der Assoziation: Zur Struktur und Funk-
tion eines Grundprinzips der Passiven Genesis bei E. Husserl*, The Hague, Martinus Nijhoff,
1972, S. 217。

的角度将其区分为高低两个层次，亦即"双重的主体性"。其中他称处于上层的主体性为"特定精神性的主体性""智性主体的层次"，包括所有真正的理性行为，称处于底层的主体性为"感性""隐蔽的理性层次"。在这个层次上，胡塞尔又进一步区分出"原感性"和"第二性的感性"。"原感性"即所谓的"精神的自然方面""体验的基础"，亦被称为"无精神的感性"，包括"低级的感受生活(Gefühlsleben)，本欲生活，也许还包括注意力的功能"。这些自然因素不仅是"通向特定的自我存在(Ichsein)和自我生活(Ichleben)的桥梁"，而且是"显现的世界或显现客体之构造……一切单纯的现存性(Vorfindlichkeiten)之构造的场所"(IV，279)。"第二性的感性"则是指以前主动性在被动性中的变体，即主体所获得的习性，亦被称为"智性的或精神的感性"。显然，这种"双重的主体性"的区分与主动综合与被动综合之间的区分相应。一方面是作为主动综合之主体的"特定精神性的主体性"，另一方面则是作为被动综合之主体的"原感性"或"第二性的感性"。

最后，诚如胡塞尔本人所言，"智性主体"与"感性"之间的区分似乎重新回到了感性与知性之间的传统对立上。因此，为了在现象学上获得这种区分的合法性，他必须就"感性"与"智性主体"之间的关系做出本质的澄清。事实上，胡塞尔对此观点明确。其一，就"第二性的感性"而言，它本身是智性主体的成就的积淀，是其在被动性中的变式。因此，这里存在的只是知性或理性之现时性与非现时性之间的区别，而没有感性与知性的本质差异。其二，就"原感性"而言，尽管"它与注意性的自我、把握性的自我和执态性的自我本身无关"(IV，280)，但是，胡塞尔并未从感性与知性之间的传统对立的立场出发将其看成一种单纯接受刺激的感受性，而是强调它与执态主体的统一性："这个心灵是'我的'，它'属于'我的自我主体，并且与自我主体不可分割地统一在一起……这个自然('我的自然')是低级的心灵层次，但它也延伸进执态的领域：执态的自我依赖于这个基础，只要我想在我的执态中获得动机引发，我就必须具有动机引发性的体验，而这些体验处于联想的关联中并服从联想的心境(Disposition)的规则。"(IV，280)

与"具体自我"或"人格自我"的观念相应，无论是"第二性的感性""原感性"，还是"智性主体"，它们都被看作自我的一种权能，自我就是由各种权能构成的权能性系统。就此而言，"原感性"就是自我的"原具有"(Urhabe)、"原权能"，而"第二性的感性"就是自我的"习性具有""习性权能"，它们同属于自我及其意识生活统一性。与此相应的是"先验自我"

概念的扩展。"这种'感性的'、在感性中完成的构形（Formung）完全源于主体性而与那种从外面被给予的材料（这是指最终的材料）相对。但是，这种主体性恰恰不是从前意义上的自我，这种主观地完成的构形并非出自纯粹的自我，亦即借助它的行动着的成就。"①相应地，我们能看到，"先验生活"概念在胡塞尔后期愈益成为先验现象学的核心概念。被动综合的载体就是原流动着的生活，行为自我就源于这种原流动着的生活。在胡塞尔看来，自我的这种原流动着的生活已经具有某种意识的特征：**"在被动性的领域……我们具有一个意向性的原领域**（Ursphäre），**一个非本真的意向性领域**，因为谈不上自我所具有的那种真正的'对……的意向'；但那里已经具有'对……的表象'和统觉。"（IV，335）因此，整个意识生活就是一个从最低级的被动性向高级的主动性无限发展的目的论过程。

至此，我们的分析不仅表明"感性"与"智性主体"在现象学上区分的相对性，而且也显示出主动综合与被动综合之间区分的相对性。例如，在《观念 II》第 61 节中，胡塞尔认为，在主动性的领域必须区分两种意向性：单纯意识的意向性或表象行为的意向性与执态的意向性。其中前者是后者的前提，而前者可以进一步区分为注意的样式与非注意的样式。但是，在稍后关于被动性领域的层次划分中，胡塞尔似乎认为注意的功能也应属于被动性。在《主动综合分析》中，胡塞尔也表达了类似的不确定性："对自我的主动成就的研究……借助于注意的朝向及其派生物而得以进行。注意行为似乎是通向主动性的桥梁，或是主动性之准备性的开端，而对于主动性的进展来说，注意行为是一种持续的意识实行样式。"（XXXI，4）在《经验与判断》中，他通过对"作为主动把握中的被动性的'仍保持在手'"现象的分析认识到："在主动性之先不仅存在这样一种被动性，亦即原初构造性的但只是前构造性的时间流的被动性，而且存在一种建立在它之上的、真正对象化的被动性，亦即使对象论题化和共论题化的被动性。这种被动性不是作为基础而是作为行为属于行为的，是一种主动性中的被动性。"（EU，119）

事实上，这种"主动性中的被动性"特征业已在"被动综合""被动的意向"这些看似悖论性的表述中表露无遗。一方面，这种综合活动或意向的产物不是无，它也是某种主观的构造物。例如，本欲意向性已经在某种

---

① Husserl，Ms. B III 10，S. 13，转引自 Holenstein，E.：*Phänomenologie der Assoziation：Zur Struktur und Funktion eines Grundprinzips der Passiven Genesis bei E. Husserl*，The Hague，Martinus Nijhoff，1972，S. 212。

程度上具有对象性的构造物。另一方面，这种被动的构造并不是源于主动的自我。因此，在胡塞尔看来，对于作为"无自我参与"的被动综合，我们只能做一种相对的理解。相应地，主动综合与被动综合之间的区分不是固定不变的，而应根据自我参与的不同等级性做出具体的分析。此外，根据胡塞尔的观点，主动综合与被动综合之间区分的相对性还体现在对被动综合的澄清方面。对此，在《主动综合分析》中，胡塞尔明确指出："只有当我们已经看到现成的和主动的被构造物，才能谈论这种低层次，而如果我们不考虑主动性的话，那么这种低层次暂时不可避免地是一种本质上仍未得到规定的东西，以至于我们只有通过后续对于高层次的研究才能完全理解其成就。"(XXXI, 3)这表明，被动性与主动性之间的区分本质上仅仅是认知经验的内在区分，我们只有从主动性成就出发，并且通过对主动性成就的抽象，才能达到对被动性经验层次的反思性把握。

## 第二节　联想的综合与时间性综合

毋庸置疑，联想学说具有悠久的现象学前史，其中最著名的要算英国经验论和传统的经验心理学。除了胡塞尔本人经常援引的休谟和康德外，我们还应给予 19 世纪和 20 世纪初德国的心理学运动足够的重视，其代表人物有利普斯(Th. Lipps)和冯特(W. Wundt)等。相关研究业已表明，胡塞尔联想现象学的诸核心概念——如相似性(Ähnlichkeit)、邻接性(Kontiguität)、对照、触发、凸显(Abhebung)、凸显性、共存(Koexistenz)、相继(Sukzession)、融合和习性等——早已出现在这些心理学家的文字中。[①] 为了确立联想作为"先验现象学的基本概念"的合法性，胡塞尔自觉地将它与传统的联想概念和联想规则概念区别开来："联想不是一个单纯有关心灵素材之组合的经验的规则性的标题……而是一个——而且是最广泛的——有关纯粹自我的构造之意向的本质规则性的标题，一个**天生的**先天领域的标题，而如果没有这种天生的先天，一个这样的自我是不可想象的。"(I, 114)在他看来，休谟等人传统的联想学说本质上是对真正意向的联想概念的自然主义歪曲。通过先验还原，联想概念获得了全新的面貌、崭新的界域和基本形式。现在，它成了现象学的一个

---

① 参见 Holenstein, E.: *Phänomenologie der Assoziation: Zur Struktur und Funktion eines Grundprinzips der Passiven Genesis bei E. Husserl*, The Hague, Martinus Nijhoff, 1972, S. 199-205。

"意向性的标题"。它标识着"一种属于意识一般的、**内在发生之合规则性**的本质形式"。联想之所以能够成为现象学描述的普遍论题，而不只是客观心理学的论题，是因为"指示（Anzeige）现象是某种在现象学上可指明的东西"（EU，78），"它的原始形态是可描述性地指明的，它的意向成就则服从本质规则"（I，113）。从这种现象学描述的立场出发，联想只涉及"那种'某物回忆起某物''一物指明另一物'的纯粹的内在关联"（EU，78）①，它并不揭示某种客观的、心理—物理学的因果性形式，如再造或再回忆在人或动物的心灵生活中出现的因果规则性。因此，现象学的联想学说必然排除任何将联想及其合规则性看作一种可以通过客观的归纳赢得的心理—物理学的自然规则性的观点。在标明与联想的心理学概念的本质区别的同时，胡塞尔并未彻底否定这种联想学说的功绩："在现象学还原后，现代通行的联想心理学绝非没有任何东西留存。如果回溯到其直接的经验材料，那么现象学还原首先获得一个核心的现象学事实，它留在纯粹的内在态度（Inneneinstellung）中，并且构成后续研究最初的出发点。如果我们更深入地探究，那么就会认识到，这里展露出通达一门关于纯粹主体性之发生——而且首先是关于纯粹主体性的纯粹被动性的基础层次之发生——的普遍理论的入口。"（XI，118）这表明，传统的联想学说为现象学联想研究提供了最初的、纯粹的现象。当我们实行现象学还原时，它们首先作为先验的事实被给予。这里的"纯粹主体性之发生的普遍理论"，首先是指其纯粹被动性的发生层次，亦即被动综合的层次。

　　在《分析》中，胡塞尔直接以联想的综合称谓被动综合。在那里，联想指示着"被动发生的一种最重要和充分普遍的功能形态"（XI，76）。作为发生规则，联想规则隶属于体验流中个别事件的间接接续的规则（XI，336）。与此相应，胡塞尔认为，原初时间意识的综合不同于联想的综合，因为在原初的时间构造中，联想只在前摄方面起作用，而滞留并不源于联想的唤起。为此，他批评布伦塔诺将滞留和印象的规则性联结看作原初的联想的观点（XI，77）。与在《分析》中的观点不同，在《沉思》中，胡塞尔不仅将联想看作被动发生的普遍原则，而且将联想的本质规则与时间构造联系起来："每一种被动构造——不仅作为内在时间对象的体验的

---

① 　胡塞尔在讨论"被动的预先被给予性的领域之联想的结构"的问题性时谈及联想现象在现象学上的描述特征及其条件："只有在我们拥有作为出自某个领域的凸显物的个别的凸显性、个别的被给予性的地方，我们才能具体地看到这种现象：这一个回忆起另一个。而这种关系本身在现象学上是指明的。"

构造，而且客观的时空世界中一切实在的自然对象的构造——都可以从（联想的）本质规则中得到理解……因此……联想是先验现象学的基本概念。"(Ⅰ，113-114)显然，这已超出了《分析》中那"联想现象学在某种程度上可以说是原初的时间构造学说在更高层次上的进展"(Ⅺ，118)的观点。但是，《沉思》并未对联想的本质规则与时间构造之间的关系做进一步规定。事实上，胡塞尔对于二者之间关系的规定始终是悬而未决的。

从主导倾向上看，胡塞尔始终将时间意识的综合看作最原初、最普遍的综合。例如，他在《形式逻辑与先验逻辑》中说："意向发生的普遍的本质形式——所有其他的本质形式都回溯到它——是内在时间性的构造形式，它通过一种固定的合规则性统治着每一个具体的意识生活，并给予所有意识体验以一种永久的时间性存在。"(ⅩⅦ，318)在《分析》中，他明确指出："联想的综合的前提：原初的时间意识的综合。"(Ⅺ，125)但令胡塞尔犹疑不定的是，似乎单纯的时间意识的综合仅仅构成发生的形式，而就其本身而言还不是发生。在他看来，"尽管对于构造着时间对象性的意识所进行的、现象学的本质分析已经达到那种在支配着主观的生活的发生的合规则性的开端"(Ⅺ，118)，但是，这种单纯的形式分析并未告诉我们"那些赋予个别对象以内容统一性的东西，那些形成个别对象间内容上的差异的东西……那些使意识中的划分和部分间的关系得以可能的东西，等等"(Ⅺ，128)。因此，他似乎认为，时间意识的综合与那些内容性的特殊类型的综合是不可分割的："还存在许多其他类型的综合，这些综合……与那种构造着所有对象之时间形式的综合同步进行，因而必然一同涉及时间内容，一同涉及那种时间性地形成的对象内涵。"(Ⅺ，125)这也许就是他在那封致英伽登的信中所要表达的内容："我正在研究的并不是单纯的时间现象学——后者是不能纯粹独立地得到解决的。"

事实上，《分析》中的个别文本已透露出胡塞尔试图将一切时间性综合归属于联想概念之下的思想。在那里，联想被标识为任一种类的统一性赋形(Einheitsbildung)的普遍标题："作为自我的生活的普遍的统一化，具有各种不同形态的综合＝最广义的联想。"(Ⅺ，405)①根据胡塞尔的观点，"最广义的联想"首先是指那种"没有主动的关联活动、没有某种

---

① 所引文字在"联想与综合"的标题下作为附件 XVIII 收在《分析》的增补文本部分。正如山口一郎所指出的，它作为"逻辑的基本问题(1925/1926)"讲座提纲中关于联想的论述明显区别于整个讲座的思路。参见 Yamaguchi, I.：*Passive Synthesis und Intersubjektivität bei Edmund Husserl*，The Hague，Martinus Nijhoff Publishers，1982，S. 15-16。

相似性关系之构造的相似性意识"，亦即一种"感性的相似性和感性的对照"。作为"普遍的意识规则"，一方面，"意识领域的统一性总是通过感性的关联、感性的相似性联结和感性的对照建立起来。没有这些就不可能有'世界'存在于此"（XI，406）；另一方面，它也是个别性（Einzelheit）的凸显规则。因此，在胡塞尔看来，"最广义的联想"恰恰是最广义的综合，亦即自我之总体意识的统一性，一切个别的体验都被嵌入这个总体的意识关联之中。就这个总体的意识关联而言，最初的关联是原初的时间意识的关联，胡塞尔称之为"原联想的领域"。在这里，"具体的意识当下的原层次（Urschichte）或者作为封闭的宇宙的、对自我而言是本质必然的原对象性（Urgegenständlichkeit）被构造起来"（XI，408-409）。① 也就是说，流动的意识本身在持续流动着的联想中，在持续而直接的交织化中，在固定的合规则性的被动性中，被构造为其自身存在的综合统一之物，亦即不断更新的"具体的当下"。关于"具体的"，胡塞尔在这里强调说，是就"我们并非抽象化地和观念化地把单纯的点截性的现在、无滞留的真正感知的瞬间看作当下"（XI，409）而言的。在这种具体的、充分的、流动的生活当下中，当下、过去和未来具有某种统一的被给予性样式。

显然，这种具体的统一性存在的前提是在原初的时间意识中持续实行的综合："在一切被意识到的客体性和自为存在的主体性之构造的ABC中，它处于 A 的位置。"（XI，125）所有其他可能的综合都必须分有这种原初的时间意识综合。但是，胡塞尔也注意到，单纯这种原初的时间意识综合是不充分的："主体性意识到其过去的和未来的生活以及存在于其中的意向内涵的方式是不充分的。如果没有唤起，那么它们对于自我来说是无意义的。"（XI，125）尽管胡塞尔并未就此做进一步的讨论，但是，从这近乎悖论性的关系中，有两个问题已明确地被提了出来。一方面，作为共存和相继关系的内时间形式在这种具体的生活当下的统一性中起着普遍的综合作用，但问题是，我们应当如何理解活的当下领域中这种时间性的共存综合和相继综合的具体内涵。另一方面，如果没有联想的唤起，自我的过去生活和未来生活就无法被给予的话，那么我们应

---

① 　与《分析》附件 XVIII 中在相似性联想的标题下对统一性形态所做的划分相应，胡塞尔在《分析》第 38 节中明确将联想划分成三个不同的层次。(1)最初的原联想层次。"这是系统的或系统化的触发的唤起的层次，它使活的当下的对象结构得以可能，它是使杂多达到统一化的所有种类的原初的综合。"(2)第二层次是"回射性的唤起"层次。"它重新照亮被暗化了的空乏表象，使蕴含在这些空乏表象中的意义内涵达到触发的凸显。在这里，特别重要的是零领域（Nullsphäre）内表象的唤起。"(3)第三层次是指在第二层次中被唤起的空乏表象过渡进直观的再造的层次，亦即再回忆的层次（XI，S.180-181）。

当如何谈论一个具体的活的当下？如何谈论这种作为活的当下之普遍综合形式的时间性？

在《分析》中，胡塞尔同时从两个不同的方面思考这种作为活的当下之原秩序形式的共存综合和相继综合。单纯从形式方面看，共存和相继被看作原初的时间意识综合的产物："作为同时存在着和作为依序存在着而被原初意识到的东西，是从原初的综合统一性中被构造成同时存在和相继存在着的。"（XI，127）按此理解，共存和当下作为活的当下领域的普遍形式是彼此相关而不可分离的。而当转向"凸显性的素材和素材杂多的秩序形式"时，这种由时间构造本身所成就的、普遍的共存形式就不再被看作一种秩序形式。现在，普遍的相继秩序与属于个别感性领域的、特殊的共存形式区别开来。这种相继的秩序形式的普遍性意味着，所有的共存在每一个活的当下领域形成唯一的相继序列的秩序。因此，与各个特殊的感性领域相关联，共存和相继得到了具体的理解："如果我们选取某个感性领域，亦即一个共存的同质性的领域，那么它的素材成分就是一种具体存在着的素材成分：不仅就瞬间共存而言是具体的——这种瞬间共存就其本身而言什么也不是，而且就相继而言也是具体的。"（XI，139）这种具体内涵得以通过对同质性综合（Homogenitätssynthese）和串接（Verkettung）这两种原现象的分析而被展示出来：感性领域中共存的秩序形式和相继的串接秩序。显然，这种在感性领域的联想分析中所理解的共存秩序和相继秩序超出了时间构造分析中那种单纯形式的含义。对此，山口一郎正确指出："如果我们考察时间意识分析与联想分析之间的关系，那么我们就会看到时间分析借助于联想—触发性的综合的分析而获得的深化和进一步发展。这种联想—触发性的综合不是停留在形式上，而是内容方面的综合。"①

在《分析》中，胡塞尔将《讲座》中那种单纯的时间分析看作"一种概念的观念化"。在这种抽象获得的时间意识中，我们根本无法谈论统一性的凸显（XI，387），因为"给予各个对象以内容统一性的东西，在内容上构成对象间差异的东西……使意识的划分和意识的部分间关系得以可能的东西等——这种时间分析独自不能告诉我们，因为它恰恰是不考虑内容的"（XI，128）。对于流动的活的当下领域而言，某个统一性的凸显，确切地说，某个触发性的统一性的凸显，需要体验流按照触发的联想规则

---

① 〔日〕山口一郎：《发生现象学中作为原触发性被动综合的本欲意向性》，见《中国现象学与哲学评论》第 9 辑，上海，上海译文出版社，2007，第 189 页。

在内容上的聚合和分离。单纯时间性的共存和相继不能形成统一性的凸显(XI,387)。此外,正如前引所表明的那样,如果没有联想地被唤起的再回忆和前期待(Vorerwartung)所实现的直观化,滞留和前摄的意识样式将仅仅是空乏的意向,因而自我意识到其过去生活和未来生活的方式是不充分的:"滞留和前摄是过去和未来的原始的创立形式,亦即最初的创立形式。但是,滞留和前摄作为当下化的原形式是空乏的形式。只有那种使过去被唤起的直观的再回忆才能把过去创立为处于曾在的和仿佛重新被经历的样式中的当下之直观的充实形态,而且未来的前直观(Voranschauung)也是这样,前摄之直观性的现实化把未来之直观地被意识到的形态创立为处于将来的和仿佛预先享有的样式中的当下,亦即处于在预期中被经历的样式中的当下。"(XI,326)因此,只有通过再回忆的唤起和前期待的唤起,自我才能意识到其身后存在一个无限的、过去体验的领域,同时前面则存在一个无限的、未来体验的领域。据此,我们才能谈论一个真正的具体的活的当下,才能谈论作为意识生活之普遍综合形式的时间性。正是在这个意义上,霍伦斯坦认为,胡塞尔的时间分析只有在联想现象学中才能完成,而"前摄的和滞留的时间生成只是充分的时间构造的一个最初的但却是不独立的和需要补充的部分"。① 因此,霍伦斯坦主张将时间性综合归属于联想概念之下,亦即将联想概念扩展到时间性综合和一切其他的被动的联结中。②

## 第三节 被动性的层级与发生性分析的方法论困境

在《分析》中,胡塞尔在联想的标题下以感知例示,详尽地探讨了被动综合问题。在那里,《沉思》中那个普遍的确定——"所有后来在主动的形成活动中预先被给予的对象性的构造之被动发生的普遍原则被标识为联想"(I,113)——得到了具体的证实:"所有从原初的被动性中(没有主动自我的任何共同参与)被构造起来的对象都是'联想地'(亦即根据这种亚人格的、纯粹内在的因果性的规则)产生的。所有那些预先被给予人格自我(有可能在人格性的最低层级上就已预先被给予)的对象,首先是所

---

① 参见 Holenstein, E.: *Phänomenologie der Assoziation: Zur Struktur und Funktion eines Grundprinzips der Passiven Genesis bei E. Husserl*, The Hague, Martinus Nijhoff, 1972, S. 64。

② 参见 Holenstein, E.: *Phänomenologie der Assoziation: Zur Struktur und Funktion eines Grundprinzips der Passiven Genesis bei E. Husserl*, The Hague, Martinus Nijhoff, 1972, S. 63-64。

有异于自我的(ichfremde)对象，都是'联想地'产生的。因此，作为最初的对象，所有这些对象在其意向的构造的建造中都不回溯到自我的某种'介入'。"(XI，386)与此相对，主动的自我行为则源于自我的参与，它遵守一种"人格的规则"，而不是联想的规则。但是，自我本身也是一个统摄性地被构造起来的统一性，这种统觉像任何其他统觉一样回溯到联想。因此，"通过联想，构造的成就扩展到一切统觉层次。就像我们已经知道的那样，特定的意向通过联想形成了"(XI，118)。根据这种联想的论题位置的确定，胡塞尔认为："联想的因果性在原初的时间意识的范围内起支配作用，但也以某种方式在被构造起来的内时间和亚人格的(unterpersonale)内在性的时间对象性的范围内起支配作用。"(XI，386)

但是，在这两种不同的情况下，联想规则的作用方式是不同的。与联想规则的不同作用方式相应，胡塞尔区分为两个不同的联想层次。第一个层次是原联想，这是系统的或系统化的触发性唤起的层次。它使活的当下的对象结构得以可能，或者说，它是使杂多达到统一化的原初的综合层次。第二个层次是再造的(reproduktive)联想和预期的(antizipative)联想。再造的联想又可进一步划分为两个层次。其一，回射性唤起的层次。它重新照亮被暗化了的空乏表象，使蕴含在这些空乏表象中的意义内涵达到触发的凸显。其中，特别重要的是零领域内表象的唤起。其二，真正的再造的层次。它使在第二层次上被唤起的空乏表象变成再造的直观，这意味着再回忆。与再造的联想指向过去的方向不同，预期的联想指向未来。但是，它与再造的联想紧密关联："它是建立在再造的联想基础上的一种高层次的联想和联想学说，亦即一种关于期待的发生和与此密切相关的统觉的发生的学说。"(XI，119)胡塞尔又称之为"归纳的(induktive)联想"。这种联想的层次划分表明，联想不仅在当下与过去和未来的内容关联中起作用，而且也参与了当下的建构(Strukturierung)。再造的联想和预期的联想在业已被构造起来的对象之间进行，活的当下的原联想则形成最初的触发统一性。这些触发统一性是对象构造的前提。① 与这种不同的联想层次相应，亦存在各种不同的被动发生层次。原联想层次内存在最低层次的被动发生，而与再造的联想和预期的联想相应的是较高层次的被动发生。

从发生性的立场出发，胡塞尔将活的当下本身看作最普遍的发生现

---

① 参见 Holenstein，E.：*Phänomenologie der Assoziation*：*Zur Struktur und Funktion eines Grundprinzips der Passiven Genesis bei E. Husserl*，The Hague，Martinus Nijhoff，1972，S. 36。

象。根据这种观点，每一个活的当下都存在一个"原素的核"，而杂多的感性素材的统一性以最松散的方式在同时性（Gleichzeitigkeit）和活的相继序列中不断被构造起来。正是这样一种认识导致了原联想的问题性：给予活的当下中感性的印象素材、所有整体和个别的素材簇（Gruppen）、所有的感性领域以统一性的东西是什么？（XI，137-138）在《分析》中，胡塞尔在"触发现象"的标题下讨论了原联想的问题性。在他看来，原联想的被动发生属于最低层次的发生问题。但是，对于系统的发生来说，这必然是一种抽象，因为"我们这样做，似乎自我的世界只是印象的当下，似乎没有任何超越把握的统觉——它们源于进行更远的跨越的主观的合规则性——一同起作用，没有任何在世界生活（Weltleben）中获得的认识、审美的和实践的兴趣、评价等诸如此类的东西"（XI，150）。正是通过这样一种抽象，那种纯粹建立在印象领域的触发性（Affektivität）的功能才获得了独立的论题位置，而触发恰恰是原联想问题性的支点。在那里，触发被定义为"意识上的刺激（Reiz）"，亦即"某个被意识到的对象对自我所施加的一种特有的牵引"。因此，触发首先导致自我的朝向（Zuwendung），并由此进一步导致注意（Aufmerksamkeit）、把握（Erfassung）、获悉（Kenntnisnahme）和展显，等等（XI，148-149）。根据胡塞尔的观点，触发以刺激物从背景意识中的凸显为前提，而刺激物的凸显是由对照中的内容融合而产生的："在活的相继的关系中，任何已凸显的素材与其他凸显素材都不是一种外在的关系。相反，它在其自身中有一个内在的、综合的结构。更确切地说，它在其自身中是一个序列的连续性。这种内在的连续性是持续的内容融合的基础。"（XI，140）这表明，触发性的素材自身已是一种发生性的构造物。刺激后来又被称为"原触发（Uraffektion）"；相应地，作为刺激物，凸显则被理解为一种非对象性的、前客观的意向统一性，这种触发统一性构成自我主动性的最原初的基础。① 就触发在活的当下领域的传递而言，触发也被称为"指向对象的意向的唤起"。意向的唤起意味着联想，在活的当下领域则是指原联想。因此，联想的本质通过触发现象的研究得以澄清："只有当我们对触发的功能、特点及对其本质条件的依赖性达到规则性的理解，才能获得关于联想的本质的决定性的明察。"（XI，163）在胡塞尔看来，触发和作为唤起的触发传递的本质条件在于："原素对象性的构造原则，确切地说，是被

---

① 参见 Holenstein，E.：*Phänomenologie der Assoziation；Zur Struktur und Funktion eines Grundprinzips der Passiven Genesis bei E. Husserl*，The Hague，Martinus Nijhoff，1972，S. 37。

联结起来的共存和相继的构造原则，那种持续个体化着的位置系统及其充盈化（Füllung）的原则，对照和内在的融合（聚合）得以发生的原则。"（XI，158）这表明，触发以活的当下领域之内在的统一性赋形为前提。但是，胡塞尔同时把触发看作内在的统一性赋形的条件："统一性赋形本身，那种独自存在的个别原素素材和原素素材簇的现实的形成仍依赖于未被注意到的触发因素。"（XI，152）于是，在触发的条件性与内在的统一性赋形的条件性之间就形成一种冲突。胡塞尔本人已明确意识到这一困境："如果没有触发，根本不会产生统一性吗？"（XI，153）这导致其对前触发性的（voraffektiv）综合的思考，这种前触发性的综合本质上是一种无自我主动性参与的联想的综合。

《分析》第34～35节，在"触发与统一性赋形的关系问题"的标题下，胡塞尔具体探讨了触发性综合与前触发性综合之间的关系。具体分析的支点是关于触发的两种可能性条件问题。一种可能性是以活的当下领域之对象的结构为前提。在此情况下，对象是现成的，而不考虑它是否是通过触发被给予我们的。所有联想的唤起都被联结在这个合规则的结构之上，并且都按照合规则的联结形式进行，它只考虑触发的传递。另一种可能性是从活的当下之类型性的对象结构的构造出发探讨触发的本质条件。关于后一种可能性，胡塞尔首先试图借助触发的等级性思想予以合理的解释。触发的等级性思想建立在其关于现实的触发与触发的趋向——亦即潜在的触发——的区分的基础上。在他看来，我们并不总是拥有现实的触发，现实的触发能够变成潜在的触发，反之亦然。因此，前触发性的综合通过这种潜在的触发得以进行。与触发的等级性思想相关，胡塞尔进一步引入了"触发性的凹凸形态（Relief）"概念，借其描述活的当下领域之对象结构的构造及其触发的整体变化情况。这种"触发性的凹凸形态"，一方面是指活的当下的整体的统一性，另一方面则是指"不同的个别要素的高差（Höhenunterschiede），最终还指总体增强和总体减弱的可能性"（XI，168）。借此概念，胡塞尔不仅深化了我们对触发的等级性思想的理解，而且使活的当下的结构关联之前触发性的综合的特性得到了具体的揭示。但是，与原素的构造相关，这里的"要素"被看成原素对象之构造性生成过程中的"相位内涵"（Phasengehalte）。这种"相位内涵"本身还不是对象，但也不是虚无，而是"对象相位"或"感性点"。胡塞尔看到，当我们最终思考这种"相位内涵"本身的构造综合的特性时，这种基本要素的前触发特性与触发本身之间的统一性似乎又成了问题："是否一切融合和分离——通过它们，对象性的统一性在当下领域中生成——都根本无需一个触发性的活性（Lebendigkeit）以便能够生成"？是否"如果统一化的实事性条件虽然得到满足，但触发力却是零，它们也许就不可能生成"（XI，165）？这是《分析》给我们留下的"联想之谜"。但是，尽管胡塞尔最终并未提供某种确切的答案，其主旨仍然是明确的，亦即将前触发性的综合纳入触发性综合的框架内，以便对整个被动发生的层次做出统一的解释。①

纵观整个被动性领域，在原联想层次上发生的是体验流的自身构造，在再造的联想和预期的联想层次上揭示的则是"具有这个自身"的被动性过程。再造的联想的现象学和预期的联想的现象学旨在澄清主体性自身之可能性的本质条件："一个主体性包含什么东西才能具有本质的意义——如果没有这种东西，它就不可能是主体性，亦即一个自在自为地存在着的存在者的意义，因此恰恰是一个自在自为的存在者之自身构造者的意义。"（XI，124）整个《分析》就围绕着这个"自身"的"自在有效性（An-sich-Gültigkeit）的问题"进行。此外，由于预期的联想也关涉着统觉的发生，因而与习性化问题相关，它发挥一种习性的统摄作用。

根据上述关于被动性领域的结构分析，我们可以将被动发生问题性粗略地划分为如下几个具体层次。（1）天生的本欲意向性，亦可称之为"原体验（Urerlebnisse）"（IV，334），它是最原初的被动发生层次。尽管《经验与判断》业已论及感知趋向和认识趋向问题，尽管《分析》中关于触发现象的讨论业已提及作为最原初的意向性的本欲概念，并且触发的论题最终必然追溯到本欲意向性的层次，但是，作为真正的论题，关于本欲意向性的研究是 20 世纪 30 年代以后的事情。② （2）感知领域的原联想：它属于前触发性的统一性赋形的层次，涉及的是感性领域（Sinnesfeld）的发生问题。③ （3）触发：它在活的当下中起作用，是与再造的联想

---

① 关于触发性综合与前触发性综合的关系问题，霍伦斯坦和山口一郎均做了有益的探讨，本书部分论述也参照了他们的相关成果。参见 Holenstein, E.：*Phänomenologie der Assoziation：Zur Struktur und Funktion eines Grundprinzips der Passiven Genesis bei E. Husserl*，The Hague，Martinus Nijhoff，1972，S. 35-39；Yamaguchi, I.：*Passive Synthesis und Intersubjektivität bei Edmund Husserl*，The Hague，Martinus Nijhoff Publishers，1982，S. 45-48.

② 现象学界关于胡塞尔本欲意向性论题的研究，参见 Yamaguchi, I.：*Passive Synthesis und Intersubjektivität bei Edmund Husserl*，The Hague，Martinus Nijhoff Publishers，1982；〔日〕山中一郎：《发生现象学中作为原触发性被动综合的本欲意向性》，见《中国现象学与哲学评论》第 9 辑，上海，上海译文出版社，2007，第 185～213 页；Lee, N.-I.：*Edmund Husserls Phänomenologie der Instinkte*，Dordrecht，Kluwer Academic Publishers，1993。

③ 关于这个层次，《经验与判断》和《分析》都做了较为详尽的讨论，参见《经验与判断》第 16、第 36、第 42 节和《分析》第 30～37 节。

相对的原联想。这种触发的凸显由联想学说中同质性、异质性、对照和唤起等原则所标明。① （4）接受性：这是指触发力引发了自我的朝向，它已构成主动性的最低阶段。（5）素朴的把握：在此层次上，客体的整体以"仍保持在手"的样式被把握。（6）展显：感知兴趣现在侵入在素朴的把握层次上被把握到的客体之中，对处于内视域中的对象的属性进行个别的把握。这里起作用的连续的相合综合（Deckungssynthesis）不同于主动层次上的认同。② （7）关联：它是对感知的外视域中的其他对象的一同被给予性的关联性的观察。③

关于"联想之谜"，《分析》指出："只有一门彻底的理论——它以相同的方式充分处理活的当下的具体建构和源于构造性元素的单个的具体性本身的建构——才能解开联想之谜，因而解开一切'无意识'之谜和不断变化的'意识生成'（Bewußtwerden）之谜。"（XI，165）这门"彻底的理论"显然是指被动发生的理论。但是，胡塞尔又看到，所有理论动机都源于最初层次的明见性，而这种最初的明见性只能存在于活的当下之"现成的"结构的现象之中。因此，被动发生分析的方法论困境凸显出来。这种困境首先表现在对那个构造起联想现象的原被动性的时间流的分析的困境上。在《观念 II》中，胡塞尔本人明确提及这种分析的疑难性："在内意识中，每一个体验本身都在信念上（doxische）'被标识为存在着的'。但是，这里存在一种巨大的困难。它被标识为实际地存在着的，还是在本质上仅仅由于反思的可能性——反思必然在对象化中赋予体验存在特征——呢？ 甚至这也不是足够清楚的。对某个体验的反思原本是一个设定的意识。但这个体验本身是在一个设定的意识中被给予或被构造的吗？如果是这样，我们将随反思一起后退——因此，我们不是陷入了一种无穷回退吗？"（IV，224）

在 C 手稿中，胡塞尔将发生性地回问至原被动性的时间流的方法标识为"最彻底的还原"。借助这种"最彻底的还原"，现象学能够探究体验流的被动的时间化问题。在这个层次上，"流的意向性"（Stromintentionalität）

---

① 关于这个层次，参见《分析》第 32～48 节和《经验与判断》第一部分第一章"接受性的一般结构"。

② 关于"素朴的把握"和"展显"这两个层次，参见《经验与判断》第一部分第二章"素朴的把握和展显"。

③ 参见 Yamaguchi, I.：*Passive Synthesis und Intersubjektivität bei Edmund Husserl*，The Hague，Martinus Nijhoff Publishers，1982，S. 37-38；Holenstein, E.：*Phänomenologie der Assoziation：Zur Struktur und Funktion eines Grundprinzips der Passiven Genesis bei E. Husserl*，The Hague，Martinus Nijhoff，1972，S. 46-62。

（XXXIV，179）作为意向性的隐蔽的基层显露出来，胡塞尔又称之为"前意向性"（Vor-intentionalität）（XXXIV，180）。"流的意向性"或"前意向性"指明着原流动的生活的构造成就，这种构造成就不是源于自我的成就。毋宁说，自我本身及其一切成就都源于原流动的生活的构造成就。因此，它先于一切自我的成就。作为行为意向性的基础，它同时区别于视域意向性。但是，令胡塞尔感到成问题的是："（时间）流及其'被动的意向性'处于何种情况呢？前时间（Vor-zeit）和前存在（Vorsein）的被动的'时间化'情况如何呢？"（XXXIV，179）这里存在两方面的疑难。其一，所谓"被动的时间化"，亦称为"前时间化"（Vor-Zeitigung）（XXXIV，180）。作为原现象，它是一种"前存在"，亦即非对象性的存在，而这种原现象如何能够成为先验现象学反思的论题呢？其二，原流动的生活先于先验现象学反思（"说明性的方法"），而先验现象学反思本身又源于原流动的生活。这里似乎陷入一种"无穷回退"。同时，作为一种"前时间"的存在，它与先验现象学反思之间隔着一道时间化的鸿沟。因此，原流动始终是非论题性的（XXXIV，175-183）。显然，先验反思在此碰到了自身权能的界限。

但是，胡塞尔的时间分析也表明了他对先验反思权能的确信。对此，他在《讲座》那个著名的附录"原意识与反思的可能性"中说道："但是，由于原意识与滞留现存在此，所以就有可能在对被构造的体验，亦即对构造着的相位的反思中去观看，甚至觉察到那些比如在原意识中被意识到的原初河流与它的滞留变异之间所存在的区别。所有那些针对反思方法而提出的指责，都可以被看作对意识的本质构造的无知。"（X，119-120）

这种对先验反思权能的确信源于对原意识和滞留之明见性的确信，它构成整个时间分析的基石。但是，这种困境并未消除，因为先验反思本身是在内时间中被构造起来的。首先，我们前述关于联想的综合与时间性综合之间关系的分析表明，联想的被动综合与原被动性的时间流是紧密地结合在一起的。因此，联想的被动综合同样具有前反思性，而这种前反思性恰恰是先验反思之界限的标识。其次，我们前述关于发生性起源的观念的论述也表明，发生性的探究是对最终的起源的回问，亦即对具体的、流动着的活的当下的回问。无论是揭示现时当下中原本性的发生，还是揭示当下之历史视域中的发生，发生性的分析最终都指向那个"功能性自我"或"匿名的自我"，胡塞尔亦称之为"原现象"。胡塞尔明确意识到把握"原现象"的困难：一切反思都是一种事后觉察，因而是一种对象化，一种存在者化；而"原现象"之"为其自身存在"的本性表明，它是一种非对象化之物或非存在者化之物。因此，如果可以存在一种被对象化的"原现象"，那么这恰恰表明，我们在"原现象"的标题下作为最终的存在者，作为原始存在者所要求的东西本身并非最终之物。因此，必须承认，作为"匿名的自我"的功能活动本身不可能为反思所捕获。在此，我们碰到了一个最终的界限，亦即一般在其自身存在中可为反思揭示之物的界限。① 最后，胡塞尔在关于原联想现象探究的方法论思考中业已表明，被动综合分析的本质在于通过排除统觉的套叠层次而拆解"现成的"统觉，进而达到最基本的构造要素的层次。因此，它具有"拆解"和"回问"的特征。这种"拆解"和"回问"指向一切"已被构造之物"——无论是"现成的"统觉类型还是"现成的"对象类型——的发生。对此，胡塞尔说道："通过拆解的方法，我们不仅被引向区分不同的结构层次，而且被引向'重构'一个现实的时间过程。在这个时间过程中，低层次先于高层次。因此，我们重构个体生活的某个阶段，在此阶段，它尚未实行**创立**的行为。但是，一方面，存在一个客观地构造着自身的原素流；另一方面，存在一个主观的'动感的'目标追求，这种'动感的'目标追求是本能的、无意识的。"②

与静态描述的方法不同，发生性的分析没有任何"现成的"现象可循，只能通过拆解"现成的"现象获得发生性说明的要素。显然，发生性的分析并不是对"现成的"现象的描述，而是对原始的过去境遇的重构。但是，胡塞尔本人在《分析》中所确认的最初的明见性层次，恰恰只能是活的当下领域的"现成的"对象结构的明见性。因此，发生性的分析在此遭遇到现象学明见性原则的限制。然而，这种对当下现象的拆解并不是对现象本身的放弃，因为尽管对现象的拆解难以达到描述性分析的明见性，但是，这种发生性的说明仍然是针对现象本身的。因此，尽管发生性的分析以最初的明见性层次以下的领域为论题，但在胡塞尔看来，这并不违背现象学的明见性原则，因为"主导性原则显然必须是，我们使'感知'、所有种类的、在其原本性的层次序列中的原初的自身给予……经受一种理解性的说明，亦即对其意向性的说明……因此，我们应例示性地以我们的现实的自身给予着的经验为基础，而不能把由外在思考所建构的自身给予强加于我们"（XIV，335）。也就是说，发生性的分析仍然建立在本

---

① 参见 Landgrebe, L.: *Faktizität und Individuation: Studien zu den Grundfragen der Phänomenologie*, Hamburg, Meiner, 1982, S. 76.

② Cairns, D.: *Conversations with Husserl and Fink*, The Hague, Martinus Nijhoff Publishers, 1975, p. 65.

己的自身经验之上，排除所有外在的假定性经验，排除所有本身并非我们自身经验的东西。可见，发生现象学并未完全放弃直观明见性原则。尽管对于诸套叠的统觉层次的拆解是一种抽象的、间接的方法，但是，它却与一切思辨形而上学的推定都具有本质区别。诚如山口一郎所言："它是直观的目光的聚焦（Abblendung），借此聚焦，那种隐蔽的、被作为前提的、业已暗暗地起作用的意向性被展示出来。"①

---

① Yamaguchi, I.：*Passive Synthesis und Intersubjektivität bei Edmund Husserl*，The Hague，Martinus Nijhoff Publishers，1982，S. 105.

# 第六章 事实性与个体化

就被动发生的层次而言，胡塞尔区分出"原被动性的发生"和"第二性的被动发生"。前者是指原联想层次上的被动发生，它是一切统觉类型或相关的对象类型的原构造；后者则是指预期的联想层次上的发生，亦即统觉的效应意义上的发生。对此，胡塞尔在《沉思》中说道："我们遇到了持续更新的综合之被动——部分先于所有的主动性，部分重又包括所有的主动性——形成的本质合规则性，遇到了各种统觉的被动发生，这些统觉是保持在某种本己的习性中的构成物。当这些习性的统觉现时地起作用时，这种业已为这个中心自我形成的预先被给予性似乎会刺激它，并动机引发它行动。"（I，113）就"统觉是保持在某种本己的习性中的构成物"而言，整个被动发生领域都与习性问题相关。一方面，"原被动性的发生"指向习性的原构造；另一方面，"第二性的被动发生"则是"保持在习性中"的统觉的效应。因此，自我的习性问题在被动发生问题性的探讨中具有特殊方法论意义。以习性问题为线索可以系统开显整个被动发生的问题性。首先，前述业已表明，自我的习性概念是引导胡塞尔进行发生性思考的一个重要的方法论观念，以至于耿宁将自我习性的观念看成发生思考的基本明察。其次，作为第二性的感性，习性既是以前的主动发生的结果，又构成后续主动发生的前提，而它最终源于原被动性的发生，因而构成整个发生问题性的枢纽。最后，就发生问题性的本质而言，它的首要问题是单子或整个权能性系统的发生，个别的统觉类型或权能的发生只有在单子发生的系统关联中才能得到最终的澄清，相应地，我们也才能谈论个别对象类型和世界的发生问题，谈论它们的历史性问题。习性问题不仅涉及个别权能的发生，而且同时涉及单子的个体化问题以及相关的历史性问题。因此，以自我习性的发生作为探究胡塞尔被动发生的观念的切入点具有方法论上的优先性。

习性本身指明了一个"发源地"，它应是习性化的场所和习性生成的基础。因此，以习性的生成为线索遍历被动性的层级及其结构关联，意味着实行发生性的回问，以达到作为习性化之"发源地"的最终起源维度。

## 第一节　发生性的回问与绝对的原事实

在第四章中，我们从发生性的角度揭示了经验的视域结构。过去视域和未来视域之发生的经验视域结构表明，我们只能预期已知之物，尽管也许只是在最空乏的一般性意义上的已知之物。在一个原始的把握那里，其表面看来的最终性和原初性中已经有我们的前识在起作用："那种从当时被动地预先被给予的背景领域触发我们的东西不是一个完全空乏的东西，不是某种还没有任何意义的素材（我们没有恰当的词），一种绝对的未知性的素材。毋宁说，未知性在任何时候都同时是已知性的一种样式。"（EU，34）通常所谓的经验中的新东西，只不过是素材的一种新的配置，显现序列的一种新状态。当然存在新**东西**，但恰恰是**东西**。因此，经验只有借助于已知物才是可能的。作为以前经验的获得物，已知物是我理解新东西的前提。当我遇到某个新东西时，我总是根据我的某种获得物来理解它。对此，胡塞尔说："随着任何一个新类型的、（从发生的立场看）第一次被构造起来的对象，一个永久的新对象类型被预示出来，其他那些与它相似的对象从一开始就是根据这个新对象类型被理解的。"（EU，35）

根据静态的描述，在现时的经验实行中，意向的目光穿过显现指向对象；从发生的立场看，则是穿过显现指向获得物的视域或已知性视域。已知性视域是永久的经验的获得物积淀的结果，它在一切现时的经验的实行中都起作用，它是我的本己的历史的表现。每一个经验都包含一种对我的本己的历史的发生性指明。当我越过显现指向对象意义时，作为获得物，这个对象意义恰恰是我本己的历史的表达；同时，对象的经验也是对历史的视域的经验。因此，每一个现时的经验都完全是一种历史性的经验。在胡塞尔看来，这种已积淀为历史的获得物"是一种先验的获得物，这是在其个别性当中流动变化着的获得物，是由在素朴态度中被遮蔽了的先验的诸功能而来的"。鉴于对历史的获得物的这种先验的理解，他将经验的这种历史性称为"先验的历史性"（VI，213）。

这种先验的历史性表明，意识生活具有发生性的起源的形式，现时的被经验物总是显示出一种发生。要么我以前已原初地经验过它，当下的经验实际上只是以前经验的重复；要么我以前经验过相似之物，当下的经验是一个相似性联想的产物。因此，对于每一个对象或对象类型来说，都存在一个时间上原创立的发生，一个原初的经验，一个历史性的经验开端。现在，作为统觉，经验是以显现之历史性综合的形式对原素的立义。如果一种没有统觉的经验是可能的，如果历史有一个开端的说法具有某种意义，那么它只能是原素性（hyletische）意识，只能是感觉。在《观念 II》中，胡塞尔明确地描述了这种开端性的经验境况："一个还从未'感知过'一个声音——还从未将其把握为一个单独存在的对象——的意识主体，它心中也不可能自然产生作为对象的声音对象……当然不是每一个对一个声音的朝向在发生上都回溯到对一个已构造起来的声音的朝向，必定存在一个声音感觉，它不是对象性的立义或把握；必定存在一个原初的声音对象的构造，它预先作为前给予性的意识而存在。"（IV，23）也就是说，发生性的回溯通向作为前对象性（vorgegenständliche）意识的感觉。在胡塞尔看来，感觉也是意识，而且恰恰是一种前对象性的意识，如痛苦、愉快、甜蜜、苦涩等。但问题是，如果我们从来没有感觉过痛苦，完全不知道痛苦的意义，又如何能将某种东西感觉为痛苦呢？正是由于这类疑难，胡塞尔在《经验与判断》中讨论了感觉的发生。他指出，甚至在"被动的预先被给予性"这种前对象性的领域中，综合也起着支配作用，如颜色这种视觉性的感性领域。胡塞尔认为，这种感性领域"不是直接作为经验中的对象被给予的，其中颜色总已'被立义'为具体物的颜色了"，但感性领域也不是"单纯的混沌"，不是"'素材'的单纯'麇集'，而是一种具有确定结构的领域，一个具有凸显性和分段的个别性的领域"。每一个领域都是一个"同质性的统一性"，它"与任何一个其他感性领域处于异质性的关系中"。因此，"凡是在一种纯粹静态的描述中表现为相同性或相似性的东西，本身已必然被看作某种相合综合的产物"。这种相合综合被称为联想，在感性领域中居统治地位（EU，75-77）。在胡塞尔看来，作为发生性的指明，联想是被动的、前对象性的、前统觉性的综合领域的基本规则，是原素领域的基本规则。因此，感觉由于其发生性的联想功能而形成一种前对象性的分化（Differenzierung），胡塞尔称之为"前构造"。但是，甚至在这里也存在某种类似于统觉的东西。对此，胡塞尔在《形式逻辑与先验逻辑》中明确说道："本质上，对于在最宽泛意义上的所有对象范畴来说，甚至对于'内在的'感觉素材来说"，也存在发生性的原创立（XVII，278）。也就是说，甚至连感觉也有其历史，感觉也指明着以前的感觉。

因此，感觉不是最终的东西，其后存在一个匿名的主体性。由于这个匿名的主体性先于感觉领域内原初的分化而存在，因而被标识为未分化的主体性；由于它不是通过发生才存在的，因而被标识为开端；由于它不再回涉发生，因而被标识为绝对。那么究竟应该如何理解这种作为未分化的开端的绝对主体性呢？

简单地说，当我使自己处身于我的历史的内时间中并且从一个获得物回退到另一个获得物时，愈回退愈益丧失所有稳固的历史规定性，丧失所有丰富的世界特性，对象的差异逐渐模糊，感知变成了感觉，最终是绝对的无差异（Indifferenz）。因此，发生性的—历史的指明必然通达一个绝对的无差异的开端。作为现象学还原的最终层次，这个绝对的无差异的开端被胡塞尔称为"原始的（urtümliche）、流动着的活的当下"①。关于这种原始性，胡塞尔在 C 手稿中强调："当然，必须对这种原始性做出区分：一种是我的原始性，亦即成熟的、自身思义的自我的原始性，另一种是通过进一步的回问和通过发生性的揭示被重构起来的原始性，亦即构造性的发生之'开端'的原始性。因此，问题在于我的处于昏暗的视域中的隐蔽的过去。"②与我们这里的问题相关的是第二种原始性，而相关的活的当下被胡塞尔称为"原当下"（Ur-gegenwart）。原当下是时间构造的发源地，本身不具有时间样式（Zeitmodalität）。因此，这个绝对的无差异的开端绝不能被素朴地理解为存在于某个时间点上的事件，它不是时间性的规定，不是时间性的事件。作为活的当下中原功能性的主体性，它是匿名的、无时间的绝对主体性。

关于这个绝对的主体性，在一份 1931 年的手稿中，胡塞尔做了这样的描述："在这个回问的进程中，我是原事实（Urfaktum）……作为这一个'绝对的实体'，绝对在自身中有其基础，而且在其无根基的存在中有其绝对的必然性。它的必然性不是本质必然性……一切本质必然性都是它的事实的要素，是其关涉自身的功能活动的方式——其理解自身或能理解自身的方式。"（XV，386）也就是说，他将这个不可再回问的"原始的、流动着的活的当下"称为"绝对""原事实"。对此，胡塞尔强调说："如果没有先验事实性的自我，那么先验自我的埃多斯是不可想象的。"（XV，385）因为，在他看来："我，这个事实性地进行现象学思考的**本我**（ego），构造艾多斯。构造和建构（被构造的统一性，即埃多斯）属于我的事实性的持存，属于我的个体性（Individualität）。"（XV，383）

这样由胡塞尔本人做出的论断的确令人惊异。这不是显然超越了先

---

① 〔奥〕兰德格雷贝：《被动构造问题》，见《中国现象学与哲学评论》第 9 辑，上海，上海译文出版社，2007，第 169 页。

② Husserl, C 13 III, 7, 转引自 Lee, N.-I.：*Edmund Husserls Phänomenologie der Instinkte*, Dordrecht, Kluwer Academic Publishers, 1993, S. 28.

验现象学的界限，而转入一种有关绝对的形而上学了吗？难道这位一生都在致力于清算形而上学独断论的思想家最终竟放弃了自己的哲学原则吗？对此，芬克专门做了澄清。他认为，胡塞尔将现象学还原的最终层次置于"绝对的事实"之上，并不是转入了一种独断论的形而上学，而是一种权宜之计。因为"绝对""原事实"和"绝对的事实"这一类说法只不过是"哲学的临界境遇的权宜性概念"。从本质上看，这源于胡塞尔现象学运思的不懈努力：借助彻底的现象学反思，谋求当场捕获先验意识生活的活的实行。

## 第二节　单子的绝对事实性与先验的历史性

诚如芬克所言，"绝对""原事实"这类乍一看隶属独断论形而上学的概念，其本旨却在于谋求"当场捕获先验意识生活的活的实行"。因此，尽管胡塞尔前期、后期在先验意识生活的理解上有一个先验反思的深化问题，但就现象学的直观明见性而言，芬克所提及的现象学诉求与胡塞尔本人的哲学初衷本质上是一致的。但问题是，究竟如何能"当场捕获"这个作为"绝对"的"原事实"？它究竟具有怎样的本性？

前述分析业已表明，只有作为发生现象学，先验现象学才能获得其完整的概念。胡塞尔将充分展开的发生现象学标识为起源研究，有时他也称之为意识的"考古学"，因为它从发生上将"被动的前构造"这个先验意识生活的基层论题化了。然而，在就起源概念与康德的争论中，尽管胡塞尔明确区分了有效性起源与发生性的起源；当他试图从发生上揭示先验意识生活的历史性时，却仍然根据对象的构造图式去说明先验自我的自身构造。显然，这是以静态的反思概念处理发生的问题。尽管事实上他在具体的发生性分析中早已超出了静态的反思框架，但由于缺乏明确的方法论意识，作为一种后察觉，静态的反思必然与其"当场捕获先验意识生活的活的实行"的本旨相抵触。

胡塞尔的现象学与哲学传统之间存在一种奇特的张力，正如它对某种哲学传统的依赖恰恰构成其自身理解的必要环节，它也坚决反对这种哲学传统。关于"绝对""原事实"，前述所引中"构造和建构属于我的事实性的持存，属于我的个体性"这种将"事实性"与"个体性"并提的做法，以及"绝对的实体"的表述，使人联想到莱布尼茨的术语"单子"。但清楚的是，胡塞尔感兴趣的不是作为形而上学代表的莱布尼茨，而是就他已看到一种可指明的现象学的萌芽而言的莱布尼茨。在对原流动的时间意识的被动综合的分析中，胡塞尔努力开显"具体自我"的起源维度。在他看来，尽管笛卡尔有其历史成就，但却错失了"展显在其先验的此在和生活之完整的具体性中的本我，并将其看作一个可系统地在其无限性中加以探究的工作领域"（I，12）。而这恰恰是莱布尼茨的功绩。莱布尼茨在其单子论中将这个由其具体性所标明的自我论题化。显然，先验现象学与莱布尼茨之间存在某种结构上的平行性，以至于胡塞尔能在一种积极的意义上以莱布尼茨的这一规定——将单子规定为整个宇宙的个体性代表——为起点，以便"标明在其充分的具体性中的本我"（I，102）。然而，莱布尼茨与胡塞尔关于单子个体性的观念具有本质区别。这种本质区别源于现象学与形而上学之间的根本对立。莱布尼茨从一种理性的、上帝的预定和谐秩序的前提出发，从一种外在的立场论证经验世界，而对于经验的意义形态的现象学澄清则遵循一种内在把握的直观性原则。对此，胡塞尔本人有着明确的认识："单子不是形而上学的概念，而是可以通过完全直接的直观的分析得到研究的主观之物——通过现象学还原获得的——的统一性。"（IX，216）鉴于这种方法上的定向的差异，我们绝不会感到惊奇的是，胡塞尔"在与莱布尼茨的形而上学的一切有意的相似之处"都与莱布尼茨的形而上学思想保持一种原则性的距离（I，176f.；XV，20f.）。因此，胡塞尔的莱布尼茨不是历史上的莱布尼茨，他的单子论也不是形而上学的单子论，而是一种变异了的单子论，一种先验现象学的单子论。

　　根据胡塞尔的观点，单子是在一个内时间的发生的统一性中被构造起来的，它是"一个单一的不可分的存在，亦即在时间中连续生成的东西。属于它的一切东西都处于这种连续生成的某个位置上，并且在这种内在地被充实的时间中都具有其作为时间充盈的存在，而就其本身而言则什么也不是……它们属于一个独特地被充实的时间的连续的生成流"（XIV，35-36）。因此，单子是一个"活的生成的统一性"，一个"历史的统一性"。这与《第一哲学》中那个著名的论断似乎处于同一思考层次上。在那里，胡塞尔在"单子论"的标题下明确指出："绝对地来看，每一个本我都有其**历史**，而且它只是作为一种历史的，他的历史的主体而存在。由绝对的自我，绝对的主体性构造的每一个交往的共同体——在充分的具体的意义上，世界的构造也属于这种交往的共同体——都有其'被动的'和'主动的'历史，而且仅仅存在于这种历史之中。**这种历史乃是绝对存在的重大事实。**"（VIII，506）兰德格雷贝认为，胡塞尔在后期对发生性起源的回问中所涉及的问题主要是被动的前构造和自我的自身构造问题，因此，借用莱布尼茨的"睡眠的单子"概念更有利于区分先验意识生活的主动层次与被动层次，因为"睡眠的单子"尚未涉及自我的主动性。但是，胡塞尔在此以"单子论"统一历史与绝对事实的做法更加意味深长。

在《观念 I》中，胡塞尔完全在个体偶然性的意义上谈论事实概念："经验的基本认知行为设定**个别的**实在物，将它们设定为时空性的此在物，设定为某个在**此**时间位置上的东西，具有其绵延和某种实在内涵的东西。这种实在内涵按其本质可以存在于任何其他时间位置上……一般而言，每一种个别存在都是'**偶然的**'。它如是存在着，就其本质而言它可以不如是存在。"（III/1，8-9）在胡塞尔看来，通过本质变更，"我们实际上不是处于事实性的自我中，而是**处于本质的自我中**"（I，105）。于是，我们在胡塞尔的前期、后期碰到两个不同的事实概念：一方面，是隶属于各级本质之下的个体偶然性的事实；另一方面，则是作为"绝对存在的事实"和"构造埃多斯"的事实性自我。这里凸显的是本质与事实之间关系的翻转，这种翻转恰恰摆明了"先验的现实性"这一表述的内涵。也就是说，作为"绝对"，"原事实"是一种先验的现实性，其中存在事实与本质之间对立的根源。因此，与莱布尼茨的"单子"概念的关联以及"原事实"的先验性内涵表明，发生性的回问最终通向一门先验的单子论。

作为"原始的、流动着的活的当下"，作为"先验的现实性"，"原事实"是一种绝然的不可抹掉的确然之物，一种不可再向后回问的先验的现实性。在此意义上，它是直接的和绝对的。作为"绝对"或"绝对的事实"，作为"原功能的主体性"，它是一切功能及其成就之可能性的先验条件。就像胡塞尔在《经验与判断》中指出的那样，构造的功能总是"对……的权能"。但是，除了只是在活动时我们"在此"之外，权能具有绝对的匿名性。如果将原功能活动变成反思的对象，这只能是对原功能活动本身的一种变异性的后察觉，因此不可能在其原初的活的实行中"捕获"它。只有在其原初的活的实行中，它才是其所是，亦即那个绝然的自身在此（Selbstda）。诚然，这个绝然的自身在此并不符合胡塞尔在回到最终的绝然的确然性时所提出的要求。现象学要求在先验反思中获得可直观性，而作为权能的原功能活动绝不可能被直观到，它只能在其原初的活的实行中被觉察到。与胡塞尔"当场捕获先验意识生活的活的实行"的本旨相应，发生性的反思通向"原始的、流动着的活的当下"，亦即不可抹掉的自身在此。它经验到自身的极限，只是将其作为自身绝然的确然性的基础，而不再将其论题化。现在，如果说这种对权能的反思还有什么意义，那么这意味着，现象学反思在这里碰到了其权能的极限，它知道自己只能在原初的活的实行中知悉作为功能中心的自身及其权能。在此情况下，它经验到自身的权能是一种可以不断被获得的东西，而正是这种经验已有对其先验生活的历史的指明：这种权能被经验为一种借其经验的历史而生成的东西。同时，它知悉这种经验的历史是其先验生活的历史，而先于对它实行的反思，它总已匿名地发生，匿名地起作用。

关于这种经验的历史，胡塞尔在《危机》中说："历史的世界起初当然是作为社会的—历史的世界而预先给定的。但是，这种历史的世界只有通过每个个人的**内在的历史性**(innere Geschichtlichkeit)才能在历史上存在，并且作为个别的世界存在于与其他被共同体化了的个人的内在的历史性结合在一起的每个人的内在的历史性中。"(VI, 381)从"内在的历史性"与现实的历史世界的这种对照看，显然，"内在的历史性"在此意味着每一个本己的生活的历史性，它不可被任何他人的"内在的历史性"取代。而只有在"内在的历史性"的基础上才能有历史和历史的世界为我们存在，因此，"内在的历史性"指示着"历史的先天"(geschichtliche Apriori)。但现在的问题是，他人的内在历史性如何能进入每一个本己的"内在历史性"？每一个本己的"内在的历史性"如何满足"历史的先天"的要求？显然，这正是先验发生的主体间性理论的任务。

众所周知，主体间性问题是胡塞尔先验现象学的一个重大的理论疑难。胡塞尔本人在这个问题上倾注了大量的心血，并在第五《沉思》中对其进行了最集中的探讨。但是，由于在《沉思》中侧重从静态的维度去展开这个问题，因而胡塞尔未能充分地对其加以澄清和解决。但是，三卷《论主体间性的现象学》(XIII-XV)表明，对此问题，胡塞尔在1927年业已超出了静态分析的框架。自那时起，他就试图把通过共现性地相似化的统觉而达到的主体间性的构造回溯到在一种联想地被创立起来的共现中的主体间性的被动的前构造。然而，这种解决方案仍然存在问题。例如，对于联想的相似化来说，单子与他人的区别似乎已被设为前提，以至于所要解决的主体间性问题在没有他人的情况下也是可能的。对此，胡塞尔本人已有明确的觉察：每个单子"虽然在自身中和独自存在，但它只有在一个奠基于它自身中、从它自身被展开的多数性中才具有意义"(XV, 341)。

关于先验发生的主体间性问题，我们在胡塞尔后期手稿中——主要是在三卷《论主体间性的现象学》中——可以看到一种可能的解决方案，它既不同于第五《沉思》的解决方案，也不同于《危机》的解决方案。在那里，胡塞尔首先对意向性概念做了修正。现在，他将意向性的特征标识为"单子中的原追求（Urstreben）"："我们不是可以或不是应该假定一种普遍的**本欲意向性**，它统一地构成作为固定的时间化的原始的当下，并且从一个当下向前赶往另一个当下，以至于**所有内容都是本欲充实的内容**并向前指向目标。"（XV，595）通过发生性的分析，胡塞尔指出："对原始的当下（伫立的活的流动）的结构分析将我们引向自我结构（Ichstruktur）和为自我结构奠基的固定的底层的无自我的流动，这通过对那种使积淀的活动得以可能的东西和积淀的活动以之为前提的东西的坚持不懈的回问而**回溯到彻底的前自我之物**（Vor-Ichliche）。"（XV，598）显然，胡塞尔试图将世代性（generative）本欲看作共同体的本能性的原意向性（Ur-Intentionalität）。作为原本欲（Urtrieb），它从一开始就与他人相关，"本欲中存在对他人本身及其相关联的本欲的关涉性"，在其"原样式的充实中，我们不是有两个分开的充实，即各自在其原真性中的充实，而是有一个通过充实的交织产生的两个原真性的统一性"（XV，593）。对此，胡塞尔可能认为，原本欲的充实结果可能是一个新人的诞生以及它自己随后的历史。在此存在世代性的区别，经由这些世代（Generation），我们所具有的共同的东西按它们所处的不同世代从不同的角度显现出来，由此形成了共同的历史。因此，也许只有这样回溯到最深层的发生性层级结构，我们才能理解胡塞尔的那个著名论断："历史从一开始就恰恰是原初的意义形成与意义积淀之共存和交织的鲜活的运动。"（VI，380）

## 第三节　习性与单子的个体化

在《沉思》中，与各种现实的和可能的意识依同一对象极化的现象相应，胡塞尔探讨了自我的极化问题。这种自我的极化意味着："它以特有的方式囊括了所有各种各样特殊的**我思**，亦即作为这个同一的自我的我思。这个同一的自我作为意识活动者和被触发者生活在所有的意识体验中，并贯穿所有的意识体验而与所有的对象极相关联。"（I，100）但是，胡塞尔认为，这个中心化的自我并不是一个空的同一极，就像任何一个对象都不是空的同一极一样。毋宁说，由于先验发生的规则性，这个中心化的自我在每一个新的赋义行为中都获得了一种新的持存的习性。例如，在我第一次对某个存在做出决断后，随着这个瞬间行为的消逝，我获得了这种决断的信念，从这时起，我就是保持着这种决断或具有相应信念的自我。当然，在此信念失效以后，它将不再是我的信念，但在此之前，它一直是我的信念。只要它没有失效，我就能够一再返回到它。相应地，我现在就是为这种持存的习性所规定的持存的自我。而当我失掉这种信念时，我就发生了变化。因此，既然自我通过本己的主动发生将自己构造成自我习性的同一基底，那么他进而就将自己构造成固定和永久的"人格自我"(I，100-101)。与作为同一极和作为习性基底的自我相区别，胡塞尔将"人格自我"称为"具体自我"或"单子"。

胡塞尔认为，自我只有在其流动着的多样性的意向生活中——其中各种各样的对象被意指——才能被称为"具体自我"或"单子"。而就被意指的对象而言，它的各种存在特征都是"借助自我的执态而在这个自我极自身中被构造起来的习性的相关项"(I，102)。因此，由于习性，具有其规定性的对象就永久地为我所有了。在此基础上，自我构造起我的周围世界。对此，胡塞尔说道："一个自然、一个文化世界、一个人类世界及其社会形式为我存在，这意味着为我存在着相应经验的可能性——作为可以在任何时候为我支配并能以某种综合的样式自由进展的经验，无论我是否恰好现实地经验这种对象。此外，这意味着与它们相应的其他意识方式——模糊的意指等——作为可能性为我存在，而且这些意识方式具有为被预先规定了的类型的经验所充实或失实的可能性。这种被预先规定了的类型中存在一种已永久地形成的习性——这种已形成的习性是从某种遵循本质规则的发生中获得的。"(I，109-110)显然，习性概念的引入不仅阐明了自我和对象双重的发生性构造，而且习性本身本质上也是一种发生性的成果。胡塞尔亦把这种习性的发生称为"习性化"(Habitu-alisierung)。

与主动发生和被动发生的区分相应，在胡塞尔看来，习性的发生或习性化也相应地存在两种不同的类型：一种是建立在原联想的综合之统一性赋形的意义上的习性化过程；另一种是建立在预期的联想的综合基础上的习性化过程。关于前一种习性化过程，可参见第五章关于原联想的综合的相关论述。预期的联想的综合表现为习性的统摄作用，也就是说，预期的联想是通过唤起以前的经验并进行一种类同的意义转移的构造。这种意义转移是一种联想的归纳，它预期某物与以前现成的经验类型相一致。根据这种相似性，当下之物被动地在作为习性的以前经验的意义上被立义。正是在这个意义上，胡塞尔才会说："通过联想，构造成就被扩展到所有的统觉层次上。"(XI，118)自我的习性不仅可以从原被动的统一性赋形中获得，而且也可以源自主动综合的意义构造。这种源自主动综合之意义构造的习性获得物重又能以被动的方式被联想地唤起。因此，回溯习性发生的累进线索，我们能展显一个具体自我的历史。作为具体自我，"单子是一个权能的统一性……一个活的生成的统一性"。胡塞尔说："在(单子生成的)所有阶段，我们也都具有这些各个阶段的积淀的历史。在每一个阶段，单子都具有其潜藏的'知识'，具有其习性。"(XIV，34-46)相应地，我们具有为自我存在的对象的历史，在此基础上，我们亦具有自我之周围世界的历史。

单纯从统觉的效应和原联想的综合的统一性赋形出发，关于自我的习性化的探讨还不能穷尽所有的发生规则。诚然，单子性的具体自我一般既包含所有现实的意识生活，也包含所有潜在的意识生活。但是，对某个可能的单子性具体自我来说，并非所有可能的统觉类型或意识类型都是可共存的，也并非所有可共存的统觉类型或意识类型都能以任意的秩序在任意的位置上共存。例如，那种与复杂的科学理论活动相应的本质类型就不可能出现在任意类型的可能的自我中，而只能出现在特定的理性自我中。就自我的世间化(Verweltlichung)而言，这种本质类型只能存在于作为理性动物的人那里，而不会存在于动物那里。而就人而言，它只能存在于科学家那里，而不会存在于儿童那里。儿童不具有科学家的本质类型，他们只能在进一步的发展中获得这种本质类型。

本质类型的发展具有"一种先天的普遍结构，它服从本我论的(egol-ogische)—时间性的共存和相继的普遍的本质规则性"(I，108)，因此，这种发展不是任意的。例如，当某个科学家对事实性的理论活动实行本质性的类型化时，他就据此改变了自身。但是，这种改变不是任意的，只能在人这种本质类型的范围内改变。究其原因，胡塞尔说道："因为在我的本我中和本质上在一个本我一般中出现的无论什么东西——某个意向体验，某个被构造起来的统一性，某个自我性的习性——都具有其时间性，并且在这方面参与了普遍的时间性的形式系统，而任何可想象的本我都借此普遍的时间性自为地构造自身。"(I，108)胡塞尔把这种作为发生之普遍的本质规则性的普遍的时间性称为"形式的普遍发生的合规则性"。特殊的构造性成就之被动机引发的过程及其特殊的动机引发和动机引发系统则处于这种形式内部，它们只有根据"形式的普遍发生的合规则性"才能形成一个本我的普遍发生的统一性。在此我们看到，胡塞尔再次被卷入厘定时间性综合与联想的综合之间关系的困境。一方面，"本我在某种程度上可以说是在一种历史的统一性中自为地构造自身的"；另一方面，在这种"历史的统一性"中被构造起来的对象性和构造系统必须同时借助普遍的发生形式才能被联结在一起，亦即只有同时借助"形式的普遍发生的合规则性"，具体自我才能成为统一性(I，109)。但在这"同时"的表达中，究竟应如何理解两种发生规则之间的关系呢？对此，胡塞尔没有给出任何明确的提示，他似乎并没有感到这里可能存在的困境。

尽管如此，胡塞尔的思路也是明确的，他要在单子性的具体自我之普遍的发生的合规则性的探究中澄清单子的个体化问题。因为他认识到："单子必然具有生成统一性（Wendenseinheit）的形式，亦即一个持续发生的统一性形式……单子是一个活的统一性，这个活的统一性包含一个既施加作用又承受作用的自我极（并且是作为具有人格特征的极），而且是一个清醒的生活和隐蔽的生活的统一性，一个权能的统一性，一个倾向的统一性。"（XIV，34）这表明，处于权能、倾向和确信等习性中的自我最终是作为某个定型的人格性而存在的，亦即作为某个特定的个体性而存在。因此，在胡塞尔看来，不仅存在一门关于特定的统觉类型或特定的构造系统发生的现象学，而且存在一门关于单子的个体性发生，亦即单子个体化的现象学。正是在这个意义上，胡塞尔才特别强调说："探究构造并不是探究发生，发生恰恰是构造的发生，**并且是在一个单子中进行的**。"（XIV，41）据此，他提出了单子个体化的现象学的任务：（1）探究那种附加在体验规则之上的规则；（2）确定：某个单子的个体统一性和封闭性（Abgeschlossenheit）需要什么东西；（3）确定：必然属于某个个体单子的本己存在（Eigenwesen）的东西；（4）确定：单子具有何种必然形式；（5）确定：这种形式必然包含哪些种属（Gattungen）的要素；（6）确定：在这种形式中，什么东西恰恰确保单子的统一性和封闭性（XIV，34）。

与习性化或习性的发生两种不同的类型相应，亦即一种是建立在原联想的综合之统一性赋形意义上的习性化，另一种是建立在预期的联想的综合基础上的习性化，胡塞尔进一步将单子的个体化区分为两种类型。一是一般单子的个体化。这是指业已内在地被构造起来的单子的个体化。前述所讨论的单子的个体化就属于这种类型。二是绝对单子的个体化。这是指通过回溯到原始构造着的流动的合规则性以探究"原生的（urlebendige）单子"或"绝对的单子"的个体化。这种个体化的产物就是内时间中发生的统一性。而原生的单子的绝对存在是一种多样性的流动，其中已被充实了的内时间，亦即内在单子的内在现象被构造起来（XIV，35）。在一份专论"单子的个体性的现象学"的 Märgen 手稿中，胡塞尔虽然就一般单子的个体化与绝对单子的个体化的关系做了明确规定，但却并未就这种绝对的单子的个体化问题展开具体讨论。倒是《分析》第29节"秩序的原形式"、第30节"相继和共存的个体化"和第31节"关于感性领域的现象学的问题"这三节中有较为具体的讨论（XI，133-148）。但是，与这一问题所蕴含的巨大的问题性相比,《分析》中所做的相关讨论也仅仅触及冰山一角。

关于这两种类型的个体化的关系,胡塞尔认为,一般单子的个体化问题只有在对绝对单子的个体化问题进行探讨的基础上才能得到真正的解决。事实上,从前面关于一般单子和绝对单子的规定不难看出,一般单子是指"现实的单子""具体自我"或"人格自我",而绝对单子是指"内在的单子",亦即在原流动中被构造起来的内时间的统一性。这种绝对单子的个体化,也被称为"自我的原构造"。因此,从发生性的奠基关系来看,一般单子的个体化奠基于绝对单子的个体化。从胡塞尔后来将一切层次的构造都称为"时间化"来看,一般单子的个体化与绝对单子的个体化之间的奠基关系,相应于"超越对象的时间化"与"内在对象的时间化"之间的奠基关系。对此,我们可以在他那里读到:"就像在内时间领域中的先验意识是超越对象的时间化的起源一样,不动的(stehende)—流动的(fliessende)当下是内在对象的时间化的起源。"[1]尽管这份手稿并未对此展开具体的论述,但是,胡塞尔关于绝对单子的个体化的问题性的规定仍然是明确的:(1)这种业已被充实了的内时间的统一性具有何种必然的形式;(2)给予每一个阶段的共存和接续中所有内涵以一个必然的统一性的东西是什么(XIV,35)。

关于单子的个体化的问题在整个发生现象学问题性中的位置关联,根据胡塞尔的观点,就其行为和其世界拥有而言,每一个别单子都与其他单子相联结,每一个单子的发生都暗含着它与其他单子共同体化的发生。因此,就现象学旨在实行一种绝对的世界考察而言,亦即理解一个现实世界的可能性而言,单子的个体化问题仍只涉及发生现象学的一个基本的层次、一个抽象的层次。因此,对于一门完整和充分的发生现象学来说,我们还必须进一步向交互单子的发生问题性拓展。

---

[1] Cairns, D.: *Conversations with Husserl and Fink*, The Hague, Martinus Nijhoff Publishers, 1975, p. 90.

# 第四部分

# 历史的—目的论的向度与先验现象学的观念论

# 引 言

发生性的分析表明，先验反思的任务在于展显历史的视域性。从发生性的立场出发，我们不应将真理——被理解为各个先验的构造层次上的自身被给予性——绝对地锚固在某一个先验的构造层次上，而只应在先验历史性的活的意向性中拥有真理。先验的构造或先验的态度本身也是历史性的，只要它源于先验历史的生成性维度。在胡塞尔看来，如果没有事实性的先验自我的存在，先验自我的埃多斯是不可想象的。这种事实性存在隶属普遍的历史发展，而**"历史乃是绝对存在的重大事实"**（VIII，506）。先验现象学的态度就在于对绝对存在的事实内的本己的自身客体化的意识。在这种态度中，主体间性被看作在主体间交往的相互关涉状态中的目的论和谐，而在这种目的论的和谐中，一个普遍的、客观的世界被构造起来。因此，胡塞尔认为存在"一种能够按照本质特性和规则进行直观理解的内在于主体的目的论"（VII，77）。只有这种绝对主体性的视域才能揭示历史的先验目的论的意义。

现象学以"回到'实事本身'"为旨归。一方面，对于"实事本身"的确定取决于直观的明见性；另一方面，先验现象学只有作为发生现象学才能获得其完整的概念，因此，"实事本身"只有在发生性的向度上才能最终得以确定。正是基于对于"实事"的这种理解，胡塞尔宣称："**明见性是一种关涉着整个意识生活的普遍的意向性方式**，借助明见性，意识生活具有一种**普遍的目的论结构**，一种瞄准'理性'的状态，甚至一种连续不断地朝向理性的趋向，亦即趋向于正确性的证明（因而同时趋向于对正确性的习性的获得）和趋向于不正确性的抹掉（因此停止被当作已获得的所有物）。"（XVII，144）与此相应，他对意向性概念做了原则性的修正，将其规定为先验意识生活中的"原本欲"。正是基于现象学运思一贯的目标指向和历史—目的论向度的开显，"生活世界"问题成为胡塞尔后期思想的核心。"生活世界"问题展显了现象学探问的历史性维度，揭示了"历史的先天"。在先验目的论的维度上，"历史的先天"呈现其介于历史主义与客观主义之间的本质形态，而这种"之间"形态正凸显了现象学本身奇崛的哲学立场。

胡塞尔的"历史的先天"概念不仅在其先验现象学的目的论背景下呈

现，而且本质上关涉先验的主体间性问题。从历史—目的论向度来看，胡塞尔在《沉思》中借助先验自我构造他人的主体间性问题的解决方案是成问题的。在某种程度上可以说，《沉思》的方案存在一个需要进一步追问的前提。在那里，先验自我以同感的方式构造起他人。但是，这已经将自我与他人的区分作为前提。这种前提首先需要我们在现象学上予以澄清。正是鉴于《沉思》中问题提法的不彻底性，胡塞尔晚年在主体间性问题上才倾力贯注于"原自我"方案的思考，尽管并未达到最终明确、系统的结论。

随着"生活世界"和"原自我"问题的探讨，一方面，先验现象学观念论的本质形态在发生性的向度上得以凸显；另一方面，由"原自我"问题所揭示的"绝对的原事实"维度则表明了先验现象学的界限。在胡塞尔那里，"绝对的原事实"超出了先验现象学的视域，隶属于形而上学。因此，问题推进到现象学与形而上学之间关系的探讨，这最终将我们引向一门"现象学的形而上学"。

# 第七章　历史的先天与先验目的论

20 世纪 20 年代是胡塞尔的现象学研究深化和发展的重要阶段。在这一时期，胡塞尔关于现象学还原的思考、自我概念的演变以及发生现象学的观念的萌芽和发展，这三者之间是相辅相成的。从极性空乏的纯粹自我向习性自我的推进，再到单子概念的提出，伴随着其现象学还原思考的深化。从先验的构造的方面来看，则是通过"最彻底的还原"所开显的原自我概念和单子个体化的问题性，其间伴随着发生现象学观念的萌芽、发展和发生性分析方法的运用。正是基于这种现象学研究的深化，胡塞尔在后期给出了不同于《观念 I》的三个"现象学引论"，分别是《形式逻辑与先验逻辑》《沉思》和《危机》。事实上，它们分别代表了三条不同的"现象学还原的道路"。在《危机》中，胡塞尔对其现象学研究的深化和发展具有明确的方法论反思。他充分认识到《观念 I》中"笛卡尔式的道路"的严重缺陷，最终选取了"生活世界的还原"的道路。

作为胡塞尔后期思想的核心，"生活世界"问题引发了广泛而持久的争论。一个重要的原因在于，胡塞尔本人对"生活世界"概念的表述具有歧义性，"前科学的直观的周围世界""具体的生活世界"和"原初的生活世界"等含义彼此错综交织，构成难以释解的谜团。在《危机》中，生活世界问题的探讨以科学世界与生活世界的对照为出发点。通过深入考察对照双方的本质关联，胡塞尔呈现了生活世界的三重面相，即"前科学的直观的周围世界""具体的生活世界"和"原初的生活世界"。同时，他也摆明了何以会有一个从前期单纯的世界概念向后期生活世界概念的转变。具体生活世界内发生的"流入"现象则显示出"生活世界的先天"的历史性特征。因此，生活世界问题导致一门关于"历史的先天"的现象学。一方面，基于历史的先天的思想，胡塞尔甚至在探讨历史性问题的《危机》语境中也能尖锐地批评历史主义的荒谬性；另一方面，借助对意向性概念的原则性修正，胡塞尔揭示了历史的先天之持续生成的目的论，从而表明其与客观先天的对立。最终，在与先验的主体间性问题的关联中，历史的先天在先验目的论的维度上呈现出其介于历史主义与客观主义的本质形态。

## 第一节　"生活世界"问题与现象学的历史性向度

早在 1920 年以前，"生活世界"这一表述就已偶尔在胡塞尔那里出现。但是，直至 20 世纪 20 年代以后，它才作为一个专门的术语进入现象学的基本问题域。最初，胡塞尔交替使用"生活世界"与"自然的世界概念""自然的或素朴的经验世界"，但 20 世纪 20 年代以后，它获得了一种特殊的含义，而由这一专门术语所标识的问题则呈现出系统和重大的意义。① 事实上，在《危机》中，生活世界问题是作为切入先验现象学的引导性问题而引入的。尽管胡塞尔在《危机》以及同一时期相关的手稿中的论述具有诸多不一致性，但是，通过回返生活世界而开显先验主体性，以便使现象学还原达到具体化和彻底化的实行，他的这一运思主旨是明确的。

鉴于生活世界问题的本旨，亦即"通过对我们的科学的与哲学的危机状况的根源做目的论的—历史的思考，论证哲学进行先验的—现象学的转向之不可避免的必然性"（VI，S. XIV），在《危机》中，胡塞尔既赋予"生活世界"问题一种诊断性的功能，也赋予它一种理疗性的功能。② 生活世界问题的诊断性功能在于，它表明客观科学已如何遗忘了作为其意义基础和有效性基础的生活世界。这种遗忘性标识着现代科学的客观主义，而这正是欧洲科学和欧洲人出现危机的真正根源。作为客观科学的意义基础和有效性基础，生活世界首先表现为一种"基础功能"（Boden-Funktion）（VI，158）。"生活世界"问题的理疗性功能则在于，它为先验现象学之彻底的自身思义赢得了起跳的地基。因此，这种理疗性功能被称为"引导线索功能"（Leitfaden-Funktion）（VI，175）。在胡塞尔看来，这两种功能彼此内在相关，生活世界借其基础功能成为回问先验主体性之构造成就的引导线索。正是基于这两种功能及其内在关联的考虑，胡塞尔将生活世界与科学世界的对照作为系统开显生活世界问题的出发点。

因此，生活世界问题最初仅仅表现为一个客观科学理论的基础问题，一个"局部问题"。然而，随着问题探讨的深入，它逐渐展开为一个"普遍的存在和真理的问题"，客观科学反倒"作为问题和成就最终失去了它的

---

① 参见 Bernet，R．，Kern，I．，Marbach，E．：*An Introduction to Husserlian Phenomenology*，trans. by Embree，L．，Evanston，Northwestern University Press，1998，p. 217。

② 参见 Claesges，U．：*Edmund Husserls Theorie der Raumkonstitution*，Den Haag，Martinus Nijhoff，1964，S. 85。

独立性，并变成了单纯的局部问题"。最终，生活世界问题成为现象学的"普遍问题"的标识(Ⅵ，135-138)。对此，兰德格雷贝指出："关于生活世界的现象学科学的方法问题不是现象学构造性分析的一个特殊问题，而是涉及先验主体性的构造成就的最深层的维度……因此，关于生活世界的科学的方法问题恰恰是关于现象学起源研究的一般的意义和方法问题。"①在他看来，在现象学上回返最终的明见性维度的最初步骤是排除世界之存在信仰的现象学还原，而回返到生活世界的明见性作为构造性分析的论题构成其最终的步骤，即具体地实行彻底的现象学还原。②

兰德格雷贝所谓的"最初步骤"，亦即胡塞尔在《观念Ⅰ》中纲领性地筹划现象学方案时所拟定的一种笛卡尔式的现象学还原。但是，贯彻这种纲领性筹划的关键在于现象学还原的具体可实行性和彻底性。在《危机》中，胡塞尔对此表现出明确的方法论意识："在我的《纯粹现象学和现象学哲学的观念》一书中，我描述的通向先验悬搁的简短得多的道路——我称之为'笛卡尔式的道路'——有很大的缺点，即那条道路虽然已经通过一种跳跃达到了先验自我，但是，因为毕竟缺少先行的说明，这种先验自我看上去完全是空无内容的。因此，人们在最初就不知道，借助这种悬搁会获得什么，甚至也不知道，从这里出发就会获得一种对哲学有决定意义的全新的基础科学。"(Ⅵ，157-158)他认识到，最初那条通过对自然态度的总设定加括号而回返先验主体性的还原路径，既缺乏具体的可实行性，也缺乏彻底性。尽管通过悬搁而排除了存在者的存在信仰，但是，作为一切存在和行为之视域的世界甚至作为这种悬搁的视域的世界仍被设为前提，而这对于现象学还原的彻底性来说，无疑是极成问题的。正是在这个意义上，伽达默尔正确地指出："当先验还原的哲学方案把胡塞尔的一切研究都归入一个有系统的哲学框架中去时，当哲学的纲领是使哲学成为一门从确定无疑的证据这一最终基础出发的严格科学时，就有必要去检查先验还原步骤的严格性和明晰性。正是在此时，生活世界的问题出现了，'生活世界'这一术语被创造出来。"③

关于生活世界问题对于现象学还原的意义，胡塞尔在《危机》中这样写道："以为每个人所看到的事物和世界都像它们展示给他的那样，这种

---

① Landgrebe, L.: *Phänomenologie und Geschichte*, Gütersloh, Mohn, 1968, S. 148-150.

② 参见 Landgrebe, L.: *Phänomenologie und Geschichte*, Gütersloh, Mohn, 1968，S. 155。

③ 〔德〕加达默尔：《哲学解释学》，夏镇平、宋建平译，上海，上海译文出版社，1994，第182页。按：译文参照德文原文略做调整。本书将"伽达默尔"译为"加达默尔"，下同。——编者注

单纯的自明性，如我们所认识到的那样，掩盖住了一个巨大的、特别的真理的视域。这些真理从未在它们的特性和系统关联中进入哲学的视野。世界(我们所谈论的世界)与主观被给予方式之间的相关性从未引起过哲学的惊异……从未引起过特有的哲学兴趣，以致它从未成为一门特有的科学论题。"(Ⅵ，168)显然，这种在对"世界与主观被给予方式之间的相关性"的论题化中达到明见性的企图构成了胡塞尔回返生活世界的真正动机。

　　诚如布兰德所言，胡塞尔回返生活世界的本旨业已在现象学那个著名的座右铭"回到'实事本身'"中得到标示。① 因为"回到'实事本身'"意味着"要在充分发挥了的直观中获得明见性"，而"生活世界是原初的明见性的领域"，因此"实事本身"就存在于生活世界的各种直观之中。一切要求其真理品性的思想成就都必须回溯到生活世界的明见性(Ⅵ，130)。就此而言，生活世界问题依然承续了胡塞尔"哲学作为严格科学"的理想，即在哲学上实现"最终奠基"的理想。对此，卡尔明确指出："胡塞尔的目的一直都是像它呈现给我们的那样来描述世界，以及描述其中世界的呈现得以实现的意识形式。这就是回到实事本身所意味的东西。还原的要旨在于以一种从习惯上被建立起来的态度的形式产生一种与我们的经验的直接联系，一种与我们始终已具有但却总是忽略的东西的联系，而防止我们对它进行理论化的自然倾向。通过对我们所有的理论前见加括号，而且最终通过克服自然态度本身的前见，我们能恢复和保持这种直接的联系，结果是能察觉和描述世界的**真正意义**。"②

　　这种"真正意义"，或者被奉行某种简单的还原图式的哲学消除了，如"自然主义"，或者被否认存在任何一种真正意义的哲学拒绝了，如"历史主义"。对此，胡塞尔在《观念Ⅰ》中明确指出："现象学观念论并不否认实在世界(首先是自然界)的现实存在，好像它以为后者是一种假象似的……它的唯一任务和功能在于解释这个世界的意义。"(Ⅴ，152)在他看来，这种"解释"不是对世界的"重新解释"，而是要排除对世界的"一种悖谬的解释，即与其由洞见阐明的**本身的**意义相矛盾的那种解释"，因为这种悖谬的解释"来自对世界的一种**哲学的**绝对化，它与考察世界的自然方式完全不同。后者正是十分自然的，它素朴地存在于由我们描述的总设定的

① 参见 Brand G.："The Material Apriori and the Foundation for its Analysis in Husserl"，Ty-mieniecka，A. T. (ed.)：*Analecta Husserliana* Ⅱ(1972)，p. 128。

② Carr，D.：*Phenomenology and the Problem of History：A Study of Husserl's Transcenden-tal Philosophy*，Evanston，Northwestern University Press，1974，pp. 185-186。

实行过程中，因此永远不会成为悖谬的"(III/1，107)。因此，这种"真正意义"在《沉思》中进一步被规定为："这个世界先于一切哲学化而对我们所有人具有的意义。"(I，177)显然，这意味着《危机》中孜孜以求的原初的生活世界经验。

因此，"生活世界"概念在《危机》中首先是作为科学世界的对照物被引入的：一方是作为"原则上可直观性之宇宙"的生活世界，它构成科学世界的意义基础和有效性基础；另一方是作为"原则上非直观的'逻辑的'基础结构"的"客观上真的"世界(VI，130)。但是，这种对照所凸显的非论题性的、前科学的直观的周围世界并非原初的生活世界。毋宁说，随着问题的开展，《危机》恰恰又注销了这种对照。因为胡塞尔很快认识到，要想澄清这种对照，就必须深入考察对照双方的本质联系，而结果是"客观理论……是植根于和奠基于生活世界之中，植根于和奠基于生活世界所属的原初明见性之中的"(VI，132)。这种"植根于"意味着，客观的科学作为前科学的人的成就，本身是属于生活世界的，它是"生活世界内的一种特殊成就"(VI，127)。因此，与"前科学的直观的周围世界"概念平行，胡塞尔又提出了"具体的生活世界"概念，它是包含客观逻辑之物的领域。现在，科学理论的活动及其成就被看作生活世界中的诸多实践形式及其成就之一："我们称作科学的东西，在作为生活世界经常对我们有效的世界中，是一种特殊种类的有目的的活动和合目的的成就，与通常意义上的人的全部职业一样。科学还包括一些非职业的类型，即一般不包括目的关联和成就的较高程度的实践意向，以及或多或少是孤立的、偶然的，或多或少是暂时的兴趣。从人的观点来看，所有这些都是人的生活和人的习性的特殊形态，所有这些都处于生活世界的总的范围之内，一切成就都流入这个范围，所有的人，以及做出成就的活动和能力总是属于这个范围。"(VI，141)

在胡塞尔看来，无论是前科学的实践成就还是科学理论的实践成就，它们"都具有对生活世界有效的性质。作为这样的东西，它们不断追加到生活世界本身的库存中，甚至预先就作为生成着的科学之可能成就的视域而属于生活世界。因此具体的生活世界，对于'科学上真的'世界来说，同时是奠定这个世界的基础，并且生活世界特有的普遍的具体性包含科学上真的世界"(VI，134)。显然，科学世界与生活世界之间的对照被注销了，更确切地说，被相对化了。

前科学的直观的周围世界并不绝对地指一个处于科学活动彼岸的世界，而是指一个我们在其中没有主动地实行科学活动的世界，因为它可能被动地以科学成就为前提而已从理论上被规定了。因此,《危机》所寻求的原初的生活世界,只能意味着这个因一切形式的活动成就的**流入**而构成的具体的生活世界的一个层次。客观逻辑之物**流入**主观相对之物并非在其本质上被消除了,而是被主观相对之物吸纳了。如果说客观科学是对直观感性之物的一种"脱透视化"(Entperspektivierung),那么客观逻辑之物则因"流入"而经历了一种"重新透视化"(Reperspektivierung)。①现在,胡塞尔有理由说:"在以经常的、尽管是主观相对的存在有效性前科学地被预先给予我们的感性世界中,其中未被认识的、隐蔽的但是借助合理的方法能够认识的世界,即客观科学的世界,作为显现世界显示出来。但是甚至这个世界,作为完全处于纯粹的、被运用于感性的理性中的、进行认识的主体性中的世界,也是主观相对的,只不过以另一种方式主观相对。"(VI, 454)所谓"以另一种方式"主观相对,也就是"以机遇性(Okkasionalität)的方式"。客观逻辑之物按其目的是非机遇性的,但就其作为人的理论性实践的成就而言,它属于主观的—相对的领域,因为流入的成果允许我们与之有一种机遇性的、主观相对的交往。而可支配性表现出被动的、非论题性的、来源于主动性的、生活世界的预先被给予性特征和视域特征。

从前科学的直观的周围世界与科学世界的对照,到这种对照因流入的发生而被注销或相对化,胡塞尔的基本意图是明确的:使科学所谓的"客观自在世界"相对化,以揭示一个无主体的客观自在世界的假象。这也表明,在他那里何以会有一个从前期单纯的世界概念向后期生活世界概念的转变,而"生活周围世界"(Lebensumwelt)这一生造的术语正是对此转变意义的凸显:"对自我主体来说,这个周围世界只具有我们的经验、思考和评价等所各自给予它的存在意义,而且是在作为有效性主体的我们现时地实行的各种有效性样式中……具有存在意义的。"(VI, 107)但是,流入的发生不仅导致了前科学的直观的周围世界的相对化,而且在某种程度上似乎阻断了回返生活世界的原初明见性的路向。现在,胡塞尔认识到客观上真的世界与生活世界之间的悖论性关联,亦即生活世界既要作为客观上真的世界的意义基础和有效性基础,同时又在其普遍的具体化中包含它。因此,问题显然是"我们应如何系统地——即以适当的科学性——公正地对待生活世界的这种使人感到如此悖理的包罗万象

---

① 参见 Claesges, U.: "Zweideutigkeiten in Husserls Lebenswelt-Begriff", Claesges, U., Held, K. (Hrsg.); *Perspektiven Transzendental Phänomenologischer Forschung*, Den Haag, Martinus Nijhoff, 1972, S. 100。

的存在方式?"(VI，134)

对此，我们应当充分认识到，与科学世界处于对照中的前科学的直观的周围世界是具有其存在者状态上的(ontische)直观性的世界，胡塞尔称之为"原则上可直观的宇宙"。它以"现实的可经验性"为特征(VI，130)。因此，这种试图借对照而回返原初的生活世界的路向完全是存在者状态上的反思路向。而在对照被注销后，作为"普遍的具体化"的生活世界是由本身可直观之物和"被重新透视化了的"、同样具有可直观性的客观逻辑之物所构成的统一体。显然，"具体的生活世界"同样是"原则上可直观的宇宙"，它也以其"现实的可经验性"为特征。这仍处于存在者状态的反思路向上。因此，无论是处于对照中的前科学的直观的周围世界，还是对照被注销后的具体的生活世界，作为存在者状态上的"日常的生活周围世界"对我们生活于其中的人来说都具有本己的"不言而喻性"和"预先被给予性"。尽管胡塞尔也赋予这种存在者状态上的生活世界以明见性，但这种明见性并非现象学以"回到'实事本身'"为旨归所要达到的明见性，它显然不符合现象学在"最终奠基"的意义上对生活世界的明见性要求。

在胡塞尔看来，生活周围世界的不言而喻性和预先被给予性正是康德哲学未言明的前提，它恰恰构成康德本人未能切中的真正的"休谟问题"："如何能使我们生活于其中的世界确然性——不仅是对**日常**世界的确然性，而且还有对建立在这个日常世界基础上的**理论建构**的确然性——的**素朴的不言而喻性**达到一种**可理解性**呢?"(VI，99)正是基于对生活世界上述那种明见性之素朴性的明察，胡塞尔尚在存在者状态上的反思阶段时就教导我们，要想彻底澄清生活世界的明见性特征或奠基特征，因而彻底澄清生活世界的本质，就必须深入构造世界的先验主体性层次，必须"回溯到生活世界在其中持续地预先被给予的原初明见性"(VI，130)。这意味着，存在者状态上的反思必须让位于更彻底的哲学反思。

胡塞尔认为，为了能使生活世界之素朴的不言而喻性和预先被给予性达到可理解性，因而为了获得最终的明见性，首先必须通过先验悬搁将预先被给予的生活世界论题化，亦即提出这样的问题："前科学上真的客体，然后是科学上真的客体，与一切到处都在预先存在的不言而喻性中起作用的主观之物处于何种关系中?"(VI，113)在他看来，借助先验悬搁，哲学思考的目光得以从自然态度的束缚性中解放出来，世界与其主观的被给予性方式之间的普遍相关性就会呈现(VI，168)。现在，一切

"前科学上真的客体"和"科学上真的客体"都以主观显现的方式被我们意识到，而这在自然态度的生活中则是非论题性的。这种对本身是匿名的—非论题性的显现变化的论题化意味着反思目光的转向，亦即与自然的直向态度决裂。因此，先验悬搁导致自然态度的彻底转变，使反思的目光从"倾心于"对象统一极的态度中解放出来，从而建立起一种对存在者之被给予性方式的普遍的新兴趣(VI，151)。结果，对存在者的兴趣不再直接指向存在者本身，而是指向存在者之被给予性方式、显现方式和有效性样式的主观变化。这种主观的变化持续地进行着，不断地以综合的方式结合到流动中，由此产生出对世界之素朴存在的统一性意识(VI，149)。因此，"现在就不是世界本身，而是唯有在被给予性方式的变动之中不断地预先被给予我们的世界才成为我们的论题"(VI，157)。于是，一个新的维度向我们展示出来，呈现出无限丰富的新现象。胡塞尔强调："这些现象完全是纯粹主观的现象，但绝不是单纯事实性的感性素材的心理物理过程，而是精神的过程。作为这样的过程，它们以本质的必然性实行构造意义形态(Sinngestalten)的功能。但它们总是用精神的'材料'构造意义形态，而这些精神材料又总是一再以本质必然性表明自身是精神形态，是被构造的。"(VI，114)因此，通过先验悬搁所开启的反思方向使我们从生活世界的预先被给予性深入到构造着预先被给予性的主观领域，从存在者状态上的—主观之物(Ontisch-Subjektiven)深入到先验的—主观之物(Transzendental-Subjektiven)，亦即深入到构造性的被给予性方式意义上的生活世界。胡塞尔将这种意义上的生活世界称为"保持'匿名状态的'现象的领域"(VI，114)。在他看来，"这是一个完全自身封闭的主观之物的领域，以它自己的方式存在着，在一切经验、一切思想和一切生活中都起作用"(VI，114)。也就是说，这个"封闭的主观之物的领域"是"贯穿一切精神成就的意义关联和有效性关联之牢不可破的统一性"，因而构成一切现实的生命活动的不言而喻性的前提(VI，115)。在此意义上，胡塞尔将其称为"匿名的主体性"(VI，115)。由于这种"匿名的主体性"是发生在一切精神成就之先的"普遍成就"，而"一切人类的实践、一切前科学的和科学的生活已经将它作为前提，它们将这种普遍成就的精神获得物当作永久的基础，而所有它们本己的获得物都能够流入这个基础之中"(VI，115)，因此，它又被称为"最终发挥功能的主体性"(VI，116)或"最终成就着的生活"(VI，131)。胡塞尔认为，这才是原初的生活世界。哲学要想实现其"最终奠基"的理想，就必须通过现象学还原回返这个最终的明见性领域。

　　根据胡塞尔的观点，原初的生活世界是一个彻底主观的领域，它不仅对于科学这种理论实践的成就来说是主观的，而且对于其他一切形式的实践成就来说也都是主观的。在他看来，不仅科学这种理论实践的成就是一种理念化，而且在前科学的生活世界实践中已经存在一种理念化的形式。与科学的理念化归因于科学归纳相对，胡塞尔把前科学的实践的理念化形式称为"粗糙的归纳"或"日常的归纳"："全部的生活都是依据于预见的，我们可以说，全部生活都是依据于归纳的。对每一个素朴经验的存在确然性，已经以最原始的方式进行归纳了。"（VI，51）这不仅是说，归纳的事件不是什么派生物，不只是在科学的理论活动中才出现，而是也规定着前科学的生活世界经验，而且意味着"粗糙的归纳"构成科学归纳的基础。科学归纳只是一种更精确的归纳，它一开始就被锚固在确定不变的对象极上，而粗糙的归纳仍只是锚固在单纯的类型物上。这两种归纳都有助于存在者之普遍性的构造。尽管这种粗糙的归纳所成就的不是一个客观的逻辑的自在，但却是一个直观性的自在。因此，前科学的生活世界也存在一种客观性，境遇真理是其标识。境遇真理与客观逻辑的真理之间不存在本质差异，只有等级差异。就理念化成就向生活世界的流入而言，境遇真理成就的流入与客观逻辑的真理成就的流入具有本质的亲缘关系。

　　因此，从原初的生活世界的立场上看，预先被给予我们的具体的生活世界已经被罩上了重重理念化外衣。在《危机》中，境遇真理和客观逻辑的真理有时被统称为"客观的真理"。在胡塞尔看来，客观的真理只属于自然的一人的世界生活的态度，而一切自然的世界生活都只是不断地"构造着世界的先验生活"的一种特殊的理念化形式（VI，179）。因此，为了获得最终的明见性，我们必须从自然的世界生活及其世间兴趣中摆脱出来，采取一种超出它们的先验立场。对此，胡塞尔明确强调："任何从理论上指向世界认识的兴趣，以及甚至任何通常意义上的实践兴趣，因为它们依赖于它们的境遇真理这个前提，对于我们来说都是不允许的……任何的客观真理，不论是在前科学的意义上的还是在科学意义上的，或者说，任何有关客观存在的论断，都不能进入我们的科学性的范围。"（VI，178）作为一门科学，生活世界现象学旨在揭示这种"构造着世界的先验生活"的本质内涵。但是，作为由纯粹主观的被给予性方式或显现方式构成的领域，它如何能成为一门严格科学的对象？换句话说，"除了客观真理之外，还有第二种真理，即主观真理吗"（VI，179）？如果有所谓的"主观真理"，那么就应存在一门科学，这门科学的任务就在于把握生活世界的整个相对性样式，在于把握生活世界之纯粹主观的、似乎不可把握的整个"赫拉克利特之流"的样式（Ⅵ，159）。也就是说，把握意见领域的真理。而这从一开始似乎就完全被排除在一切形式的真理领域之外。

在《危机》中，胡塞尔对此问题的解决立足于三个基本的相互关联的现象学明察：（1）世界与世界的主观被给予性方式之间存在一种"普遍的相关性先天"；（2）在主观的显现方式的多样性中存在各种本质相关性，它们是伸展得更远的普遍的先天的组成部分，因此，一切现实的和可能的主观显现方式都具有"普遍的相关性先天"（Ⅵ，161-162）；（3）每一个存在者都是一个主观的相关性系统的引导性线索（Ⅵ，168）。根据这些明察，预先被给予的具体的生活世界所显露出来的普遍类型学或普遍的先天就构成了回溯"构造着世界的先验生活"的先天的先验引导线索（Ⅵ，142-143）。由此，胡塞尔开显出一门关于生活世界的先天的科学。

问题是，生活世界的先天究竟是何种意义上的先天？

前述分析表明，预先被给予的具体的生活世界是由一切形式实践的理念化成就流入原初的生活世界而形成的。作为主观的—相对的世界，它在被给予性方式的不断变化中预先被给予我们；作为具体的普遍性，它包含一切精神成就获得的全部有效性层次；作为普遍的精神获得物，作为精神形态的统一性或意义构成物，它处于不断的生成中，并且持续地向前发展（Ⅵ，115）。这种"持续的发展"是一种连续的综合。在这种综合中，一切精神获得物都继续有效，它们构成一个整体；而在每一个当下，这个整体都是新的获得物的前提（Ⅵ，367）。因此，具体的生活世界是一个历史的世界。根据胡塞尔的观点，历史就存在于当下之中。一方面，这个历史的当下作为人的生活视域在自身中蕴含着历史的过去，它是从历史的过去生成的，而历史的过去又是从另一个历史的过去产生出来的诸过去的连续统；另一方面，这个历史的当下又面对一个无限的未来视域（Ⅵ，382）。因此，"历史从一开始就恰恰是原初的意义形成与意义积淀之并存和交织的鲜活运动"（Ⅵ，380）。胡塞尔认为，历史当下的这种"鲜活运动"具有其"内在的意义结构"，亦即具体的历史的先天，它包含历史上已生成的和正在生成的一切存在物。对它来说，处于一定历史阶段上的所有特殊生活世界的先天都具有相对的特征（Ⅵ，380）。因此，我们完全可以就历史世界本己的本质结构提出"历史的先天"问题。

然而，我们以何种方式才能获得历史世界的普遍的先天呢？胡塞尔意识到这里存在的困难。因为**世界的历史**——它的有时间样式的具体的存在，作为总是具有其过去与将来的流动的当下之物——可以被理解为……处于主观时间性中的我们的世界表象的历史。我们的世界表象按照内容和对我们的有效性是在主观的时间性中发生的"（Ⅵ，501）。既然历史世界可被还原成世界表象，而这又属于某种特定历史阶段，因而是不断变化着的东西，何以还会存在一个历史的先天？

因此，问题是，历史世界的变化不是吞没了每一个永恒持存的东西吗？"赫拉克利特之流"不是否定了普遍的真理的可能性吗？

## 第二节　"历史的先天"问题

现在，问题本身迫使胡塞尔逾越历史的变化而朝向使其得以可能的历史的先天。但是，一方面，作为一种历史文化事实，任何一门科学及其真理都以历史的先天为前提；另一方面，历史的先天却是一种理念化的成就，无疑也是一种历史文化事实。因此，产生历史的先天的理念化反过来又以历史的先天为前提，这二者之间应如何调解呢？（Ⅵ，363）

对此，胡塞尔诉诸先验主体性的自身思义。在他看来，历史的先天不是一个超世界的观念领域，而是位于先验主体性自身反思的经验领域，亦即最终明见性的领域。考虑到那些经验的历史科学，他把历史的先天规定为由前科学的历史经验之可能性条件和经验的历史科学之可能性条件构成的全体，因为"一切通常意义上的历史性的问题提法和指明，都已经以作为普遍的问题视域的历史为前提了"（Ⅵ，382）。然而，这种可通过回返最终明见性而被经验到的历史的先天是何种先天呢？对此，胡塞尔的回答是，它是进行最终构造的主体性的时间结构。这种主体性总在历史的当下将自身构造成时间性的东西，亦即"赫拉克利特之流"本身。在他看来，历史的世界视域总是作为蕴含在各个当下视域中的时间视域（Zeithorizont）被意识到，具有可揭示的本质结构。这是一种原则性的结构，一种从已显露的结构出发仍可更多地被摆明的结构（Ⅵ，378-380）。由于对具体的历史性的事实性的探究和规定都建基于这种作为原则性的结构的历史的先天，胡塞尔认为，一切真正的问题都只有诉诸历史的先天才能得到理解，它是"一切可设想的理解问题的普遍源泉"。显然，历史的先天"要求一种完全无条件的、超越一切历史事实性的明见性，真正绝然的明见性"，这与历史主义宣称一切真理都具有相对性的立场是截然对立的（Ⅵ，381）。正是基于历史的先天的立场，胡塞尔甚至在探讨历史性问题的《危机》语境中也能尖锐地批评历史主义的悖谬性："我们首先还不需要对历史主义提出的事实进行某种批判的考察，只要指出一点就够了，即关于它们的事实性的断言已经以历史的先天为前提了，如果这种断言应具有某种意义的话。"(Ⅵ，383)

鉴于历史的先天存在这种历史的当下的视域性，胡塞尔认为，只能以一种视域解释（Horizontauslegung）的方式获得历史世界的普遍先天。在他看来，"无论我们何时进行思考，我们都以一种明见性发现，我们有能力进行反思，能够朝视域望去，并且能够通过解释深入视域之中。但是我们有能力，并且我们自己也知道有能力，完全自由地在思想和想象中改变我们人的历史此在，以及改变在这里作为其生活世界被解释的东西。正是在这种自由改变当中，在对生活世界的可以想象到的可能性的熟悉当中，以绝然的明见性出现了一种贯穿于一切变体的本质普遍的持存者……作为总是被蕴含在流动的、活的视域中的本质。"(Ⅵ，383)这种"本质普遍的持存者"就是历史的先天。它们是拥有一个历史世界的可能性条件。作为这种可能性条件，它们不仅属于世界构造的成就，而且也属于先验主体性之时间性的自身构造的成就。这种历史的先天不同于客观的—逻辑的先天。后者是一种历史地生成的先天，因而是处于相对性之中的先天；而历史的先天是指历史世界的不变样式，它构成一切相对的先天的绝然的前提。

但问题是，既然胡塞尔认为，历史的先天是一种理念化的成就，那么这个"赫拉克利特之流"如何才能不被凝固成关于这个流的理念，而是仍被把握为流动本身呢？

作为拥有一个历史世界的可能性条件，历史的先天和其他所有先天一样，也是一种理念化成就。但是，由于这种理念化采取的是先验主体性自身思义的形式，因此，它是一种先行筹划。这种先行筹划不是完结性的筹划，而是必然在对其占有中被逾越。胡塞尔早在20世纪20年代就已认识到，先验的意识生活是一种连续不断的生成，是一个绝不会中断的历史，而"历史是越来越高级的意义构成物的一种完全为一个内在的目的论所统治的逐级的构造"(Ⅺ，219)。在他看来，先验的意识生活不是由一个固着了的世界整体来标识，它作为意向的生活总是超越自身。鉴于对先验的意识生活的目的论的理解，胡塞尔对意向性概念做了原则性修正，将其规定为先验意识生活的一种原本欲。在他看来，历史及其目的论开始于一种空乏的原意向（Urintention），从这种原意向产生了向一个尚不确定的开放视域的迈进，而这个视域只有在生成中才能逐步得到充实。作为对先验意识生活之新视域的开启，这种充实所实现的可能性不是一个自在地存在的固定不变的可能性。在历史的目的论的发展中，只有原意向所预示的目的指向（Zielrichtung）是确定的，但它却指向开放的未来。这意味着，先验主体性不断进行构造的意识生活绝不会被一种固定的、可被对象化的先天所限定，而是始终保持开放。因此，先验主体性不能以理论的—对象化的方式把握自身及其基础，只能在其自由的实行过程中认识自身历史的先天，亦即那种为其生活样式奠基并使之得以可能的东西。它以目的论的方式展开自身的先天可能性不是自在的可能性，而是通过其先验的意识生活的成就被构造出来的可能性。因此，尽管历史的先天是一种不变的样式，但却不能以对象化的反思方式把握，也不会被对象化的把握所穷尽。它本身是"赫拉克利特之流"，将在总是超越自身的意向性的构造成就中持续向前伸展。

最终，历史的先天在先验目的论的维度上呈现其介于历史主义与客观主义之间的本质形态，这种"之间"形态正凸显了现象学本身奇崛的哲学立场。

在我们这个历史时代，人们已愈益感受到历史相对主义的冲击，同时仍执拗地寻求人类精神的确定性，以此作为心灵栖居的家园。一方面，人们主张各民族文化存在的相对合理性，倡导价值多元；另一方面，人们也在艰难地探索普适价值的可能性。人类精神始终挣扎于历史主义与客观主义的二元张力之中。然而，尽管历史的现实无疑向我们呈现了一个多元的世界，尽管我们不能无视价值多元的存在和冲突的事实，我们却始终不甘心放弃对普遍价值的追寻。我们都追求公平，谋求正义，追寻道德的良序，希望实现政治的大同和文化信仰的宽容。尽管这也许永远无法实现，甚至我们知道这也许永远无法实现。但是，我们绝不会有丝毫的放弃。这是人类理性必须面对的现实。胡塞尔借助生活世界问题所开显的历史现象学向度，恰恰向我们展示了人类理性的这种悖论性精神境遇。同时，他试图在先验的目的论维度上调解历史主义与客观主义之间二元对立的努力，也为我们时代的哲学思考提供了有益的启示。

## 第三节　先验目的论与主体间性

根据胡塞尔的观点，一切意识种类从静态的描述方面看都隶属于目的论的秩序。对此，他在《分析》中明确指出："静态现象学是可能的、无论以何种方式在纯粹意识中生成的本质形态的现象学，以及这些本质形态在'对象'和'意义'的标题下于可能的理性领域中的目的论的秩序的现象学。"(XI，340)如果没有这种目的论秩序，意识是根本不可想象的。依此目的论的秩序，整个意识生活构成一个普遍的本质规则的系统，具有规则性的一致性或不一致性的关联。这些规则性的关联产生一个目的论。因此，它与那种独立于意识生活而原始地在自身中包含一个目的论的自然的秩序和历史无关。自然的秩序和历史只是一个系统学的引导线索，这种系统学探究构造性的目的论，亦即内在于主体的目的论。静态的—描述的意向分析揭示了一个完整的系统，其中一切客观性都根据意义和有效性得到证明，每一个客观性都是一个属于主体性之本质的意向性的规则。在构造性的成就——胡塞尔称之为"目的论的功能"(XVII，216)——这种系统学中，居支配地位的是意义给予、意义持续生成和应验等综合的本质规则。这些规则是普遍的动机引发规则的诸形式，它们在构造的领域内起支配性作用。"这个构造的领域是彻头彻尾的目的论领域。"(IX，422)因此，先验还原表明自身是对内在的动机引发领域的展显。在这种内在的动机引发领域内，凡是不能从意识生活的目的论得到规定的东西都是不可想象的。胡塞尔认为："将所有存在回溯到先验的主体性及其构造性的意向成就的做法恰恰为**目的论的**世界考察提供了可能。"(IX，301)

静态的—描述的意向分析揭示了一个由意向活动和意向相关项构成的意义给予的统一性系统。它总是处于无限的视域中，因而处于持续不断的一致性充实的过程中。在发生现象学中，那种曾被静态地看作意识主体的功能性自我，其自身同一性的生成成为论题。这个由于视域意识而保持开放的系统指明了目的论的载者，它贯穿其多样性体验而趋向于一致性。现在，"意向活动—意向相关项"这种极化模式——已导致构造系统的发现——被运用于意向性整体。在发生的统一性中，这种意向性整体由心理生活的所有个别意向通过与对象性的统一性关系而目的论地被联结而成(XVII，232)。因此，需要对这个在系统的发生中形成的主体性做出说明。它的生成不是体验的单纯接续，而是"一个绝不会中断的历史。而且历史是越来越高级的意义构成物的一种完全为一个内在的目的论所统治的逐级的构造"(XI，219)。单子是处于时间的连续生成中的单一的存在物，而一切属于它的东西都是在这个生成过程某一个位置上的自身给予，亦即同一个自我的内在的被充实的时间中的时间充盈。它可以通过自身的综合成就而作为原初地构造着的生成被论题化。

在对其早期的内时间意识学说的一个修正中，胡塞尔强调，那种作为前摄而处于前指状态和作为滞留而不断变异着的但却保持着统一性的意向性必须被理解为一种自我性的意愿意向性（Willensintentionalität）。自我被规定为功能性的极，而行为的普遍的动机引发被规定为自身发展的目的论。一个原初的本欲意向性使自我从一个当下到另一个当下地向前发展，并且在其中获得本欲充实。因此，对时间意识的这种解释表明，一个普遍的目的论可以被理解为一个普遍的一致性地得到充实的意向性之完整的充实系统的统一性。这种自我性的意愿意向性在主体性之目的论的存在的原印象中被标识为本能渴求的原满足。通过回问原素的构造，一种目的论的要素会展现出来，因为在我的绝然的自我的事实中已伸展着处于一个统一性形式中的原材料。根据胡塞尔的观点，事实上预先发生着一个目的论，构造的功能预先具有其本质 ABC，具有其本质语法学，建基于其上的是事实性的本质变更的权能。自我自身包含一个原偶然之物的核，这个核处于本质形式中，处于权能性的功能的形式中。在这种形式中，世界的本质必然性被建立起来。单子的生成和发展以这种原偶然性（Urzufälligkeit）为出发点，这种原偶然性同时也是自我性的意愿意向性。现在，目的论是一切形式的形式，在单子的根基上是不可再回问的自由行动和原初的动机引发（XV，378-386）。正是在这个意义上，胡塞尔说："如果没有作为事实性自我的先验自我的存在，先验自我的埃多斯是不可想象的。"（XV，378）绝对存在的事实则在其必然的发展中构成历史。

　　关于绝对的事实与历史的关系，胡塞尔的态度似乎是矛盾的。一方面，他考虑的是："在回问中，原结构（Urstruktur）最终产生于其原质素（Urhyle）等的变化中，连同其原动感（Urkinästhesen）、原感受（Urgefühlen）和原本能（Urinstinkten）在内。事实上，这是由于原材料（Urmaterial）正是这样以某种统一形式流逝，这种本质形式先于世间性（Weltlichkeit）。因此，对我来说，整个世界的构造似乎已'从本能上'得到了预先规定。于是，赋予可能化的（ermöglichende）功能本身就预先具有了其本质 ABC，即它的本质语法学。因此，事实上一种目的论已预先在起作用。一种完整的存在论就是目的论，但它以事实为前提。"（XV，385）另一方面，他又认为："每一个当下的意识在其本质性的现前流中超出本真的现前者把握新的现前，无法想象的是，它没有滞留的和前摄的视域，没有一个对意识过去的共意识（尽管必然是一个非直观的意识）和一个对将来的意识（无论多么不确定）的前期待。因此，如果在意识流中某物确实'从某物中产生'，那么统觉就必然从统觉中产生。在此无须考虑，是否存在能被置于意识流的'开端'的原统觉（Urapperzeption）。"

（XI，337-338）因此，一方面是对功能的先天之"本质 ABC"的回问，另一方面则是对"意识流的'开端'的原统觉"的拒绝，二者之间似乎存在难以消解的张力。

关于这种张力，霍尧斯曾明确指出，先验现象学反思的任务在于将各种统觉的历史的视域性纳入哲学的问题性中，以便不会将真理错误地绝对化，而是在其意向的蕴含中，因而在其相对性中解释它。最终，我们在先验的历史性之活的意向性中拥有真理。[①] 正是在这个意义上，胡塞尔批评客观主义对于认识成就的目的论意义的盲目性。在他看来，尽管历史视域内的各种态度的透视性（Perspektivität）可以在先验的态度上得到澄清，但是，先验的态度本身却是历史性的。因此，相对于先验还原开显的最终维度和层次而言，所有先验的意识成就都是临时性的，而不是完成性的，就像茫茫旅途中的路标或里程碑。先验的态度是绝对的，这不是因为它无前提地产生于主体，而是因为它能反思一切前提。

根据胡塞尔的观点，作为无限地指向完善性、指向真实的自身保持（Selbsterhaltung），先验主体性的自身构造处于不断更新的矛盾和矛盾的克服中。这种发展过程作为功能被编排进目的论之普遍的统一序列和发展序列，目的论则作为存在论的形式构成先验主体性的普遍存在。关于目的论的普遍性，胡塞尔在一份 1931 年的手稿中说："我将目的论称为一切形式的形式……一切形式都必须在其完满的普遍性中被指明，总体性（Totalität）必须作为在其由特殊形式（其中存在着世界和世界形式）构成的整个系统中的总体性被展示，因此，目的论可以被标明为具体地和个体地构成总体性中的一切存在的东西，最终使之得以可能并因此使之得以实现的东西。"（XV，380）这表明，目的论的核心问题在于总体性，它意味着单子的大全共同体。因此，目的论的过程本质上是先验的主体间性的存在过程："它包含一个普遍的、首先在个别的主体中昏暗的'生命意愿'，或不如说，真实存在的意愿。我们也许可以说，各个意愿在其彰显的形式中具有一个潜在的'意愿视域'（Willenshorizont）。"（XV，378-379）

在胡塞尔看来，这种意愿首先在个别的主体中彰显，其中存在作为在前存在论上形成的观念。作为这种观念，它在进一步发展中通过存在论的思义获得科学的形式；而且作为存在论的观念，它能成为这种意愿的导引。因此，这种意愿具有明确的目标，或者说，具有一切个体的和

---

① 参见 Hoyos，Guillermo："Zum Teleologiebegriff in der Phänpmenologie Husserls"，Claesges，U.，Held，K.（Hrsg.）：*Perspektiven Transzendental Phänomenologischer Forschung*，Den Haag，Martinus Nijhoff，1972，S. 78-79。

主体间的目的之总体的目的形式。但是，作为意愿指引的完善性的观念，因而作为完善的主体间全体共同体存在的观念，它不可能具有完结的形式。作为引导性观念，它克服此在的必然"矛盾"，使此在不断达到与自身的一致性，不断提升到真实的存在，不断更新成真理的此在。对此，胡塞尔说道："作为趋向普遍的自身意识并已呈现在普遍的自身意识中的流动的存在，单子总体性的存在是一个无限进展的过程——普遍的目的论。"（XV，593）根据他的观点，普遍的目的论是一个贯穿一切先验单子的、谋求进一步发展的普遍趋向，所趋向的目标就是为最终的合理性的理想或彻底的自身理解的理想所引导的真正人性的目标。普遍的本欲意向性则是普遍的目的论最本质的体现："普遍的本欲意向性统一地构成作为固定的时间化的原始当下，并具体地从一个当下到另一个当下持续向前追求。任何内容都是本欲充实的内容。在每一个原真的当下，高层次的超越性的本欲伸展进每一个其他的当下，并且相互联结成单子。"（XV，226-227）

　　普遍的先验目的论不仅贯穿当下视域的先验单子大全（Monadenall），而且贯穿过去视域和未来视域中的先验单子大全，它最终表现为历史的目的论。先验的单子大全的整个先验的历史由各种不同的"历史性的层次"构成，其中哲学的历史是最高的层次。对此，胡塞尔在《危机》中说道："在**我们的**哲学研究中，我们是**人类的公仆**……在我们个人的内在使命中，我们自己作为哲学家的真正存在完全是个人的责任，同时本身就包含对于人类的真正存在的责任。而人类的真正存在只是作为指向**终极目的**（Telos）的存在而存在，**如果**它确实能实现，也只有通过哲学——通过**我们**，**如果**我们真正是哲学家——才能实现。"（VI，15）

## 第四节　胡塞尔的先验主体间性问题的疑难

　　现象学从一开始就要求成为先验哲学，要求解决客观认识的可能性问题。但是，实行还原的先验自我本身似乎从一开始就限制了对这个问题的解决，因为"当我这个沉思着的自我，通过现象学悬搁，把自己还原为我的绝对的先验自我时，我不就成为那个唯我（solus ipse）了吗"（I，121）。现象学似乎已陷入了先验的唯我论。因此，现象学的主体间性问题源于其理论的自身要求，即"先验现象学要求成为先验哲学，要求能以一种在被先验地还原了的自我的范围内活动的构造的问题性和理论的形式去解决客观世界的先验问题"（I，121）。诚如保罗·利科所言："胡塞尔哲学中的他人问题是先验现象学的试金石……他人问题在胡塞尔那里扮演的角色与上帝的诚实在笛卡尔那里所扮演的角色一样，因为它奠定了每一种真理和实在的基础。"①

众所周知，胡塞尔关于主体间性问题最详尽和系统的探讨是在第五《沉思》中进行的。然而，胡塞尔的批评者几乎无一例外地认为，他在第五《沉思》中关于主体间性问题的解决方案是失败的，并且他最终也未能提供一个可行的解决方案。这些批评者中既有胡塞尔的亲炙弟子，如芬克、兰德格雷贝和舒茨（Alfred Schutz）等，也有后继的著名的现象学研究者。他们依据相关的文本——胡塞尔生前发表的著作或未出版的遗稿，从不同角度对胡塞尔关于主体间性问题的论述进行系统的阐明和批评，并且都或多或少试图从胡塞尔的文本中探寻可能的解决方案。我们就从舒茨与芬克的论争谈起，旨在揭示胡塞尔的主体间性问题的层次结构和核心疑难。

## 一、舒茨与芬克的论争

1957 年，在罗伊奥蒙特（Royaumont）召开的"胡塞尔学术研讨会"上，舒茨做了题为"胡塞尔的先验的主体间性问题"的学术报告。在报告中，舒茨依据第五《沉思》对胡塞尔关于主体间性问题的论述提出了系统的辩驳。他认为，第五《沉思》解决方案中的每一个步骤都伴有异乎寻常的困难，这些困难使人们有理由怀疑"胡塞尔发展一门先验的他人经验理论（同感）——作为一门先验的客观世界理论的基础——的努力是成功的"，而且使人们有理由怀疑"这样一种努力无论如何都能在先验领域获得成功"②。舒茨的辩驳产生了广泛而持久的学术影响。具体来说，舒茨依据第五《沉思》的论述线索主要从四个方面展开其系统的辩驳：（1）原真还原的疑难；（2）他人身体的构造的疑难；（3）他人构造的疑难；（4）高级共同体的构造的疑难。舒茨认为，原真还原的疑难主要在于，如何确认本己性领域和非本己性领域的范围③；他人身体的构造的疑难在于，"相

① Ricoeur, P.："Husserl's Fifth Cartesian Meditation", Bernet, R., Welton, D., Zavota, G. (ed.)：*Edmund Husserl：Critical Assessments of Leading Philosophers*, Volume Ⅳ, New York, Routledge, 2005, p. 318.

② Schutz, A.："The Problem of Transcendental Intersubjectivity in Husserl", Bernet, R., Welton, D., Zavota, G. (ed.)：*Edmund Husserl：Critical Assessments of Leading Philosophers*, Volume Ⅰ-Ⅴ, New York, Routledge, 2005, p. 93.

③ 参见 Schutz, A.："The Problem of Transcendental Intersubjectivity in Husserl", Bernet, R., Welton, D., Zavota, G. (ed.)：*Edmund Husserl：Critical Assessments of Leading Philosophers*, Volume Ⅰ-Ⅴ, New York, Routledge, 2005, pp. 95-96。

似性统觉"如何可能①；他人构造的疑难在于，共现和同感如何可能；高级共同体的构造的疑难则在于，个体主体如何能不以作为共同体的成员而具有意义。② 在这里，我们主要讨论与后两个疑难相关的问题。

他人构造的问题是第五《沉思》解决方案中的第三个步骤。根据胡塞尔的观点，随着他人身体的共现，任何属于另一个我的具体化的东西，首先都作为他的原真世界，然后作为充分具体的单子，通过同感被共现。在高层次的统觉中，我共现作为一个"在那里"与我共存的自我的他人。由于经验到他人，与他人一同被共现的世界被添加到我的原真地被构造起来的世界上，这个共现的层次被经验为与我的原真地被构造起来的世界处于综合的同一性统一性中。因此，客观世界就作为自我与他人之主体间共同体的相关项被构造起来。舒茨认为，胡塞尔试图从主体间性导出世界的客观性的做法是一个方法上的错误。事实上可能恰恰相反，客观世界反倒是主体间性的前提，因为一切交往的过程都已经以作为支撑物或媒介的客观事物为前提了。因此，在他看来，世界的客观性优先于主体间性。

就个体主体如何可能不是作为共同体的成员而具有意义的问题，舒茨指出，在《危机》中，胡塞尔论及"从'自我'……向'他我'，向'我们大家'（由许多个'我'构成的'我们'，其中我只是'一个'我）的意义转变"，论及"从自我出发，甚至'在'自我'之中'构成作为这个'我们大家'的主体间性问题"（VI，186）。但问题是，这些自我，这个"我们大家"，在实行了先验还原后不是变成了单纯的现象吗？难道情况不是实行悬搁的哲学家既不将自己也不将他人作为人来对待，而是作为先验回问的自我极来对待吗？因此，在舒茨看来，问题是，谈论复多性的先验自我是可想象的和有意义的吗？先验自我的概念不是只有在唯一性中才是可想象的吗？它也能被变格为复数性的吗？③

在《当代批评中的胡塞尔的现象学哲学》中，芬克就先验自我的复多

---

① 参见 Schutz, A.："The Problem of Transcendental Intersubjectivity in Husserl", Bernet, R., Welton, D., Zavota, G. (ed.)：*Edmund Husserl：Critical Assessments of Leading Philosophers*，Volume I-V，New York，Routledge，2005，pp. 99-100。

② 参见 Schutz, A.："The Problem of Transcendental Intersubjectivity in Husserl", Bernet, R., Welton, D., Zavota, G. (ed.)：*Edmund Husserl：Critical Assessments of Leading Philosophers*，Volume I-V，New York，Routledge，2005，pp. 106-108。

③ 参见 Schutz, A.："The Problem of Transcendental Intersubjectivity in Husserl", Bernet, R., Welton, D., Zavota, G. (ed.)：*Edmund Husserl：Critical Assessments of Leading Philosophers*，Volume I，New York，Routledge，2005，p. 109。

性问题指出："对意向性的探询……导致对一种具有独特结构的复多的先验自我的存在关联的先验证明，这些先验自我只能借单子这一'形而上学的'标题被标示，而不能被标明。因此，一种大量的复多性绝不能被搬进先验的领域，同样，先验自我也不能在世间的单个性的观念下被思考。'诸单子'的**蕴含**是重大问题的标题，它标识着单子复多性的非广延的存在，单子复多性只是标识着在先验领域内一种非个体化的交织的可能方式。"①

胡塞尔在《危机》中说："悬搁不仅在个别心灵内部进行的个别还原中是不适合的，而且作为从心灵到心灵的个别还原，它也是不适合的。全部心灵构成一个处于诸个别主体的生活流的相互关联之中的意向性的唯一统一，这种统一可以由现象学系统地阐明。在素朴的实在性或客观性中，它是相互外在的关系，如果从内部来看，就是意向上彼此内在的关系。"（Ⅵ，260）

对此，舒茨指出，芬克和胡塞尔的上述观点是极其悖谬的，因为完全不清楚"意向上彼此内在"如何能说明那种属于单个主体甚至全部心灵的生活流的交互蕴含。② 最终，舒茨得出结论说，胡塞尔根据先验自我的意识操作来说明先验主体间性的构造的企图是失败的。他认为，主体间性不是一个能在先验领域内解决的构造问题，而是生活世界中的一种被给予性，一个既定事实。它是人之在世存在的基本的存在论范畴。自我对自身进行反思的可能性，发现自我的可能性，实行悬搁的能力，以及一切交往的可能性和建立一个交往的周围世界的可能性，都奠基于对我们—关系的原初经验中。因此，在他看来，只有生活世界的存在论，而不是先验的构造性分析，才能澄清主体间性的本质关系。③

在罗伊奥蒙特会议上，芬克对舒茨所提出的辩驳做了简短的回应。

首先，关于客观世界与主体间性何者优先的问题。芬克指出，客观性与主体间性之间不可能存在优先与否的问题。毋宁说，客观性与主体间性可能是共原本的。这种"共原本的"究竟意味着什么？芬克并未当场

① Fink, E.: *Studien zur Phänomenologie*：1930—1939，Den Haag，Martinus Nijhoff，1966，S. 136-137.

② 参见 Schutz, A.: "The Problem of Transcendental Intersubjectivity in Husserl"，Bernet，R.，Welton，D.，Zavota，G.（ed.）：*Edmund Husserl*：*Critical Assessments of Leading Philosophers*，Volume I，New York，Routledge，2005，p. 110。

③ 参见 Schutz, A.: "The Problem of Transcendental Intersubjectivity in Husserl"，Bernet，R.，Welton，D.，Zavota，G.（ed.）：*Edmund Husserl*：*Critical Assessments of Leading Philosophers*，Volume I，New York，Routledge，2005，pp. 113-114。

展开论述。事实上，这是他紧接着点明的原自我方案的结论性观点。

其次，关于个体主体如何可能不是作为共同体的成员而具有意义的问题，芬克说："在其写于《笛卡尔式的沉思》后的晚期手稿中，胡塞尔……认识到将内时间的复多性主体简单地转移进先验领域所包含的困难……而且，在某些手稿中，他达成了奇特的原自我、原主体性的观念，这种原自我、原主体性先于原真的主体性与其他单子的先验主体性之间的区分。在某种程度上，他似乎想把复多性从先验领域内撤回……根据胡塞尔在这些很晚的手稿中的观点，存在一种原始生活。它既不是一也不是多，既不是事实性的也不是本质性的，而是所有这些区分的终极基础：一种先验的原始生活，它将自身转变成一种复多性，并且在自身中产生分化，即分化成事实与本质。"①这段论述的核心涉及原自我（Ur-Ich）与先验自我的复多性的关系问题。"原自我""原主体性"和"原始生活"这类表述蕴含先验的主体间性问题的层次结构，实际上指明了解决先验的主体间性问题的一个可能方案。在芬克看来，如果考虑这些后期手稿的文本，那么胡塞尔在《沉思》中的论述所伴有的各种疑难就会在一种十分不同的光亮中显现出来。

## 二、围绕"原自我"方案的论争

在《胡塞尔在弗莱堡时期的晚期哲学》一文中，芬克更为具体地提出了与前述相同的观点：

> 胡塞尔在晚年的研究手稿中产生了奇特的思想，最原初的意识生活深处不再有**本质**与**实存**的区分。毋宁说，它是原始—根据（Ur-Grund），事实与本质、现实性与可能性、样本与种属、一与多之间的分叉首先发源于它。与这种奇特的思想动机相关联的还有一种同样奇特的改变，即胡塞尔最晚期的主体概念的改变。第五《笛卡尔式的沉思》极坚定地论述了复数的先验主体的命题——世界和一切世间存在者的客观性都回溯到一个单子大全的主体间性。这种立场虽然后来没有被胡塞尔放弃，手稿中却出现了原自我的思想。这种原自我先于**自我**与**其他自我**的区分，首先使复数从自身中凸显。时间建基于一个创造时间的当下中，这个创造时

---

① Schütz, A.：*Collected Papers III：Studies in Phenomenological Philosophy*，The Hague，Martinus Nijhoff，1970，p. 86.

间的当下不在时间中。一切存在者的分裂（**本质—实存**）都建基于一个原始—统一性，这个原始—统一性既不是"事实性的"，也不是"可能性的"；既不是一，也不是多；既不是一个范例，也不是一个属。主体的复多性建基于一个生活深处，这个生活深处先于任何一个自身性的个体化……胡塞尔试图用感觉灵敏的现象学分析工具把握逃逸可言说性的东西。胡塞尔想要回思无定形的基础，各种构形就产生于这种无定形的基础中……但却不是以一种神秘地沉入黑夜的方式，像黑格尔所嘲笑的那样，"其牛皆黑"。他想要将其理解为冲破生命基础的原始—裂缝（Ur-Sprung），理解为裂口，理解为最原始的存在中的否定性……胡塞尔虽然使用了"绝对形而上学"的词汇，但实际上却远离了它。他获得这类令人可疑的概念……不是通过思辨的思想……他在某种程度上试图"当场"捕获先验意识的生活实行（Lebensvollzug）。[①]

这段著名的论述清楚地表明了胡塞尔在解决现象学的主体间性问题上的基本立场和探问方向。首先，"最原初的意识生活深处""原始—根据""原自我"和"原始—统一性"这些几乎同义的表述本质上从不同的角度点明了先验还原的方向和先验的主体间性的问题层次。其次，先于个体化自我的原自我的复数化问题指明了先验的主体间性问题的关节点。它既是先验的主体间性问题得以可能的前提，也是问题解决的方向和途径。再次，"冲破生命基础的原始—裂缝"的观念揭示了先验的主体间性之"同一—差异"的结构特征。最后，"当场捕获先验意识的生活实行"的说法表明了一种拒绝思辨的形而上学的先验现象学立场。因此，尽管芬克在这段论述中没有具体展开先验的主体间性问题的讨论，但仍为我们指明了一种可能的解决方案，即原自我方案。

这一方案引发了后继研究者的持久讨论，我们在此以扎哈维（Dan Zahavi）的系统探讨为切入点，旨在凸显胡塞尔的先验主体间性问题所聚焦的核心难题。

与原自我方案将先于一切个体化的原始生活作为最终的构造基础的观点相对，扎哈维坚持先验的主体间性是最终的构造基础的立场。他认为，存在两条探讨主体间性问题的进路。一条是展显视域意向性的进路，

---

① Fink, E.: *Nähe und Distanz: Phänomenologische Vorträge und Aufsätze*, Freiburg/München, 1976, S. 223-225.

它揭示的是"开放的主体间性"。这种"开放的主体间性"在一切具体经验中发挥"构造性的"作用，它是我们的世界经验本身的一个形式的结构要素。① 另一条是原显本欲意向性的进路，它通过对各种本欲和情感的分析从现象学上说明"共在"或"为他人存在"。②

　　根据芬克的观点，最终的构造基础是原自我或原始生活，它先于一切个体化，因此也先于自我的复多性。扎哈维认为，这不仅是对"原自我"概念的一种"形而上学"解释，而且明显与胡塞尔始终强调先验主体的复数性和差异性的观点相矛盾。如果先验主体的复数性在一个先于一切个体化的绝对自我之自身复数化中有其基础，那么先验主体之间的差异性就不可能得到保证。但问题是，芬克的论述已经明确考虑到胡塞尔的这一立场（即"第五《笛卡尔式的沉思》极坚定地论述了复数的先验主体的命题"），并且强调"这种立场后来没有被胡塞尔放弃"。显然，芬克并不认为《沉思》中"复数的先验主体的命题"与晚期手稿中的"原自我"概念存在原则性的冲突。因此，扎哈维与其指责芬克对"原自我"概念的"形而上学"解释，倒不如质疑芬克的论述如何自洽。换句话说，胡塞尔的"复数的先验主体的命题"与他的"原自我"概念如何才能达成一致呢？

　　在扎哈维看来，尽管胡塞尔本人的确有关于"自我的自身复数化"的说法，但也只是"偶尔论及"③。例如，我们可以在《危机》中读到："因此，我，自我，拥有源于某种成就的世界。通过这种成就，我一方面构造我和我的他者视域，并与此同时构造同质的我们—共同体，而且这种构造**并非世界构造**，而是可以被称作**自我的单子化**的成就——作为人格的单子化的成就，单子的复数化的成就。在自我中，在它的成就中，自我被构造起来。它拥有其他的自我，每一个自我都是唯一的。每一个自我都自在自为地是绝对的功能主体，对于一切构造成就而言都是唯一的。每一个自我都被单子化，并构造起它的单子性的'我们—全体'，其中每一个自我都蕴含着作为他我的每一个他我，蕴含着作为我们的它的我们，而且它的我们又蕴含着所有的我们，并将所有的我们同质化，等等。"（Ⅵ，416-417）对此，扎哈维也觉得这似乎直接支持了芬克的观点。但他

①　参见 Zahavi, D.：*Husserl and Transcendental Intersubjectivity*：*A Response to the Linguistic-Pragmatic Critique*，Athens，Ohio University Press，2001，pp. 39-52。

②　参见 Zahavi, D.：*Husserl and Transcendental Intersubjectivity*：*A Response to the Linguistic-Pragmatic Critique*，Athens，Ohio University Press，2001，pp. 74-75。

③　Zahavi, D.：*Husserl and Transcendental Intersubjectivity*：*A Response to the Linguistic-Pragmatic Critique*，Athens，Ohio University Press，2001，p. 67.

认为，胡塞尔在这里显然将单子化理解为由同等状态和本质相同的单子构成的单子大全的构造，因此，只不过是对"自身异化"的一种新描述。[①]然而，切近的分析表明，胡塞尔这里的论述涉及一个不同寻常的"前自我"概念，即"在自我中，在它的成就中，自我被构造起来"中的"自我"，而且这个"自我"构造"我的他者视域"和"同质的我们—共同体"。胡塞尔强调，"这种构造"可以被称为"自我的单子化的成就""单子的复数化的成就"。显然，扎哈维的关注点在于"同质化"的自我，而没有对这个不同寻常的"前自我"概念给予应有的注意。

事实上，扎哈维对于这个不同寻常的"前自我"概念持明确否定的立场。为此，他需要对胡塞尔关于"前自我"概念的一段明确论述做出合理的解释。在一份 1933 年的手稿中，胡塞尔说："对原始的当下（伫立的活的流动）的结构分析将我们引向自我结构和为自我结构奠基的固定的底层的无自我的流动，这通过对那种使积淀的活动得以可能的东西和积淀的活动以之为前提的东西坚持不懈的回问而**回引到彻底的前自我之物**。"（XV，598）显然，胡塞尔在那里明确肯定了"前自我"概念，而且将"前自我"规定为一种"为自我结构奠基的固定的底层的无自我的流动"。但是，扎哈维却认为，胡塞尔这种关于无自我的谈论只是一种抽象的说法，因为如果没有一个原始的原本的自我极——它甚至在匿名的意识过程中也起支配作用——那么在其原始的原本性中的意识流则是不可想象的。在他看来，胡塞尔同时提到意识的无自我性和自我性表明了其概念上的含糊性。当胡塞尔谈论"无自我的流动"时，"无自我的"这一表述指的并非自我的缺乏，而是指流动的原始的被动性，它处于自我的影响之外。而当他谈论一个前自我的层次时，这绝不是指一个绝对的前个体化的基础，而是在谈论一个先于作为反思的论题对象的自我的构造层次。对此，扎哈维强调，作为进行构造的自我，作为一切进行构造的触发和行为的接受—发射中心，作为已时间化的和正在进行时间化的东西，自我始终是自身觉察的。但是，这不是通常意义上的对自身的"觉察"。也就是说，自我不是一个自然意义上的意向对象。因此，在反思之前有一个非论题性的和非对象性的意识，自我的存在是一个持续通过绝对的自身显现的自为存在，而反思的对象化以此前反思的自身觉察为前提。[②] 显然，扎

---

① 参见 Zahavi, D.: *Husserl and Transcendental Intersubjectivity：A Response to the Linguistic-Pragmatic Critique*，Athens，Ohio University Press，2001，p. 67。

② 参见 Zahavi, D.: *Husserl and Transcendental Intersubjectivity：A Response to the Linguistic-Pragmatic Critique*，Athens，Ohio University Press，2001，pp. 71-72。

哈维的解释是极成问题的。首先，"无自我的流动"既然是指流动的原始被动性，即"处于自我的影响之外"，为什么它"并非自我的缺乏"呢？其次，扎哈维试图以自身觉察与自身觉察的对象、前反思与反思之间的区分来消解"前自我"概念的做法也是站不住脚的。当他说"作为进行构造的自我，作为一切进行构造的触发和行为的接受—发射中心，作为已时间化的和正在进行时间化的东西，自我始终是自身觉察的"时，他已经将"前自我"排除在外了。根据胡塞尔的观点，扎哈维所说的"作为进行构造的自我，作为一切进行构造的触发和行为的接受—发射中心，作为已时间化的和正在进行时间化的东西"恰恰是由"前自我"奠基的。因此，核心的疑难仍然在于"复数的先验主体的命题"与"前自我"（亦即"原自我"）的关系问题。

为了坚持其基本立场，即认为"在胡塞尔那里不存在从前个体化的绝对意识向复数的先验主体的个体化的维度，先验的主体间性是最终的构造基础"，扎哈维进一步探讨了本欲意向性问题。在本欲意向性的标题下，胡塞尔论及在被动的流动内被唤起的各种本能，无自我的时间化。在那里，主体间性的关联纯粹产生于原初的被动的意向性，亦即产生于各种朦胧的主体间性的本能。只有当它们通过被充实而得到揭示时，这些本能才能显示它们的意义。对此，胡塞尔在《现象学的心理学》中说："被动性、本能的本欲生活已经产生了主体间的关联。例如，在最底层上，一种性关系已经由性本能的生活产生，尽管只有通过充实才可能揭示其本质的主体间性。"(IX，514)尽管胡塞尔未能系统阐明本欲意向性领域内的主体间性问题，但他已指明，性欲本身已存在与他人的关联性(XV，593-594)。而且他注意到，由于个体单子与其他单子在本能上的关涉，它从自身内部产生一个超出自身的指向，以至于个体单子本身是不自足的(XIV，257)。在此情况下，胡塞尔甚至谈论一个通过相互渗透的本欲充实被建立起来的复多的原真性的统一性(XV，594)，并且将先验自我的复多性标识为一种以相互渗透的方式共存的共在(XV，367-368)。因此，我们在单子共同体(Monadengemeinschaft)内发现的东西是一种意向的蕴含，一种先验的共存，自我的生活和活动的一种单子间的相互渗透(XV，370)。正是在这个意义上，斯特拉塞尔(Stephan Strasser)断言，必须放弃各个意识流的严格分离，这与本欲意向性的概念不协调。因为本欲意向导致一种相互渗透的充实，以至于各个单子内在之间的严格分离被取消了。因此，胡塞尔会说，"原始地伫立的流动"先于各别的个体单子的流动。① 然而，扎哈维坚持认为，主体间的统一性始终是一个源于复多性的统一性，意向上的相互渗透绝不意味着自我间的融合，而是以它们之间的差异为前提。在他看来，主体的复多性和差异性恰恰是所有共同性的可能性条件，而融合和同一则意味着主体间性的消解。显然，扎哈维关于本欲意向性领域主体间性问题的解释也是站不住脚的。一方面，他试图借助本欲意向性领域内意向的超越指向和主体间的关涉性论证主体间性是最终的构造基础，这必然得出在本欲意向的层次上不存在主体间的差异性和复多性的结论；另一方面，他却坚持相反的结论，即"意向上的相互渗透绝不意味着主体间的融合，而是以它们之间的差异为前提"。这种解释的悖论性质是显而易见的。

在《危机》中，胡塞尔论及原自我与先验的主体间性的关系："原自我——通过一种它所特有的特殊的基本成就——将自己变成对于自己本身来说是先验的可以变格的东西。因此它从自己出发，并且在自己本身之中，构造先验的主体间性。在这种情况下，它将自己作为具有特权的一员，即作为先验的他者当中的'我'，也归属这种主体间性。"（VI，188-189）显然，这种明确将原自我作为先验的主体间性的构造基础的观点对扎哈维的立场构成了极大的威胁。但是，扎哈维认为，胡塞尔"偶尔"关于原自我是最终构造层次的主张与主体间性理论并不矛盾。毋宁说，原自我概念恰恰是其主体间性理论的前提。在他看来，胡塞尔所说的主体间性指的是自我与他人之间的一种关系，而对于主体间性的阐明必然以自我与他人的关系为出发点。因此，只有通过彻底展显自我的经验结构，才能阐明主体间性。主体间性不仅意味着主体间的自我性，而且同时意味着自我的主体间性的结构化。因此，"只有从个体自我的立场出发，才能从现象学上展示主体间性和构造中心的复多性"②。显然，扎哈维在此的策略是，既坚持先验的主体间性是最终的构造层次，又以阐明先验主体间性的名义保留原自我。但问题是，扎哈维将原自我直接等同于"个体的自我"，这显然有违胡塞尔对此的明确主张。

为了强化其先验的主体间性作为最终的构造基础的立场，扎哈维一再援引胡塞尔的观点："主体性只有在主体间性中才是其所是：构造性地起作用的自我。"（VI，175）然而，胡塞尔同时坚持如下观点："绝对自我，

---

① 参见 Strasser, S.："Grundgedanken der Sozialontologie Edmund Husserls", *Zeitschrift für Philosophische Forschung* 29(1975)，S. 16-17。

② Zahavi, D.：*Husserl and Transcendental Intersubjectivity*：*A Response to the Linguistic-Pragmatic Critique*，Athens，Ohio University Press，2001，pp. 79-80。

它在绝不可打破的永久性中先于一切存在者，包含一切存在者，在其'具体化'中先于一切具体化。它包含一切可想象的存在者，它是还原所获得的最初的'**自我**'——一个**自我**，这样称呼是错误的，因为对它来说，一个**他我**没有意义。"（XV，586）据此，绝对自我不是仍具有变格性的"你""我们"的自我，它是独一无二的，只有借助一种歧义性才能被称作"自我"。显然，这里的疑难在于，一方面是先验的主体间性的不可还原性，另一方面是原自我的绝对的唯一性，二者之间应如何调解？

对此，扎哈维给出的回答是，这种矛盾是表面性的。因为在他看来，所谓"原自我的不可变格性"指的是"我"的指示性特征，而不是实体性的唯一性。就"我"的指示性特征而言，他人也具有唯一性，如当他人经验其自身时，当他说"我在"时。就充分和具体的自我而言，先验主体性则是先验的主体间性。先验的主体间性预先有一种向自我——作为拥有我们—意识的自我——的必然的中心化，但是，这绝不意味着，必须有某种主体间性先于个体化的自我而存在，然后经历一种中心化。毋宁说，先验的主体间性作为其展开的场所，自身包含先验主体性。最终，扎哈维得出结论说，彻底的还原不仅导致先验主体性，而且导致先验的主体间性，二者不可能孤立地被思考。显然，扎哈维在此的论述难以令人信服。首先，当胡塞尔说"主体性只有在主体间性中才是其所是：构造性地起作用的自我"时，这里的"主体性"并非原自我，而是指已个体化了的自我，已"同质化"的自我。因此，这里的问题涉及自我的层次的划分，不是援引"我"的指示性特征就能够消解的。其次，扎哈维关于"先验主体间性向自我的中心化"说法也是令人费解的。一方面，先验的主体间性预先有一种向自我的必然的中心化；另一方面，他否认有某种主体间性先于个体化的自我而存在，然后经历了一种中心化。这二者之间的张力是显而易见的。事实上，问题的症结恰恰在于，扎哈维始终拒绝原自我与个体化自我之间的层次区分。

### 三、"原自我"方案及其疑难

扎哈维的论述所伴有的疑难表明，胡塞尔的先验主体间性问题主要聚焦于这样几个方面：（1）构造的最终基础是个体的先验主体还是先验的主体间性的问题；（2）先验的主体间性问题的层次秩序，即先验自我的复多性问题与先验的主体间性问题之间的关系问题；（3）原自我与先验自我的复多性的关系问题。

在兰德格雷贝看来，"胡塞尔在第五《笛卡尔式的沉思》中对其主体间性理论所做的第一次详尽的展示是失败的，因为他想要静态地阐明这一理论"。他认为，胡塞尔后期超越了静态分析的框架，试图"通过共现的相似性统觉将主体间性的构造回溯到其在一种联想地创立的共现中的被动的前构造"。但这仍然未能解决问题，因为"就这种联想的相似化而言，单子与你、与我们、与一般的他人的自身区别已经被作为前提了"①。显然，兰德格雷贝在此提出的是先验的主体间性问题的层次秩序——即先验自我的复多性问题与先验的主体间性问题之间的关系——问题。事实上，在《沉思》中，尽管有向原真领域还原的方法论步骤，但是，先验自我的意义已发生了某种变化：这个自我已然是"一个"自我。也就是说，它是一个单数性的自我，它站在其他自我的旁边，它与其他自我具有同等的有效性。这是先验还原的素朴性造成的。因此，兰德格雷贝认为，在先验的主体间性问题上，我们首先应面对的不是如何从复多性的主体性构造先验的主体间性问题，而是"被作为前提的"复多性的主体之间的区分和同质化问题。就像胡塞尔本人所指出的："并非首先存在若干心灵，然后问题是，在何种条件下它们彼此'和谐地'实存。毋宁说，问题在于，当我确信一个心灵并且沉浸于它的本己本质之中（在自身给予的直观中），我如何能得知它只是'一个'心灵而且只能是'一个'心灵，以至于它在这个本质中必然指向其他的心灵？我如何能得知，**这个心灵虽然自在自为，但它却只有在一种基于其自身、从它自身中展开的复多性中才具有意义**？"②（XV，341）因此，与芬克的立场一致，兰德格雷贝对先验的主体间性问题的解决也诉诸原自我或原始生活。

事实上，在胡塞尔后期关于先验的主体间性问题的思考中，面对唯我论的指责，一个根本的动机产生了。这个根本的动机是将个体性的自我看作自身被构造起来的。因此，它是使先验还原超出个体性的自我的动机，它所要达到的是一个"前自我"的层次，胡塞尔也称其为"原自我"。在这个"原初的层次"上，构造不再是个体自我综合和联结其经验的行为，而是最初产生自我的东西。在此方向上，先验还原超出个体性的层次，最终达到个体性和时间性的基础。因此，芬克完全有理由确认胡塞尔后期手稿的立场："时间建基于一个创造时间的当下中，这个创造时间的当下不在时间中。一切存在者的分裂（**本质—实存**）都建基于一个原初的同

---

① Landgrebe, L.："Die Phänomenologie als Transzendentale Theorie der Geschichte"，Bernet，R.，Welton，D.，Zavota，G.（ed.）：*Edmund Husserl*：*Critical Assessments of Leading Philosophers*，Volume V，New York，Routledge，2005，S. 178.

② 黑体部分是笔者所做的强调。

一性中，这个原初的同一性既不是'事实性的'，也不是'可能性的'；既不是一，也不是多；既不是一个范例，也不是一个属。主体的复多性建基于一个生活深处，这个生活深处先于任何一个自身性的个体化。"①

先验还原揭示了一个原初的构造层次，这个原初的构造层次是原始的时间化层次，即时间构造的非时间的起源层次。对于胡塞尔来说，这也是一个我们能直接通达他人的层次："对于每一个个体来说，时间构造的原初的起源点都是对其当下的原初经验，同样也是每一个个体经验他人的权能……也就是说，在其本己的活的当下，每一个个体以原初的方式经验他人的权能，因此经验其本己的存在与他人的存在之间原初的相合的权能。"②在他看来，回溯时间构造的起源点就是还原到先于复多性主体的生活深处，将他人经验为另一个主体必然要求这样一个层次。在这个层次上，我与他人具有一种原初的同一性。

然而，将他人经验为另一个主体不仅要求"我与他人具有一种原初的同一性"，而且要求"我与他人存在一种原初的差异性"。如果缺乏我与他人存在的原初差异性，不仅会导致唯我论，而且会直接消解主体间性问题。胡塞尔应对这两种要求的举措是，在不同的层次上分别满足这两种要求：在奠基的层次上满足同一性要求，而在被奠基的层次上满足差异性要求。据此解决方案，将他人经验为另一个主体在于，他人不是被经验为我的构造物，而是被经验为一个本己的构造中心，即在其经验的现时性中起作用的构造中心。因此，对差异性的经验揭示了他人在一个原初的同一性层次上的奠基。但问题是，胡塞尔将如何通过先验还原达到这个先于差异性经验的"原初的同一性层次"呢？

在《观念 I》中，为了突出纯粹意识的绝对性，胡塞尔做了一个著名而又极具争议的思想实验："设想一下每种超越物本质中包含的非存在的可能性：因为显然，**意识的存在**，即每一个体验流一般的存在，**由于物的世界的消解而必然变样了，但其自身的存在并未受到影响**。当然是变样了，因为世界的消解相应地只意味着，在每一个体验流中……某些有序的经验联结，以及因此与那些经验联结相关的理论化理性的联结，都被排除了。但这并不意味着其他体验和体验联结也被排除了。**因此实在的存在**，在显现中对意识呈现和显示的存在，**对于意识本身**（在最广泛的体

---

① Fink，E.：*Nähe und Distanz：Phänomenologische Vorträge und Aufsätze*，Freiburg/München，1976. S. 223-224.

② Husserl，Ms. C 17 I，S. 4-5，1931，转引自 Mensch，J. R.：*Intersubjectivity and Transcendental Idealism*，State University of New York Press，1988，p. 20.

验流意义上)**的存在不是必不可少的**。"(III/1，91-92)这表明，世界的消解与意识流的消解一体相关，但是，最终还剩下"纯粹的"或"绝对的"体验，只不过这些体验已丧失秩序性，变成了一团混沌。在《观念 I》中，胡塞尔仍将这种混沌的体验流称为"意识"，然而，它已变成一个无自我的"意识"流了。"意识"虽然还存在，却只剩下无秩序性联结的体验成分了。这表明，绝对存在的是"意识"流本身，无论其中体验成分的联结发生什么变化，它都存在。客观存在的显现依赖于"意识"流中体验成分的联结，因此，自我和世界二者都依赖于这种联结。

根据胡塞尔的观点，问题不在于"现时的经验只能在这类联结形式中进行"，这类联结的消解"并不意味着其他体验和体验联结也被排除了"。毋宁说，任何类型的联结都是可能的，因此不存在先天的经验的联结形式。对此，胡塞尔说："可以想象，在我们的经验中拥塞着不只是对我们来说而且在其自身上都不可调和的冲突，如经验可能突然显示出对继续协调地维持物的设定这一要求的抗拒；如经验联结会失去由侧显、统握、显现等作用构成的固定的规则秩序；又如不再存在任何世界。"(III/1，91)因此，一旦我们否定任何先天的联结形式和联结规则的实存，而肯定最终的事实性，就会产生两个结果。其一，我们可以设想抽离出所有联结形式的经验，可以设想抽离出由这类联结形式所构造起来的世界的经验。其二，可以设想，还原所达到的绝对意识是一个"纯粹的"体验流，这个体验流独立于任何被给予的世界。它没有被预先规定，它不遵守任何先天规则。

鉴于对绝对"意识"流的这种理解，先验自我的个体化问题凸显出来。首先，自我依赖于它的周围世界，这种依赖实际上是自我和世界对意识的有序联结的共同依赖，最终是对无自我的"意识"流的共同依赖。其次，一同被构造起来的同一性都是偶然的，因为所有被构造起来的同一性的最终基础是无任何联结形式的事实性的体验要素。对被构造起来的世界整体来说，这些事实性的体验要素显示了一种绝对的被给予性。这意味着，没有任何一个层次的构造具有先天必然性，因此，一切构造过程的结果都是偶然的。作为最终基础的绝对"意识"流是一切客观存在的构造性基础。胡塞尔有时也径直将"最终基础""绝对意识"称为"绝对"。如果我们将绝对看作"意识"流，那么由于个体性的自我本身是被构造起来的，因此，世界从"意识"流中的构造不需要一个外在于这个"意识"流中的个体性的自我。个体性的自我及其周围世界都是由这个绝对"意识"流被动地构造起来的。二者对于"意识"流之事实性的依赖性涉及它们作为个体的、联结在一起的同一性的存在。因此，这种依赖性同样适用于复多性的个体自我，亦即适用于由复多的个体性自我所构成的主体间性。对此，胡塞尔说："如果我们在系统的进展中从下面搭建预先被给予的世界的先验构造，那么应当注意：在每次做出的对**本质形式**的'澄清'中，在流动的伫立中的现实内涵的**事实**（Faktum）当然**被作为前提**。这显然也适用于'绝对'，适用于先验的主体间性一般。**我们所揭示的绝对是绝对的'事实'**（Tatsache）。"（XV，403）

从词源上讲，"Tatsache"就是"做事"，但这里没有"行为者"（Täter）。它先于意向行为或我思活动（XV，669）。因此，这种事实不是偶然的事实，不是一种个体的自我论的事实，而是"永久地奠基自我结构的、无自我的河流的基层"，是"那个使被积淀的活动成为可能和被积淀的活动以之为前提的东西"，是"彻底的前自我性之物"。对此，胡塞尔进一步规定说："原始的河流和原始地被构造起来的非自我是原素的宇宙（现实的经验内容的宇宙），它本身是构造性的，而且它已经不断地被构造起来。它是一个时间化着的—时间性的原始发生着的事件（Urgeschehen），这个原始发生着的事件不是产生于自我论的起源，因此，它产生而没有自我的参与。"[1]在胡塞尔看来，绝对领域的要素可以被看作由各种纯粹体验构成的字母表，这些纯粹体验按照确定的时间位置被秩序化而形成经验的联结，由此产生一个特殊的经验视角，一个具有某种特定秩序的构造中心。经验视域的视角性的结构构成世界的个体经验者之实存可能性的基础，正是经验的视角性的秩序化使得这些个体经验者在空间和时间中有一个确定的零点。这个确定的零点就是被理解为一个主观的经验中心的纯粹自我。于是，绝对的"意识"流个体化为一个本己的意识流。这样一来，胡塞尔就通过绝对的个体化确立了两个不同的自我层次：（1）前自我的绝对或原自我；（2）个体性的复多性主体。

根据胡塞尔的观点，正是绝对"意识"流中纯粹体验的联结构造起不断进行中的我思，因而构造起行为的人格自我。绝对在其中客体化自身的个体性自我表现出特殊的视角，它们束缚于界定它们的有限的周围世界。作为一个人格自我，个体性自我的自身保存系于其周围世界的自身保存，绝对则在其客观的"样式"中保存自身。绝对的客观"样式"指的是个体性自我的构造着的生活。对此，胡塞尔说："绝对普遍地自身保存在

---

① Husserl, Ms. C 10, S. 25, 1931, 转引自 Mensch, J. R.: *Intersubjectivity and Transcendental Idealism*, State University of New York Press, 1988, p. 150。

其持续不断的构造中，在每一个个体人格中作为自身构造的不变项重复自身。"①在他看来，绝对不只是在一个个体性自我中保存自身，而是在每一个个体性自我中保存自身。世界的视角性特征，亦即其视域的无限可延伸性，使得世界超越我的本己的经验和综合的有限权能。因此，如果我的自我统一性在与这个超越的世界统一性的关联中被给予，那么它必然在与其他自我的关联中被给予。其他自我能补充我自己的有限权能，它们是我的经验世界的共同的有效性载体。

每一个具体的主体性都被看作绝对的自身客体化，绝对的"自身表现"产生经验的视域结构，产生世界和每一个具体的主体性。一方面，我的世界视域是我的经验具有特定视角性的有序联结，正是这种特定视角性的有序联结给予我具体的主体性作为时空世界中的一个有限性的意义。另一方面，在我之中客体化自身的绝对不可能在我的有限性中穷尽自身，它必然超越我的有限性。据此，他人能以一种新的方式被看作蕴含在我之中。我设定他人是基于我对世界的有限通达，而经验的秩序化是导致这种有限的通达的东西，因而导致我自身被理解为有限的。这种秩序化是我设定他人的基础。经验的视角性的秩序化为个体的经验者所要求的，而这种秩序化也给予个体的经验者一种意义，即他依赖于他人去展显他生活于其中的世界。因此，我的有限的主体性和他人有限的主体性二者都关系到视域性的、视角性地被秩序化的经验结构。这意味着，作为蕴含在我之中的他人的观念最终指向的不是作为客观的人的我的有限性，而是指向我的无限性的基础，即绝对。最终被表明的东西是不受限制的或无限的绝对，它不可能将自身具体化在一个个体的经验者中而没有超越它。这种超越意味着，作为绝对的具体化的他人也是有限的客体化。因此，自我与他人通过他们的超越性基础而相互蕴含。

作为一切经验视域的基础，绝对是无限的，而个体性的自我作为一个确定的世界的经验中心，只能体现一个可能的视域。因此，绝对在其有限性中的显示是一种自我限制。就绝对本身而言，它不仅能构成个体周围世界的基础，而且能构成每一个可能的世界视域结构的基础。因此，最终的世界视域不是复多性主体的成就，而是绝对的成就。绝对存在于一切可能性的基础中，它是构成一切可能性之基础的可能性。从绝对的层次来看，他人对我的呈现是作为超越的世界视域性的相关项，因此，

---

① Husserl，Ms. C 17 V，S. 22-23，转引自 Mensch，J. R.：*Intersubjectivity and Transcendental Idealism*，State University of New York Press，1988，p. 153。

超越的世界视域性不是他人的构造成就。他人不应被看作世界的有效性载体，而应被看作与其视域性的世界一同"出生"。正如耿宁所正确指出的："世界构造或拥有世界的自我（'先验统觉的自我'）在先验主体性自身中不存在基础。"①我之所以将他人看作蕴含在我之中，是因为我们共同存在于一个被奠基的超越的视域性中，是因为我的最终基础的超越的无限性。作为最终基础，绝对总是超越我的有限性，因而总是蕴含他人。

　　最终，我不再将我和他人看作我们共同世界的基础，而是将我们理解为视角性地展开的、视域性地被建构起来的经验世界的意义相关项。如果世界和复多性主体是一同被奠基的，那么他人在我之中的蕴含性——在这个新的层次上——就变成了我们在我们共同的基础中的蕴含性了。在最终的构造层次上，主体间处于一种本质性的相合中。这种本质性的相合不应被理解为各构造系统之间一种简单的融合。在个体主体间的差异性中，一个奠基性的同一性的保持绝不意味着，每一个主体都重复同类主体的构造过程。主体的复多性不仅显示了各构造系统的同一性，而且显示了它们之间的差异性。这种差异性源于个体主体的偶然性及其经验视域的视角性。

　　我们至此的论述，从作为最终基础的绝对"意识"流的个体化的角度，粗略地勾勒出胡塞尔先验主体间性问题的原自我方案的进路。无疑，与《沉思》的方案相较，原自我方案揭示了先验的主体间性问题更深的维度。它所展显的问题域的层次和关联似乎表明，问题只能循此路径推进，并且这可能也是胡塞尔在这一问题上的最终立场。但是，如果我们对前述的原自我方案做更切近的分析，就会发现这一思考进路面临的疑难和有待解决的问题。第一，就像芬克指出的那样，胡塞尔在此进路上使用了诸多"'绝对形而上学'的词汇"，如"前自我""原自我""原存在""无自我的流动""绝对的流动""绝对"，等等。正因为如此，胡塞尔的原自我的方案和芬克的解释遭到了许多学者的批评和拒绝。尽管芬克在不同的场合都曾反复强调，胡塞尔实际上远离"绝对形而上学"，他的这类令人可疑的概念不是通过思辨获得的，而是其彻底实行先验还原的必然结果。但问题是，胡塞尔关于原自我方案的论述在何种意义上是一种现象学的探讨，尽管这种探讨在发生现象学的框架下进行，诉诸一种"发生性的解释"而非"静态的描述分析"？第二，胡塞尔关于本欲意向性的论述似乎将最终

---

① Kern，I.：*Husserl und Kant*：*eine Untersuchung über Husserls Verhältnis zu Kant und zum Neukantianismus*，Den Haag，Martinus Nijhoff，1964，S. 297.

的构造基础锚定在先验的主体间性上。因此，一方面是先验的主体间性维度上的本欲意向性，另一方面则是先于任何个体化——因而先于复多性的先验主体——的原自我或前自我，二者之间如何协调呢？尽管芬克强调，胡塞尔不是像黑格尔所嘲笑的那样"以一种神秘地沉入黑夜的方式""回思无定形的基础"，而是"将其理解为冲破生命基础的原始—裂缝，理解为裂口，理解为最原始的存在中的否定性"，但问题是，应当如何规定这种"原始—裂缝"或"最原始的存在中的否定性"？第三，如果本欲意向性与原自我能够协调一致，那么《沉思》中关于同感——它在那里的先验的主体间性的构造中占有核心地位——的论述还继续有效吗？毕竟，在原自我方案涉及的那些晚年手稿中，同感问题仍是胡塞尔聚焦的核心问题。第四，原自我方案的核心无疑是"绝对的流动"的个体化问题。这种"绝对的流动"的个体化，胡塞尔有时又称之为"原时间化"（Urzeitigung）。在这个意义上，他晚年常援引活的当下的脱当下拥有（Entgegenwärtigung）与原自我的自身异化（Selbstentfremdung）之间的类似性说明个体化问题。问题是，这种类比性的说明在何种意义上能够充分阐明原自我的自身异化？换句话说，胡塞尔如何能在原始的时间性维度上具体阐明原自我的个体化问题？第五，在原自我经受个体化而达到同质化的复多的个体主体的层次上，是否还有一个先验的主体间性的构造问题？如果答案是肯定的，那么这样一种先验的主体间性构造与本欲意向性之间要如何协调？如果答案是否定的，那么原自我在个体化的过程中是如何完成先验的主体间性的构造的？

　　因此，诚如芬克所言，如果考虑胡塞尔晚年手稿的文本，先验的主体间性问题的各种疑难就会在一种十分不同的光亮中显现出来，"然而，在此情况下只会增加各种实质性的困难"①。

---

① Schütz，A.：*Collected Papers Ⅲ*：*Studies in Phenomenological Philosophy*，The Hague，Martinus Nijhoff，1970，p. 86.

# 第八章　先验现象学观念论与形而上学

从先验构造的立场看，超越世界只具有相对于先验的意识生活而言的存在；作为构造成就的活的实行，先验意识生活则具有存在的绝对性。因此，先验还原表明，先验现象学是一种观念论。为了区别于传统的观念论，胡塞尔将其标识为先验现象学的观念论。但问题是，在从静态现象学向发生现象学的过渡中，先验现象学的观念论呈现出一种歧义性。这种歧义性的根源在于，"先验意识生活的绝对性"这一概念在静态现象学和发生现象学中分别具有不同的含义。因此，先验现象学的观念论可以区分为静态现象学的观念论和发生现象学的观念论。

在静态现象学中，先验意识生活的绝对性意味着绝然的被给予性，而超越世界的相对性意味着被给予性的设定性和可疑性。因此，从静态的一描述的立场看，先验意识生活的绝对性意味着对超越世界的"认识论的优先性"，相应地，静态现象学的观念论可被称为一种认识论的观念论。在发生现象学中，绝然的被给予性本身是一种发生性的构造的产物，被给予性的绝然性并不等同于构造的绝对性，它只是构造的绝对性的一种特殊情况，二者之间具有本质的区别。因此，发生现象学的观念论不是一种单纯的认识论的观念论。它不仅在认识的领域，而且在先验意识生活的整个领域，都表明了先验意识生活对于世界的优先性。因此，发生现象学的观念论是先验现象学观念论的最终形态，认识论的观念论只是作为其中的一个层次起作用。

发生现象学的观念论表明，超越世界是先验主体的构造性产物，先验主体的功能意味着构造超越世界的先验功能。如果没有这种构造性的先验功能，就不会有超越世界的存在。但是，先验的主体间性问题在彻底的发生性回问中呈现出一种迥异于第五《沉思》的问题性。这种发生性的回问表明：主体性只有在主体间性中才是其所是。在胡塞尔看来，作为先验主体性或具体自我，个别单子的先验存在依赖于其他单子，如果没有与其他先验单子的持续交往，个别单子的存在是不可能的。正是在这个意义上，胡塞尔明确指出："具体地看，每一个**本我**，每一个单子，都是实体，但只是相对的具体化，它只有……作为全体共同体中的'共同体成员'才是其所是。"（XV，193）而"作为个别单子，一个实体与每一个实体都处于和谐之中。每一个实体都依赖于每一个其他实体"（XIV，293）。鉴于个别单子在先验的单子大全中的奠基，胡塞尔认为，真正意义上的绝对只能是先验的单子大全。先验的单子大全构成各个别单子最终的发生性基础。因此，作为个别单子世间性的自身客体化（Selbstobjektivierung）的结果，各个别单子的世界可以被看作先验的单子大全各个世间性的自身客体化。作为各个别单子的世间性的自身客体化，世界具有无限多样的形式，而无限多样的世界恰恰意味着先验的单子大全自身客体化的无限多样的方式。这表明，先验的单子大全是唯一绝对的宇宙，是承载一切超越世界的最终的存在基础。如果没有先验的单子大全，各个别单子的世界的构造是不可能的。

因此，先验现象学的观念论在先验的单子大全的发生性构造中获得其本质的形态，这只有在作为先验发生的原始开端（Uranfang）的原自我或前自我的层次上才能最清晰地显露出来。然而，作为绝对的原事实，原自我或前自我的发生性的构造层次已超越了先验现象学反思的权能，这最终导致对原事实的形而上学的探究，亦即一门"现象学的形而上学"。

## 第一节　观念论抑或实在论

笛卡尔以降，哲学史上一再上演着观念论与实在论之争。如果用"内在的表象—外在的实在"这对术语来刻画观念论与实在论的对立，那么，观念论主张唯一存在的东西是内在于心灵的表象，主体无需世界便可持存；实在论则主张心灵表象对应于外在于心灵的或独立于心灵的实在，世界无需主体便可持存。康德站在现象与物自体二元划界的立场上，表现出某种摇摆和调和的立场。当他承认在我们的感觉之外存在某种不可知的物自体时，这显然具有某种实在论的倾向；相反，当他把对我们显现的世界看作以主体的功能为本源的现象时，却又站到了观念论的立场上。为了标识其与传统的观念论的区别，康德将自己的观念论称作"先验的观念论"。在胡塞尔看来，无论是实在论还是所有包括康德哲学在内的观念论，均以自然的世界观念为前提，因此最终都陷入一种独断论哲学。胡塞尔也将其现象学称为"先验观念论"，但却标识为"先验现象学的观念论"。他坚信，先验现象学的观念论"与观念论与实在论之间的通常问题毫不相干，根本没有受到它们相互论争的影响"（V，151）。显然，随着这三重划界，胡塞尔置身于一种奇特的哲学立场上：一方面要超出传统的观念论与实在论之争，另一方面又不满于康德现象主义的折中方案。他似乎执意要寻求第四种解决方案。然而问题首先是，先验现象学究竟是实在论还是观念论？如果是一种观念论，那么先验现象学的观念论如何可能？

自 20 世纪 20 年代起，胡塞尔明确将现象学标识为先验观念论："在正确理解的现象学还原中，已经预先指出了**通向先验观念论的进军路线**，因为**整个现象学**只不过就是**这种观念论的第一个严格科学的形态**。"（VIII，181）这一举措在胡塞尔生前已引发诸多质疑和辩难，批判与反批判之间的争执可谓历久弥新。在他本人看来，在此问题上的聚讼不休应归咎于人们对其哲学立场的根本误解："只有那些误解意向方法或先验还原的最深刻意义，或者同时误解二者最深刻意义的人，才会把现象学与先验观念论分割开来。"（I，119）然而，在不同的问题语境中，他的实在论的宣称与其明确的观念论主张之间的张力，给问题平添了重重迷雾。因此，胡塞尔的先验现象学究竟是"观念论"还是"实在论"，这一问题绝非一个简单的"是"或"否"就可以了断的。

下面我们分别摘录几段胡塞尔本人关于观念论和实在论的表述，在它们似乎是显而易见的对立中凸显出问题本身的内在张力。

在实行了"先验转向"后，胡塞尔的观念论主张几乎随处可见：

> **一切实在的统一性都是"意义统一性"**。意义统一性（Sinnesein-heit）预先设定（我再次强调：不是因为我们能从某些形而上学假定中推演出来，而是因为我们能通过一种直观的、无可怀疑的程序证明出来）一个**给予意义**的（sinngebende）意识，此意识不再借助意义给予而绝对存在……在此，实在和世界恰恰是某种有效的**意义统一性**的标题，**"意义"**统一性与某种绝对的、纯粹的意识关联域相关，后者按其本质恰恰这样而不是以其他方式给予着意义，证实着意义有效性。（III/1，106）

> 以本质的纯粹性和本质的必然性所实行的先验主体主义——正是在这种主体主义中，作为一切意义赋予和真理成就的，以及与此相关联，一切真实的对象性东西和真实的世界（同样还有一切能够虚构的世界）的出生地和起源的主体性之不可消除的本质，被勾画出来了——没有为在现实的和可能的意识成就中意向地构成的存在之背后的存在这种"形而上学"基础留下任何余地，不论所涉及的是自然自身还是心灵自身、历史自身，或者本质的对象性东西自身，以及不管什么种类的理想的对象性东西自身。（VII，235-236）

因此，真实的存在者，无论是实在之物还是观念之物，只具有作为我的本己意向性——现时的和潜在地被预先规定了的意向性——的一种特殊的相关项的含义。(I，22)

因此，我，这个先验的现象学家，只把对象看作其意识方式的意向相关项。(I，75)

任何一种可设想的意义，任何一个可设想的存在，无论是内在的还是超越的，都处于构造着意义和存在的先验主体性的领域。那种要把真实存在之宇宙作为某种处于可能的意识、可能的认识、可能的明见性的宇宙之外的东西来把握，并用某个僵硬的规律把这两个宇宙仅仅外在地相互关联起来的做法，是荒唐的。(I，117)

无论何种存在者对我所具有和可能具有的每一种意义，不仅在其"本质"(Was)方面，而且在其"存在和现实存在"方面，都处于或更确切地说都源于我的意向生活，源于它的构造综合。(I，123)

每一种存在者本身——实在的和观念的——都恰恰可理解为在这种成就中构造起来的先验主体性的"构成物"。(I，118)

世界的现实客体，更确切地说，世界本身，是一致性地达到统一的经验的无限性相关的观念——完满的经验明见性的观念的一种相关观念，亦即可能经验之完备综合的观念的一种相关观念。(I，97)

对实在世界和一种可能的一般实在世界的存在方式进行现象学意义阐释的结果是，只有先验主体性才有其绝对存在的存在意义，只有它才是"非相对的"(即只相对于自身的)，而实在世界虽然是存在的，但具有一种针对此先验主体性的相对性，因为它只有作为先验主体性之意向的意义构成物，才能具有其存在意义。(V，153)

另一方面，胡塞尔关于实在论的表述也俯拾即是：

我们从作为全体现实的世界的充分有效存在中并未消除任何东西……实在的现实未曾"被重新解释"，更不必谈对其否定了。(III/1，107)[①]

---

[①]　这段话正好与上述关于观念论的第一段引语针锋相对。胡塞尔预先告诫说："如果人们在读完这段论述(指关于观念论的第一段引语——笔者注)后反对说，这会意味着把整个世界变为一种主观的虚幻，并陷入一种'贝克莱的观念论'，对此我们只能回答说，他并未领悟这些陈述的意义。"(III/1，106)

对属于自然世界的所与物的任何怀疑或拒绝都毫不改变**自然态度的总设定**。"这个"世界永远作为一个现实存在着；至多在这里或那里它以"不同于"我设想的方式存在着……按照这个总设定，这个世界永远是事实存在的世界。(III/1，53)

先验哲学根本就不是要将世界"溶解"在某种还算合理的意义上与假象有些关系的"单纯主观显现"中。它根本丝毫不想反对经验世界，根本不想从世界在经验的现实性中真正具有的，并且在其一致性过程中以毫无怀疑的正当性证明的那种意义中夺走一点点东西。(VII，246-247)

先验的研究并不是一种要将世界抛弃或剥夺它的自然的或更确切地说固有的意义的方法，而是一种……获得世界的方法。(VIII，457)

不可将先验的悬搁误解为应该**根本不考虑**世界的存在和如此存在。其实，**排除世界所意味的是排除作为素朴的"先入之见"的世界**。(VIII，465)

然而重要是应当注意到，在先验的考察中，正如心灵和客观世界根本没有丧失它们的此在和存在意义，而只是通过对其具体的全面性的揭示而达到了原初的理解一样，实证心理学也没有丧失其合法的内涵。(I，174)

现象学观念论并不否认实在世界（首先是自然界）的现实存在，好像它以为后者是一种假象似的……无可怀疑的是，世界存在着，它在连续持存着的，在普遍一致性中聚集着的经验中作为存在的宇宙被给予。(V，152-153)

通常的"实在论者"没有哪个比我这个现象学的"观念论者"更实在论、更实际的了（顺便说一下，我不再使用"观念论者"这个词了）。①

世界预先就存在，它总是在存在确信中和自身表现中被预先给予了的，并且是毫无疑问的世界……如果实在论这个词所指的不外就是"我确信我是生活于这个世界中的人，等等，我对此丝毫没有怀疑"，那就不可能有比这更坚定的实在论了。但是，重要的问题恰好在于理解这种"不言而喻性"。(VI，190)

---

① 转引自 Kern, I.：*Husserl und Kant：eine Untersuchung über Husserls Verhältnis zu Kant und zum Neukantianisum*，Den Haag，Martinus Nijhoff，1964，S. 276。

胡塞尔关于观念论的表述无疑表明了其坚定的观念论立场，这种立场尤其在《观念 I》和《第一哲学》关于"世界消解"的讨论中得到极端的展现；相反则是其明确的实在论立场的宣称。那么，胡塞尔究竟持观念论立场，还是持实在论立场呢？

我们还是先看一看胡塞尔本人的回答：

> 我一如既往地坚持认为，任何一种形式的流行的哲学实在论在原则上都是错误的。我同样认为，每一种与实在论论证对立的，受到后者"驳斥"的观念论也是谬误的⋯⋯现象学思考同观念论与实在论之间的通常问题毫不相干，根本没有受到它们相互论争的影响。（V，151）

> 现象学当然是"先验观念论"，尽管是一种全新意义的先验观念论。它不是在心理学观念论意义上的先验观念论，即不是在一种想从无意义的感性材料中推演出一个意义世界的意义上的先验观念论。它不是康德式的观念论，这种观念论至少相信能将自在之物作为界限概念保留下来⋯⋯这种观念论也不是一些论证游戏的产物，即在与各种实在论的辩证争论中获取的战利品。（I，118-119）

显然，胡塞尔认为，他的先验观念论已超越了传统的观念论—实在论之争。但是，我们应当如何理解这样一种先验现象学观念论的立场呢？

## 第二节　胡塞尔与康德的先验观念论

从本质上说，观念论和实在论是对前理论的生活态度中特定要素的分别论题化。实在论是将其中的客体要素实体化、绝对化，最终导向一个独立于主体的自在世界；观念论则是将其中的主体要素实体化、绝对化，最终导向一个无世界的主体。从现象学无前提性的立场看，无论是观念论还是实在论，它们都具有理论的素朴性，亦即没有将其自身的前提论题化，而总是通过回溯前理论的态度以寻求其理论的证明。观念论者原则上将超越的对象看作主观建构的结果，由此认为，真正的存在者是主体，客体则仅仅分有主体的存在。然而，这只是将世界内的超越还原到世界内的主体，世界本身却作为素朴的前提构成主体的视域，因此，这样的主体仍停留于世界视域之内，结果导致既在世界之中又先于世界的人类意识这样一种主体性的悖论。实在论对外在世界之实体化或绝对化的执持，本质上诉诸自然世界的实存信仰，因而以原初的经验关联为前提，而且在认识论上必然陷入这样一种困境：如何从我们意识的孤岛中走出来去切中外在的超越之物？最终，它只能"用某个僵硬的规律把这两个宇宙仅仅外在地相互关联起来"，因此，同样陷入悖论境地。① 康德试图超出传统的观念论与实在论之争，将各种先验实在论和经验观念论统称为"独断论的"哲学。为了标明与一切"独断论的"哲学的对立，康德将自己的批判哲学称为"先验观念论"。

随着对康德哲学研究的深入和自身思想的发展，胡塞尔自 20 世纪 20 年代起明确用康德的"先验观念论"这一术语标识其先验现象学。与康德哲学相比，胡塞尔的先验观念论显得更为彻底。他宣称，先验现象学的观念论"与观念论与实在论之间的通常问题毫不相干，根本没有受到它们相互论争的影响"（V，151）。正是在这个意义上，他将康德的批判哲学一并归入"独断论的"哲学行列。因此，问题是，胡塞尔在何种意义能够将康德的先验观念论判为"独断论的"哲学？先验现象学的观念论如何可能？

## 一、现象世界与经验世界

尽管将康德的批判哲学也一并归入康德本人批判过的一切"独断论的"哲学行列，胡塞尔仍然积极评价康德的先验观念论立场，并沿用这一术语标识自己先验现象学的哲学立场，但前提是必须从一开始就不考虑康德的理性批判中与其哲学本身最深刻的意义相冲突的坏的形而上学成分，当然首先是他的物自身学说（VII，235）。事实上，只是单纯就康德的现象世界的构形学说，胡塞尔才视康德为现象学的同路人。在他看来，康德在全部哲学史上的不朽意义就在于"一种原则上新的此外还是严格科学的对于世界之意义的解释的'**哥白尼式的**'转向"（VII，240）。具体地说，通过"哥白尼式的"革命，"康德拟定了一种关于在先验主体性中建立真正的客体性之原则的可能性的先验的科学理论……这种科学通过对在纯粹主体性中进行的世界认识的本质条件的澄清，使世界本身在其本来的和真正的意义上得到理解"（VII，227），亦即"回溯到**作为一切客观的意义构成和存在有效性之发源地的进行认识的主体性**，而着手将存在着的世界理解为意义构成物和有效性构成物"（VI，102）。

---

① 在胡塞尔看来，哲学实在论是"对实在现实的那样一种悖谬的解释，即与其由洞见阐明的**本身**的意义相矛盾的那种解释。那种解释来自对世界的一种**哲学的绝对化**，与考察世界的自然方式完全不同。后者正是十分自然的，它素朴地存在于由我们描述的总设定的实行过程中，因此它永远不会成为悖谬的"（III/1，107）。

如果不是引文省略部分胡塞尔本人所做的限制，那么康德向我们展现的就是一个十足的现象学家的形象。① 但是，胡塞尔在此只是借康德立言，旨在表达自己先验现象学观念论的立场。事实上，这两位哲学家的世界理解存在本质的区别。对此，胡塞尔在《现象学的心理学》中明确指出："康德有力地证明，世界不是可能经验的对象……我不能承认康德的命题……对我们来说，实在的个别性被经验到，世界也被经验到，而且二者甚至是不可分的。"(IX，95)

康德基于其哲学立场和问题提法区分了现象世界和物自身。胡塞尔所谓康德的不能被经验的世界是就物自身而言的，在康德看来，物自身不是可能经验的对象，而是理性的观念。就现象世界而言，"先天综合判断如何可能"这一主导性的问题提法，使得康德必然采取回溯的—建构的方法去把握世界，亦即从既定的科学事实出发，按照科学事实所提出的要求将认识主体建构为科学的可能性条件。因此，诚如胡塞尔指出的那样，康德的世界建构是通过一种回溯的问题提法进行的："一般客观世界（自然）必须服从什么样的概念形式和法则形式？这个客观世界对于一切认识者才是应该能够通过可能经验的综合作为同一的东西而经验的，然后进一步，才是应该能够在接下来的理论认识中认识的。"(VII，281)反过来，"问题将会是：认识必须是怎样的，以使世界能够在它当中被认识（而且能够科学地认识）？"(VII，383)

显然，这种问题提法"只涉及由这种自然科学合理规定的自然之客观性"(VII，401)。因此，由从科学认识的类型或科学认识的逻辑判断形式中抽引出的先天认识形式——纯粹直观形式和知性范畴——所塑造的现象世界，尽管原则上源于认识主体的成就，但却表现为一种摆脱了一切主体性的存在，亦即自然科学意义上的自然。因此，无论就物自身还是就现象世界而言，康德的世界理解都不同于胡塞尔。胡塞尔立足于直观的明见性而肯定世界能够被经验到："这个在现在中，而且显然在每一个醒觉时刻的**现在**中对我存在的世界，具有双向无限的时间延展域，即它的已知的和未知的、直接现存的和非现存的过去和未来。"(III/1，49)也就是说，世界本身作为视域"在每一个醒觉的时刻"直接被经验到，而且

① 例如，在《观念 I》中，胡塞尔指出，现象学观念论的唯一任务和功能在于解释这个世界的意义。这种"解释"不是对世界的"重新解释"，而是要排除对世界的"一种悖谬的解释"，即与其由洞见阐明的**本身**的意义相矛盾的那种解释"(III/1，107)。在《沉思》中，胡塞尔对此强调，先验现象学观念论"恰恰作为对意义的解释，即这个世界先于一切哲学化而对我们所有人具有的意义……这种意义，它能从哲学上被揭示，但却绝不可能被改变"(I，177)。

它被经验为现实性。在他看来，存在就意味着可经验性，谈论一个不能被经验的世界没有意义。但是，胡塞尔同时也区分了现实经验中的世界与达到完全被给予性的实在世界。正是基于对世界经验的意向分析，胡塞尔确立了世界的观念性（Idealität）的本质。

根据现象学的感知分析，实在事物只能通过各种各样的显现方式被给予。它作为经验的同一极时而从这面、时而从那面显现出来，意识正是穿过所有这些显现着的方面意指作为同一极的对象。实在事物的这种被给予性方式根本不只是取决于主观的、偶然的显现，而是属于实在事物的本质。如果不通过各种各样的显现方式被给予，那么实在事物将根本不可能被经验到。这是胡塞尔在"相关性先天"的标题下所表达的现象学要旨。但是，经验绝不会完全遍历实在事物多样性的显现方式，事物总是可能从新的方面显现出来，它绝不会完全被给予。在进一步的经验进程中，始终存在事物表明自身是单纯假象的可能性。也就是说，经验与经验相冲突，一个经验被另一个经验抹掉，以至于本身切身显现为如此存在的东西被摆明为假象。因此，事物被经验到的实在性只是一种存在假定。鉴于经验系列的无限性，完全的被给予性只是康德意义上的观念（III/1，297）。

另一方面，每一个经验都有其经验视域，每一个经验都能在一种个别经验的连续性和展显性的链条中被扩展，它们综合地被统一为唯一的经验，一个无限开放的经验。在经验的无限开放性中，总是有新的东西有待经验，因为总有新的视域对向前把握的意向呈现出来。一切可能视域的视域即世界视域。因此，"在纯粹先验的考察中，**世界**，就像它在其自身中和在逻辑真理中那样，最终**只不过是一个处于无限性中的观念**。它从意识生活的**现时性**中获取其目的意义"（VII，274）。只有当我们遍历了经验世界无限多样的显现方式，它才是绝对真实的存在，而不再能从新的经验方面被摆明为假象。从现象学的立场看，经验事物或经验世界的相即被给予性就是实在事物或实在世界，但是，它绝不可能达到现实的存在，而只是一个必然伴随存在着的事物或经验事物的观念，一个调节性的观念。因此，既然自在存在着的世界表明是经验主体的单纯观念，那么同时就表明了它的相对性、单纯"为我们存在"的本性。但是，作为一个观念，自在存在着的世界是经验主体在将各种经验按固定风格和谐一致地联结成一个统一性经验的基础上所拥有的观念，"当经验不断以这种风格延续时，**它就前后一贯地提供并且证实这个世界的存在**，这个世界本身恰好只是作为继续得到证实的显现全体的统一而存在，带有可能的显现之开放的无限的统一性视域……这个视域，作为对某种普遍的统一性结构之诸经验可能性的一贯信仰，本身在继续进展的、绝不会结束的充实中被证实为有效的"(VIII，404)。因此，这个世界始终是无限地联结着的真实的经验世界。它带有无限可能的经验展显性，表现为一个显现的无限系列的观念统一性。诚如阿尔麦达所言，作为视域的世界是无限的、可能的经验统一性，这种经验统一性具有观念的本质。它既是一个综合的、历史的生成过程，又是一种观念性的存在。也就是说，它是一个目的论的经验统一性。①

对世界的观念性解释表明了现象学的先验观念论立场。先验观念论意味着对世界的绝对化的祛除，为我们通向唯一真实的世界打开了科学的入口(VII，283)。因为世界的绝对化本质上在于，将那个"处于无限之中的、从意识生活的现时性中获得其目的意义的观念"做了错误的实在化。在胡塞尔看来，它完全背离我们自然的世界考察方式，因而是一种悖谬的世界解释。这种悖谬性在于："当人们超出世界的意义去寻找最终出路时，根本没有注意到，世界本身作为某种'意义'而获得其整个存在，它以作为意义给予之领域的绝对意识为前提。"(III/1，107)也就是说，世界本身只具有一种相对于主体性的存在，抹杀这种相对性同时就抹杀了世界存在的本质。与实在世界不同，主体性是一种绝对存在。对此，胡塞尔说："只有主体性才能够在真正的绝对的意义上自为地存在。自为地存在就是自己对自身显现，就是作为一种先验的客体化的生活过程的存在，亦即在**我思**这个传统标题下的存在。"(VIII，189)作为绝对的存在者，主体性以一种意向生活的形式存在。这种意向生活无论本身意识到什么，它同时也是对自身的意识。因此，它不依赖源于其他主体性的意义给予。

但是，通过对世界的观念性解释，我们并未获得关于先验现象学观念论的最终规定。对于作为意义给予的主体性与实在世界的关系，我们仍然可以问：对于世界的存在，主体性是充分的和最终的根据吗？还是像在康德那里似的，主体性只是范畴的世界结构的充分根据？作为起源维度，先验主体性是指使被给予物显现的构造功能的根据，还是指被给予物本身的根据呢？换句话说，"起源"在这里是指必要的可能性条件，还是指充分的可能性条件？

---

① 参见 Almeida，G. A. de.：*Sinn und Inhalt in der Genetischen Phänomenologie E. Husserls*，Den Haag，Martinus Nijhoff，1972，S. 193-202。

## 二、先验自我与先验统觉

第三章业已表明，胡塞尔的自我概念有一个从否定到肯定的过程，同时，也有一个从纯粹自我到习性自我的发展过程。这无疑与他对康德哲学的研究紧密相关。

康德将自我（"我思""自我意识"）称为"先验的统觉"。作为"纯粹的、本源的和不变的意识"，先验统觉具有"普遍的和必然的先天同一性"，而不同于杂多的意识内容。在他那里，对象的统一性意味着意识的形式统一性，而意识统一性的先验基础则是先验统觉。① 因此，康德就在自我的统一性与现象世界的统一性之间确立起本质的相关性，这在其著名命题"一般可能经验的先天条件同时也就是经验对象的可能性条件"②中得到了集中表达。他用知性范畴来表达这种相关性。知性范畴被看作综合直观杂多的规则，借助这种规则的综合统一，我们就获得一个对象的直观，乃至对一个统一世界的直观。对此，胡塞尔在《纯粹理性批判》中说道："意识对它自身同一性的本源的和必然的意识，同时就是对一切现象按照概念，即按照那些规则所做的综合的同一个必然统一性的意识，这些规则不但使这些现象能够必然地再生出来，而且由此为对它们的直观规定一个对象，亦即规定对那些现象必然在其中相关联的某物的概念。"③

在《逻辑研究》中，胡塞尔对于自我概念基本上采取了否定的态度。他明确拒绝那托普将自我看作"意识内容的关系中心"的纯粹自我观念，并将其视为一种形而上学的虚构。他认为，存在的只是意向体验的联结体，根本没有什么子虚乌有的实体自我。在与《观念 I》处于同一时期的《逻辑研究》第二版中，胡塞尔对第一版中的纯粹自我概念做了修正。现在，他赞同康德"'我思'必定能够伴随着我的一切表象"④的观点。"纯粹自我在一种特殊意义上完完全全地生存于每一实显的**我思**中，但是一切背景体验也属于它，它同样也属于这些背景体验。它们全体都属于为自我所有的**一个体验流**，**必定**能转变为实显的**我思过程**或以内在方式被纳入其中。"（III/1，109）

在《观念 I》中，胡塞尔把康德的命题"'我思'必定能够伴随着我的一

---

① 参见〔德〕康德：《纯粹理性批判》，邓晓芒译，北京，人民出版社，2004，第118~122页。
② 〔德〕康德：《纯粹理性批判》，邓晓芒译，北京，人民出版社，2004，第122页。
③ 〔德〕康德：《纯粹理性批判》，邓晓芒译，北京，人民出版社，2004，第120页。
④ 〔德〕康德：《纯粹理性批判》，邓晓芒译，北京，人民出版社，2004，第89页。

切表象"与其在《逻辑研究》中所否定的作为关系中心的纯粹自我概念联系起来。在《观念 I》中，纯粹自我是行为之个体的自我极。在这个自我极的基础上，行为具有我思的形式，而且它在每一个意识行为中都在直观上可被把握为同一之物。这个自我存在于它的行为中，在其行为中活动并经受其行为，但是，它不构成行为的实项成分，而是与体验相对展示为一个超越。它是不变的、空无任何内容的东西。它是其体验流的功能中心，总是作为"我思"而存在。反之，体验流只有借助于一个自我极化才能存在。在胡塞尔看来，康德的命题"'我思'必定能够伴随着我的一切表象"的意义在于：一个体验流中的所有体验，无论是现时出现的还是现时不出现的，本质上都与这个体验流具有一种极化关系。根据《观念 I》的观点，这个纯粹自我不是意识流之统一性的基础，这种统一性是由内时间意识构造起来的，它在原本的当下中有其根源。尽管已认识到纯粹自我与康德的"我思"之间的亲缘关系，但是，基于《观念 I》的自我学说，胡塞尔仍然不能赋予康德的"先验统觉"学说以积极的意义。因为在其自我学说的这个发展层次上，胡塞尔尚未看到在纯粹自我的统一性与一个统一的、服从先天规则的世界构造之间的必然关联。自我被他规定为一个在其思维活动中的同一极，而不管在这些思维活动中是否有一个统一的（超越的）世界被构造起来。作为同一之物，它必然属于它的意识流，这个意识流被构造为一个无限的内时间的统一性。

在《观念 II》中，胡塞尔继续发展其自我学说。他认识到，纯粹自我的统一性是由其习性构造起来的，这些习性产生于自我所实行的设定或执态。对此，胡塞尔说道："纯粹自我的同一性不仅在于，鉴于每一个我思，自我（重又是纯粹自我）可以将自己理解为我思之同一的自我，毋宁说，只要我在我的执态中必然持续地实行某种确定的意义，我就存在于其中并且先天地是同一个自我。每一个'新的'执态都建立起一个永久的'意指'或论题（经验论题、判断论题、愉快论题、意欲论题），以至于就像通常那样，我像以前那样理解自己，或者说，把现在的我与以前的我看成同一个我。因此，我保持着我的论题，把它们当作现时的论题，就像以前建立它们那样。"（IV，111-112）也就是说，自我通过其一致的和持久的设定或意指构造起其具体的同一性。虽然在经验的进程中，它的确可能改变，但是在这种改变中，它为其所有确信的和谐的观念所规定。这个和谐的观念建立在对自在存在着的统一的世界持久的确信之上。因此，一个统一的世界是自身保持的自我之贯穿一切设定变式的意向活动的同一性相关项。

胡塞尔在 20 世纪 20 年代曾多次探讨自我统一性与一个统一的世界的构造之间的相关性问题。正是由于对此问题的关切，他才能赋予康德的命题"一般可能经验的先天条件同时也是经验对象的可能性条件"以现象学的意义：

> 作为自我，我必然是进行思想的自我；作为进行思想的自我，我必然思想客体，我在思想时必然与存在着的客体世界有关。此外，这个纯粹的主体，这个纯粹在知性中实行自我成就的主体，是这样形成的，以至于只有当它能在自己的一切思想过程中将被思想的客体性始终作为与自身同一的客体性坚持到底时，它才能保持为同一的主体。只要我在我的思想中是保持一致的，我就保持着我的统一性，这个主体的统一性，自我统一性。也就是说，一旦我设定任何一个东西，一个客体，那么我就必须是这样的，即我的客体对于这个思想能够并且必须始终继续被看作同一的客体。同时，康德还相信能够证明：范畴就是纯粹自我必须借以思考相关的客体世界的概念，这个世界是它所要求的。如果它想一致地思考客体世界，或者它想证明自己是同一的知性主体，它就必须按照范畴的基本规则思想客体。因此，这些先天综合命题说出了被思想的客体世界是可同一地坚持到底的客体世界的可能性条件。（VII，398）

在胡塞尔看来，这个命题表达了经验的先天与对象的先天之间的相关性。显然，他已认识到，只有当自我的整个意向地关涉着世界的经验生活在自身中包含一个固定的规则时，自我才能是持久的自我、同一的自我。通过这个固定的规则，自我指向经验世界的观念的统一性。

然而，尽管存在论题上的一致和思想上的亲缘性，但是，胡塞尔与康德在处理自我统一性与一个统一的世界的构造之间的相关性问题的立场上依然存在根本的区别。

在康德那里，先验统觉是现象世界统一性的先验根据。对他来说，先验统觉表现为知性的一种规则权能，亦即根据范畴的规则将现象联结成综合的统一性的权能。但是，"知性并不仅仅是通过对诸现象的比较来为自己制定规则的权能：它本身就为自然立法"，因此，"没有知性，任何地方就都不会有自然，即不会有诸现象之杂多的按照规则的综合统一……自然作为经验中的认识对象，连同它所可能包含的一切，都只有在统觉的统一中才是可能的。但这个统觉的统一就是经验中一切现象的必然合规律性的先验根据"①。根据康德的观点，自然的这种先验根据，现象世界的这种先验根据，不是从联结中产生的，而是一切联结的根据，是首先使联结得以可能的东西。"范畴已经以联结作为前提了"，因此，它也是使范畴和范畴的联结得以可能的东西。② 作为一切联结的根据，它是不被联结的联结者。显然，对于康德而言，先验统觉的统一性必然意味着现象之先验的综合统一性，意味着现象世界的统一性，因为一切表象最终都被这个"不被联结的联结者"通过范畴的规则联结成一个统一的世界。因此，违反范畴的规则意味着先验统觉的统一性的缺席，但并不意味着先验统觉的统一性的破裂。因为在康德那里，情况并不像上述引文中胡塞尔所认为的那样，先验统觉的统一性依赖于范畴的基本规则。如果情况是那样的话，我们将会得出先验的统觉只是推定性的，它将依赖于统一的现象世界的呈现这一结论。但是，这种结论在康德那里是悖论性的，因为先验统觉是范畴和范畴规则的根据。作为世界显现的规则的根据，它不可能由这种规则决定。因此，作为一切联结的先验根据，即使世界消解成一团混沌的显现，先验统觉的统一性也绝不会受到影响。

在胡塞尔那里，先验自我并非经验世界统一性的先验根据。相反，先验自我的统一性被认为是从经验着世界的生活中产生的，它依赖于经验。因此，它是推定性的。也就是说，一旦经验消解成一团混沌的显现，它就可能随之消解。在自我统一性与一个统一的世界的构造之间的相关性问题上，与康德相反，胡塞尔的结论是，被构造起来的显现着的世界的统一性必然意味着先验自我的统一性或具体的同一性。此外，鉴于经验视域的无限开放性，胡塞尔也反对像康德那样，根据判断表的引导线索演绎出固定数目的范畴，以此作为先验统觉的自我结构内涵，同时也限定了世界的结构范围。在胡塞尔看来，先验自我或世界，尽管具有某种必然的统一性结构，但这种必然的统一性结构不是固定的先天系统，而是拥有无限开放的可能性。

## 三、先天与事实性

从现象学的立场看，康德的先验观念论立足于"经验性的"（empirische）与"先验的"（transzendentale）的对立，而现象学的先验观念论在"世间的"（mundane）与"先验的"的张力中展开。这种差异对于理解这两

---

① 〔德〕康德：《纯粹理性批判》，邓晓芒译，北京，人民出版社，2004，第131～132页。
② 参见〔德〕康德：《纯粹理性批判》，邓晓芒译，北京，人民出版社，2004，第88页。

位哲学家的先验观念论立场是根本性的，这集中体现在他们各自在处理先天与事实性关系问题上的原则性分野。

对胡塞尔来说，对象的"自在存在"意指其在现象中的"为我们存在"。换句话说，现象被看作存在设定的最终基础。这意味着，奠基性的东西不能超出显现，最终的现象不能被看作被奠基的现象，它们必须被看作绝对被给予的，亦即被看作明见性的最终源泉。因此，作为最终的源泉，它们不能被看作是被其他东西预先规定了的。这是现象学的直观明见性原则所蕴含的基本结论。与我们的论题相关，这里也蕴含着胡塞尔对待先天与事实性关系问题的基本立场。

对于康德来说，经验的事实性不是某种绝对的或最终的东西，预先规定它的是先验统觉。先验统觉"是经验中一切现象的必然合规则性的先验根据"。在他看来，世界本质上已由先验统觉中的奠基性要素所预先规定，因此，本质的世界连同其必然的合理性预先规定了事实性的经验世界。

关于先天与事实性之间的关系问题，我们在《第一哲学》中可以读到："如果我们从事实性的自然和事实性的意识出发，那么现象学的先天（phänomenologische Apriori）就只存在于诸意识种类的本质之中，和建基于这些本质的先天可能性和先天必然性之中。这种事实性的东西就是意识的进程。这在任何情况下都有效，无论这种意识是否足以构造精确的自然，确切地说是我们的自然，也无论这种意识是否要求这种自然……但清楚明白的是，诸显现和诸意识构形一般必然以**确定的**方式进行，以至于理性能将一个自然加进它们之中，而且应是将这个自然垫在它们下面。因此，对于先验现象学来说，这是一个事实，即意识进程恰恰是这样，以至于一个自然在其中能够作为一个'合理的'统一性被构造起来。"（VII，393）胡塞尔在此表达了两层意思。其一，在他看来，先天存在于意识进程的事实性（Faktizität）中。这表明，经验进程的事实性是最终的根据。因此，事实性不像在康德那里受先天的预先规定，因为作为最终的根据，它不可能奠基于其他东西之中；相反，先天奠基于这种事实性之中。只有在这种意识进程的事实性之中，一个自然才能被构造起来；相应地，一个自我才能被构造起来。也就是说，无论是自然的统一性还是自我的统一性，它们都以意识进程的这种事实性为最终根据。其二，意识进程的事实性具有先天可能性和先天必然性。作为最终的根据，意识进程的这种事实性被表明是一种先验的事实性。对此，胡塞尔指出："如果没有先验事实性的自我，那么先验自我的埃多斯是不可想象的，因为极其重要的是：我，这个事实性地进行现象学思考的**本我**建构埃多斯。建构和建构物（被构造的统一性，即埃多斯）属于我的事实性的生存，属于我的个体性……我是原事实……绝对在自己自身中有其基础，而且在其无根基的存在中有其绝对的必然性作为这一个'绝对的实体'。它的必然性不是本质必然性……一切本质必然性都是它的事实的要素，是其关涉自身功能活动的方式——其理解或能理解自身的方式。"(XV，383-386)因此，意识进程的事实性具有先天可能性和先天必然性。

　　显然，在先天与事实性之间的关系问题上，胡塞尔的观点与康德正相反。在他那里，不是先天决定事实性，而是事实性决定先天；不是本质的世界连同其必然的合理性预先规定了事实性的经验世界，而是事实性的经验世界具有各种本质世界的开放的可能性。对此，胡塞尔在《观念I》中做"世界消解"的思想实验时指出："一个世界的实存是标识有某种本质构形的某种经验多样性的相关项。但这**不**应理解为，现时的经验**只**能在这样一些关联形式中进行，这样一些关联形式不可能从感知一般和其他一同参与的经验性直观的本质中被推导出来。"(III/1，91)这表明，本质并不提供一种决定性的必然性，而只提供一种事实性的可能性，这种可能性的实现依赖事实性的意识进程的现时被给予性。就现时的经验进程而言，一方面，我们拥有包含各种经验意识类型的各种可能性，这些经验意识类型都可以通过对现实的经验进程的本质变更获得；而现时的经验意识类型可以被看作各种可能的经验意识类型中的本质变项。另一方面，我们拥有包含各种世界实存类型的各种可能性，这些类型与各种经验意识类型相应，可以被看作各种可能的世界实存类型中的本质变项。正是在这个意义上，胡塞尔说："我们的事实性经验的相关项，它被称为**'现实的世界'，作为各种各样的可能的世界和非世界的特例，这些可能的世界和非世界本身只不过是'经验意识'的观念之本质上可能的诸变体的相关项**。"(III/1，88)现实的世界，尽管具有其本质结构，但只是经验的事实性所实现的一个可能性。

　　鉴于经验的事实性的先天可能性，事实性的经验关联本身是可变的，它们可能呈现出不同的样态。因此，无论是事实性的经验，还是现实的世界，它们都具有偶然性的特征。在《观念I》和《第一哲学》中，胡塞尔都做过"世界消解"的思想实验。各种可能的"非世界"也就意味着各种世界不存在的可能性；相应地，也意味着各种无序的经验混沌的可能性。从世界的消解这一极端情况出发，我们必然面对世界构造的事实性与先验生活的本质可能性之间的关系问题。从先验现象学的立场看，先验主体性中的世界构造是一个偶然（Kontingenz），亦即世界统觉并不必然发生。但问题是，为何现实的意识中总有一个"合理的"世界统一性？对此，胡塞尔在《第一哲学》中的回答是，这种"合理性"是一个"奇迹"。

因此，从关于先天与事实性关系问题的思考中，胡塞尔得出的结论是，世界构造或经验世界的自我在先验主体性中没有根据。也就是说，存在世界的消解和先验统觉的自我之消解的可能性。在此，我们看到先验现象学观念论与康德的先验观念论之间的根本区别。在康德那里，尽管世界的目的论结构是不能从主体性的本质出发而得到澄清的单纯事实，但是，世界的范畴形式却在主体性的本质中具有充分的根据。

## 第三节　发生性的向度与先验现象学的观念论

康德哲学的基本问题是自我与经验世界之间的先天相关性问题。这一问题是对素朴的自然态度的克服，它将认识论问题的探究提升到有关"先天的世界形式"的层次。"先天的世界形式"是使经验对象和对象经验得以可能的本质条件，它不是在直向的态度中被把握到的本质性的宇宙，而是只能通过回溯—建构的方法通达的先天的范畴形式。借此，康德哲学超出了经验的实证性。通过回溯一切可能经验的先天条件，康德论证了自我与经验世界之间的先天相关性，从而与传统的独断论形而上学区分开来。但是，他的问题提法仍停留于自然世界的基础上，他对世界问题的解释仍是一种内在于世界的解释。正是在这个意义上，胡塞尔指出，康德的先验哲学"有一个由共同决定着他的问题之意义的诸前提构成的未经考察的基础"（VI，106）。这个"基础"就是生活世界的不言而喻性。尽管康德探究了世界意识的主体结构，但是，这种探究却以先天的世界形式为前提。这种作为前提的先天的世界形式，却是从作为世间之物的数学、自然科学和逻辑学的先天有效性中抽引出来的。在生活世界的不言而喻性的基础上，康德哲学在世界意识的主体结构与先天的世界形式之间陷入了一个互释性的循环。因此，胡塞尔将包括康德的"先验观念论"在内的其他一切观念论形态都归属于世间哲学的范畴，并且斥之为谬误。原因在于，它们均执持一个共同的理论前提：生活世界的不言而喻性。

与一切"世间哲学"相对，现象学为消除传统的哲学悖论而试图成就一种"无前提性"的哲学立场。于是，生活世界的不言而喻性成为现象学的核心论题："它的唯一任务和成就在于阐明**这个世界**的意义。确切地说，它是这样一种意义，按此意义任何人都把它看作并真正合法地看作实际存在着的。"①（V，152）因此，现在的问题是：现象学如何将世界论题化，从而达到一门绝对独立的"无前提性"的哲学形态？

胡塞尔在 1907 年前后的"先验转向"，亦即"先验观念论"的转向，使他的现象学同人和学生感到异常震惊和不安。以英伽登为代表的"哥廷根小组"的成员们认为，这背离了胡塞尔在《逻辑研究》时期的实在论立场和"朝向客体"的致思方向。以兰德格雷贝和芬克为代表的弗莱堡时期的学生则追随后期的胡塞尔，认为他的前期学生未能理解老师的真实意图。但是，他们同样拒绝"先验观念论"。那么应当如何理解胡塞尔从《逻辑研究》到《观念 I》的思想转变呢？

根据德布尔的考察，自 1894 年的论文《基本逻辑的心理学研究》起，胡塞尔开始确立一个全新的意向性概念：意向性不再是一种对内容的被动占有活动，而是一种意义赋予活动。这种意义赋予是对内容的主动解释，因而在显现者的构造中起作用。至《逻辑研究》时期，胡塞尔已经确认了感知中的构造活动。因为在他看来，只有当内在感觉得到解释时，超越的对象才会对我们显现。在感知活动中，主体是经由感觉而指向被感知对象的。例如，我们感知的不是声音的感觉，而是演唱者的歌声。当我们理解语词时，我们就透过语词达到了语词的意指物。具有决定性意义的是，胡塞尔对内在的颜色感觉与客观地被感知到的颜色做了明确区分：前者是被体验到的、内在的，后者则是超越的。然而，胡塞尔这种全新的意向性概念并不意味着朝向哲学实在论意义上的对象。因为，"被感知到的颜色"只是在某种超越的或客观的意义中被解释了的感觉。对于感觉的起源，胡塞尔什么也没有说。在他看来，那是一个形而上学的问题，根本不属于现象学被给予性的范围。但是，从《逻辑研究》的立场看，胡塞尔显然是将实在的、独立实存的事物看作物理学的对象，它存在于被感知到的现象的背后，并且是感觉的原因。因此，胡塞尔在那时是一个实在论者，但这却不是源于他的意向性学说。在他那里，意向对象并不等同于独立实存意义上的对象。诚然，胡塞尔偶尔也会宣称：意向对象与实在对象没有区别，但是，这一强调性的说法旨在批判经院哲学的意向性概念。②

---

① 黑体部分是笔者所做的强调。

② 按照经院哲学的意向性概念，存在两类对象：意向对象（Inhalt）和意向所指向的对象（Gegenstand）。意向对象被看作意义，而意向的终端则是意向所指向的对象。胡塞尔的批判旨在强调，意向对象是意向的真正对象。他拒绝认识的媒介概念，将其看成非现象学的。他强调，在感知中，事物是自身被给予的，而不是通过某个图像或符号被表现出来的。

在《逻辑研究》中，显而易见的是，胡塞尔试图遵从笛卡尔的出发点：立足于意识领域，将探究的目光限制在实项的内在中，而关于外在事物的问题被贬斥为形而上学。他认为，只有这样才能满足一门严格科学的"无前提性"要求。这意味着，胡塞对外在对象的实存实行了一种"悬搁"。这完全不同于《观念Ⅰ》意义上的悬搁，或者说他切断了意识领域与外在对象的实存的联系。然而，在《逻辑研究》中，胡塞尔仍在一个重要的方面挣脱了笛卡尔出发点的束缚，尽管是以含蓄的承认的方式表现出来的，即意向对象虽然没有被体验到，却仍被给予了。这一观点直到1907年《现象学的观念》的讲座才得以确立。在那里，胡塞尔明确承认，某物即使不是实项的内在也能被给予。因此，无论在何种情况下，意向对象都不能混同于实在的、独立实存的对象。当胡塞尔在《逻辑研究》中谈论对象的被给予性时，他实质上谈论的是意向对象，而不是独立实存的事物。同样，当胡塞尔说主体受自身被给予性的触发而对对象的存在有所"信仰"或"设定"时，这种作为信仰的相关项的真实对象只是意向对象。

胡塞尔的这种"悬搁"在某种意义上意味着《逻辑研究》在认识论上走入了死胡同。因为"我如何能切中外在世界"这一认识论的超越问题不是被解决了，而是被回避或取消了。由于实在的问题不可能得到回答，因而这只能是一种权宜之计，是将自己硬性地限制在实项的内在中。后来，胡塞尔终于认识到，这一困境源于《逻辑研究》的一个基本前提，即世界之自在存在的假定。尽管他在方法论上硬性地将世界置入括号，但是，这一假定实际上仍保留了下来。

有鉴于此，我们可以得出结论说，《逻辑研究》存在一种潜在的实在论立场。但是，这种实在论的立场不是源于其意向性学说，而是源于世界之自在存在的偏见。这种偏见后来被斥为悖谬，因为它不可能在现象学上得到证实。因此，《观念Ⅰ》确实构成一种对实在论的否定。然而，胡塞尔这样做显然是力图贯彻其原初的意图。而若要充分实现这一原初的意图，就必须放弃这一实在论的前提。这意味着主观显现与不可知的自在之物之间的非现象学区分不再有效。只有这样，现象学才能从描述心理学迈向普遍的科学。

《逻辑研究》中另外一个未解决的问题是描述心理学与发生心理学的关系问题。发生心理学是一门自然科学，而描述心理学是一门探讨本质的心理学。基于描述心理学的立场，胡塞尔试图借助本质直观实现本质的脱自然化。但是，他借以论证本质之脱自然化的方式却是意识的自然化。在那里，意识是人的意识，描述心理学所分析的意识仍被置于物质自然的基础之上。诚然，在描述心理学中，人的自然方面被剥离出来，但是，心理—物理统一性（心理统觉）本身并未受到批判，意识经由身体仍隶属于自然，遵从因果律。因此，在《逻辑研究》中，胡塞尔仍留有一个悬而未决的问题：意识如何既遵从观念的准则，同时又仍隶属于自然，即作为心理学的现象？显然，他仍受缚于后来被其称为"自然主义的偏见"的东西，即物质世界的独立实存。最终，意识仍是心理主义和人类主义的统摄物，是心理—物理统一性的成分，是世界的一部分。

对于《逻辑研究》这两个悬而未决的问题，《观念 I》给予了怎样的回答呢？

在《观念 I》中，胡塞尔拆除了《逻辑研究》中的那个基本假定，彻底解决了超越问题，因而消解了《逻辑研究》的认识论困境。在《观念 I》第二编"现象学基本考察"中，胡塞尔的分析表明，物质事物和作为整体的物质自然并不具有独立的实存，而只是意识的相关项。这意味着，自然主义的存在论前提，亦即"自然态度的总设定"，在现象学上是无根据的，因而具有假定性的特征。世界的真正基础是意识。现象学在存在论上的这种"哥白尼革命"是通过先验还原实现的。在《观念 I》第 52 节"物理物和显相的未知原因"中，胡塞尔指出，物理事物并不是现象世界背后一种独立的实在，而是对现象世界的一种特定解释。因此，与《逻辑研究》中的悬搁不同，《观念 I》中的悬搁并未将物质对象的存在置入括号，被置入括号的只是对物质对象的存在所做的一种特定的悖谬性解释。这种解释是罩在现象世界之上的观念外衣，根本不是存在论上的真实自然。现在，胡塞尔可以宣称，先验还原根本不意味着丧失任何东西，失去的只是一种自然主义的偏见及其关于超越的难题。诚然，《观念 I》在意向相关项与对象之间做了区分，但是，这不是意向对象与实在对象间的那种非现象学的区分。现象学上的对象是一系列意向相关项之统一性的核，它并未藏在意向相关项背后，而是它的内在特征。

因此，"先验转向"意味着对意识自然化的彻底克服。通过先验还原，胡塞尔表明，意识与实在不可能形成一个心理—物理统一性意义上的统一性，以至于意识将奠基于物质自然之上。与自然主义存在论相对，自然在现象学上只是意识的相关项。这样，我们就挣脱了心理统觉，而"心理统觉"现在被视为自身基于自然态度的一种错误解释：奠基世界的意识却将自身当作那个被奠基的世界的一部分。正是在这个意义上，胡塞尔才会说："关于存在的通常意义恰恰被翻转了。"（III/1，93）物质不是意识的基础，而是正相反。自然被看作在目的论上相关的诸意识成就的结果。

这表明，先验观念论是对自然存在论的一种翻转。然而，这种存在论的"翻转"不是一种简单的倒置，仿佛先验观念论主张实在之物依赖心理意识似的。毋宁说，先验观念论旨在揭示意识是一种绝对的存在，整个世界连同心理意识都在其中被构造起来。因此，胡塞尔的存在论"翻转"意味着对心理意识与实在之物之间关系的先验阐明。事实上，先验观念论并不否认心理之物对于实在之物的依赖性。但是，从先验的立场看，心理之物与实在之物之间的关系现在变成了先验意识与整个实在世界连同心理意识之间的关系。这表明，胡塞尔的先验观念论实际上已将自然态度的实在论立场蕴含于自身之内，这是对自然态度的翻转而不是消除，它所消除的只是哲学上自然主义的存在论。正是在这个意义上，胡塞尔拒绝传统的主观观念论的立场："我们从作为全体现实的世界的充分有效存在中并未消除任何东西……实在的现实未曾'被重新解释'，更不必谈对其进行否定了；实则反而是排除了对实在现实的那样一种悖谬的解释，即与其由洞见阐明的**本身的**意义相矛盾的那种解释。那种解释来自对世界的一种**哲学的绝对化**，它与考察世界的自然方式完全不同。"（III/1，107）这表明，先验观念论不是对实在世界的重新解释，而是消除了对实在世界的自然主义解释。

但问题是，这种不同于心理之物的绝对意识意味着什么呢？它与自然的世界处于何种关联之中？

在《胡塞尔与康德》中，耿宁指出："《观念I》仍在**静态**现象学的基础上进行。也就是说，它根据它们的各种样式、各种目的论的—历史的层次和各种隐含的视域，从意向相关项和意向活动方面分析各种各样的对象统觉（Gegenstandsapperzeption）。从这种静态的观点出发，将事物呈现为预先被给予物的直接经验不是被看作生产性的。只有当胡塞尔探究**作为获得性的**习性的统觉的'历史'或发生时，这种获得——它将其现在总已预先被给予的、'现成的'拥有、'周围世界'作为'结果'构造起来——对他来说才是一种生产（Produzieren）。因此，生产性并非指习性的统觉中的生活本身——这仅为静态现象学所探究，而是指这种作为发生现象学之对象的习性的发生。"①毋庸置疑，对构造所做的这种生产性的解释必然关涉胡塞尔的先验现象学观念论的决断，因为在这种解释中，世界的存在意义获得了原则上崭新的含义。正是由于对世界构造的这种

---

① Kern, I.： *Husserl und Kant：eine Untersuchung über Husserls Verhältnis zu Kant und zum Neukantianisum*，Den Haag，Martinus Nijhoff，1964，S. 260.

新解释，胡塞尔自 20 世纪 20 年代起——恰恰是其开始构想发生现象学的时期——开始用康德"先验观念论"的术语来标识自己的现象学哲学："**整个现象学恰恰是这种观念论的第一个严格科学的形态**。"（VIII，181）因此，这里凸显出发生现象学与先验现象学观念论的内在关联。这其中所蕴含的问题是：在胡塞尔那里，自然之构造的生产性具有何种形而上学的意谓？

显然，先验现象学观念论的本质规定最终有赖于从总体上探讨发生性的构造的形而上学意义。对此，胡塞尔指出，康德哲学的永恒意义在于，他实行了对世界意义的解释的"哥白尼式的"革命，因为"**康德**拟定了一种关于在先验的主体性中建立真正的客观性之原则可能性的先验的科学理论，或者更确切地说，进行了一种最初的尝试，尽管是非常片面的、在问题提法上受局限的尝试，即创立一种在这里非常必需的科学。这种科学通过澄清在纯粹主体性中进行的对于世界的认识之本质条件，使我们理解在其本来的和真正的意义上的世界本身"（VII，227）。

从先验现象学的立场看，这种"哥白尼式的"革命表明，"世界最终只**是一个处于无限之中的**、从意识生活的**现实性**中获得其目的意义的观念"（VII，274）。也就是说，世界是功能主体性的构造物。在胡塞尔看来，康德哲学是这样一种哲学："与前科学的以及科学的客观主义相反，这种哲学回溯到**作为一切客观的意义构成和存在有效性的发源地的进行认识的主体性**，并试图将存在着的世界理解为意义的和有效性的构成物，试图以这种方式将**一种全新的科学态度和一种全新的哲学**引上轨道。"（VI，102）因此，康德哲学"导致对于作为可能经验的和可能认识的世界的自然之真正存在意义的革命性的重新解释，与此相关联，也导致对有关的诸科学之本来的真理意义的重新解释"（VI，106）。

既然胡塞尔将发生性的构造标识为"生产性"，那么世界的观念性的根据最终仅仅在于：主体性是在一个意向的发生中构造起世界的吗？相应地，"发生性的构造"意味着存在者的生产吗？

胡塞尔当然不可能持这样一种唯我论和主观观念论的立场。毋宁说，世界的观念性的真实含义在于：虽然世界之"自在存在"（An-sich-seins）的发生性的构造意味着生产，但是，这只是就这种"自在存在"是"为我存在"（Sein-für-mich）而言的。因此，它意味着"为我存在"（Für-mich-seins）的生产。然而，就世界之"自在存在"是一种"为其自身存在"（Für-sich-selbst-sein）而言，它不可能是我的"构造物"，而是绝对地与我的意识对立。① 在《观念 I》中，世界的存在被看作一种为经验着的主体的存在，除此以外什么也不是。然而，这尚不能将世界看作主体性的"构造物"。从静态上理解意向性或构造，世界经验绝不可能被标识为"生产性的"，因为静态现象学仅仅考察"现成的习性"的经验，而这种经验不是"生产"。静态现象学仅仅表明：现实世界相对于主体性而存在，如果没有主体性，就不存在世界。因此，先验现象学的观念论首先意味着世界绝对化的消除。世界的绝对化本质上是将那个"处于无限之中的、从意识生活的现实性中获得其目的意义的观念"，亦即作为调节性的（regulative）观念的世界，做了虚假的现实化。在胡塞尔看来，这是关于世界的悖谬性解释。这种悖谬性在人们进行哲学思考的时候产生，因为"人们超出世界的意义去寻找最终出路，而根本没有注意到，世界本身作为某种'意义'而获得其整个存在，以作为意义给予之领域的绝对意识为前提"（III/1，107）。

但是，通过将世界理解成意义统一性而消除关于世界的绝对化解释，我们并未获得关于先验现象学观念论的最终规定。对于作为意义给予的主体性与实在世界之间的关系，我们仍然可以追问：对于世界的存在，主体性是充分的和最终的根据吗？还是像在康德那里似的，主体性只是范畴的世界结构的充分根据？作为起源维度的先验主体性是指使被给予物显现的构造功能的根据，还是指被给予物本身的根据？换句话说，"起源"在这里是指必要的可能性条件，还是指充分的可能性条件？显然，这个问题导向先验现象学观念论的最终规定。

从世界的消解这一极端情况出发，我们必然面对世界构造的事实性与先验生活的本质可能性的关系问题。根据发生性的构造的观点，世界在先验主体性中的构造是一个偶然，亦即世界统觉并不必然发生。但问题是：在现实的意识中，为何必然发生这种世界统觉？换句话说，在先验意识中，究竟是否必然有一个假定的、可坚持到底的世界被构造起来？

胡塞尔认为，世界构造或拥有世界的自我在先验主体性中没有根据。也就是说，存在世界的消解和先验统觉的自我之消解的可能性。这种观点构成先验现象学观念论与康德的先验观念论的根本区别。在康德那里，尽管世界的目的论结构是不能从主体性的本质出发而得到澄清的单纯事实，但是，世界的范畴形式却在主体性的本质中具有充分的根据。而从

---

① 参见 Kern, I.：*Husserl und Kant：eine Untersuchung über Husserls Verhältnis zu Kant und zum Neukantianisum*，Den Haag，Martinus Nijhoff，1964，S. 279。

先验现象学观念论的立场看，虽然先验主体性在发生性的构造中生产性地成就世界。但是，在这种生产性的成就中，自我并非现实地活动着的，而是匿名的。它隐蔽地起作用。发生性的构造并非由先验主体性自身的本质或力量所成就。也就是说，它自身并不能生产性地构造一个宇宙，并且恰恰是这个宇宙。毋宁说，这个宇宙对它来说是一种"恩赐"。对先验主体性来说，总是存在被收回这种"恩赐"的危险：这个宇宙消解成一团混乱的感觉，同时，这个拥有世界的自我也消解了。因此，先验主体性并非世界存在的充分根据。也就是说，世界构造不是先验主体性的本己的创造，而是某种彻底的被给予物，一个奇迹。作为发生性构造之标识的"生产活动"，并非先验主体性的本己可能性的活动，而是一种不断遭受的活动。就这种"生产活动"的本性来说，我们可以说，先验主体性"生产"世界，但并不"创造"世界。因此，世界对先验主体性具有一种不可消除的陌生性（Fremdheit）特征。

　　鉴于世界构造不能从先验主体性出发得到最终的澄清，因此，在世界构造的事实性中，胡塞尔看到了真正的形而上学的出发点。对此，他在《第一哲学》中说道："通过在本质现象学的应用中落在这些事实科学上的对于在它们那里作为事实被研究的客观存在的最终解释，以及通过在这种现象学中一同被要求的对于客体性——与先验主体性的普遍共同体相关的客体性——的所有区域的普遍考察，世界大全（Weltall）这一实证科学的普遍论题就获得了'形而上学的'解释，这恰恰就是一种在其背后寻求另一种解释没有任何科学意义的解释。但在这背后，现象学的地基展现出一种不再能进一步解释的问题性：先验事实——在事实性的世界和事实性的精神生活的构造中显露出的先验事实——的不合理性（Irrationalität）的问题性，因此是一种新的意义上的形而上学。"（VII，187）

　　关于这种现象学意义上的形而上学难题，胡塞尔做了进一步规定："具有自然态度的人对这个世界的事实之根据的追问，在先验的内在态度中，转变成对于这些事实性的主体性之根据的追问和对于在这些主体性中事实性地进行的世界构造的根据的追问，其中包括对这种构造的所有事实性得以满足的可能性条件的追问。但这里起作用的这个'根据'概念可能具有某种意义，使我们不满足于停留在这种事实之上的东西可能是什么。这是一个新问题，这个问题指向一种更高层次的先验研究。"（VII，220）某个宇宙，并且恰恰是这个宇宙，而不是一团混沌，在意识中被构造起来。在胡塞尔那里，这种事实性的"不合理"最终导向超越先验主体性的绝对根据的问题，这通向一门现象学的形而上学。

## 第四节　现象学与形而上学

在《逻辑研究》中，胡塞尔宣称，现象学展示了一个中立性的研究领域，它必须满足形而上学的无前提性原则（XIX/1，A 3/B₁1-A 20/B₁20）。在他看来，现象学的任务就在于：“对那些未经考察，甚至往往未被注意，然而却至关重要的形而上学类型的前提进行确定和验证。”（XVIII，A 11/B 11）因此，现象学“先于所有形而上学”（XIX/1，A 21/B₁21）。从这种立场看，胡塞尔对形而上学的态度显然是拒斥性的。然而，随着其思想的发展，胡塞尔认识到现象学不仅仅局限于认识论或理性批判的任务。毋宁说，认识论有能力对所有自然科学中的自然认识进行批判，即它能够以正确的和彻底的方式解释自然科学关于存在之物的成果。因为“只有通过认识论的反思才发现，自然的存在科学不是最终的存在科学。需要有一门绝对意义上的关于存在之物的科学”，他称这门科学为“形而上学”（II，23）。因此，正如他在《沉思》中所说：“现象学只是排斥任何一门素朴的、从事着悖谬的自在之物探究的形而上学，但它并**不排斥形而上学一般**。”（I，182）但是，在他看来，“形而上学这门绝对的和最终意义上的存在科学的可能性依赖认识批判这门科学的成功”（II，32）。正是在这个意义上，胡塞尔也谈论“一门新的意义上的形而上学”，亦即奠基于先验现象学的形而上学（VII，187）。

显然，胡塞尔那里存在两种不同的形而上学观念：一种是通常意义上的不同的形而上学，即他所谓“已衰退了的那种形而上学”（I，166）；另一种就是奠基于先验现象学的形而上学。对他来说，正是在与“已衰退了的那种形而上学”的对立中，现象学开辟了一条崭新的理性批判之路。因此，问题是，现象学应如何在这新旧两种不同的形而上学之间进行调解。

### 一、胡塞尔的形而上学观念

和自我概念一样，在胡塞尔的思想发展中，“形而上学”概念的内涵也有一个发展变化的过程，具有否定和肯定的双重含义。在否定的意义上，胡塞尔主要针对的是传统的形而上学，他将其称为“一种独断论的学问”。这种独断论的形而上学不受缚于个别领域的特殊问题，而是“将它的功能看成维护哲学的普遍理念，向未被分裂的、被看作完整宇宙的现实性提出所谓最高的和最终的问题”，尤其是关于上帝的问题，关于自由的问题，关于永恒的问题，以及关于世界的意义问题（VII，183）。就肯定意义而言，"形而上学"问题与"经验事实科学"密切相关，无论是有关外部实在的经验事实科学，还是有关内部意识的经验事实科学。

在其思想发展的早期，胡塞尔很少使用"形而上学"一词。在《逻辑研究》中，他将关于外部世界存在的问题和自然的问题标识为"形而上学的问题"加以排斥。在那里，胡塞尔主要从本质科学与事实科学的区分出发，主张作为本质科学的纯粹现象学以"'纯粹'认识的本质结构以及它们所具有的意义组成"对象。它不探讨经验的事实科学所提出的问题，却为经验的事实科学提供本质根据。在完成了向先验现象学的突破以后，胡塞尔将形而上学问题与现象学还原联系起来，目的在于"通过使一切论证诉诸直接存在物以构成一门'摆脱理论''摆脱形而上学'的科学"（III/1，57），亦即纯粹的存在论或先验本质的现象学。他认为，知识通过认识论的反思才发现，自然的存在科学不是最终的存在科学。因此，唯有现象学的认识论才能对所有自然科学中的自然认识进行批判，才能以正确的和彻底的方式解释自然科学关于存在之物的成果。正是在这个意义上，胡塞尔要求建立"一门绝对意义上的关于存在之物的科学"，他称之为"形而上学"。显然，"形而上学这门绝对的和最终意义上的存在科学的可能性依赖于认识批判这门科学的成功"。在他那里，作为认识批判的现象学"是任何一种形而上学和其他'将能作为**科学**'出现的哲学的永久性的前提条件"（III/1，5）。

因此，从《逻辑研究》到《观念 I》，"形而上学"概念在胡塞尔那里主要是一个与纯粹的存在论相对立的概念。就现象学主要探讨纯粹的存在论问题而言，它恰恰要排斥探讨实体存在论的形而上学的问题。对此，伽达默尔曾正确指出，先验现象学本身"已经克服和摆脱了实体存在论的一切关联。从而克服和摆脱了传统的客观主义。**所以，胡塞尔认为自己与整个形而上学相对立。**"①

同时，胡塞尔从《现象学的观念》时期就已认识到形而上学的积极意义。尽管他一直强调的是现象学本质上属于认识批判或理性批判的意义，但也承认"认识批判的形而上学的目的"（II，23）。在《关于伦理学和价值论的讲座（1908—1914）》中，形而上学相对于"哲学的观念科学"被称作"哲学的事实科学"（XXVIII，226）。

自 20 世纪 20 年代起，"形而上学"的问题在胡塞尔那里获得了愈益

---

① 〔德〕伽达默尔：《诠释学 I：真理与方法——哲学诠释学的基本特征》，洪汉鼎译，北京，商务印书馆，2011，第 365 页。

明确的含义。在《第一哲学》中，他遵循自笛卡尔至康德的近代哲学传统，将形而上学界定为"有关处于其绝对现实性之中的存在者的普遍学说"（VII，192）。也就是说，形而上学是"有关绝对存在者的科学，有关经验提供给我们的宇宙之最终真理的科学"（VII，367）。按照这一传统，形而上学必须从一种认识论的批判中获得其最终奠基，康德的"纯粹理性批判"就是为了实现形而上学奠基的任务而实施的。胡塞尔也宣称："任何一种形而上学，如果没有先行于它并且对它进行规范的认识论，显然都是荒谬的。"而他的先验现象学则"是先于一切形而上学的形而上学之可能性条件"（VII，367-369），因为它通过"对对象与认识之间相互关系真正本质之研究，剪断了一切错误的形而上学"（VII，381），借此澄清了形而上学问题的意义和有效性范围，从而建立起一种真正的形而上学。

　　显然，在《第一哲学》讲座时期，胡塞尔对其先验现象学与形而上学之间的关系有了更具体的认识。他明确将所谓的"独断论的形而上学"或"坏的形而上学"与"科学的形而上学"或"真正的形而上学"对立起来。前者是现象学悬搁的对象，后者则是在现象学上奠基了的科学。胡塞尔已认识到，现象学还原产生了对可能世界的认识，亦即对作为相应的绝对意识之相关项的可能世界的认识，这种认识是任何在自然态度中实行的可能的世界认识的绝对意义，而且是一切可能的自然科学成果的一切形而上学应用的规范。同时，现象学还原也将一切可能的自然地确定的存在置入绝对主体性的本质关联中，由此产生了关于一切可能的存在之一切本质可能性的绝对的本质科学。胡塞尔指出，当把这种本质科学应用到自然地和事实性地被给予的世界以及与此世界相关的自然科学上时，就产生了具体的形而上学。不仅是一般的形而上学，即对绝对意义上的存在者做普遍规定的形而上学，而且是具体的形而上学，它给予一切自然科学以形而上学的运用，同时也给予那些由这种形而上学的运用所产生的问题以立场和解决方案（VIII，429）。按此理解，形而上学似乎就是一种根据本质现象学所揭示的先验的—先天的原理对一切事实科学所做的最终奠基或澄清。因此，现象学与形而上学的对立，只是就其拒绝任何一门以空乏形式的建构为基础的形而上学而言的。在《沉思》中，胡塞尔明确指出："现象学只是排斥任何一门素朴的、从事着悖谬的自在之物探究的形而上学，但它并**不排斥形而上学一般**。"现象学并不否认传统形而上学所提出的问题的意义，而是认为传统形而上学在处理这些问题时使用了错误的方法，迷失了正确的路向。胡塞尔认为，现象学绝不止步于偶然事实性、死亡、命运、"真正的"人类生活的可能性、历史的意义等诸如此类的"最高的和最终的问题",而是将它们回溯到现象学地基上加以解决(I,182)。对于这门在先验现象学上奠基了的"新的意义上的形而上学",胡塞尔在《危机》中给予了充分肯定:"形而上学,有关最高和终极问题的学问,就获得了诸种学问的王后的尊严。只有形而上学的精神才赋予一切认识、一切其他学问提供的认识以终极的意义。"(VI,7)

## 二、现象学作为第一哲学

第一哲学作为一门哲学学科的名称,是由亚里士多德引入的。在他那里,第一哲学就是现在哲学上称之为"形而上学"的东西。但是,对于胡塞尔来说,第一哲学恰恰不是形而上学,而是他的现象学。在《观念 I》时期,胡塞尔就明确认识到:"现象学按其本质必定以'第一'哲学自任,并提供手段来实行一切所需的理性批判。"(III/1,121)在他看来,一切后天的理性都有其先天的原理,而且这些原理是客观的和无条件的有效性的合法根据,这种有效性是处于理论的和价值论的领域中的所谓的理性活动所要求的。哲学的真正任务在于:揭示一切领域的先天原理,按照其真实性检验它们,将它们回溯到其现象学的起源和意义,在直观性的本质领域证明,它们作为"看的理性"的被给予性是真正的认识之母。胡塞尔认为,检验这些先天原理的真实性不仅要将它们回溯到客观的明见性,而且要对它们进行先验的研究,亦即通过反思将它们回溯到最终的起源,回溯到一切原则的有效性的可能性,回溯到最终的相关性。他将这种对先天原理之真实性的检验称为理性批判。正是在这个意义上,作为第一哲学,先验现象学被等同于理性批判或先验的认识论。它要求完全的无前提性,并构成一切形而上学或科学的哲学的永久性前提。对此,胡塞尔在《第一哲学》中说:"先验的认识论是先于一切形而上学的形而上学的可能性条件,在它形成以后,它必然以对一切客观的意义赋予和方法进行规范这样一种经常的功能伴随全部形而上学工作。"(VII,369)因为只有通过作为先验认识论的理性批判,才能"使潜在的理性达到对它自己的可能性的理解,由此使形而上学的可能性作为真正的可能性成为可以理解的,这是将形而上学或普遍哲学引向实现的勤奋的道路的唯一方法"(VI,13)。

基于这种认识,胡塞尔又将第一哲学称为"开端的哲学"。它并非现象学哲学一般。完整的现象学是一门普遍哲学,而第一哲学是这门"普遍哲学,亦即一门从绝对最终根源上建立起来的普遍科学的开端部分和基础部分"(VII,234),从其根源处可产生一切哲学学科,甚至一切一般科学的基础。胡塞尔由此系统地拟定了哲学的二重性，即先天科学和经验科学。先验现象学是关于先验纯粹意识及其相关项的本质科学。在《观念I》中，他一开始就将先验现象学与经验性的事实科学对立起来："**纯粹的或先验的现象学将不是作为事实的科学，而是作为本质的科学**（作为'**埃多斯**'科学）**被确立**。作为这样一门科学，它将专门确立**无关于'事实'的'本质知识'**。"(III/1，4)这种纯粹的本质科学蕴含其他一切本质科学。胡塞尔认为，它单独使一门科学的形而上学得以成为可能。这门科学的形而上学不再像先验现象学那样与单纯观念的可能性相关，而是与现实性相关，它是关于现实性的真正科学。关于作为本质科学的先验现象学原则上必然先行于作为现实性哲学的科学的形而上学的问题，胡塞尔指出："**对'可能性'的认识必定在对现实性的认识之前的**旧存在论学说，在我看来是一个重要真理，只要我们正确地理解它并以正确方式运用它。"(III/1，159)

在《沉思》中，这一思想被表述为："事实的一切合理性确实都存在于先天之中。先天的科学是关于原理性东西的科学，事实科学只有求助于这些原理性东西，才能最终得到原则性的奠基。"(I，181)根据这种奠基秩序，胡塞尔对作为普遍哲学的完整的现象学做了这样的划分："严格系统地实施的现象学与这门包含着**所有**真正认识的哲学是同一的。这门现象学可分为作为**第一哲学**的本质现象学（或普遍存在论）和**第二哲学**，即关于事实总体的科学或关于综合地包含着所有这些事实的先验主体间性的科学。对于第二哲学来说是方法总体，并且第一哲学在对第二哲学的论证中回溯到它自身。"(IX，298-299)

在《第一哲学》中，胡塞尔更具体地将第一哲学定义为"一种绝对证明自身正当的普遍的方法论"或"一种关于一切可能认识之纯粹的（先天的）原理之总体的和关于这些原理中系统地包含的、因此能纯粹由这些原理演绎而来的先天真理之总和的科学"。而第二哲学则是"诸'真正的'，即以合理的方法'进行阐明的'事实科学之总体"(VII，13-14)。在他看来，作为第一哲学，先验的本质现象学的突出特点就在于："在其本质普遍性范围内包括一切知识和科学，尤其是在有关一切可被它**直接洞见**的对象方面，或者至少必定会如此，如果它们是真正的知识的话。一切可能的直接起点和可能的方法的一切直接的步骤的意义和合法性，都存于其司法范围内。因此现象学包括一切本质的（因此是无条件的和普遍有效的）知识，借助这些知识，所有所考察的知识和科学之'可能性'这一根本问题将得到回答。"(III/1，118)而事实科学只有回溯到可能的合理方法的先天系统，亦即回溯到第一哲学，才能获得完全的自身辨明。同时，第二哲学的诸事实科学由第一哲学的先天原理系统的统一性而获得一种合理的统一性，因为，"一切事实性科学的最终运用导致在一个统一的系统内把所有与那些事实性科学对应的现象学关联体和有事实可能性动机的现象学关联体联系起来"（III/1，119）。这个联系的统一性也就是现象学的事实科学的关联体，它们的相关物和领域乃是事实性的现实之统一性领域。胡塞尔明确将第二哲学称为"形而上学"，因为他将形而上学规定为关于事实性存在的科学。在他那里，"形而上学恰恰是一切现实的自然科学和精神科学的继续，作为它们的完成、完善化和哲学化，亦即按照那种在纯粹的（＝先天的）哲学学科中形成的原理，按照完全在其中构形的观念和理想"①。

鉴于胡塞尔的普遍哲学的系统规划，哲学首先作为关于纯粹可能性的认识的本质科学被建立起来，后来通过应用到经验的现实性而奠立起一门总体的事实科学，它与实证科学的完整的、系统的总体是同一的。作为形而上学，这门总体的事实科学是一种出自理性的先天原理的关于所有事实科学的最终论证或说明，亦即被奠基在先验的本质现象学的基础上。因此，它的真正形态是现象学的形态。正是在这个意义上，胡塞尔谈及一种"奠基于先验现象学的形而上学"，他称之为一种"新的意义的形而上学"。

### 三、一门现象学的形而上学

然而，在胡塞尔那里，一门"新的意义的形而上学"最终并不仅仅被归结为对总体的事实科学实施的本质现象学的奠基。对此，他在《第一哲学》中明确指出："通过在本质现象学的应用中落在这些事实科学上的对于在它们那里作为事实被研究的客观存在的最终解释，以及通过在这种现象学中一同被要求的对于客体性——与先验主体性的普遍共同体相关的客体性——的所有区域的普遍考察，世界大全这一实证科学的普遍论题获得了'形而上学的'解释，这恰恰就是一种在其背后寻求另一种解释没有任何科学意义的解释。但在这背后，现象学的地基上展现出一种不再能进一步解释的问题性：先验事实——在事实性的世界和事实性的精神生活的构造中显露出的先验事实——的不合理性的问题性，因此是一

---

① 转引自 Kern，I.：*Idee und Methode der Philosophie*：*Leitgedanken für eine Theorie der Vernunft*，Berlin，Walter de Gruyter，1975，S. 337。

种新的意义上的形而上学。"(VII，187)

鉴于"先验事实的不合理性"，显然，这种"新的意义的形而上学"已不止于对经验事实的先验本质的阐释了。在胡塞尔看来，这种"先验事实"就是事实性的意识过程。其问题在于，事实性的意识诸形态一般始终必然以确定的方式进行，即每一个事实性的意识过程都被嵌入一个广泛的意识之中，其中的一切都必然重又融入合理的和谐之中，以至于一个自然被如此这般地合理地产生出来，以至于意识的本质中必然包含着在自身中始终能够而且必然能够构造出一个自然。胡塞尔将这种事实性的合理性称作"奇迹"，它本身是无法显现合理化的根据，因此，是一种不合理性的事实(VII，393-394)。因此，事实性地被给予的现实性符合理论的和实践的理性理想这一事实或问题被看作真正的形而上学的对象。

在《沉思》中，胡塞尔在论及这种"新的意义的形而上学"问题时说："在事实性的单子领域内，而且作为观念上的本质可能性，在任何一个单子领域内，所有关于偶然的事实性的问题、关于死亡的问题、关于命运的问题都产生了，这在一种特殊的意义上是作为'有意义地'要求过一种'真正的'人的生活的可能性的问题，其中也包括**历史的'意义'**的问题，以及如此进一步攀升的问题。我们也可以说，这些问题是**伦理的—宗教的问题**，但却是在所有那些应当对我们能够具有可能意义的东西的基础上被提出来的，恰恰必定会被提出来。"(I，182)

胡塞尔认为，只有先验现象学的观念论才能给予单子或交互单子大全真正的自律性(Autonomie)，并给予它力量以及按照其自律性的意志而绝对地形成自身和形成世界之合理的可能性。因此，"只有这种绝对的主体性，才是进一步的绝对校准的研究之论题，因此是一切**神学的和目的论的**研究之论题，有关**一切历史的发展和意义**——先验的—目的论的意义——的一切绝对的问题，都包括于这些研究之中"(VIII，506)。

根据胡塞尔的观点，作为"新的意义的形而上学"，现象学的形而上学的终极问题虽然涉及事实性，涉及理性的历史，但却并不仅仅归结为单纯对这种历史的先验本质的解释和伦理上的规定，而是单子论(Monadologie)问题、目的论问题和神学(Theologie)问题。单子论、目的论和神学构成现象学的形而上学的三要素。作为构造世界的主体性的具体统一性，单子本身有一个在经验上向上发展的过程，胡塞尔称之为"单子的历史"，它为一种"普遍的目的论"所支配(XV，593-609)。同时，整个世界是一个为上帝按普遍的目的论所彻头彻尾支配的世界，而上帝在他那里本质上同一于单子大全或单子共同体。因此，这种"普遍的目的论"是现象学的单子论与现象学的神学之间联系的中介，它构成现象学的形而上学的核心要素。对此，胡塞尔在《作为认识论的逻辑学》的讲座中就已明确论及普遍的目的论对于现象学的形而上学的意义："科学的目的论——首先作为纯粹的目的论，然后作为经验的目的论——的问题随即导致形而上学，这一点是明显的。它们导致形而上学，只要对被给予的自然和精神世界的事实性的一种可能发生的目的论的认识引发这样一个问题，即应当如何理解绝对的存在——它在一切经验性的和涤除了一切不明晰性的科学中获得认识——是目的论的，与价值观念（Wertideen）相适应。"①正是在这个意义上，兰德格雷贝正确指出："形而上学必然在历史的目的论中获得其出发点。"②

关于普遍的目的论，胡塞尔在《现象学的界限问题》中指出，目的论是一种处于现实状态的"理想的价值"，一种事实。但是，它并不是一种在一个绝对完成了的合目的性意义上的事实，而是作为现实性存在。它着眼于遵照一个观念的发展，这个观念是一个具有最高价值的理想。这个理想具有"无限的价值"的特征，因为"它在一个无限的存在之流中作为有限价值的一种无限充盈而得到实现，而且这种最高的价值在于，无限的发展着眼于无限地向越来越高的价值提升，无限地向愈益丰富的、多种多样的尽可能最大的充盈"（XLII，165）。对于胡塞尔来说，归属于此的是，世界成为"一个在主体间和睦地得到承认的世界"，它"**为一致性的完善的世界的观念所引导，这个一致性的完善的世界作为一个一致性地发展着的并且朝着不断提升的一致性发展着的自我一大全**（Ich-All）**的观念的相关项存在**"（XLII，175）。

这个自我一大全的观念是一个"和睦共同体、爱的共同体"的观念。这是"一个绝对完善的先验的大全共同体的观念"，而且"这个处于无限的高度中的观念同时也是一种贯穿整个有限性和事实性而实行着统治的生活的观念。这种贯穿整个事实性的生活的无限的理想的实现是绝对完善的生活"（XLII，250）。这个经由一种完善的生活而得以实现的世界是一个"完善的世界"或"神的世界"（XLII，252）。但是，世界的完善性不是一种"现存状态"，而是一种"生成的完善性"，一种"发展的完善性"（XLII，252）。因此，"一个作为单子的最完善的和谐的目的论的世界的观念"不

---

① 转引自 Kern，I.：*Idee und Methode der Philosophie：Leitgedanken für eine Theorie der Vernunft*，Berlin，Walter de Gruyter，1975，S. 338-339。

② Landgrebe，L.：*Faktizität und Individuation：Studien zu den Grundfragen der Phänomenologie*，Hamburg，Meiner，1982，S. 39。

是一个"完结了的和谐的观念，而是一个必然无限地在完善性上不断提升的和谐的观念"(XLII，253)。

这是"**一个目的论上真实的世界的观念**，它由作为真实的人的本真的人(理想的意义上)所构想……所有暂时的世界都关涉着它——各个当下的人(或先验的主体)的普遍的周围世界——它是**近似值**。"(XLII，214)在1927年的《现象学——不列颠大百科全书条目》中，胡塞尔说："现象学认识到它自身在可能的先验人类生活中的作用。它认识到了那些可以从这个生活中发现的绝对规范，但也认识到了这个生活的原初的、在揭示这些规范的方向上的有目的、有趋向的结构以及这些结构实际的、有意识的影响。它认识到自己是一种(先验)人类在普遍的理性实践的工作中普遍自身反省的作用，这种理性实践是指，它通过揭示得以自由地向处于无限之中的、绝对完善的普遍理念所进行的追求；或者，换言之，向一个——处于无限之中的——完全存在于和生活于真理和本真之中的人类的理念所进行的那种追求。"(IX，299)因此，在胡塞尔看来，普遍的目的论，它在"绝对的逻各斯"观念的引导下指向一个真的和好的世界——具有真的和好的人——的实现，而这本质上是一种"理性的目的论"(XLII，229)。由这种目的论所铸就的世界和人类的发展是一种从隐蔽的(潜在的)理性到揭示了的(彰显的)理性的发展。

和单个人的发生(发展)过程表现出一种理性本欲(Vernunfttrieb)，一种向合理性的进展一样，人类的历史发生(发展)过程也表现出一种理性本欲，一种向合理性的进展。就像单个人的发展是一种从理性之非理性的或前理性的阶段向理性阶段的发展那样，人类整体的发展也是如此，它从必然的非合理性的阶段向具有越来越大的合理性阶段运动。在一份1934年的手稿中，胡塞尔谈到一种"贯穿整个生活而绝没中断的普遍的和绝对的'本能'"。关于"生活整体"，胡塞尔还谈到"具有内在目的论的生活之流的统一性"。由这种普遍的理性本能(Vernunftinstinkt)或理性本欲所推动的发展，最终为一种"普遍的思义"(Besinnung)的可能性做好了准备。这种普遍的思义通达"最终的构造形式"，根据其普遍的目的论意义探询世界之普遍的存在意义。

理性的历史之普遍的目的论意义最初是隐蔽的、完全无意识的，只有通过理性(Vernünftigkeit)之单个历史性的实现才能逐渐被揭示出来，而且借此变得越来越确定、越来越丰富和具体。理性本欲的目标最终呈现出观念和理想的形式，这些目标——作为由个体自身所构想而为他人所接受的目标——有意识地指导思想和行动。在《现象学的界限问题》中，胡塞尔说："这种隐藏在人身上的绝对理性——在人身上彰显——成为人的理性。在人的理性中，人的理性本欲彰显出来。但是，在进行现象学思考的自我中，绝对的理性彰显为这样的东西，并且彰显为正在变得彰显的东西，它通过现象学的活动理解其作为绝对本欲的隐含着的永久目的。"(XLII，225)在这种借助现象学的思考达到最高阶段的发展中，"理性不断地处于潜在与彰显的张力中，处于未揭示的和未充实的本欲与有意识的意愿的张力中。这种有意识的意愿不是作为个别的意愿被充实，而是在一个愈益高级、愈益无限的阶段的意愿的普遍性中被充实——个别主体的意愿，但同时作为贯穿一切意欲的意愿而是主体间的意愿"(XLII，227)。

因此，胡塞尔将目的论称为"一切形式的形式"。他认为，目的论的核心问题在于总体性，它意味着单子的大全共同体。目的论的过程本质上是先验的主体间性的存在过程，包含一个最初在个别的主体中的昏暗的普遍的生命意愿。生命意愿具有其明确的目标，或者说，具有一切个体的和主体间的目的之全体的目的形式。但是，作为生命意愿指引的完善性观念不可能具有完结的形式。作为引导性观念，它克服此在的必然矛盾，使此在不断达到与自身的一致性，不断提升到真实的存在，不断更新成真理的此在。对此，胡塞尔说道："作为趋向普遍的自身意识并已呈现在普遍的自身意识中的流动的存在，单子总体性的存在是一个无限进展的过程——普遍的目的论。"(XV，593)

显然，普遍的目的论是贯穿一切先验单子的谋求进一步发展的普遍趋向，所趋向的目标就是为最终的合理性的理想或彻底的自身理解的理想所引导的真正人性的目标。在趋向目标的无限过程中，先验的单子大全整个先验的历史就形成了，最终，普遍的目的论表现为历史的目的论。在《第一哲学》结尾，胡塞尔指出："绝对地看来，每一个本我都有其**历史**，而且它是作为一个历史的主体而存在的，作为它的历史的主体而存在。所有由绝对的自我、绝对的主体性构成的主体间性……都有其'**被动的**'和'**主动的**'历史，而且只**存在于这种历史中。历史是绝对的存在的重大事实**。"(VIII，506)在胡塞尔看来，对历史的绝对意义的探究就是作为形而上学之终极问题的普遍的目的论问题。

# 结束语　胡塞尔的现象学遗产

作为新的哲学运动，现象学肇始于胡塞尔于 1900 年至 1901 年发表的两卷本《逻辑研究》。因此，现象学运动是伴随着 20 世纪的曙光来临的，而且与整个 20 世纪同行。

作为 20 世纪最重要的哲学运动之一，现象学的创立者胡塞尔对哲学的首要贡献是对意向性概念的发展。他拒绝洛克将"心灵"解释为来自自然的内空间的观点，拒绝接受康德关于现象与物自体的区分，也拒绝将哲学的任务看作确保我们的概念和理论是对世界不同程度的反映。在他那里，意识的意向性超出感觉素材而指向世界中的事物，它是我们对世界的开放性，是我们存在的超越方式。因此，意向性概念以内在—超越的区分破除了传统哲学内与外、主体与客体的二元对立。这不仅从认识论上根本解决了康德的疑难，而且避免了黑格尔关于存在与思维的关系的辩证法的思辨。

与对意识的意向性的理解上的突破相关，胡塞尔的现象学成就还在于，在"回到'实事本身'"的精神感召下所确立的哲学探问方式和问题提法。将一切概念都回溯到原初的经验以获得其本真的意义这一致思方向，显然撼动了传统哲学执持于经验与理性、感性与知性之间僵固二分的迷局。本质直观这一核心概念恰恰为经验与理性、感性与知性的统一提供了方法论基础。正是在这个意义上，胡塞尔的现象学突破被公认为对近代哲学传统范式的转换，开创了 20 世纪延续至今的现代西方哲学的新局面。

伴随着《观念 I》、《危机》、《伦理学中的形式主义与质料的价值伦理学》（舍勒）、《存在与时间》（海德格尔）、《存在与虚无》（萨特）、《知觉现象学》（梅洛-庞蒂）、《总体与无限》（列维纳斯）等一系列现象学经典著作的出版，现象学的影响日益深入而广泛，普遍地作用于人们精神生活的各个领域。它不仅对后世西方哲学的发展产生了深远的影响，而且为心理学、美学、文学、文艺理论、社会哲学、教育学、宗教理论、自然科学等开显了新的问题维度，提供了新的方法论。对此，海德格尔称道说，现象学在各种不同的领域中主要以潜移默化的方式决定着这个时代的精神。[1]

今天，我们尚未形成对胡塞尔这位现象学创始人思想的统一的解释。第二次世界大战后，随着胡塞尔遗著的出版，胡塞尔研究取得了持续进展。几乎《胡塞尔考证版全集》每一卷的出版，都会扩展和深化人们对胡塞尔现象学的认识和理解。由于胡塞尔思想的持续发展及其所达到的愈益更新的视角和维度，寻求一种统一性的解释似乎是完全不可能的。各种竞争性的解释促使新一代的现象学家在他们自己的方向上活动，而这通常不只是源于胡塞尔思想因素的促动，同时亦为新的观念所滋养。由于受到其他经典现象学家及其后继者的激发，现在，宣称忠实于现象学的广阔的研究领域分化出多种多样的分支。事实上，作为一种哲学思潮，现象学并不归因于某个思想家。胡塞尔生前就已感受到，现象学在他的学生那里受到的种种改造不尽如人意。尽管有许多认真的追随者继续在现象学中开展各自的研究工作，也有兢兢业业的助理从旁协助，但胡塞尔还是感到自己渐渐被学界孤立。对此，莫伦据相关文献透露说："他觉得被他的学生所孤立，认为自己此刻甚至可以说就是著名的'胡塞尔现象学运动'最大的敌人。"他称自己是个"没有跟随者的领袖"[2]。因此，现象学思潮所呈现的强有力的势头是许多个体的创造性和天才共同努力的结果。

然而，这并不能否定胡塞尔作为现象学创始人的作用及其思想在整个现象学运动中的持久效应。只要我们不仅考虑到胡塞尔的现象学同人对于经典现象学奠基阶段的本质贡献，并且不论在那时还是现在，它们都是我们研究的有效源泉，而且考虑到第二代现象学家——诸如萨特、梅洛-庞蒂、列维纳斯，等等——革新性的哲学研究，只要我们没有忘记海德格尔、加塞特（Ortega y Gasset）等持异见者对胡塞尔首创性的现象学观念的改造，那么我们就不得不承认，胡塞尔的工作在整个以现象学为定向的并且远远超出它的哲学研究范围内都起着核心作用。为了探寻愈益深入和更加可靠的哲学基础，胡塞尔不断地重新思考和完善其现象学方法，这些成就成为哲学反思用之不竭的宝藏。通过其生前出版的著作、讲座和去世后的遗著，胡塞尔为今天年轻辈的哲学家提供了核心的

---

[1] 参见〔德〕海德格尔：《面向思的事情》，陈小文、孙周兴译，北京，商务印书馆，1996，第98页。

[2] 〔英〕德穆·莫伦：《现象学导论》，蔡铮云译，台北，桂冠图书股份有限公司，2005，第126页。

哲学观念和洞见。事实上，由于现象学原理根本的自身批判的特征，今天，现象学仍持续在各种新的不同的方向上进行着大量的思想增殖。

阿维-拉勒蒙(Eberhard Avé-Lallement)曾用两个相互对立的倾向勾画胡塞尔逝世后现象学发展的特征："一种倾向的目的在于继续展开现象学所发出的原动力。它从现象学所获得的基地出发，在现象学所开启的新角度中，不断地穿透着科学与生活的所有领域。在这里可以谈得上应用现象学，它的区域在此期间已经有了难以估量的扩展。另一个倾向的目的则在于对现象学的清查，对现象学起源的反省和对现象学本质的把握。"①阿维-拉勒蒙将这两种倾向分别称为"离心的倾向"和"向心的倾向"。实际上，这两种倾向在胡塞尔在世时就已经充分展露，而这也是当今现象学运动状况的确切写照。在现象学的实事研究上，得到贯彻的毋宁说是现象学在反体系方面的冲动。在现象学的实事研究中，占据主导地位的实际上是一些细致的研究工作。这些研究有意识地与同类的研究展开争论，并且与人文科学、社会科学和艺术科学进行密切的合作。现象学在总体方向上展现出一幅丰富多彩的画面，其与英美当代哲学和法国哲学或近或远的联系决定了这幅图画的多样性。例如，冯克、施特洛克、希波姆和埃雷(Lothar Eley)等人所做的尝试，他们试图保持现象学的先验轮廓，或者在形式逻辑上将这个轮廓精美化。也有盖特曼(Carl Friedrich Gethmann)那样的尝试，他试图将胡塞尔的本质转变成语言学、认知学的范畴。此外，还有珀格勒(Otto Pöggeler)、哈尔德(Alois Halder)和黑尔德等人所做的尝试，他们试图借助现象学来克服形而上学的历史，试图从现象学中获得新的伦理和政治的动力。最后，还有瓦尔登菲尔茨(Bernhard Waldenfels)所做的尝试，他试图从身体性和社会性的状况出发，用现象学来处理"他人的本己阴影"和"异者的芒刺"问题。②

诚然，作为历史，无论是胡塞尔的现象学还是现象学运动，它们都已成为过去，在某种程度上已退出历史舞台。然而从思想史效应看，不仅现象学运动尚未绝迹，而且胡塞尔的现象学仍对当下的西方哲学发挥着持久的效应。至少可以说，当下总有这种或那种现象学的观念在历史的深处回响。③

---

① 〔德〕阿维-拉勒蒙：《现象学运动——起源、开端、展望》，转引自倪梁康：《现象学及其效应——胡塞尔与当代德国哲学》，北京，生活·读书·新知三联书店，1994，第26页。

② 参见〔德〕瓦尔登菲尔茨：《现象学引论》，转引自倪梁康：《现象学及其效应——胡塞尔与当代德国哲学》，北京，生活·读书·新知三联书店，1994，第28～29页。

③ 参见倪梁康：《现象学及其效应——胡塞尔与当代德国哲学》，北京，生活·读书·新知三联书店，1994，第5页。

# 参考文献

**一、胡塞尔相关著作**

1. *Husserliana*-Edmund Husserl，Gesammelte Werke，Den Haag，Dordrecht/Boston/London/Springer，1950ff.

I：*Cartesianische Meditationen und Pariser Vorträge*，hrsg. von Stephan Strasser，1950.

《笛卡尔沉思与巴黎演讲》，张宪译，北京，人民出版社，2008；《笛卡尔式的沉思》，张廷国译，北京，中国城市出版社，2002。

II：*Die Idee der Phänomenologie：Fünf Vorlesungen*，hrsg. von Walter Biemel，1950.

《现象学的观念》，倪梁康译，北京，人民出版社，2007。

III/1：*Ideen zu einer reinen Phänomenologie und phänomenologischen Philosophie. Erstes Buch：Allgemeine Einführung in die reine Phänomenologie*，in Zwei Bänder，1，Halbband：Text der 1，-3，Auflage，neu hrsg. von Karl Schuhmann，1976.

《纯粹现象学通论——纯粹现象学和现象学哲学的观念（第一卷）》，李幼蒸译，北京，商务印书馆，1992。

IV：*Ideen zu einer reinen Phänomenologie und phänomenologischen Philosophie. Zweites Buch：Phänomenologische Untersuchungen zur Konstitution*，hrsg. von Marly Biemel，1953.

《现象学的构成研究——纯粹现象学和现象学哲学的观念（第二卷）》，李幼蒸译，北京，中国人民大学出版社，2013。

V：*Ideen zu einer reinen Phänomenologie und phänomenologischen Philosophie. Drittes Buch：Die Phänomenologische und die Fundamente der Wissenschaften*，hrsg. von Marly Biemel，1971.

《现象学和科学基础——纯粹现象学和现象学哲学的观念（第三卷）》，李幼蒸译，北京，中国人民大学出版社，2013。

VI：*Die Krisis der europäischen Wissenschaften und die transzendentale Phänomenologie. Eine Einleitung in die phänomenologische Philosophie*，hrsg. von Walter Biemel，1954.

《欧洲科学的危机与超越论的现象学》，王炳文译，北京，商务印书馆，2001。

VII：*Erste Philosophie（1923/24）. Erster Teil：Kristische Ideengeschichte*，hrsg. von Rudolf Boehm，1956.

《第一哲学》上卷，王炳文译，北京，商务印书馆，2006。

VIII：*Erste Philosophie（1923/24）. Zweiter Teil：Theorie der phänomenologischen*

Reduktion，hrsg. von Rudolf Boehm，1959.

《第一哲学》下卷，王炳文译，北京，商务印书馆，2006。

IX：*Phänomenologische Psychologie. Vorlesungen Sommersemester* 1925，hrsg. von Walter Biemel，2，Verb，Auflage，1968.

《现象学心理学》，李幼蒸译，北京，中国人民大学出版社，2015。

X：*Zur Phänomenologie des inneren Zeitbewusstseins*（1893—1917），hrsg. von Rudolf Boehm，1966.

《内时间意识现象学》，倪梁康译，北京，商务印书馆，2009。

XI：*Analysen zur passiven Synthesis. Aus Vorlesungs-und Forschungsmanuskripten*（1918—1926），hrsg. von Margot Fleischer，1966.

《被动综合分析：1919—1926 年讲座稿和研究稿》，李云飞译，北京，商务印书馆，2017。

XIII：*Zur Phänomenologie der Intersubjektivität. Texte aus dem Nachlaß. Erster Teil*：1905—1920，hrsg. von Iso Kern，1973.

XIV：*Zur Phänomenologie der Intersubjektivität. Texte aus dem Nachlaß. Zweiter Teil*：1921—1928，hrsg. von Iso Kern，1973.

XV：*Zur Phänomenologie der Intersubjektivität. Texte aus dem Nachlaß. Dritter Teil*：1929—1935，hrsg. von Iso Kern，1973.

XVII：*Formale und transzendentale Logik. Versuch einer Kritik der logischen Vernunft. Mit ergänzenden Texten*，hrsg. von Paul Janssen，1974.

《形式逻辑和先验逻辑——逻辑理性批评研究》，李幼蒸译，北京，中国人民大学出版社，2012。

XVIII：*Logische Untersuchungen. Erster Band*：*Prolegomena zur reinen Logik*，Text der 1，und 2，Auflage，hrsg. von Elmar Holenstein，1975.

《逻辑研究（第一卷）》，倪梁康译，北京，商务印书馆，2015。

XIX/1：*Logische Untersuchungen. Zweiter Band*：*Untersuchungen zur Phänomenologie und Theorie der Erkenntnis. Erster Teil*，hrsg. von Ursula Panzer，1984.

《逻辑研究（第二卷・第一部分）》，倪梁康译，北京，商务印书馆，2015。

XIX/2：*Logische Untersuchungen. Zweiter Band*：*Untersuchungen zur Phänomenologie und Theorie der Erkenntnis. Zweiter Teil*，hrsg. von Ursula Panzer，1984.

《逻辑研究（第二卷・第二部分）》，倪梁康译，北京，商务印书馆，2015。

XXV：*Aufsätze und Vorträge*（1911—1921），hrsg. von Thomas Nenon und Hans Rainer Sepp，1987.

《文章与讲演（1911—1921 年）》，倪梁康译，北京，人民出版社，2009；《哲学作为严格的科学》，倪梁康译，北京，商务印书馆，1999。

XXVIII：*Vorlesungen über Ethik und Wertlehre*（1908—1914），hrsg. von Ullrich Melle，1988.

XXIX：*Die Krisis der europäischen Wissenschaften und die tranzendentale Phänomenologie. Ergänzungsband. Texte aus dem Nachlaß* (1934—1937)，hrsg. von Reinhold N. Smid，1991.

XXXI：*Aktive Synthesen. Aus der Vorlesung "Transzendentale Logik"* 1920/21. *Ergänzungsband zu "Analysen zur passiven Synthesis"*，hrsg. von Roland Breuer，2000.

XXXII：*Natur und Geist. Vorlesungen Sommersemester* 1927，hrsg. von Michael Weiler，2000.

XXXIII：*Die Bernauer Manuskripte über das Zeitbewußtsein* 1917/18，hrsg. von Rudolf Bernet und Dieter Lohmar，2001.

《关于时间意识的贝尔瑙手稿(1917—1918)》，肖德生译，北京，商务印书馆，2016。

XXXIV：*Zur Phänomenologischen Reduktion. Texte aus dem Nachlass* (1926—1935)，hrsg. von Sebastian Luft，2002.

XXXV：*Einleitung in die Philosophie Vorlesungen* 1922/23，hrsg. Berndt Goossens，2002.

XXXVI：*Transzendentaler Idealismus. Texte aus dem Nachlass* (1908—1921)，hrsg. von Robin D. Rollinger，2003.

XLII：*Grenzprobleme der Phänomenologie. Analysen des Unbewusstseins und der Instinkte. Metaphysik. Späte Ethik. Texte aus dem Nachlass* (1908—1937)，hrsg. von Rochus Sowa und Thomas Vongehr，2013.

2. *Husserliana.* Materialien

*Husserliana. Materialien. VIII. Späte Texte. Über Zeitkonstitution* (1929—1934). *Die C-Manuskripte*，hrsg. von Dieter Lohmar，2006.

3. *Husserliana.* Dokumente

*Husserliana. Dokumente III. Briefwechsel. Band III. Die Göttinger Schule*，hrsg. Karl Schuhmann，1994.

*Husserliana. Dokumente III. Briefwechsel. Band V. Die Neukantianer*，hrsg. Karl Schuhmann，1994.

4. Andere Schriften Außerhalb Husserliana

EU：*Erfahrung und Urteil. Untersuchungen zur Genealogie der Logik*，redigiert und hrsg. von Ludwig Landgerebe，Felix Meiner Verlag Hamburg，1972.

《经验与判断——逻辑谱系学研究》，邓晓芒、张廷国译，北京，生活·读书·新知三联书店，1999。

5. 相关中译本

《胡塞尔选集》，倪梁康选编，上海，上海三联书店，1997。

《现象学的方法》，〔德〕克劳斯·黑尔德编，倪梁康译，上海，上海译文出版社，2005。

《生活世界现象学》，〔德〕克劳斯·黑尔德编，倪梁康、张廷国译，上海，上海译文出版社，2002。

## 二、其他外文研究文献

Aguire, A. : *Genetische Phänomenologie und Reduktion : Zur Letztbegründung der Wissenschaft aus der Radikalen Skepsis im Denken E. Husserls*, The Hague, Martinus Nijhoff, 1970.

Aguire, A. : *Die Phänomenologie Husserls im Licht ihrer Gegenwärtigen Interpretation und Kritik*, Darmstadt, Wissenschaftliche Buchgesellschaft, 1982.

Almeida, G. A. de. : *Sinn und Inhalt in der Genetischen Phänomenologie E. Husserls*, Den Haag, Martinus Nijhoff, 1972.

Asemissen, H. U. : *Strukturanalytische Probleme der Wahrnehmung in der Phänomenologie Husserls*, Köln, Kölner Universitäts Verlag, 1957.

Bernet, R. , Kern, I. : Marbach, E. , *An Introduction to Husserlian Phenomenology*, trans. by L. Embree, Evanston, Northwestern University Press, 1998.

Bernet, R. , Welton, D. , Zavota, G. (ed. ): *Edmund Husserl : Critical Assessments of Leading Philosophers*, Volume I-V, New York, Routledge, 2005.

Biemel, W. (Hrsg. ): *Phänomenologie Heute : Festschrift für Ludwig Landgrebe*, Den Haag, Martinus Nijhoff, 1972.

Boehm, R. : *Vom Gesichtspunkt der Phänomenologie : Husserl-Studien*, Den Haag, Martinus Nijhoff, 1968.

Boehm, R. : *Vom Gesichtspunkt der Phänomenologie : Zweiter Band*, The Hague, Martinus Nijhoff Publishers, 1981.

Brand, G. : *Welt, Ich und Zeit : Nach Unveröffentlichten Manuskripten Edmund Husserl*, Den Haag, Martinus Nijhoff, 1955.

Brand, G. : *Die Lebenswelt : Eine Philosophie des Konkreten Apriori*, Berlin, Walter die Gruyter &·Co. , 1971.

Brand, G. : "The Material Apriori and the Foundation for its Analysis in Husserl", in Tymieniecka, A. T. (ed. ): *Analecta Husserliana II*(1972), pp. 128-148.

Brand, G. : "Horizont, Welt, Geschichte", in *Phänomenologische Forschungen* 5(1977), S. 14-89.

Breda, V. H. L. , Taminiaux, J. (Hrsg. ): *Husserl und das Denken der Neuzeit*, Den Haag, Martinus Nijhoff, 1959.

Breda, V. H. L. : *Edmund Husserl : 1859—1959*, La Haye, Martinus Nijhoff, 1959.

Cairns, D. : *Conversations with Husserl and Fink*, The Hague, Martinus Nijhoff Publishers, 1975.

Carr, D. : *Phenomenology and the Problem of History : A Study of Husserl's*

*Transcendental Philosophy*, Evanston, Northwestern University Press, 1974.

Cho, K. K. (ed.): *Philosophy and Science in Phenomenological Perspective*, Dordrecht, Martinus Nijhoff Publishers, 1984.

Claesges, U.: *Edmund Husserls Theorie der Raumkonstitution*, Den Haag, Martinus Nijhoff, 1964.

Claesges, U.: "Intentionality and Transcendence: On the Constitution of Material Nature", in Tymieniecka, A. T. (ed.): *Analecta Husserliana I* (1971), pp. 91-99.

Claesges, U.: "Zweideutigkeiten in Husserls Lebenswelt-Begriff", Claesges, U., Held, K. (Hrsg.): *Perspektiven Transzendental Phänomenologischer Forschung*, Den Haag, Martinus Nijhoff, 1972, S. 85-101.

Claesges, U., Held, K. (Hrsg.): *Perspektiven Transzendental Phänomenologischer Forschung*, Den Haag, Martinus Nijhoff, 1972.

Depraz, N.: "Hyletic and Kinetic Facticity of the Absolute Flow and World Creation", *The Many Faces of Time*, ed. by J. B. Brough and L. Embree, Dordrecht, Kluwer Academic Publishers, 2000, pp. 25-35.

Derrida, J.: *The Problem of Genesis in Husserl's Philosophy*, trans. by M. Hobson, Chicago, The University of Chicago Press, 2003.

Diemer, A.: *Edmund Husserl: Versuch einer Systematischen Darstellung seiner Phänomenologie*, Meisenheim am Glan, 1956.

Donohoe, J.: *Husserl on Ethics and Intersubjectivity: From Static to Genetic Phenomenology*, New York, Humanity Books, 2004.

Eigler, G.: *Metaphysische Voraussetzungen in Husserls Zeitanalysen*, Meisenheim am Glam, Verlag Anton Hain KG, 1961.

Eley, L.: *Die Krise des Apriori: In der transzendentalen Phänomenologie Edmund Husserls*, Den Haag, Martinus Nijhoff, 1962.

Elliston, F. A., Cormick, P. M. (ed.): *Husserl. Expositions and Appraisals*, University of Notre Dame Press, 1977.

Elveton, R. O. (ed.): *The Phenomenology of Husserl: Selected Critical Readings*, 2d, Noesis Prsss, 2000.

Embree, L. (ed.): *Encyclopedia of Phenomenology*, Kluwer Academic Publishers, 1997.

Farber, M.: *The Aims of Phenomenology: The Motives, Methods, and Impact of Husserl's Thought*, New York, Harper & Row, 1966.

Fein, H.: *Genesis und Geltung in E. Husserls Phänomenologie*, Wien, 1970.

Fink, E.: *Studien zur Phänomenologie: 1930—1939*, Den Haag, Martinus Nijhoff, 1966.

Fink, E.: *Nähe und Distanz: Phänomenologische Vorträge und Aufsätze*,

Freiburg/München, 1976.

Fink, E. : *VI. Cartesianische Meditation. Teil* 1: *Die Idee einer transzendentalen Methodenlehre. Texte aus dem Nachlaß Eugen Finks* (1932) *mit Anmerkungen und Beilagen aus dem Nachlaß Edmund Husserls* (1933/1934), Husserliana Dokumente Bd. II/1, hrsg. von H. Ebeling, J. Holl, G. van Kerckhoven, Dordrecht, Kluwer Academic Publishers, 1988.

Fink, E. : *VI. Cartesianische Meditation. Teil* 2: *Ergänzungsband*, Husserliana Dokumente Bd. II/2, hrsg. von G. van Kerckhoven, Dordrecht, Kluwer Academic Publishers, 1988.

Fink, E. : "Welt und Geschichte", *Husserl und das Denken der Neuzeit*, Den Haag, Martinus Nijhoff, 1959, S. 143-159.

Funke, G. : *Phenomenology: Metaphysics or Method?*, trans. by D. J. Parent, Athens, Ohio University Press, 1987.

Funke, G. : *Zur Transzendentalen Phänomenologie*, Bonn, H. Bouvier u. CO. Verlag, 1957.

Funke, G. : "A Transcendental-Phenomenological Investigation Concerning Universal Idealism, Intentional Analysis and the Genesis of *Habitus: Arche, Phansis, Hexis, Logos*", *Apriori and World. European Contributions to Husserlian Phenomenology*, ed. and trans. by W. Mckenna, R. M. Harlan, L. E. Winters, The Hague, Martinus Nijhoff Publishers, 1981, pp. 114-131.

Gethmann, C. F. : *Lebenswelt und Wissenschaft: Studien zum Verhältnis von Phänomenologie und Wissenschaftstheorie*, Bonn, Bouvier Verlag, 1991.

Hart, J. G. : *The Person and the Common Life: Studies in a Husserlian Social Ethics*, Dordrecht, Kluwer academic Publishers, 1992.

Hart, J. G. : "Genesis, Instinct, and Reconstruction: Nam-In Lee's *Edmund Husserl's Phänomenologie der Instincte*", *Husserl Studies* 15(1998), S. 101-123.

Hart, J. G. : "Agent Intellect and Primal Sensibility", *Issues in Husserl's Ideas II*, ed. by T. Nenon and L. Embree, Dordrecht, Kluwer Academic Publishers, 1996, pp. 107-134.

Held, K. : *Lebendige Gegenwart: Die Frage Nach der Seinsweise des Transzendentalen Ich bei Edmund Husserl, Entwickelt am Leitfaden der Zeitproblematik*, The Hague, Martinus Nijhoff, 1966.

Holenstein, E. : *Phänomenologie der Assoziation: Zur Struktur und Funktion eines Grundprinzips der passiven Genesis bei E. Husserl*, The Hague, Martinus Nijhoff, 1972.

Hopkins, B. C. (ed. ): *Husserl in Contemporary Context: Prospects and Projects for Phenomenology*, Dordrecht, Kluwer Academic Publishers, 1997.

Hoyos, Guillermo: *Intentionalität als Verantwortung*: *Geschichtsteleologie und Teleologie der Intentionalität bei Husserl*, Den Haag, Martinus Nijhoff, 1976.

Hoyos, Guillermo: "Zum Teleologiebegriff in der Phänpmenologie Husserls", in Claesges, U. , Held, K. (Hrsg. ), *Perspektiven Transzendental Phänomenologischer Forschung*, Den Haag, Martinus Nijhoff, 1972, S. 61-84.

Janssen, P. : *Edmund Husserl*: *Einführung in seine Phänomenologie*, Freiburg/München, 1976.

Janssen, P. : *Geschichte und Lebenswelt*: *Ein Beitrag zur Diskussion der Husserlschen Spätphilosophie*, Köln, 1964.

Kern, I. : *Husserl und Kant*: *eine Untersuchung über Husserls Verhältnis zu Kant und zum Neukantianisum*, Den Haag, Martinus Nijhoff, 1964.

Kern, I. : *Idee und Methode der Philosophie*: *Leitgedanken für eine Theorie der Vernunft*, Berlin, Walter de Gruyter, 1975.

Kersten, F. , Zaner, R. (Hrsg. ): *Phenomenology*: *Continuation and Criticism. Essays in Memory of Dorion Cairns*, The Hague, Martinus Nijhoff, 1973.

Kockelmans, J. J. : *Edmund Husserl's Phenomenology*, Purdue University Press, 1994.

Kockelmans, J. J. : "Association in Husserl's Phenomenology", *Penomenology and Skepticism*: *Essays in Honor of James M. Edie*, ed. by B. R. Wachterhauser, Evanston, Northwestern University Press, 1996, pp. 63-85.

Kuhn, R. : *Husserls Begriff der Passivität*: *Zur Kritik der passiven Synthesis in der Genetischen Phänomenologie*, Freiburg/München, 1998.

Landgrebe, L. : *Der Weg der Phänoenologie*: *Das Problem einer ursprünglichen Erfahrung*, Gütersloh, Mohn, 1963.

Landgrebe, L. : *Faktizität und Individuation*, *Studien zu den Grundfragen der Phänomenologie*, Hamburg, Meiner, 1982.

Landgrebe, L. : *Phänomenologie und Geschichte*, Gütersloh, Mohn, 1968.

Landgrebe, L. : *The Phenomenology of Edmund Husserl*: *Six Essays*, ed. by D. Welton, London, Cornell University Press, 1981.

Landgrebe, L. : *Der Begriff des Erlebens*: *Ein Beitrag zur Kritik unseres Selbstverständnisses und zum Problem der Seelischen Ganzheit*, Hrsg. K. Novotny, Würzburg, Königshausen & Neumann, 2010.

Landgrebe, L. : "Die Phänomenologie als Transzendentale Theorie der Geschichte", Bernet, R. , Welton, D. , Zavota, G. (ed. ): *Edmund Husserl*: *Critical Assessments of Leading Philosophers*, Volume V. New York, Routledge, 2005, S. 165-183.

Lauer, Q. : *The Triumph of Subjectivity*: *An Introduction to Transcendental Phenomenology*, New York, Fordham University Press, 1978.

Lee, N.-I. : *Edmund Husserls Phänomenologie der Instinkte*, Dordrecht, Kluwer Academic Publishers, 1993.

Lee, N.-I. : "Active and Passive Genesis: Genetic Phenomenology and Transcendental Subjectivity", *The Reach of Reflection: Issue for Phenomenology's Second Century*, ed. by L. Embree and Others, Electron Press, 2001, pp. 517-549.

Lee, N.-I. : "Static Phenomenological and Genetic Phenomenological Concept of Primordiality in Husserl's Fifth Cartesian Meditation. ", *Husserl Studies* 18(2002), pp. 165-183.

Lee, N.-I. : "Practical Intentionality and Transcendental Phenomenology as a Practical Philosophy", *Husserl Studies* 17(2000), pp. 49-63.

Lembeck, K.-H. : *Gegenstand Geschichte. Geschichtswissenschaftstheorie in Husserls Phänomenologie*, Dordrecht, Kluwer Academic Publishers, 1988.

Levin, D. M. : *Reason and Evidence in Husserl's Phenomenology*, Evanston, Northwestern University Press, 1970.

Levinas, E. : *The Theory of Intuition in Husserl's Phenomenology*, trans. by A. Orianne, Evanston, Northwestern University Press, 1995.

Lo, L.-C. : *Die Gottesauffassung in Husserls Phenomenology*, Frankfurt a. M. , Peter Lang, 2008.

Marbach, E. : *Das Problem des Ich in der Phänomenologie Husserls*, Den Haag, Martinus Nijhoff, 1974.

Marx, W. : *Vernunft und Welt: Zwischen Tradition und anderem Anfang*, Den Haag, Martinus Nijhoff, 1970.

Mensch, J. R. : *Intersubjectivity and Transcendental Idealism*, State University of New York Press, 1988.

Mensch, J. R. : "Instincts—A Husserlian Account", *Husserl Studies* 14(1998), pp. 219-237.

Merleau-Ponty, M. : *Phenomeniology of Perception*, trans by C. Smith, London, Routledge & Kegan Paul Ltd, 1962.

Micali, S. : *Überschüsse der Erfahrung: Grenzdimensionen des Ich nach Husserl*, Springer, 2008.

Mohanty, J. N. : "Life-world and A Priori in Husserl's Later Thought", Tymieniecka, A. T. (ed. ), *Analecta Husserliana* III(1974), pp. 46-65.

Moneta, G. C. : *On identity. A study in genetic phenomenology*, The Hague, Martinus Nijhoff, 1976.

Montagova, K. S. : *Transzendentale Genesis des Bewusstseins und der Erkenntnis*, Springer, 2013.

Müller, G. : *Die Struktur der Vorprädikativen Erfahrung und das Problem einer*

*Phänomenologischen Ursprungserklärung des Erkenntniswillens*, Diss. Mainz, 1982.

Müller, W. H.: *Die Philosophie Edmund Husserls nach den Grundzügen ihrer Entstehung und ihrem Systematischen Gehalt*, Bonn, H. Bouvier u. CO. Verlag, 1956.

Murphy, R. T.: *Hume and Husserl: Towards Radical subjectivism*, The Hague, Martinus Nijhoff Publishers, 1980.

Murphy, R. T.: "The Transcendental A Priori in Husserl and Kant", Tymieniecka, A. T. (ed.), *Analecta Husserliana III*(1974), pp. 66-79.

Orth, E. W. (Hrsg.): *Profile der Phänomenologie. Zum 50. Todestag von Edmund Husserl*, Freiburg/München, Verlag Karl Alber, 1989.

Orth, E. W. (Hrsg.): *Dialektik und Genesis in der Phänomenologie*, Freiburg/München: Verlag Karl Alber, 1980.

Rabanaque, L. R.: "Hyle, Genesis and Noema", *Husserl Studies* 19(2003), pp. 205-215.

Rang, B.: *Kausalität und Motivation: Untersuchungen zum Verhältnis von Perspektivität und Objektivität in der Phänomenologie Edmund Husserls*, Den Haag, Martinus Nijhoff, 1973.

Ricoeur, P.: *Husserl. An Analysis of His Phenomenology*, trans by E. G. Ballard and L. E. Embree, Evanston, Northwestern University Press, 1967.

Ricoeur, P.: *A Key to Husserl's Ideas I*, ed. by Vandevelde, P., trans. by B. Harris and J. B. Spurlock, Marquette University Press, 1996.

Sakakibara, T.: "Das Problem des Ich und der Ursprung der Genetischen Phänomenologie bei Husserl", *Husserl Studies* 14(1997), S. 21-39.

Schmd, H. B.: "Apodictic Evidence", *Husserl Studies* 17(2001), pp, 217-237.

Schütz, A.: *Collected Papers III: Studies in Phenomenological Philosophy*, The Hague, Martinus Nijhoff, 1970.

Schütz, A.: "The Problem of Transcendental Intersubjectivity in Husserl", Bernet, R., Welton, D., Zavota, G. (ed.): *Edmund Husserl: Critical Assessments of Leading Philosophers*, Volume I, New York, Routledge, 2005, pp. 90-116.

Seebohm, T.: *Die Bedingungen der Möglichkeit der Transzendental-Philosophie: Edmund Husserls Transzendental-Phänomenologischer Ansatz, Dargestellt im Anschluß an seine Kant-Kritik*, Bonn, H. Bouvier, 1962.

Sokolowski, R.: *The Formation of Husserl's Concept of Constitution*, The Hague, Martinus Nijhoff, 1970.

Sommer, M.: *Lebenswelt und Zeitbewußtsein*, Frankfurt a. M., Suhrkamp Verlag, 1990.

Stähler, T.: *Die Unruhe des Anfangs: Hegel und Husserl über den Weg in die Phänomenologie*, Dordrecht, Kluwer Academic Publishers, 2003.

Stähler, T. : *Hegel, Husserl and the Phenomenology of Historical Worlds*, London/New York, Rowman & Littlefield, 2017.

Staiti, A. S. : *Geistigkeit, Leben und geschichtliche Welt in der Transzendental Phänomenologie Husserls*, Würzburg, Ergon Verlag, 2010.

Steinbock, A. J. : *Home and Beyond : Generative Phenomenology after Husserl*, Evanston, Northwestern University Press, 1995.

Strasser, S. : " Grundgedanken der Sozialontologie Edmund Husserls ", *Zeitschrift für philosophische Forschung* 29(1975).

Ströker, E. : *Husserls Transzendental Phänomenologie*, Frankfurt am Main, 1987.

Summa, M. : *Spatio-temporal Intertwing : Husserls Transcendental Aesthetic*, Springer, 2014.

Taguchi, S. : *Das Problem des "Ur-Ich" bei Edmund Husserl : Die Frage nach der selbstverständlichen "Nähe" des Selbst*, Springer, 2006.

Theunissen M. : *Der Andere : Studien zur Sozialontologie der Gegenwart*, Berlin, de Gruyter, 1965.

Tugendhat, E. : *Der Wahrheitsbegriff bei Husserl und Heidegger*, 2, Auflage, Berlin, Walter de Gruyter & Co. , 1970.

Tymieniecka, A. T. (ed. ): *The Teleologies in Husserlian Phenomenology, Analecta Husserliana IX*, Dordrecht, D. Reidel Publishing Company, 1979.

Valalas, T. P. : "Phenomenology and Teleology: Husserl and Fichte", Tymieniecka, A. T. (ed. ), *Analecta Husserliana XXXIVI*(1991), pp. 409-426.

Vetter, H. (Hrsg. ): *Wörterbuch der phänomenologischen Begriffe*, Hamburg, Felix Meiner Verlag, 2004.

Waldenfels, B. : *Das Zwischenreich des Dialogs : Sozialphilosophische Untersuchungen in Anschluß an Edmund Husserl*, Den Haag, Martinus Nijhoff, 1971.

Waldenfels, B. , Broekman, J. M. , Pazanin, A. (ed. ): *Phenomenology and Marxism*, trans. by Evans, J. C. , London, Routledge & Kegan Paul, 1984.

Welton, D. : *The Other Husserl : The Horizons of transcendental Phenomenology*, Bloomington, Indiana University Press, 2000.

Welton, D. : *The Origins of Meaning : A Critical Study of the Thresholds of Husserlian Phenomenology*, The Hague, Martinus Nijhoff Publishers, 1983.

Welton, D. : *The New Husserl : A Critical Reader*, ed. by Welton, D. , Bloomington, Indiana University Press, 2003.

Wiegand, O. K. , Dostal, R. J. , Embree, L. , Kockelmans, J. (ed. ): *Phenomenology on Kant, German Idealism, Hermeneutics and Logic : Philosophical Essays in Honor of Thomas M. Seebohm*, Dordrecht, Kluwer Academic Publishers, 2000.

Yamaguchi, I. : *Passive Synthesis und Intersubjektivität bei Edmund Husserl*,

The Hague，Martinus Nijhoff Publishers，1982.

　　Zahavi，D.：*Husserl and Transcendental Intersubjectivity*：*A Response to the Linguistic-Pragmatic Critique*，Athens，Ohio University Press，2001.

　　Zahavi，D.：*Alterity and Facticity*：*New Perspectives on Husserl*，ed. by Depraz，N. and Zahavi，D.，Dordrecht，Kluwer Academic Publishers，1998.

　　Zahavi，D.：*Self-awareness*，*Temporality and Alterity*：*Central Topics in Phenomenology*，ed. by Zahavi，D.，Dordrecht，Kluwer Academic Publishers，1998.

　　Zaner，R. M.：*The Problem of Embodiment*：*Some Contributions to a Phenomenology of the Body*，The Hague，Martinus Nijhoff，1971.

　　Zaner，R. M.："Special Contribution to the Debate：Passivity and Activity of Consciousness in Husserl"，Tymieniecka，A. T.（ed.）：*Analecta Husserliana III*（1974），pp. 199-226.

### 三、其他相关中译文献

　　〔古罗马〕奥古斯丁：《忏悔录》，周士良译，北京，商务印书馆，1996。

　　〔英〕乔治·贝克莱：《人类知识原理》，关文运译，北京，商务印书馆，1973。

　　〔法〕雅克·德里达：《胡塞尔〈几何学的起源〉引论》，方向红译，南京，南京大学出版社，2004。

　　〔法〕雅克·德里达：《胡塞尔哲学中的发生问题》，于奇智译，北京，商务印书馆，2009。

　　〔英〕德穆·莫伦：《现象学导论》，蔡铮云译，台北，桂冠图书股份有限公司，2005。

　　〔法〕笛卡尔：《第一哲学沉思录》，庞景仁译，北京，商务印书馆，1986。

　　〔德〕费希特：《全部知识学的基础》，王玖兴译，北京，商务印书馆，1986。

　　〔德〕海德格尔：《存在与时间》，陈嘉映、王庆节译，北京，生活·读书·新知三联书店，1999。

　　〔德〕海德格尔：《形而上学导论》，熊伟、王庆节译，北京，商务印书馆，1996。

　　〔德〕海德格尔：《路标》，孙周兴译，北京，商务印书馆，2000。

　　〔德〕海德格尔：《林中路》，孙周兴译，上海，上海译文出版社，2007。

　　〔德〕海德格尔：《面向思的事情》，陈小文、孙周兴译，北京，商务印书馆，1996。

　　〔德〕海德格尔：《现象学之基本问题》，丁耘译，上海，上海译文出版社，2008。

　　〔德〕海德格尔：《时间概念史导论》，欧东明译，北京，商务印书馆，2009。

　　〔德〕海德格尔：《康德与形而上学疑难》，王庆节译，上海，上海译文出版社，2011。

　　〔德〕海德格尔：《哲学论稿》，孙周兴译，北京，商务印书馆，2012。

　　〔德〕黑格尔：《精神现象学》，贺麟、王玖兴译，北京，商务印书馆，1979。

　　〔德〕伽达默尔：《诠释学 I：真理与方法——哲学诠释学的基本特征》，洪汉鼎译，北京，商务印书馆，2011。

〔德〕伽达默尔：《诠释学 II：真理与方法——补充和索引》，洪汉鼎译，北京，商务印书馆，2011。

〔德〕加达默尔：《哲学解释学》，夏镇平、宋建平译，上海，上海译文出版社，1994。

〔美〕詹姆士：《心理学原理》，唐钺译，北京，商务印书馆，1963。

〔美〕威廉詹姆斯：《彻底的经验主义》，庞景仁译，上海，上海人民出版社，2006。

〔德〕卡尔·洛维特：《世界历史与救赎历史：历史哲学的神学前提》，李秋零、田薇译，上海，上海人民出版社，2006。

〔德〕康德：《纯粹理性批判》，邓晓芒译，北京，人民出版社，2004。

〔德〕康德：《实用人类学》，邓晓芒，上海，上海人民出版社，2002。

〔德〕康德：《任何一种能够作为科学出现的未来形而上学导论》，庞景仁译，北京，商务印书馆，1978。

〔德〕康德：《历史理性批判文集》，何兆武译，北京，商务印书馆，1990。

〔德〕莱布尼茨：《人类理智新论》，陈修斋译，北京，商务印书馆，1982。

〔德〕莱布尼茨：《神义论》，朱雁冰译，北京，生活·读书·新知三联书店，2007。

〔法〕列维-布留尔：《原始思维》，丁由译，北京，商务印书馆，1981。

〔美〕罗伯特·索科拉夫斯基：《现象学导论》，高秉江、张建华译，武汉，武汉大学出版社，2009。

〔英〕洛克：《人类理解论》，关文运译，北京，商务印书馆，1959。

〔法〕梅洛-庞蒂：《知觉现象学》，姜志辉译，北京，商务印书馆，2001。

〔法〕梅洛-庞蒂：《哲学赞词》，杨大春译，北京，商务印书馆，2000。

〔法〕梅洛-庞蒂：《行为的结构》，杨大春、张尧均译，北京，商务印书馆，2005。

〔法〕梅洛-庞蒂：《可见的与不可见的》，罗国祥译，北京，商务印书馆，2008。

倪梁康：《面对实事本身——现象学经典文选》，北京，东方出版社，2001。

〔德〕芬克：《黑格尔〈精神现象学〉的现象学阐释》，贾红雨等译，上海，上海书店出版社，2011。

〔法〕让-吕克·马里翁：《还原与给予：胡塞尔、海德格尔与现象学研究》，方向红译，上海，上海译文出版社，2009。

〔法〕萨特：《存在与虚无》，陈宣良等译，北京，生活·读书·新知三联书店，1997。

〔法〕萨特：《自我的超越性——一种现象学描述初探》，杜小真译，北京，商务印书馆，2001。

〔美〕赫伯特·施皮格伯格：《现象学运动》，王炳文、张金言译，北京，商务印书馆，1995。

〔荷〕斯宾诺莎：《知性改进论：并论最足以指导人达到对事物的真知识的途径》，贺麟译，北京，商务印书馆，1986。

〔德〕叔本华：《作为意志和表象的世界》，石冲白译，北京，商务印书馆，1982。

〔荷〕泰奥多·德布尔：《胡塞尔思想的发展》，李河译，北京，生活·读书·新知三联书店，1995。

〔德〕谢林：《先验唯心论体系》，梁志学、石泉译，北京，商务印书馆，1981。

〔英〕休谟：《人性论》，关文运译，北京，商务印书馆，1980。

〔古希腊〕亚里士多德：《形而上学》，吴寿彭译，北京，商务印书馆，1959。

〔丹〕丹扎哈维：《胡塞尔现象学》，李忠伟译，上海，上海译文出版社，2007。

## 四、中文研究文献

陈立胜：《自我与世界——以问题为中心的现象学运动研究》，广州，广东人民出版社，1999。

陈伟：《作为意识发生法则的动机引发——兼论胡塞尔超越论现象学的非笛卡尔式道路》，《江海学刊》2013年第4期。

陈志远：《胡塞尔直观概念的起源——以意向性为线索的早期文本研究》，南京，江苏人民出版社，2009。

方向红：《生成与解构——德里达早期现象学批判疏论》，南京，南京大学出版社，2006。

方向红：《静止的流动，间断的同一——基于胡塞尔时间手稿对意识之谜的辨析》，《江苏行政学院学报》2011年第6期。

方向红：《自我的本己性质及其发展阶段——一个来自胡塞尔时间现象学手稿的视角》，《南京师大学报（社会科学版）》2013年第4期。

李婉莉：《胡塞尔的发生现象学及其对梅洛-庞蒂的启示》，《学术交流》2011年第11期。

李文堂：《真理之光——费希特与海德格尔论 SEIN》，南京，江苏人民出版社，2008。

罗克汀：《现象学理论体系剖析——现象学横向研究》，广州，广州文化出版社，1990。

罗克汀：《从现象学到存在主义的演变——现象学纵向研究》，广州，广州文化出版社，1990。

栾林：《从静态现象学到发生现象学——理解胡塞尔现象学发展的一条线索》，《中南大学学报（社会科学版）》2011年第6期。

马迎辉：《胡塞尔的双重意向性与〈观念〉》，《哲学研究》2011年第9期。

马迎辉：《意向与时间化——胡塞尔时间构造中的发生问题》，《学海》2012年第4期。

倪梁康：《胡塞尔现象学概念通释》，北京，生活·读书·新知三联书店，1999。

倪梁康：《现象学及其效应——胡塞尔与当代德国哲学》，北京，生活·读书·

新知三联书店，1994。

倪梁康：《意识的向度——以胡塞尔为轴心的现象学问题研究》，北京，北京大学出版社，2007。

倪梁康：《历史现象学与历史主义》，《西北师大学报（社会科学版）》2008年第4期。

倪梁康：《历史现象学的基本问题——胡塞尔〈几何学的起源〉中的历史哲学思想》，《社会科学战线》2008年第9期。

倪梁康：《赖耶缘起与意识发生——唯识学与现象学在纵—横意向性研究方面的比较与互补》，《世界哲学》2009年第4期。

倪梁康：《思考"自我"的两种方式——对胡塞尔1920年前后所撰三篇文字的重新解读》，《中山大学学报（社会科学版）》2009年第5期。

倪梁康：《"自我"发生的三个阶段——对胡塞尔1920年前后所撰三篇文字的重新解读》，《哲学研究》2009年第11期。

倪梁康：《纵意向性：时间、发生、历史——胡塞尔对它们之间内在关联的理解》，《哲学分析》2010年第2期。

倪梁康：《纵横意向——关于胡塞尔一生从自然、逻辑之维到精神、历史之维的思想道路的再反思》，《现代哲学》2013年第4期。

倪梁康：《现象学的历史与发生向度——胡塞尔与狄尔泰的思想因缘》，《中山大学学报（社会科学版）》2013年第5期。

倪梁康：《胡塞尔与海德格尔的历史问题——历史哲学的现象学—存在论向度》，《西南政法大学学报》2016年第1期。

钱捷：《超绝发生学原理（第一卷）》，北京，中国社会科学出版社，2012。

王恒：《时间性：自身与他者——从胡塞尔、海德格尔到列维纳斯》，南京，江苏人民出版社，2008。

王庆丰：《德里达发生现象学研究》，北京，中国社会科学出版社，2011。

王庆丰：《回问与发生现象学的方法》，《东岳论丛》2010年第8期。

王庆丰：《现象学的发生概念——从胡塞尔到德里达》，《江海学刊》2010年第5期。

汪文圣：《胡塞尔与海德格尔》，台北，远流出版事业股份有限公司，1995。

汪文圣：《现象学与科学哲学》，台北，五南图书出版股份有限公司，2001。

《现象学在中国：胡塞尔〈逻辑研究〉发表一百周年国际会议》，上海，上海译文出版社，2003。

张浩军：《论胡塞尔的"被动性"概念》，《世界哲学》2010年第1期。

张浩军：《知觉的主动性与主动综合——对胡塞尔判断发生学的一个考察》，《现代哲学》2010年第5期。

张廷国：《简析胡塞尔的"前谓词经验"理论》，《哲学研究》2004年第3期。

张祥龙：《朝向事情本身——现象学导论七讲》，北京，团结出版社，2003。

朱刚：《本原与延异——德里达对本原形而上学的解构》，上海，上海人民出版社，2006。

朱刚：《理念、历史与交互意向性——试论胡塞尔的历史现象学》，《哲学研究》2010 年第 12 期。

《中国现象学与哲学评论》第 1 辑，上海，上海译文出版社，1995。

《中国现象学与哲学评论》第 2 辑，上海，上海译文出版社，1998。

《中国现象学与哲学评论》第 3 辑，上海，上海译文出版社，2001。

《中国现象学与哲学评论》第 4 辑，上海，上海译文出版社，2001。

《中国现象学与哲学评论》第 5 辑，上海，上海译文出版社，2003。

《中国现象学与哲学评论》第 6 辑，上海，上海译文出版社，2004。

《中国现象学与哲学评论》第 8 辑，上海，上海译文出版社，2006。

《中国现象学与哲学评论》第 9 辑，上海，上海译文出版社，2007。

《中国现象学与哲学评论》第 10 辑，上海，上海译文出版社，2008。

《中国现象学与哲学评论》第 11 辑，上海，上海译文出版社，2010。

《中国现象学与哲学评论》第 14 辑，上海，上海译文出版社，2014。

# 后 记

本书的前身是我于 2007 年秋季学期向中山大学哲学系提交的博士学位论文《自我的习性：论胡塞尔的"被动发生"问题》。目下的书稿就是在我的博士学位论文的基础上增补、修订和扩展而成的。增补部分主要涉及第二章第五节"胡塞尔对康德的先天学说的批判"，第四章第一节"经验的视域结构与发生的观念"，以及第六章关于"发生性的回问""先验的历史性"问题的讨论。相关修订主要是对个别核心概念的理解偏差、个别观点的不当论述的纠正。例如，第一章关于现象学还原与世界问题之间关联的论述，第二章关于先验构造的问题性的初步界定，当初都存在一定程度的认识模糊和偏差，容易导致对问题域后续展开的误解。关于"生活世界"问题、"历史的先天"学说、主体间性与先验目的论之间的本质关联问题的探讨，构成了扩展的第一部分。关于先验现象学的观念论探讨和对现象学与形而上学之间关系的澄清则构成了扩展的第二部分。有了对几个关键问题的增补讨论和两个扩展部分的架构，胡塞尔发生现象学的整个轮廓得以系统展示。因此，书名最终标以《胡塞尔发生现象学引论》。

校对完清样，总算是了却了一桩夙愿，但却并没有尘埃落定的轻松，反倒更多泛起秋意深浓的萧瑟，寥落而怅惘。如此的深夜，在灯下摩挲着书稿的文字，抬头又见一行行文字随光标翻腾，倏忽即逝，恍然随风往事。春兰秋菊，浮云流水。一路走来，不经意间已是知天命之年。岁月蹉跎，马齿徒增，付之一叹。

"穷秋南国泪，残日故乡心。"如今我已习惯了广州的季节，也安乐于这黄卷青灯、心远地偏的生活。纵无白露沾衣、杨柳惊秋的亲习，却也淡薄了萍踪羁旅的客思。只是每在这夜阑更深的苍莽中，总有无端的离思萦怀，或浓或淡。身事逐年，乡关日远。往昔的生活历经岁月消磨，已被风蚀成一格格的记忆。

日暮河桥，渔舟唱晚。沟沟坎坎的桑梓记忆中总有母亲伴我长大的身影，音容笑貌，宛然如昨。时常萦回心头的是母亲离世的那个冬夜，寒更怆恨，定格了母亲含辛茹苦的一生。"树欲静而风不止，子欲养而亲不待。"而今故园千里，明月孤坟，徒有伤怀了。拜辞家山，南来广州与学术结缘，已是母亲身后的事了。眼前翻腾的行行文字，恰恰见证了母亲逝后我的生命行程。倘若母亲泉下有知，也可告慰母亲对我一生的牵挂了。

秋月春风，星霜荏苒。几多人事际遇，几多生活馈赠，值得永远感念。值此书稿付梓之际，我想向我的导师倪梁康先生表达最诚挚的感谢和敬意，十多年来的耳提面命，点点滴滴铭记心头。

感谢我的硕士生导师丁东红教授一直以来所给予我的慈母般的关爱。感谢韩国现象学专家李南麟教授的指点和关心。感谢中国人民大学刘小枫教授，复旦大学张志林教授，中山大学陈少明教授、张宪教授和陈立胜教授的勉励和提携。感谢中共中央党校郭大为教授、李绍猛教授和李文堂教授的指导和眷挂。感谢华中科技大学张廷国教授、华东师范大学颜青山教授的友爱和帮助。感谢陈德中教授、杨海文教授和罗苹女士的学术支持。感谢中山大学哲学系朱刚教授、黄敏教授、周春健教授、任远教授、郝亿春教授、邓伟生博士的友谊。感谢师门王恒教授、方向红教授、张伟教授、夏宏教授、陈志远教授、任军教授、雷良教授、高松教授、肖德生教授、邢乃华教授、马迎辉教授、韦海波教授、陈伟教授、娄林教授、高燕教授、尹兆坤教授、王鸿鹤博士和张小龙博士等众兄弟的情谊。

本书的出版得到国家社科基金后期资助项目(12FZX026)的资助，在此要特别感谢本书的策划编辑、北京师范大学出版社祁传华先生的精心策划和责任编辑梁宏宇女士的辛勤编校。

最后，我要感谢爱妻汪慧女士多年以来所给予我的理解和支持。没有她的辛劳持家，我任何工作的开展都将是无法想象的。还有许多值得记取和感念的人和事，在此难以一一尽陈。情意于心，自当永铭！

李云飞

2018 年 10 月于广州依云小镇

**图书在版编目(CIP)数据**

胡塞尔发生现象学引论/李云飞著. —北京：北京师范大学
出版社，2019.2

国家社科基金后期资助项目

ISBN 978-7-303-24370-9

Ⅰ.①胡⋯　Ⅱ.①李⋯　Ⅲ.①胡塞尔（Husserl，Edmund
1859—1938）-现象学-研究　Ⅳ.①B516.52　②B089

中国版本图书馆 CIP 数据核字（2018）第 282618 号

营 销 中 心 电 话　　010-58805072　58807651
北师大出版社高等教育与学术著作分社　　http://xueda.bnup.com

HUSAIER FASHENG XIANXIANGXUE YINLUN

出版发行：北京师范大学出版社　www.bnup.com
　　　　　北京市海淀区新街口外大街 19 号
　　　　　邮政编码：100875
印　　刷：大厂回族自治县正兴印务有限公司
经　　销：全国新华书店
开　　本：710 mm×1000 mm　1/16
印　　张：19.5
字　　数：340 千字
版　　次：2019 年 2 月第 1 版
印　　次：2019 年 2 月第 1 次印刷
定　　价：72.00 元

策划编辑：祁传华　　　责任编辑：梁宏宇
美术编辑：王齐云　　　装帧设计：毛　淳　王齐云
责任校对：李云虎　　　责任印制：马　洁